BIBLIOTHÈQUE
LATINE-FRANÇAISE

PUBLIÉE

PAR

C. L. F. PANCKOUCKE.

PARIS, IMPRIMERIE DE C. L. F. PANCKOUCKE,
Rue des Poitevins, n. 14.

ŒUVRES

COMPLÈTES

D'OVIDE

TRADUCTION NOUVELLE

Par MM. Th. Burette, Chappuyzi,
J. P. Charpentier, Gros, Héguin de Guerle,
Mangeart, Vernadé.

TOME PREMIER.

PARIS
C. L. F. PANCKOUCKE
MEMBRE DE L'ORDRE ROYAL DE LA LÉGION D'HONNEUR
ÉDITEUR, RUE DES POITEVINS, N° 14.

M DCCC XXXIV.

NOTICE LITTÉRAIRE

SUR

OVIDE.

La littérature latine, la poésie surtout, a été une imitation perpétuelle, et souvent une copie de la poésie et de la littérature grecques. La tragédie et la comédie latines, premiers essais du génie romain, ont été calquées sur la comédie et la tragédie d'Athènes; Névius, Ennius, Accius, Pacuvius, n'ont été que les traducteurs d'Eschyle, de Sophocle et d'Euripide. La poésie didactique a également marché sur les traces de la Grèce : Lucrèce a mis en vers le système d'Épicure et les idées d'Empédocle. Au siècle même d'Auguste, et quand la langue déjà riche et formée avait vaincu cette pauvreté d'expressions que lui reprochait le chantre de *la Nature*, la poésie romaine continua de s'inspirer du souffle, des fables et de l'histoire de la Grèce : Horace imita Pindare; Virgile, Homère. L'élégie prit la même route : Catulle traduit Callimaque; Properce épuise la mythologie grecque; Tibulle seul écrit sous une inspiration plus libre, et met dans ses poésies un sentiment tendre et simple, une douce mélancolie qui semble un vague pressentiment de cette tristesse chrétienne qui devait changer l'âme et la littérature du vieux monde païen.

Ovide suivit ces traditions de la poésie latine. Cependant il est plus libre dans ses emprunts, plus créateur dans ses imitations : comme ses devanciers, il ne traduit pas les poètes grecs; s'il demande à la Grèce le sujet de ses inspirations, il l'agrandit, le façonne, le crée par la fécondité de son imagination, et la vivacité particulière de son génie.

Grec par le fond de ses ouvrages, classique par la pureté de son style, par le tour de la pensée, Ovide est pour ainsi dire moderne.

Son premier ouvrage, les *Héroïdes* (*Heroidum epistolæ*), a un caractère original. Dans ce langage tendre prêté aux héros de l'épopée ou de la tragédie grecque, n'y a-t-il pas une intention d'ironie et pour ainsi dire une profanation du sublime, qui se rapprochent de la malignité du chantre de *la Pucelle*? N'est-on pas quelque peu surpris de voir Pénélope, la grave et chaste Pénélope, soupirant les ennuis de l'absence; Hippolyte, le sauvage et fier Hippolyte, exprimant une tendresse inaccoutumée? La tragédie grecque, je le sais, avait la première donné à des héros les faiblesses de l'humanité; mais, chez elle, ces faiblesses étaient mêlées à des passions qui les ennoblissaient : elles étaient dramatiques; dans Ovide, elles ne sont que tendres et langoureuses. C'est ainsi que, par la peinture des amours des héros, Ovide préludait à l'histoire des faiblesses des dieux : les *Héroïdes* sont un essai des *Métamorphoses*; elles sont aussi une création de la poésie latine; héritier de Catulle, de Tibulle et Properce, Ovide sait, après eux, trouver des routes inconnues, et dans l'imitation même un genre nouveau :

Ignotum hoc aliis ille notavit opus [1].

Bientôt Ovide abandonne entièrement les Grecs, et ne reçoit ses inspirations que de lui-même ; les trois livres des *Amours* (*Amorum* lib. III), qui d'abord en formaient cinq, comme nous l'apprend l'épigraphe qu'Ovide a mise en tête de ce recueil,

Qui modo Nasonis fueramus quinque libelli,
 Tres sumus : hoc illi prætulit auctor opus.
Ut jam nulla tibi nos sit legisse voluptas,
 Ut levior demtis pœna duobus erit,

sont une œuvre spontanée, une image fidèle et vive des impressions personnelles du poète, de ses joies, de ses douleurs, de ces caprices de l'âme et de l'imagination, de ces émotions délicates et fugitives qui souvent, sans cause, font le désespoir ou le bonheur des amans. Quelques manuscrits ont donné, à tort, à ce

---

[1]. *Artis amatoriæ* lib. III, v. 346.

recueil le titre de *Corinne*, parce que Corinne, selon eux nom convenu de Julie, fille de Tibère, en est, sinon le seul sujet, du moins le sujet principal. Dans les *Amours*, Ovide est plein de grâce, de naturel et de facilité. L'abus de l'érudition qui dans les *Héroïdes* gâte très-souvent et réfroidit le sentiment, ici ne vient pas le flétrir en le rendant prétentieux et faux, en en faisant un trait d'esprit au lieu d'une inspiration du cœur.

Après avoir chanté ses amours, Ovide les voulut enseigner, et donner pour ainsi dire le code de la tendresse. L'*Art d'aimer* (*Artis amatoriæ* lib. III) contient tous les secrets qu'avait révélés à Ovide une longue et heureuse expérience : comment on trouve une maîtresse, comment on la captive, comment on la conserve, comment on la quitte ; tous secrets dont n'avaient pas besoin, sans doute, les jeunes gens de famille de Rome, et qui, du reste, n'ont rien de bien merveilleux : voulez-vous rencontrer une amante ? courez les places publiques, les temples, les spectacles, la ville, la campagne, les eaux de Baïes. Mais l'amour s'apprend-il? pour le faire naître, pour le fixer, y a-t-il des règles? je ne sais; mais je doute que l'*Art d'aimer* d'Ovide, pas plus que celui de Gentil Bernard, ait jamais fait le bonheur d'un amant. L'*Art d'aimer* d'Ovide est bien inférieur aux *Amours* : il y a la différence de la théorie à la pratique, du souvenir à l'impression. Dans les *Amours*, le cœur d'Ovide suffit à ses inspirations, son esprit à l'expression d'une passion toujours la même, toujours nouvelle : dans l'*Art d'aimer*, les épisodes viennent souvent au secours du poète, et ces épisodes, quelquefois peu décens, ne sauraient racheter, par quelques détails ingénieux, leur inutilité et leurs longueurs.

Ovide vivait ainsi heureux de ses vers et de ses amours, et *donnant de son art les charmantes leçons;* accueilli, sinon aimé d'Auguste, revêtu de ces honneurs qui pour lui avaient été une distinction sans être une charge, rien ne semblait devoir troubler la tranquillité de sa vie et le bonheur de son avenir, lorsqu'un coup imprévu le vint frapper :

Naso parum prudens Artem dum scribit amandi,
Doctrinæ pretium triste magister habet [1].

Et ailleurs :

Nec satis hoc fuerat : stultus quoque carmina feci :
Artibus ut posses non rudis esse meis.
Pro quibus exsilium misero mihi reddita merces [2].

On a souvent comparé le siècle d'Auguste au siècle de Louis XIV : mêmes troubles civils, suivis de la même tranquillité ; même gloire littéraire, même éclat au dehors et au dedans de l'empire. Ces rapprochemens sont justes, et même ils pourraient être plus exacts et plus complets ; car les siècles d'Auguste et de Louis XIV ne se ressemblent pas seulement à leurs commencemens, dans leur calme et dans leurs prospérités, ils se ressemblent encore dans leurs revers et à leur fin. De même que sous la vieillesse de Louis XIV il y eut une réaction

---

1. *De Ponto*, eleg. 10.
2. *Libr. tertio Amorum*, eleg. 3.

religieuse, et des disgrâces éclatantes au dehors, ainsi la dernière partie du règne d'Auguste présente de grandes défaites et un retour de sévérité. Si la France eut son Villeroi, Rome eut son Varus. Auguste, sur la fin de son règne, s'occupe de réformer les mœurs[1]; Louis XIV donne à ceux qu'il a scandalisés l'exemple de la dévotion. Comme la cour de Versailles, le palais impérial eut ses scrupules de conscience; et Ovide fut une des victimes de cette réaction morale, comme chez nous La Fontaine de la réaction religieuse[2]. Dominé par Livie, comme Louis XIV par madame de Maintenon, livré à des pratiques superstitieuses, sans conseil, sans ami, aigri, défiant, Auguste vit aussi

---

1. Quum tot sustineas et tanta negotia solus,
Res italas armis tuteris, *moribus ornes,*
Legibus emendes.

(Hor., lib. II, *epist.* 1.)

« Leges retractavit, et quasdam de integro sanxit, ut sumptuariam, de adulteriis et de pudicitia, de ambitu. » (Suet., *Oct. August.*, cap. XXXIV.)

2. Abandonné de ses protectrices, mis à l'index sous le règne de madame de Maintenon, La Fontaine eut un moment, en 1687, la pensée de s'exiler et de rejoindre saint Évremont en Angleterre.

périr la moitié de sa famille; il perdit Marcellus, Octavie et Drusus; mais comme Louis XIV encore, le malheur le trouva aussi grand que l'avait trouvé la prospérité [1].

Ce fut dans un de ces momens de sévérité qu'amenaient la vieillesse et les chagrins, dans un accès de réforme morale, qu'Auguste punit Ovide de la liberté de ses poésies. La cause, ou du moins le prétexte de l'exil d'Ovide, ce fut l'*Art d'aimer*, ouvrage autrefois innocent, mais devenu coupable depuis la réaction que nous avons signalée comme un dernier caractère et un fait trop peu observé du règne d'Auguste:

Carminaque edideram, quum te delicta notantem
    Præterii toties irrequietus eques.
Ergo, quæ juveni mihi non nocitura putavi
    Scripta parum prudens, nunc nocuere seni?
Sera redundavit veteris vindicta libelli;
    Distat et a meriti tempore pœna sui [2].

---

1. « Sed lætum eum atque fidentem et sobole et disciplina domus fortuna destituit. Aliquanto autem patientius mortem, quam dedecus suorum tulit. » (Suet., *Oct. August.*, cap. xv.)

2. *Trist.*, eleg. 2.

Et encore :

> Carmina nil prosunt : nocuerunt carmina quondam :
> Primaque tam miseræ causa fuere fugæ [1].

Quant aux causes, réelles ou supposées, Ovide en donne deux : la première, il la fait connaître ; il garde le silence sur la seconde :

> Perdiderint quum me duo crimina, carmen et error ;
> Alterius facti culpa silenda mihi est [2].

Plus loin :

> Cur aliquid vidi ? cur noxia lumina feci ?
> Cur imprudenti cognita culpa mihi est ?
> Inscius Actæon vidit sine veste Dianam :
> Præda fuit canibus non minus ille suis.

Dans les *Tristes*, livre III, élégie 5, il dit aussi :

> Inscia quod crimen viderunt lumina, plector :
> Peccatumque oculos est habuisse meum.
> Non equidem totam possum defendere culpam :
> Sed partem nostri criminis error habet.

Quelle fut donc cette erreur d'Ovide, et son

---

[1]. In quarto *Trist.*, ad Carum, epist. 13.
[2]. *Trist.*, lib. II.

crime involontaire? Témoin indiscret et malheureux des débauches impériales, a-t-il, comme on le dit, surpris le secret des incestes [1], ou des adultères d'Auguste [2]? on l'ignore. Mais le soin même que prend Ovide de rappeler son *erreur*, prouverait que cette erreur n'avait rien d'offensant pour l'honneur et la conscience d'Auguste; en effet le moyen de croire que, pour se justifier, pour désarmer le courroux d'Auguste, Ovide lui eût si souvent et sous tant de formes rappelé un souvenir qui devait le faire rougir?

L'*erreur* d'Ovide ne peut donc être d'avoir surpris les mystères incestueux ou adultères de la famille impériale.

On a fait une autre conjecture : Ovide aurait été non-seulement le témoin, mais le com-

---

1. Célius Rhodiginus cite des fragmens d'un certain Cécilius Minutianus Apuleius, auteur presque contemporain d'Auguste, qui le premier paraît avoir parlé d'un inceste de cet empereur : « Pulsum quoque in exsilium, quod Augusti incestum vidisset. » (*Antiq. lect.*, lib. XIII, cap. 1.) « Prædicabat autem (Caligula) matrem suam ex incesto, quod Augustus cum filia sua admisisset, procreatam. » (Suet., *Calig.*, cap. XXIII.)

2. « Adulteria quidem exercuisse, ne amici quidem negant. » (Suet., *Oct. Aug.*, cap. LXIX.)

plice des débauches de la famille d'Auguste. Amant trop heureux de Julie, qu'il aurait, dit-on, chantée dans les *Amours* sous le nom de Corinne,

> Et te carmina per libidinosa
> Notum, Naso tener, Tomosque missum,
> Quondam Cæsareæ nimis puellæ
> Falso nomine subditum Corinnæ [1],

il aurait payé de l'exil l'honneur dangereux des faveurs impériales. Cette opinion semble, comme la première, démentie par les faits. D'abord elle a, contre elle, les objections que nous avons adressées à la première. N'était-ce pas également blesser Auguste, que de lui rappeler son déshonneur dans celui de sa fille? et si le fait était vrai, comment Auguste pourrait-il l'appeler une simple erreur? Ensuite, quand Ovide fut exilé, Julie, fille d'Auguste, était déjà reléguée sur un rocher. On a donc pensé qu'il s'agissait non de la première, mais de la seconde Julie, la petite-fille d'Auguste; mais les dates mêmes de l'âge d'Ovide et de la

---

1. *Sidon. Apollin.*

naissance de Julie se refusent à cette interprétation [1]. Enfin on a imaginé qu'Ovide avait été sinon le complice, du moins le témoin des désordres de Julie. Mais Auguste pouvait-il le punir d'avoir vu ce que l'empereur avait lui-même dénoncé au sénat et même à l'univers? On entrevoit bien, dans les aveux comme dans le silence d'Ovide, une atteinte indiscrète, ou peut-être téméraire, à la majesté impériale; la comparaison que le poète fait de son erreur avec celle d'Actéon, semble indiquer qu'il y a là une divinité blessée :

Nam non sum tanti, ut renovem tua vulnera, Cæsar;
Quem nimio plus est indoluisse semel.

Ultus es offensas, ut decet, ipse tuas [2].

Mais ce secret d'état ou de famille, cette

---

[1]. « At absurdum prorsus foret arbitrari, Augusti *neptem* sub ficto *Corinnæ* nomine ab Ovidio fuisse amatam, siquidem hæc Nasonis ingenium jam moverat, quum ejus *barba resecta bisve semelve* fuerat, hoc est anno circiter U. C. DCCXXXII; quo tempore nondum nata fuit *Julia* neptis Augusti. Etenim *Julia*, illius mater, non nisi anno U. C. DCCXXXIII nupta est Agrippæ, qui ex ea, anno subsequente, *Caium*, omnium liberorum primum tulit. » (*P. Ovidii vita*, per J. Masson. *Vide* Dion., lib. LIV, pag. 525 et 526.)

[2]. *Trist.*, lib. II, v. 134, 209 et 210.

douleur politique ou domestique, est demeurée impénétrable comme ces secrets qui irriteront éternellement, sans la satisfaire, la curiosité historique : on n'aura pas plus le mot de l'exil d'Ovide qu'on n'aura celui du *Masque de fer*.

De nos jours cependant un traducteur d'Ovide a cherché à donner une nouvelle explication de la disgrâce d'Ovide, explication neuve et ingénieuse, sinon plus solide que les autres conjectures.

Suivant M. Villenave, l'exil d'Ovide aurait eu une cause toute politique et honorable pour le poète; Ovide aurait été non l'amant de Julie, mais le protecteur de son fils, Agrippa Posthumus, héritier légitime de l'empire, immolé aux soupçons de Tibère et de Livie, et condamné par Auguste à un exil où le fit mourir Tibère. Le poète, dans un de ces momens d'ennui qui assiégeaient la vieillesse d'Auguste, aurait cherché à ranimer, en faveur d'Agrippa, la tendresse et les remords d'Auguste; ou peut-être, témoin de quelque scène violente et honteuse entre Tibère, Auguste et Livie, il aurait payé par l'exil cette indiscrétion volontaire ou fortuite. Auguste, en effet, se sentit quelque retour de justice, sinon de tendresse, pour son petit-fils. Accompagné du seul Fabius Maximus, son confident et son ami le plus cher, il visita dans l'île de Planasie le malheureux Agrippa. Tacite nous le représente pleurant avec son petit-fils, et le dédommageant par les témoignages d'une vive tendresse, de ses rigueurs passées, et de cet empire que toutefois il n'osait lui promettre, épouvanté qu'il était, au sein même de cette solitude, des violences de Livie[1]. Maxime confia ce secret important à sa femme, et celle-ci à Livie. Pour se punir de son indiscrétion, ou pour échapper à Tibère, Maxime se donna la mort, et Ovide s'accusa d'en être la cause. Ovide, compromis par l'amitié de

---

[1]. « Rumor incesserat, paucos ante menses Augustum, electis consciis et comite uno, Fabio Maximo, Planasiam vectum ad visendum Agrippam : multas illic utrimque lacrymas et signa caritatis. » (*Ann.*, lib. 1, c. 5.)

Maxime, fut envoyé en exil. Cependant Auguste allait pardonner à Ovide :

Cœperat Augustus deceptæ ignoscere culpæ.

Mais Tibère a prévu les dangers de la clémence et du repentir d'Auguste; Auguste meurt subitement à Nôle ; son petit-fils, Agrippa, est tué par un centurion; sa fille meurt de faim dans l'île Pandataire (aujourd'hui Sainte-Marie, sur les côtes de la Campanie). Enfin Julie, petite-fille d'Auguste et sœur d'Agrippa, meurt, après vingt ans d'exil, l'an 781 de Rome, dans la principale des îles Diomèdes, *Trimetum* (aujourd'hui Tremiti, sur les côtes de la Pouille). Tibère règne désormais sans rival et sans crainte.

Telle est la conjecture de M. Villenave. Une autre conjecture plus récente [1], c'est qu'Ovide aurait surpris la jeune Julie avec un de ses amans, et qu'il aurait eu l'indiscré-

---

[1]. M. Cuvillier-Fleury, dans un article élégant et ingénieux publié dans la *Revue de Paris*, 1829, tome XIV, page 200.

tion d'en plaisanter ; ses amis et ses domestiques auraient chanté l'aventure :

Quid referam comitumque nefas, famulosque nocentes [1] ?

et Auguste aurait puni par l'exil cette indiscrétion du maître et des esclaves.

Après tout, les causes véritables de la disgrâce d'Ovide importent peu à la postérité. Ce qui est plus malheureux pour lui que l'incertitude de l'histoire, c'est le peu de dignité qu'il montra dans l'exil : coupable ou innocent, il ne sut ni racheter sa faute, ni ennoblir son malheur par la seule et la plus noble attitude du talent sous les coups du despotisme ou de l'injustice : le silence et le courage. Puni aussi pour des vers, J.-B. Rousseau soutint son exil avec plus de dignité : il refusa de rentrer dans sa patrie sur une ordonnance du régent, qui, en semblant reconnaître son innocence, ne la proclamait pas hautement.

Quand la colère d'Auguste vint frapper Ovide et le reléguer à Tomes, il était occupé

---

[1]. *Trist.*, lib. IV, eleg. 10, v. 101.

à mettre la dernière main à l'ouvrage qui devait consacrer son nom à l'immortalité; il achevait les *Métamorphoses*. Interrompu par l'exil dans cette grande tâche, comme Virgile l'avait été par la mort dans son *Énéide*, il voulut aussi livrer aux flammes ce monument imparfait de son génie :

> Sic ego non meritos, mecum peritura, libellos
>   Imposui rapidis, viscera nostra, rogis.
> Vel quod eram Musas, ut crimina nostra, perosus :
>   Vel quod adhuc crescens et rude carmen erat [1].

Mais des copies s'en étaient répandues dans Rome, et le désir sincère ou feint du poète fut trompé :

> Quæ quoniam non sunt penitus sublata, sed exstant,
>   Pluribus exemplis scripta fuisse reor.

Et au troisième livre, élégie 14, v. 19 :

> Sunt quoque mutatæ ter quinque volumina formæ,
>   Carmina de domini funere rapta sui.
> Illud opus potuit, si non prius ipse perissem,
>   Certius a summa nomen habere manu.
> Nunc incorrectum populi pervenit in ora,
>   In populi quidquam si tamen ore meum est.

La fable est la première histoire des peuples,

---

[1]. *Trist.*, lib. 1, eleg. 6, v. 19.

et la poésie la plus ancienne expression de la vérité. Quand la sagesse antique et les vieilles traditions de l'Égypte passèrent dans la Grèce, elles empruntèrent le double voile de la mythologie et du vers, pour ne se point corrompre et ne se point flétrir en tombant aux mains profanes et ignorantes du peuple. Platon, ce philosophe poète, se plut à couvrir d'un voile mystérieux les vérités qu'il avait puisées à l'école des sages de Memphis.

En conservant les traditions primitives du genre humain, la poésie dut les altérer; soumises à tous les caprices des poètes, elles perdirent peu à peu et leur sens et leur caractère primitifs. Bientôt la vérité ne se put séparer de la fable : brisée pour ainsi dire en mille morceaux, éparse çà et là chez tous les peuples, flottant au gré de leur ignorance et de leur imagination, il était difficile de la reconnaître, d'en rassembler les fragmens dispersés, d'en reconstruire l'unité : Ovide cependant le tenta. Les *Métamorphoses* sont le résumé de toutes les divinations philosophiques, de toutes les vérités dispersées dans les poètes, les grammairiens, les rhéteurs et les historiens de la Grèce : plusieurs d'entre eux avaient publié des Μεταμορφώσεις, ἑτεροιώσεις, ἀλλοιώσεις. Musée, Orphée, Linus, Homère, Hésiode, Panysius, Aratus, Pisandre, Euphorion, Théocrite, Apollonius de Rhodes, Callimaque, Philète, Mimnerme, Pindare, Stésichore, Alcée, Sapho, Simonides, Ibycus, Bacchylides, Anacréon, Acman, Corinne, Archiloque, Ananias, Hipponax, Arion, Thespis, Phrynicus, Eschyle, Sophocle, Euripide, Ion, Achéus, Cratinus, Eupolus, Phérécrate, Aristophane, Ménandre, Philémon, Philiston, Phérécide, Hérodote, Diodore, Nicandre, telles sont les sources principales où a puisé Ovide. Antoninus Liberalis, grammairien postérieur à Ovide de cent cinquante ans, a fait des extraits de quelques-uns des auteurs que nous venons de citer. Les fables tirées de Nicandre sont presque toutes dans les *Métamorphoses;* mais on croit que ce fut surtout le poëme des *Métamorphoses* de Parthénius, le maître de Virgile et l'ami de Gallus, qui donna à Ovide l'idée de son ouvrage [1].

Tous les âges de la poésie, de la philosophie et de l'histoire, se trouvent réunis dans les *Métamorphoses;* elles sont pour ainsi dire l'encyclopédie de la sagesse et de la poésie anciennes ; cosmogonie tout ensemble et théologie, elles contiennent l'histoire la plus complète de toutes les croyances, de toutes les révolutions de l'antiquité païenne : l'humanité s'y trouve à tous ses périodes et avec tous ses développemens : le monde antédiluvien, l'état barbare et primitif, dans la Thrace; dans la Grèce, l'état héroïque; l'état civilisé, dans l'Italie, où ces transformations successives viennent aboutir à l'histoire. C'est qu'alors, en effet, le monde mythologique devait périr, et les divinités enfantées par l'imagination des poètes disparaître devant le dieu nouveau sorti de la Judée : le temps des oracles et des figures était passé ; l'humanité redemandait et pouvait entendre cette vérité qu'elle n'avait pu jusque là entre-

---

1. Schoell, *Hist. de la litt. rom.*, t. 1.

voir que sous des voiles et des allégories. Les *Métamorphoses* sont la dernière histoire, la *Guerre des Dieux* du paganisme; Ovide est le Voltaire du siècle d'Auguste. Il achevait la révolution religieuse commencée par Lucrèce, continuée par Cicéron, qui, en popularisant à Rome les nobles croyances de Platon, et l'unité de Dieu, que le philosophe de Sunium devait à l'Égypte, ruinait par ses ouvrages philosophiques, mieux encore que par son incrédulité d'augure, ces divinités nationales auxquelles l'accusateur des Verrès, des Catilina, adressait de si éloquentes apostrophes.

Les *Métamorphoses* ne sont pas le seul ouvrage que vint interrompre l'exil d'Ovide : les *Fastes* en ont aussi souffert. Ce poëme formait ou devait former douze chants :

> Sex ego *Fastorum* scripsi totidemque libellos;
>   Cumque suo finem mense volumen habet.
> Idque tuo nuper scriptum sub nomine, Cæsar,
>   Et tibi sacratum sors mea rupit opus[1].

---

1. *Trist.*, lib. II, v. 549.

Long-temps on a cru, d'après ce vers,

> Sex ego *Fastorum* scripsi, totidemque libellos,

qu'Ovide avait composé douze livres, et que nous ne possédions que la moitié des *Fastes*. Mais ces mots, *Sex Fastorum totidemque libellos*, signifient-ils qu'Ovide a composé six Fastes et autant de livres, c'est-à-dire douze livres, ou seulement six Fastes formant six livres; chaque mois répondant à un livre? Je ne sais comment on a pu si long-temps s'y tromper. Évidemment *sex* Fastorum *menses totidemque libellos*, pour dire six mois de fastes et autant de livres, c'est-à-dire douze livres ou douze fastes, serait un tour bien embarrassé et peu correct. Ce vers d'ailleurs,

> Cumque suo finem mense volumen habet,

ne prouve-t-il pas qu'Ovide a voulu dire simplement que chaque mois des *Fastes* devait former un livre; que déjà il avait composé six mois ou fastes, *sex Fastorum menses*, et que ces six fastes ou mois formaient six livres, *totidemque libellos?* Ajoutons que si l'ouvrage d'Ovide eût été complet, quand il fut obligé de quitter Rome, il y aurait une contradiction dans ce vers, où il se plaint que l'exil soit venu interrompre son ouvrage :

> En tibi sacratum sors mea rupit opus.

Enfin on remarque que Lactance n'a cité des *Fastes* que les six premiers livres ; or, il serait bien étrange que les six derniers, s'ils eussent existé, ne lui eussent fourni aucune citation. A quoi l'on répond que les six derniers livres avaient pu périr long-temps même avant Lactance. Réponse faible, ce nous semble ; nous croyons donc qu'Ovide avait, il est vrai, le dessein de consacrer un faste ou un livre à chaque mois :

> Vester honos *veniet*, quum Larentalia *dicam;*
> Acceptus Geniis illa *December* habet [1].

Mais ce dessein, il n'a pu l'accomplir ; dans son exil, il n'a trouvé sur sa lyre que des sons

[1]. *Fast.*, lib. III, v. 57-58.

pour la douleur; dans son âme, que des inspirations de tristesse.

Cette lacune, du reste, qu'il la faille attribuer aux malheurs et au découragement du poète, ou à l'injure du temps, est une des plus grandes pertes qu'ait pu faire l'histoire. Les *Fastes* sont le monument le plus curieux, les annales les plus pleines et les plus intéressantes de l'antiquité : cérémonies religieuses, antiquités sacrées, origines nationales, mœurs domestiques, traditions populaires, théologies antiques, toute la vie civile, intérieure et publique de Rome, on la trouve dans les *Fastes*. Ovide a la science de l'aruspice et du grand-prêtre, et c'est avec raison qu'un écrivain appelle les *Fastes* un martyrologe : *Martyrologium Ovidii de Fastis* [1]; c'est bien là en effet le *livre des saints de l'antiquité*, et pour ainsi dire sa légende. Cette sainteté lui aurait-elle été funeste? faudrait-il chercher l'explication de la perte des six derniers livres des

---

[1]. Scriptor XIII sæculi *de Mirabilibus Romæ*, in *Diario Italico*, cap. XX, pag. 293.

Fastes dans cette fatalité singulière et mystérieuse qui a détruit tous les témoignages de la sagesse étrusque ; qui nous a enlevé les ouvrages les plus curieux de Varron, et les pages les plus nécessaires de Tacite? Quoi qu'il en soit, et tel qu'il est, le poëme d'Ovide est une des plus attachantes et des plus instructives lectures qui se puissent faire ; jamais l'érudition ne s'est montrée sous des formes plus agréables et plus ingénieuses ; jamais l'histoire n'a revêtu de plus brillantes couleurs ; trop brillantes peut-être, car là comme dans ses autres ouvrages, Ovide ne sait pas toujours résister à la facilité de son imagination ; cette imagination l'égare, en lui faisant préférer aux sévères et profondes traditions du Latium, les riantes fictions de la Grèce. Sans doute la Grèce a déposé dans l'Italie un germe antique et fécond ; sur les rives du Tibre, on trouve à chaque pas les traces d'Énée, les vestiges de la Grèce. Mais sous cette couche étrangère, il y a un fond national : Évandre et Latinus avant Énée, et avant eux Tarchon et Lydus [1]. Ovide n'a point, suivant nous, assez remué ces terres primitives; il n'a pas pénétré dans les entrailles du Latium pour en tirer la sagesse antique que Tagès y avait mise [2]; il s'est arrêté à l'écorce grecque.

L'exil d'Ovide ne fut pas perdu pour la poésie : les *Tristes* (*Tristia* sive *Tristium elegiarum libri* v), les *Pontiques* (*Epistolarum ponticarum*, sive *e Ponto libri* iv), charmèrent sa solitude, en ces sauvages et lointaines contrées. Mais quelque effort que fasse le poète pour retrouver l'inspiration de ses jeunes et heureuses années, il n'y peut parvenir. Sous le ciel sombre et glacé des Sarmates, son riant génie semble s'attrister et s'éteindre; ses plaintes ne sont pas seulement monotones, ce qui était le défaut presque inévitable du sujet, elles sont froides et prétentieuses : on trouve des traits d'esprit, là où on s'attendait à ren-

---

[1] « Tarchon (id ei nomen) aruspex fuit, unus de illis qui a Tyrrheno Lydo edocti sunt. » (JOANN. LYDUS., *de Ostentis*, cap. III, édit. de M. Hase.)

[2] CICER., *de Divinat.*, lib. II, cap. 23.

contrer l'abandon et la simplicité touchante de la douleur : Ovide y semble plus poète que malheureux.

Les *Héroïdes*, les *Amours*, l'*Art d'aimer*, les *Métamorphoses*, les *Fastes*, les *Tristes*, les *Pontiques*, tels sont les ouvrages les plus remarquables qui nous restent d'Ovide : mais ce n'étaient pas là ses seuls titres à l'immortalité. La souplesse et la vivacité de son génie ne sont pas bornées à la poésie érotique, à l'épopée, à la poésie didactique et à l'élégie : Ovide fut encore un poète tragique.

La tragédie latine, grossièrement ébauchée par les rudes traductions que Névius et Ennius avaient faites du théâtre grec, plus originale et plus hardie dans Pacuvius, dans Attius, avait comme tous les autres genres de littérature, atteint un haut degré de perfection sous le règne d'Auguste. La versification était devenue une véritable manie : car le prince aussi était poète ; il avait composé une tragédie d'*Ajax* que, mieux avisé ensuite, il détruisit [1]. A l'exemple du prince, tout le monde faisait des vers :

Scribimus indocti, doctique poemata passim.

Si ce nouveau genre d'adulation avait ses inconvéniens, la faveur même et les encouragemens du prince ne furent pas stériles : Varius donna son *Thyeste*, le chef-d'œuvre de la scène latine, et le rival de la Melpomène grecque [2]; et la *Médée* d'Ovide vint se placer à côté du *Thyeste* de Varius [3]. Ovide, en plusieurs endroits de ses poëmes, rappelle sa tragédie :

Et dedimus tragicis scriptum regale cothurnis :
   Quæque gravis debet verba cothurnus habet [4].

Carmina quod pleno saltari nostra Theatro,
   Versibus et plaudi scribis, amice, meis [5].

1. « Tragœdiam magno impetu exorsus, non succedente stilo, abolevit; quærentibusque amicis, quidnam *Ajax* ageret, respondit, Ajacem suum in spongiam incubuisse. » (Suet., *August.*, cap. LXXXV.)
2. « Jam Varii Thyestes cuilibet Græcorum comparari potest. » (Quint., x, 1. 98.)
3. « Nec, ait, ullus Asinii aut Messalæ liber tam illustris est, quam *Medea* Ovidii, aut Varii *Thyestes*. » (*Dialog. de oratoribus*, cap. XIII.)
4. *Trist.*, lib. II, v. 553.
5. *Trist.*, lib. V, eleg. 7, v. 25.

Ailleurs il se rend un éclatant témoignage :

> Sceptra tamen sumpsi; curaque tragœdia nostra
> Crevit [1].

Ovide se partageait donc entre la tragédie et l'élégie :

> Teneri properentur amores,
> Dum vacat; a tergo grandius urget opus [2].

De la *Médée*, deux vers seuls ont échappé aux injures du temps :

> Servare potui, perdere an possim rogas [3].
>
> Feror huc illuc ut plena Deo [4].

Cependant, dans une élégie, Ovide regrette de négliger, pour ce genre de poésie sévère, le genre léger et badin qui convient à ses goûts et à son génie :

> Hoc quoque jussit Amor: procul hinc, procul este severæ:
> Non estis teneris apta *theatra* modis [5].

Ovide semble même avoir abandonné, pour

---

1. *Amor.*, lib. II, eleg. 18, v. 13.
2. *Amor.*, lib. III, eleg. 1, v. 69.
3. Quint., VIII, 5.
4. Ann. Seneca, *Suasoria* III.
5. *Amor.*, lib. II, eleg. 1, v. 3.

la poésie légère, d'autres œuvres dramatiques que sa *Médée* :

> Ausus eram, memini, cœlestia dicere bella,
> Centimanumque Gygen; et satis oris erat :
>
> Clausit amica fores : ego cum Jove fulmen omisi,
> Blanditias elegosque leves, mea tela, resumsi [1].

Quelques autres ouvrages moins importans ont aussi exercé la verve et la facilité d'Ovide; tels sont : le *Remède d'amour* (*de Remedio amoris*, lib. II), composé après l'*Art d'aimer*; espèce de palliatif à ce poëme, et remède pire que le mal; l'*Ibis* (*Diræ in Ibim*), petit poëme satirique de plus de six cents vers; la *Pêche*, en vers hexamètres (*Halieuticon*, sive *de Piscibus* liber), dont le commencement manque; le *Cosmétique* (*de Medicamine faciei*), en vers élégiaques, que l'on peut regarder comme le complément de l'*Art d'aimer*; la *Noix* (*Nux*), élégie contestée, mais qui ne paraît pas indigne de notre poëte.

Tels sont les ouvrages qui nous restent d'Ovide, et qui paraissent lui appartenir. Il

---

1. *Amor.*, lib. II, eleg. I, v. 11 sqq.

avait encore composé, outre la *Médée*, des *Declamationes*, des *Controversiæ*, des *Suasoriæ*, exercices ordinaires des écoles de Rome, comme chez nous les *Amplifications*[1]; *Metaphrasis phænomenon Arati*[2]; *Epigrammata*[3]; *Liber in malos poetas*[4]; *Triumphus Cæsaris Tiberii de Illyriis*. Enfin il avait composé, en langage gétique, un poëme : *Carmen de laudibus Augusti jam defuncti :*

Ah pudet! et Getico scripsi sermone libellum :
    Structaque sunt nostris barbara verba modis.
Et placui, gratare mihi, cœpique poetæ
    Inter inhumanos nomen habere Getas.
Materiam quæris? laudes de Cæsare dixi [5].

un poëme *de Bello Actiaco*, ad Tiberium, lib. II, enfin *Vaticiniorum liber;* tous hommages poétiques qui ne fléchirent pas le res-

---

1. Seneca, *Controv.* x.
2. Lact., II, 5, *Probus in Georg. Virgilii.*
3. Vide *Polit.*, cap. LIX, et *Fragmenta Ovidii a Nic. Treinsio collecta.*
4. « Adjuvant urbanitatem et versus commode positi, seu toti ut sunt, quod adeo facile est, ut Ovidius ex tetrasticho Macri carmine (id est poemate tetrastichis constante) librum in malos poetas composuerit. » (Quint., lib. VI, cap. 3.)
5. *De Ponto*, lib. IV, epist. 13, *ad Carum*, v. 19.

sentiment de Tibère. Ovide mourut en exil, à Tomes, à l'âge de soixante-deux ans, sans avoir revu cette Rome où son courage l'aurait peut-être mieux rappelé que ses flatteries.

Ont été faussement attribués à Ovide : 1° *Consolatio ad Liviam Augustam* ; 2° *Carmen panegyricum ad Calpurnium Pisonem* ; 3° *Elegia de Philomela* ; 4° *de Pulice* ; 5° *Somnium* ; 6° *Epigrammata scholastica de Virgilii* xii *libris Æneidos* ; 7° *de Cuculo* ; 8° *de Aurora* ; 9° *de Limace* ; 10° *de Vetula* ; 11° *de Quatuor humoribus* ; 12° *de Ludo latrunculorum*.

Ovide n'avait pas besoin de ces faux titres, de ces œuvres controuvées pour être le plus fécond et le plus varié des poëtes : car nul auteur ne s'est prêté à plus de genres, et avec plus de grâce et de souplesse. Ses ouvrages peuvent intéresser l'homme du monde et le poëte, le savant et le philosophe, le sage comme le jeune homme : à tous, ils offrent des plaisirs et des instructions. Ovide doit être surtout le poëte de la France ; son esprit vif et animé, son imagination souple et légère, sa malice spirituelle, son bon sens ingénieux, ont, avec le génie français, de merveilleuses ressemblances. N'est-ce pas l'art de conter, simple, facile et piquant de Voltaire? n'est-ce pas sa grâce unie à son naturel, sa légèreté à sa justesse? Quelle abondance, et en même temps quelle pureté d'images! que de riantes et inépuisables fictions! quelle habileté à enchaîner des faits qui semblent se fuir, à rapprocher les contrastes, à réveiller l'attention par de soudaines et heureuses saillies, par de mystérieux et profonds rapports! Qui sut jamais, avec plus de bonheur, mêler l'esprit au sentiment, l'imagination au savoir; réveiller les souvenirs par les idées, les idées par les souvenirs? Voyez comme dans cette trame si longue et si délicate des *Métamorphoses*, tous les fils se tiennent étroitement, si distincts cependant et si déliés, que l'imagination et le cœur seuls les peuvent saisir. Pourquoi cette harmonie tout ensemble et cette liberté? dans ce désordre apparent, pourquoi cet ordre admirable? L'art seul ne donne pas ces secrets; si dans cette variété d'évènemens, de personnages, d'intérêts si étrangers, ce semble, les uns aux autres, l'unité ne périt jamais; si tous les fils se rattachent à un centre commun; si tous ils tremblent également sous la main du poète; si toutes les cordes du cœur humain frémissent tour-à-tour dans une harmonieuse et savante variété, ne voyez pas là seulement une impression magique de l'esprit, mais la puissance de l'âme et de l'imagination. L'Arioste lui-même n'a pas ce divin secret. Il prend, il quitte les faits et les héros brusquement et au hasard; quand nous les revoyons, nous les reconnaissons, il est vrai; mais nous les perdons souvent de vue. Chez Ovide, les évènemens marchent avec plus de régularité, et non moins de vitesse. L'Arioste est comme Homère; il tient ses lecteurs en suspens par l'absence même du héros principal : faites sortir Achille de sa tente, rendez le bon sens à Roland, il n'y a plus d'action, plus d'intérêt dominant. Il n'en va pas ainsi dans Ovide : là tout se tient et rien ne se commande : chaque fable est en même temps un épisode et un tout.

Parlerons-nous du style d'Ovide ? Qui ne le connaît ? Pur, clair, brillant, facile, animé, il continue les traditions du siècle d'Auguste ; un seul défaut s'y fait quelquefois remarquer : l'abondance des développemens et l'abus de l'esprit [1]. C'était là le germe et le signe de la décadence littéraire, insensible encore, mais réelle, que devait amener Lucain dans la poésie, Sénèque dans la prose ; bien que Sénèque reproche ce vice à Ovide [2]. Mais dans Ovide, ce défaut est rare encore et couvert d'ailleurs par l'élégance continue et la pureté de l'expression.

Avec des mérites si grands et si divers, Ovide a dû trouver de nombreux traducteurs. Les traducteurs ne lui ont donc pas manqué ; toutefois la variété même de ses ouvrages, en les attirant, les a aussi effrayés. Il y avait tant à choisir, que chacun a pris selon son

---

1. « Nimium amator ingenii sui. » (QUINT., lib. x, cap. 1.)
2. *Natur. quæst.*, lib. III, cap. 27.

goût ; l'un, les *Héroïdes ;* un autre, les *Amours ;* celui-ci, les *Métamorphoses ;* celui-là, les *Fastes ;* mais peu ont osé tout aborder. L'abbé de Marolles seul, l'infatigable et malencontreux abbé de Marolles, entreprit une traduction complète d'Ovide. En 1799, J. Ch. Poucelin donna, à son tour, une traduction, sans le texte, des œuvres complètes d'Ovide, mais il la donna avec le concours de différens auteurs. C'est ainsi seulement que se peut faire une traduction d'Ovide. C'est donc la marche qu'a suivie M. C. L. F. Panckoucke : il a réuni, pour cette œuvre longue et difficile, les talens de plusieurs professeurs. Il ne nous appartient pas de juger leur travail; nous laissons au lecteur ce soin et cette justice.

J.-P. Charpentier.

AVERTISSEMENT

DU

TRADUCTEUR.

Nous croyons utile de prévenir nos lecteurs que nous nous sommes astreints, dans la traduction qui suit, à un système de rigoureuse exactitude. Il nous a semblé que l'élégance absolue était un défaut essentiel, dès-lors que la solennité de style, et quelquefois l'afféterie ou la mignardise des langues modernes, tendent à dépouiller un auteur de son caractère propre et de sa physionomie. Cette remarque s'applique surtout aux écrivains prosateurs ou poètes de l'antiquité. La barrière infranchissable du temps a comme posé la limite entre eux et nous : il ne nous est pas plus permis de dépasser l'une que l'autre. Les premiers tiennent des mœurs et des usages de leur époque, si différente de la nôtre, un cachet d'originalité, qui est comme leur type national. Un traducteur intelligent se donnera bien de garde de l'altérer. Il se rappellera qu'il exerce un art d'imitation, qu'il est copiste, et que, nullement responsable des vices de son modèle, lorsqu'il les reproduit consciencieusement sans les affaiblir ni les dissimuler, il ne fait pas du néologisme, comme on a pu le dire, mais cède à la nécessité pressante, impérieuse du genre.

Cette tâche est aussi difficile à remplir, qu'elle est peu appréciée de certains critiques méticuleux et timorés. Parce qu'une école de fraîche date a été trop hardie dans ses essais de réforme, s'ensuit-il qu'on ne puisse hasarder quelques pas timides dans la voie qu'elle a ouverte? La littérature n'est pas si étrangère au mouvement du siècle, qu'elle ne doive ressentir le contre-coup de cette impulsion forte, donnée à l'entendement humain. De toutes parts croule l'édifice ruineux des gothiques préjugés. L'art d'écrire ne doit pas demeurer stationnaire au milieu de tout le reste qui progresse. Déjà il a subi, aux grandes époques de régénération sociale, plusieurs vicissitudes, qui se traduisent par quelques noms propres consacrés à l'immortalité. Qu'ont été les Bossuet, les Pascal, les Corneille, sinon de sublimes novateurs? Seulement, par un glorieux privilège du génie, ils ont maîtrisé le torrent qui les entraînait. Il en est de la littérature comme de la civilisation : les principes du goût, aussi bien que ceux de la morale, sont invariables, imprescriptibles comme la nature qui leur sert de base ; la forme se modifie ; elle est éminemment souple, capricieuse et mobile. Nous nous sommes donc rapprochés de la vérité de ton et de couleur locale, autant qu'il a été en notre pouvoir. Pour atteindre ce but, nous n'avons reculé devant aucune des licences qui nous ont paru compatibles avec l'esprit de notre langue. Les répétitions, les épithètes prétendues oiseuses, les tours de phrase d'un idiôme étranger, ont trouvé grâce devant nous ; nous nous en sommes même emparés comme d'une richesse. Pas un mot, pas une intention n'ont été éludés ni méconnus. L'auteur est toujours en scène : le traducteur s'efface devant lui, pour le laisser parler avec sa libre allure. Le public jugera si cette tentative, ou plutôt cette hardiesse, mérite ses encouragemens. Nous n'osons réclamer pour nos efforts que son indulgence.

La traduction est suivie d'un commentaire explicatif. Les emprunts nombreux à la mythologie, que le choix de ses sujets a mis notre auteur dans la nécessité de faire, exigeaient quelques éclaircissemens : nous les donnons suffisamment développés. Des citations et des parallèles complètent notre mode d'annotation. Chaque épître a son argument à part, qui se borne assez ordinairement à une simple analyse. Le texte latin est en partie celui des Classiques-Lemaire : nous l'avons modifié, principalement en ce qui regarde la ponctuation, qui nous a paru quelquefois inexacte ou fautive.

H. Chappuyzi.

HÉROÏDES

TRADUCTION NOUVELLE

PAR M. V. H. CHAPPUYZI

PROFESSEUR AU COLLÈGE ROYAL
DE BOURBON.

PUBLII OVIDII NASONIS

HEROIDES.

EPISTOLA PRIMA.

PENELOPE ULIXI.

Hanc tua Penelope lento tibi mittit, Ulixe:
    Nil mihi rescribas ut tamen; ipse veni.
Troja jacet certe, Danais invisa puellis.
    Vix Priamus tanti totaque Troja fuit.
O utinam tunc, quum Lacedæmona classe petebat,
    Obrutus insanis esset adulter aquis!
Non ego deserto jacuissem frigida lecto,
    Nec quererer tardos ire relicta dies;
Nec mihi, quærenti spatiosam fallere noctem,
    Lassaret viduas pendula tela manus.
Quando ego non timui graviora pericula veris?
    Res est solliciti plena timoris amor.
In te fingebam violentos Troas ituros;
    Nomine in Hectoreo pallida semper eram.

HÉROIDES
DE P. OVIDE.

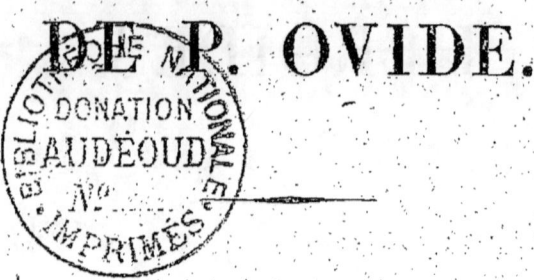

ÉPITRE PREMIÈRE.

PÉNÉLOPE A ULYSSE.

C'est ta Pénélope qui t'envoie cette lettre, trop tardif Ulysse : ne me réponds pas toutefois ; viens toi-même. Elle est certainement tombée, cette Troie odieuse aux filles de la Grèce. Priam et Troie entière devaient-ils me coûter si cher ? Oh ! que n'a-t-il été enseveli dans les flots courroucés, le ravisseur adultère, alors qu'il voguait vers Lacédémone ! je n'eusse pas été, sur une couche froide et solitaire, délaissée par un époux ; je n'accuserais pas la lenteur des jours ; et dans mes efforts pour charmer le vide des nuits, une toile inachevée ne lasserait pas les mains de ta veuve.

Quand n'ai-je pas appréhendé des périls plus affreux que la réalité ? L'amour est sans cesse en proie au tourment de la crainte. Je me figurais les Troyens fondant sur toi avec violence ; le nom d'Hector me faisait tou-

Sive quis Antilochum narrabat ab Hectore victum,
  Antilochus nostri causa timoris erat;
Sive Menœtiaden falsis cecidisse sub armis,
  Flebam successu posse carere dolos.
Sanguine Tlepolemus Lyciam tepefecerat hastam :
  Tlepolemi leto cura novata mea est.
Denique, quisquis erat castris jugulatus Achivis,
  Frigidius glacie pectus amantis erat.
SED bene consuluit casto Deus æquus amori :
  Versa est in cinerem sospite Troja viro.
Argolici rediere duces; altaria fumant;
  Ponitur ad patrios barbara præda Deos.
Grata ferunt nymphæ pro salvis dona maritis;
  Illi victa suis Troia fata canunt.
Mirantur justique senes, trepidæque puellæ;
  Narrantis conjux pendet ab ore viri.
Atque aliquis posita monstrat fera prœlia mensa,
  Pingit et exiguo Pergama tota mero:
Hac ibat Simois; hic est Sigeia tellus;
  Hic steterat Priami regia celsa senis.
Illic Æacides, illic tendebat Ulixes;
  Hic lacer admissos terruit Hector equos.
Omnia namque tuo senior, te quærere misso,
  Rettulerat nato Nestor; at ille mihi.
Rettulit et ferro Rhesumque Dolonaque cæsos;
  Utque sit hic somno proditus; ille, dolo.

jours pâlir. M'apprenait-on qu'Antiloque eût été vaincu par Hector? Antiloque était le sujet de mes alarmes; que le fils de Ménœte avait succombé sous des armes d'emprunt? je me chagrinais que le succès pût manquer à la ruse. Tlépolème avait rougi de son sang la lance d'un Lycien; le trépas de Tlépolème renouvela mes soucis. Enfin, quiconque avait été massacré dans le camp des Grecs, le cœur de ton amante était plus froid que la glace.

Mais un dieu équitable a exaucé mon chaste amour: Troie est réduite en cendres, et mon époux existe. Les chefs d'Argos sont de retour; l'encens fume sur les autels; la dépouille des Barbares est offerte aux dieux de nos pères. Les jeunes épousées apportent les offrandes de la reconnaissance pour le salut de ceux qui leur furent unis; à leur tour, ceux-ci chantent les destins de Troie vaincus par les leurs. Les graves vieillards et les jeunes filles timides les admirent; l'épouse est suspendue aux lèvres de l'époux pendant son récit. L'un d'entre eux retrace sur une table l'image affreuse des combats, et dans quelques gouttes de vin figure Pergame tout entière. Ici coulait le Simoïs; là est le port de Sigée; plus loin, s'élevait le superbe palais du vieux Priam. En cet endroit campait le fils d'Éaque, Ulysse en cet autre; c'est là que le cadavre mutilé d'Hector épouvanta les coursiers qui le traînaient. Car le vieux Nestor avait tout raconté à ton fils, envoyé à ta recherche, et ton fils me l'avait redit. Il me dit encore Rhésus et Dolon égorgés par le fer; et comment l'un fut trahi dans les bras du sommeil, l'autre par une ruse. Tu as osé, ô trop oublieux des tiens, pénétrer par une fraude nocturne dans le camp des

Ausus es, o nimium nimiumque oblite tuorum,
  Thracia nocturno tangere castra dolo;
Totque simul mactare viros, adjutus ab uno.
  At bene cautus eras, et memor ante mei.
Usque metu micuere sinus, dum victor amicum
  Dictus es Ismariis isse per agmen equis.
Sed mihi quid prodest vestris disjecta lacertis
  Ilios, et, murus quod fuit ante, solum,
Si maneo, qualis Troja durante manebam,
  Virque mihi, demto fine carendus, abes?
Diruta sunt aliis, uni mihi Pergama restant;
  Incola captivo quæ bove victor arat.
Jam seges est ubi Troja fuit; resecandaque falce
  Luxuriat Phrygio sanguine pinguis humus.
Semisepulta virum curvis feriuntur aratris
  Ossa; ruinosas occulit herba domos.
Victor abes; nec scire mihi, quæ causa morandi,
  Aut in quo lateas ferreus orbe, licet.
Quisquis ad hæc vertit peregrinam litora puppim,
  Ille mihi de te multa rogatus abit;
Quamque tibi reddat, si te modo viderit usquam,
  Traditur huic digitis charta notata meis.
Nos Pylon, antiqui Neleia Nestoris arva,
  Misimus: incerta est fama remissa Pylo;
Misimus et Sparten: Sparte quoque nescia veri,
  Quas habitas terras, aut ubi lentus abest.

Thraces, et immoler tant de guerriers à la fois avec le secours d'un seul homme. Voilà donc ta prudence, et c'est ainsi que tu te souvenais de moi! La peur a sans cesse fait battre mon sein, tant qu'on ne m'a pas dit que tu avais traversé en vainqueur sur les coursiers d'Ismare des bataillons amis.

Mais enfin, à quoi me sert-il qu'Ilion ait été renversée par vos bras, et qu'il n'y ait plus que la place des remparts, si je reste ce que j'étais avant la ruine de cette ville, si l'absence de mon époux n'a pas de terme? Pergame est détruite pour les autres, pour moi seule elle reste debout; et cependant des bœufs captifs y promènent la charrue d'un étranger vainqueur. Déjà croît la moisson dans les champs où fut Troie; et la terre, engraissée du sang des Phrygiens, offre au tranchant de la faux le luxe de sa culture. Le soc recourbé heurte les ossemens à demi ensevelis des guerriers; l'herbe recouvre les demeures ruineuses. Vainqueur, tu es absent; et je ne puis apprendre, cruel, ni le motif de tes retards, ni en quelle contrée du globe tu te caches. Chaque étranger qui dirige sa poupe vers ces bords, part d'ici pressé par mes nombreuses questions, et porteur d'un écrit tracé de ma main, qu'il doit te remettre, si toutefois il parvient à te voir. Nous avons envoyé à Pylos, où règne le fils de Nélée, l'antique Nestor: de vagues renseignemens nous sont parvenus de Pylos; nous avons envoyé à Sparte : Sparte aussi ignore la vérité; elle ignore quelle terre tu habites, où tu prolonges ton séjour. Il serait plus avantageux que les remparts de Thèbes subsistassent encore (hélas! inconséquente, je m'irrite contre mes propres

Utilius starent etiam nunc moenia Phoebi
   (Irascor votis heu levis ipsa meis!);
Scirem ubi pugnares, et tantum bella timerem;
   Et mea cum multis juncta querela foret.
Quid timeam, ignoro : timeo tamen omnia demens,
   Et patet in curas area lata meas.
Quaecunque aequor habet, quaecunque pericula tellus,
   Tam longae causas suspicor esse morae.
Haec ego dum stulte meditor (quae vestra libido est!),
   Esse peregrino captus amore potes.
Forsitan et narres quam sit tibi rustica conjux,
   Quae tantum lanas non sinat esse rudes.
FALLAR, et hoc crimen tenues vanescat in auras :
   Neve, revertendi liber, abesse velis.
Me pater Icarius viduo discedere lecto
   Cogit, et immensas increpat usque moras.
Increpet usque licet : tua sum, tua dicar oportet
   Penelope : conjux semper Ulixis ero.
Ille tamen pietate mea, precibusque pudicis
   Frangitur, et vires temperat ipse suas.
Dulichii, Samiique, et, quos tulit alta Zacynthos,
   Turba ruunt in me luxuriosa, proci :
Inque tua regnant, nullis prohibentibus, aula.
   Viscera nostra, tuae dilaniantur opes.
Quid tibi Pisandrum, Polybumque, Medontaque dirum,
   Eurymachique avidas Antinoique manus,

vœux!); je saurais au moins où tu combats, et ne craindrais que la guerre; et ma plainte se mêlerait à beaucoup d'autres. Je ne sais ce que je crains; cependant je crains tout, dans mon égarement; et un vaste champ est ouvert à mes inquiétudes. Tous les périls de la mer, tous ceux de la terre, je les soupçonne d'être la cause de si longs retards. Tandis que je me livre follement à ces pensers, peut-être (car tel est votre caprice, ô hommes!) es-tu épris d'un amour étranger. Peut-être parles-tu de la rusticité de ton épouse, bonne seulement à dégrossir la laine des troupeaux.

Mais, que ce soit une erreur et que cette accusation s'évanouisse : libre de revenir, tu ne veux pas être absent. Eh bien! mon père Icare me contraint d'abandonner une couche solitaire; incessamment il condamne ces retards interminables. Qu'il les condamne à son aise : je suis à toi ; il faut que Pénélope soit appelée ta femme : toujours j'appartiendrai à Ulysse. Cependant mon père, vaincu par mon amour et mes pudiques instances, modère son autorité. Mais une troupe d'amans de Dulichium, de Samos et de la superbe Zacynthe s'attachent effrontément à mes pas : ils règnent dans ta cour sans résistance. On déchire mon cœur, on dilapide tes richesses. Te nommerai-je Pisandre, Polybe, Médon le cruel, et Eurymaque et Antinoüs aux mains avides, et d'autres encore que ta honteuse absence repaît des biens acquis au prix de ton sang? L'indigent Irus, et Mélanthe, qui mène les troupeaux

Atque alios referam, quos omnes turpiter absens
　Ipse tuo partis sanguine rebus alis?
Irus egens, pecorisque Melanthius actor edendi,
　Ultimus accedunt in tua damna pudor.
Tres sumus imbelles numero: sine viribus uxor,
　Laertesque senex, Telemachusque puer.
Ille per insidias pæne est mihi nuper ademtus,
　Dum parat, invitis omnibus, ire Pylon.
Di precor hoc jubeant, ut, euntibus ordine fatis,
　Ille meos oculos comprimat, ille tuos!
Hoc faciunt custosque boum, longævaque nutrix;
　Tertius, immundæ cura fidelis haræ.
Sed neque Laertes, ut qui sit inutilis armis,
　Hostibus in mediis regna tenere valet.
Telemacho veniet, vivat modo, fortior ætas:
　Nunc erat auxiliis illa tuenda patris.
Nec mihi sunt vires inimicos pellere tectis.
　Tu citius venias, portus et ara tuis.
Est tibi, sitque precor, natus, qui mollibus annis
　In patrias artes erudiendus erat.
Respice Laerten: ut jam sua lumina condas,
　Extremum fati sustinet ille diem.
Certe ego, quæ fueram te discedente puella,
　Protinus ut redeas, facta videbor anus.

aux pâturages, sont la dernière plaie qui dévore tes domaines.

Nous sommes trois faibles créatures : une épouse sans défense, Laërte vieillard, et Télémaque enfant. Celui-ci, des embûches me l'ont presque enlevé, tandis qu'il se prépare, malgré tout le monde, à se rendre à Pylos. Fasse le ciel que l'ordre accoutumé des destins s'accomplisse, et qu'il nous ferme les yeux, à toi et à moi! C'est ce que désirent et la vieille nourrice, et le gardien de nos bœufs, et celui qui veille fidèlement sur l'étable immonde. Mais Laërte, inutile aux armes, ne peut tenir le sceptre au milieu des ennemis. Avec l'âge, Télémaque, pourvu seulement qu'il vive, se fortifiera : maintenant il faudrait que son père le protégeât de son secours. Je n'ai pas de forces pour repousser du palais nos ennemis. Viens en toute hâte; tu es notre port de salut, notre asile. Tu as, et puisses-tu l'avoir long-temps! un fils qui, dans ses tendres années, devait être instruit à la science de son père. Regarde Laërte : c'est afin que tu lui fermes les yeux qu'il diffère le jour suprême du destin. Pour moi certainement, jeune à ton départ, quelque prompt que soit ton retour, je serai devenue vieille.

EPISTOLA SECUNDA.

PHYLLIS DEMOPHOONTI.

Hospita, Demophoon, tua te Rhodopeia Phyllis
  Ultra promissum tempus abesse queror.
Cornua quum Lunæ pleno quater orbe coissent,
  Littoribus nostris anchora pacta tua est.
Luna quater latuit, pleno quater orbe recrevit;
  Nec vehit Actæas Sithonis unda rates.
Tempora si numeres, bene quæ numeramus amantes,
  Non venit ante suum nostra querela diem.
Spes quoque lenta fuit : tarde, quæ credita lædunt,
  Credimus : invita nunc et amante nocent.
Sæpe fui mendax pro te mihi; sæpe putavi
  Alba procellosos vela referre Notos.
Thesea devovi, quia te dimittere nollet;
  Nec tenuit cursus forsitan ille tuos.
Interdum timui, ne, dum vada tendis ad Hebri,
  Mersa foret cana naufraga puppis aqua.
Sæpe Deos supplex pro te, scelerate, rogavi,
  Cum prece turicremis devenerata focis.
Sæpe, videns ventos cœlo pelagoque faventes,
  Ipsa mihi dixi : « Si valet ille, venit. »
Denique fidus amor, quidquid properantibus obstat,

ÉPITRE DEUXIÈME.

PHYLLIS A DÉMOPHOON.

Ta Phyllis du mont Rhodope, celle qui t'accueillit, Démophoon, se plaint de ton absence prolongée au delà du terme fixé. Après que la lune aurait quatre fois rapproché ses croissans et rempli son disque, ton ancre fut à nos bords promise. Quatre fois la lune a disparu, quatre fois elle a complété son disque, et l'onde de Sithonie ne ramène pas les navires de l'Attique. Si tu comptes les instans, et les amans savent compter, notre plainte n'arrive pas avant le jour convenable. L'espérance aussi fut lente à m'abandonner : on croit tardivement ce qui afflige lorsqu'on l'a cru; et maintenant que je m'afflige, c'est encore malgré moi. Souvent je t'excusai à mes yeux par un mensonge; souvent j'ai pensé que les orageux autans ramenaient tes blanches voiles. J'ai maudit Thésée, parce qu'il s'opposait à ton départ; peut-être n'a-t-il pas retenu tes pas. Quelquefois j'ai craint qu'en te dirigeant vers les ondes de l'Hèbre, ta nef ne pérît submergée dans les flots écumeux. Souvent j'ai adressé pour toi, cruel, une prière suppliante aux dieux, et fait brûler l'encens en leur honneur. Souvent, à la vue des vents favorables au ciel et sur la mer, je me suis dit à moi-même : « S'il n'est pas malade, il vient. » Enfin, tous les obstacles à la promptitude d'un retour, mon fidèle amour les a imaginés; j'ai été ingénieuse à trouver des prétextes. Mais ton absence se prolonge : et ni les dieux, dépositaires de

Finxit, et ad causas ingeniosa fui.
At tu lentus abes : nec te jurata reducunt
 Numina; nec nostro motus amore redis.
Demophoon, ventis et verba et vela dedisti :
 Vela queror reditu, verba carere fide.
Dic mihi; quid feci, nisi non sapienter amavi?
 Crimine te potui demeruisse meo.
Unum in me scelus est, quod te, scelerate, recepi :
 Sed scelus hoc meriti pondus et instar habet.
Jura, fides, ubi nunc, commissaque dextera dextrae,
 Quique erat in falso plurimus ore Deus?
Promissus socios ubi nunc Hymenaeus in annos,
 Qui mihi conjugii sponsor et obses erat?
Per mare, quod totum ventis agitatur et undis,
 Per quod saepe ieras, per quod iturus eras,
Perque tuum mihi jurasti (nisi fictus et ille est)
 Concita qui ventis aequora mulcet, avum,
Per Venerem, nimiumque mihi facientia tela,
 Altera tela arcus, altera tela faces,
Junonemque, toris quae praesidet alma maritis,
 Et per taediferae mystica sacra Deae.
Si de tot laesis sua numina quisque Deorum
 Vindicet, in poenas non satis unus eris.
At laceras etiam puppes furiosa refeci,
 Ut, qua desererer, firma carina foret.
Remigiumque dedi, quo me fugiturus abires.

tes sermens, ni mon amour, ne te touchent et ne te ramènent. Démophoon, tu as livré aux vents et tes paroles et tes voiles : je me plains que le retour manque aux voiles, et la foi aux paroles.

Dis-moi; qu'ai-je fait, que de t'avoir imprudemment aimé? J'ai pu, par ma faute, avoir des droits sur ton cœur. Mon seul crime, perfide, est de t'avoir reçu : mais ce crime a toute la valeur, tout le mérite d'un bienfait. Où est maintenant la foi jurée et le gage de cette main qui serrait ta main? où sont les dieux sans cesse dans ta bouche parjure? où est cet hyménée qui devait, selon ta promesse, nous unir pour toujours, qui était le garant et la caution de notre alliance? Tu jurais par la mer, éternel jouet des ondes et des vents, par celle que tu avais souvent parcourue, que tu devais parcourir encore, par ton aïeul (est-il donc lui-même un imposteur?) qui calme les flots soulevés par l'orage, par Vénus, et ses traits trop puissans sur mon cœur, soit les traits de l'arc, soit les traits du flambeau, par Junon, auguste déesse qui préside au lit nuptial, et par les mystères sacrés de la déesse armée d'une torche. Si de tant de divinités outragées chacune venge son honneur, à toi seul tu ne suffiras pas aux châtimens.

Mais, dans mon délire, j'ai bien pu réparer ta flotte endommagée, afin que tes vaisseaux fussent solides pour m'abandonner! Je t'ai donné des rameurs, pour favoriser

Heu! patior telis vulnera facta meis.
Credidimus blandis, quorum tibi copia, verbis;
 Credidimus generi, nominibusque tuis;
Credidimus lacrymis: an et hæ simulare docentur?
 Hæ quoque habent artes, quaque jubentur, eunt?
Dis quoque credidimus. Quo jam tot pignora nobis?
 Parte satis potui qualibet inde capi.
Nec moveor, quod te juvi portuque locoque:
 Debuit hæc meriti summa fuisse mei.
Turpiter hospitium lecto cumulasse jugali
 Pœnitet, et lateri conseruisse latus.
Quæ fuit ante illam, mallem suprema fuisset
 Nox mihi, dum potui Phyllis honesta mori.
Speravi melius, quia me meruisse putavi:
 Quæcumque ex merito spes venit, æqua venit.
FALLERE credentem non est operosa puellam
 Gloria. Simplicitas digna favore fuit.
Sum decepta tuis, et amans et femina, verbis:
 Di faciant laudis summa sit ista tuæ!
Inter et Ægidas media statuaris in urbe;
 Magnificus titulis stet pater ante suis.
Quum fuerit Scyron lectus, torvusque Procrustes,
 Et Sinis, et tauri mixtaque forma viri,
Et domitæ bello Thebæ, fusique bimembres,
 Et pulsata nigri regia cæca Dei;
Hoc tua post illum titulo signetur imago:

ta fuite; je souffre, hélas! des blessures que mes traits ont faites. Nous avons cru aux douces paroles, dont tu es prodigue; nous avons cru à ta naissance et aux noms que tu portes; nous avons cru à tes larmes : apprennent-elles aussi à feindre? ont-elles aussi leur art, et coulent-elles au commandement? Nous avons cru encore aux dieux. Maintenant, que sont devenues toutes ces assurances? J'ai pu me laisser prendre à quelqu'un de ces objets; un seul eût suffi. Et je ne regrette pas de t'avoir ouvert un port et un asile : ce devait être le plus signalé de mes bienfaits. Je me repens d'y avoir mis le comble en t'associant à ma couche, et d'avoir pressé ton sein contre mon sein. La nuit qui précéda cette nuit, je voudrais qu'elle eût été la dernière : Phyllis pourrait mourir innocente. J'espérais mieux, parce que je pensais l'avoir mérité; toute espérance qui naît du mérite est légitime.

Tromper une jeune fille crédule n'est pas une gloire qui coûte. Ma candeur méritait une récompense. J'ai été séduite par tes paroles, et je suis femme et amante; fassent les dieux que ce soit là ton unique triomphe! Que ta statue s'élève parmi les Égides au centre de la ville; qu'au dessus brille ton père, avec ses titres fastueux. Après qu'on aura lu les noms de Scyron, du farouche Procruste, de Sinis, et du monstre à la double forme de taureau et d'homme, et la prise de Thèbes, et la défaite des Centaures, et la descente au sombre empire du noir Pluton; que ton image, après lui, soit consacrée par cette inscription : « Ici est celui qui, par une ruse, trompa l'amante dont il fut l'hôte. » De tant de hauts faits et de

« Hic est, cujus amans hospita capta dolo est. »
De tanta rerum turba factisque parentis,
  Sedit in ingenio Cressa relicta tuo.
Quod solum excusat, solum miraris in illo.
  Heredem patriae, perfide, fraudis agis.
Illa, nec invideo, fruitur meliore marito,
  Inque capistratis tigribus alta sedet.
At mea despecti fugiunt connubia Thraces,
  Quod ferar externum praeposuisse meis.
Atque aliquis : « Doctas jam nunc eat, inquit, Athenas :
  Armiferam Thracen qui regat alter erit. »
Exitus acta probat. Careat successibus opto,
  Quisquis ab eventu facta notanda putat.
At si nostra tuo spumescant aequora remo,
  Jam mihi, jam dicar consuluisse meis.
Sed neque consului : nec te mea regia tanget,
  Fessaque Bistonia membra lavabis aqua.
Illa meis oculis species abeuntis inhaeret,
  Quum premeret portus classis itura meos.
Ausus es amplecti, colloque infusus amantis
  Oscula per longas jungere pressa moras ;
Cumque tuis lacrymis lacrymas confundere nostras ;
  Quodque foret velis aura secunda, queri ;
Et mihi discedens suprema dicere voce,
  « Phylli, face exspectes Demophoonta tuum. »
Exspectem, qui me nunquam visurus abisti !

glorieux exploits de ton père, ton esprit ne s'est arrêté que sur l'abandon de la Crétoise. La seule action qu'il se reproche est la seule que tu admires en lui. Perfide! tu te fais l'héritier de la fraude paternelle. Quant à elle, et je ne lui envie pas son bonheur, elle possède un époux meilleur, et siège sur un char que traînent des tigres domptés. Mais moi, les Thraces que je dédaignais refusent ma main, parce qu'on m'accuse d'avoir préféré aux miens un étranger. On dit même : « Qu'elle aille maintenant dans la docte Athènes : un autre se trouvera pour régir la Thrace belliqueuse. » L'évènement, dit-on, justifie l'entreprise. Ah! puisse-t-il manquer de succès, celui qui juge blâmable une action par l'évènement. Mais si nos mers blanchissent sous ta rame, alors, oui alors on dira que je fus bien inspirée pour moi, bien inspirée pour les miens. Mais je ne l'ai pas été : mon palais ne te reverra plus, et jamais l'onde bistonienne ne lavera tes membres fatigués.

Mes yeux se retracent encore le spectacle de ton départ, lorsque ta flotte, prête à voguer, stationnait dans mes ports. Tu osas me presser sur ton sein, et, dans une amoureuse étreinte, imprimer sur mes lèvres de longs baisers; confondre tes larmes avec mes larmes; te plaindre que la brise favorable enflât tes voiles; et, en me quittant, m'adresser cette parole suprême : « Phyllis, tâche d'attendre ton Démophoon. » T'attendre, toi qui partis pour ne jamais me revoir! attendre des voiles refusées à nos mers! Et cependant, j'attends. Reviens à

Exspectem pelago vela negata meo!
Et tamen exspecto. Redeas modo serus amanti:
   Ut tua sit solo tempore lapsa fides.
Quid precor infelix? Jam te tenet altera conjux
   Forsitan, et, nobis qui male favit, amor.
Utque tibi excidimus, nullam, puto, Phyllida nosti.
   Hei mihi! si quæ sim Phyllis, et unde, rogas:
Quæ tibi, Demophoon, longis erroribus acto
   Threicios portus, hospitiumque dedi;
Cujus opes auxere meæ; cui dives egenti
   Munera multa dedi, multa datura fui;
Quæ tibi subjeci latissima regna Lycurgi,
   Nomine femineo vix satis apta regi,
Qua patet umbrosum Rhodope glacialis ad Hæmum,
   Et sacer admissas exigit Hebrus aquas;
Cui mea virginitas avibus libata sinistris,
   Castaque fallaci zona recincta manu.
Pronuba Tisiphone thalamis ululavit in illis,
   Et cecinit mœstum devia carmen avis.
Adfuit Alecto, brevibus torquata colubris;
   Suntque sepulcrali lumina mota face.
Mœsta tamen scopulos fruticosaque litora calco;
   Quaque patent oculis æquora lata meis,
Sive die laxatur humus, seu frigida lucent
   Sidera, prospicio quis freta ventus agat.
Et quæcunque procul venientia lintea vidi,

ton amante, quoique tardivement : que ta foi n'ait failli que sur le temps.

Que demandé-je, infortunée? Déjà peut-être te retiennent une autre épouse et un amour qui m'a souri pour mon malheur. Depuis que ton cœur m'a oubliée, tu ne connais plus de Phyllis, je pense. Hélas! tu demandes s'il est une Phyllis, et d'où elle vient. C'est la même qui t'offrit, Démophoon, après avoir longtemps erré sur les mers, les ports de Thrace et l'hospitalité ; celle dont la générosité te secourut ; qui, riche lorsque tu étais pauvre, te fit beaucoup de présens, t'en devait faire beaucoup ; la même qui soumit à ton empire le vaste royaume de Lycurgue, à peine capable d'être gouverné par un sceptre de femme, dans cette région où le Rhodope glacial s'étend jusqu'aux forêts de l'Hémus, et le fleuve sacré de l'Hèbre épanche les ondes qu'il a reçues ; celle enfin qui te sacrifia sa virginité sous de sinistres auspices, et dont ta main fallacieuse détacha la pudique ceinture. Tisiphone consacra par des hurlemens ce fatal hymen, et un oiseau de malheur entonna un chant de tristesse. Alecto fut présente, avec son collier de courtes vipères, et la torche sépulcrale secoua ses lueurs.

Cependant, je promène mes douleurs sur les rescifs et la grève du rivage ; et, sur la vaste étendue des mers, soit que le jour dilate le sol, soit que brillent les astres du soir, mes yeux examinent quel vent agite les mers. Et quelques voiles que j'aie aperçu venir dans le lointain, j'augure aussitôt que ce sont mes dieux. Je m'avance dans

Protinus illa meos auguror esse Deos.
In freta procurro, vix me retinentibus undis,
  Mobile qua primas porrigit æquor aquas.
Quo magis accedunt, minus et minus utilis adsto :
  Linquor, et ancillis excipienda cado.
Est sinus, adductos modice falcatus in arcus;
  Ultima prærupta cornua mole rigent.
Hinc mihi suppositas immittere corpus in undas
  Mens fuit; et, quoniam fallere pergis, erit.
Ad tua me fluctus projectam litora portent,
  Occurramque oculis intumulata tuis!
Duritie ferrum ut supcres, adamantaque, teque,
  « Non tibi sic, dices, Phylli, sequendus eram. »
Sæpe venenorum sitis est mihi; sæpe cruenta
  Trajectam gladio morte perire juvat.
Colla quoque, infidis quia se nectenda lacertis
  Præbuerunt, laqueis implicuisse libet.
Stat nece matura tenerum pensare pudorem :
  In necis electum parva futura mora est.
Inscribere meo causa invidiosa sepulcro;
  Aut hoc, aut simili carmine notus eris :
« PHYLLIDA Demophoon leto dedit, hospes amantem :
  Ille neci causam præbuit, illa manum. »

les mers, à peine retenue par les ondes, jusqu'à l'endroit où le mobile élément présente ses premières vagues. Plus la voile approche, moins je me possède : je me sens défaillir, je tombe entre les bras de mes femmes. Il est un golfe légèrement arqué en demi-cercle; un môle hérisse l'extrémité des deux pointes. De là j'eus la pensée de me précipiter dans les ondes qui en baignent le pied; et, puisque tu persistes à me tromper, j'exécuterai mon dessein. Que les flots portent ma dépouille contre tes rivages; que tes yeux rencontrent mon corps sans sépulture! fusses-tu plus dur que le fer et le diamant, plus dur que toi-même, « Ce n'est pas ainsi, diras-tu, que tu devais me suivre, ô Phyllis. » Souvent j'ai la soif des poisons; souvent je voudrais périr par une mort cruelle, percée d'un glaive. Et parce que mon cou s'est laissé presser dans tes bras infidèles, j'aurais du plaisir à l'étreindre d'un lacet. Ma résolution est prise : une prompte mort me rendra l'honneur; le choix du trépas m'arrêtera peu de temps. Ton nom sera inscrit sur mon sépulcre, comme l'odieuse cause de ma mort; ce vers, ou tout autre semblable, te fera connaître :

« Démophoon a donné le trépas à Phyllis; il était son hôte, elle fut son amante : c'est lui qui a causé sa mort, elle qui l'a consommée. »

EPISTOLA TERTIA.

BRISEIS ACHILLI.

Quam legis, a rapta Briseide littera venit,
   Vix bene barbarica Græca notata manu.
Quascunque adspicies, lacrymæ fecere lituras;
   Sed tamen et lacrymæ pondera vocis habent.
Si mihi pauca queri de te dominoque viroque
   Fas est, de domino pauca viroque querar.
Non ego poscenti quod sum cito tradita regi,
   Culpa tua est, quamvis hoc quoque culpa tua est.
Nam simul Eurybates me Talthybiusque vocarunt,
   Eurybati data sum Talthybioque comes.
Alter in alterius jactantes lumina vultum,
   Quærebant taciti noster ubi esset amor.
Differri potui : poenæ mora grata fuisset.
   Hei mihi! discedens oscula nulla dedi;
At lacrymas sine fine dedi, rupique capillos.
   Infelix! iterum sum mihi visa rapi.
Sæpe ego decepto volui custode reverti;
   Sed, me qui timidam prenderet, hostis erat.
Si progressa forem, caperer ne forte timebam,
   Quamlibet ad Priami munus itura nurum.

ÉPITRE TROISIÈME.

BRISÉIS A ACHILLE.

La lettre que tu lis vient de Briséis qui te fut enlevée ; à peine une main barbare a-t-elle pu en bien former les caractères grecs. Les ratures que tu apercevras, mes larmes les ont faites ; mais cependant les larmes ont tout le poids de la parole. S'il m'est permis de me plaindre un peu de toi, mon époux et mon maître, je me plaindrai un peu de toi, mon maître et mon époux. Que j'aie été livrée sur-le-champ au roi qui me réclamait, ce n'est pas ta faute, et cependant c'est aussi ta faute. Car aussitôt qu'Eurybate et Talthybius m'eurent appelée, je fus remise à Eurybate et à Talthybius pour les accompagner. Jetant les yeux tour-à-tour l'un sur l'autre, ils se demandaient par leur silence où était notre amour.

On pouvait différer : le délai de ma peine eût eu pour moi des charmes. Hélas ! en partant, je ne te donnai aucun baiser ; mais des larmes, j'en versai sans fin, et je m'arrachai les cheveux. Infortunée ! il me sembla que j'étais deux fois ravie. Souvent je voulus tromper mon gardien et revenir ; mais l'ennemi était là pour saisir une fille timide. Je craignais, si je me fusse avancée, d'être prise et conduite comme une proie, à quelque bru de Priam. Mais j'ai été livrée, je le devais sans doute ; et, depuis tant de nuits absente, tu ne me redemandes

Sed data sim, quia danda fui : tot noctibus absum,
  Nec repetor : cessas, iraque lenta tua est.
Ipse Menœtiades, tunc, quum tradebar, in aurem,
  « Quid fles? hic parvo tempore, dixit, eris. »
Non repetisse parum est : pugnas, ne reddar, Achille.
  I nunc, et cupidi nomen amantis habe.
Venerunt ad te Telamone et Amyntore nati,
  Ille gradu propior sanguinis, ille comes;
Laertaque satus, per quos comitata redirem.
  Auxerunt blandæ grandia dona preces.
Viginti fulvos operoso ex ære lebetas,
  Et tripodas septem, pondere et arte pares.
Addita sunt illis auri bis quinque talenta;
  Bis sex, adsueti vincere semper, equi,
Quodque supervacuum, forma præstante puellæ
  Lesbides, eversa corpora capta domo;
Cumque tot his, sed non opus est tibi conjuge, conjux
  Ex Agamemnoniis una puella tribus.
Si tibi ab Atrida pretio redimenda fuissem,
  Quæ dare debueras, accipere illa negas?
Qua merui culpa fieri tibi vilis, Achille?
  Quo levis a nobis tam cito fugit amor?
An miseros tristis fortuna tenaciter urget?
  Nec venit inceptis mollior aura meis?
Diruta Marte tuo Lyrnesia mœnia vidi :
  Et fueram patriæ pars ego magna meæ.

pas : tu attends ; ta colère est lente à éclater. Le fils de Ménète lui-même, alors que j'étais livrée, me dit tout bas à l'oreille : « Pourquoi pleurer ? tu seras là peu de temps. »

C'est peu de ne m'avoir pas redemandée : tu t'opposes à ce qu'on me rende, Achille. Va, maintenant, porte le nom d'amant bien épris. Vers toi sont venus les fils de Télamon et d'Amyntor ; l'un rapproché de toi par les liens du sang, l'autre, ton compagnon, et le fils de Laërte, pour accompagner mon retour. De touchantes prières ont relevé le prix de dons magnifiques : vingt bassins d'airain d'un travail achevé, et sept trépieds où l'art le dispute à la matière. On ajouta dix talens d'or, et douze chevaux accoutumés à vaincre toujours, et, ce qui est superflu, de jeunes Lesbiennes d'une parfaite beauté, prises à la ruine de leur ville ; et, avec tous ces présens, pour épouse, mais qu'as-tu besoin d'épouse? une des trois filles d'Agamemnon. Si tu avais voulu me racheter des fils d'Atrée à prix d'argent, ce que tu devais donner, tu refuses de le recevoir ? Par quelle faute, Achille, ai-je mérité d'être vile à tes yeux? où a fui si promptement loin de moi ton volage amour ? Est-ce qu'une fortune contraire s'acharne sans relâche après les malheureux ? et un vent plus doux ne vient-il pas favoriser mes entreprises ?

J'ai vu les remparts de Lyrnèse abattus par ton bras : et j'avais eu moi-même une grande part aux maux de

Vidi ego consortes pariter generisque necisque
  Tres cecidisse: tribus, quae mihi, mater erat.
Vidi ego, quantus erat, fusum tellure cruenta,
  Pectora jactantem sanguinolenta, virum.
Tot tamen amissis te compensavimus unum:
  Tu dominus, tu vir, tu mihi frater eras.
Tu mihi, juratus per numina matris aquosae,
  Utile dicebas ipse fuisse capi.
Scilicet ut, quamvis veniam dotata, repellar;
  Et mecum fugias, quae tibi dentur opes!
Quin etiam fama est, quum crastina fulserit Eos,
  Te dare nubiferis linea vela notis.
Quod scelus ut pavidas miserae mihi contigit aures,
  Sanguinis atque animi pectus inane fuit.
Ibis: et o, miseram cui me, violente, relinques?
  Quis mihi desertae mite levamen erit?
Devorer ante, precor, subito telluris hiatu,
  Aut rutilo missi fulminis igne cremer,
Quam sine me Phthiis canescant aequora remis,
  Et videam puppes ire relicta tuas.
Si tibi jam reditusque placent patriique Penates,
  Non ego sum classi sarcina magna tuae.
Victorem captiva sequar, non nupta maritum.
  Est mihi, quae lanas molliat, apta manus.
Inter Achaiadas longe pulcherrima matres
  In thalamos conjux ibit, eatque tuos:

ma patrie. J'ai vu tomber trois guerriers, unis par la naissance et la mort : leur mère à tous trois était la mienne. J'ai vu mon époux gisant tout de son long sur la terre ensanglantée, vomir de sa poitrine haletante des flots de sang. Cependant à tant de pertes tu fus ma seule compensation : c'est toi qui étais mon maître, toi qui étais mon époux et mon frère. Jurant par les autels de la déesse marine ta mère, toi-même disais qu'il était heureux pour moi d'être prise : sans doute pour être repoussée, malgré la dot que j'apporte ; et pour que tu fuies à la fois et moi-même et les richesses qu'on t'offre.

On rapporte même qu'au lever de la prochaine aurore, tu dois livrer tes voiles de lin aux vents nuageux. Dès que cette funeste nouvelle eut frappé mes oreilles effrayées, mon sang et ma vie se glacèrent dans mon sein. Tu partiras ; mais à qui donc, cruel, abandonneras-tu une malheureuse? dans mon délaissement, qui sera pour moi une douce consolation ? J'en forme le vœu, puisse la terre s'entr'ouvrir soudain et me dévorer! puissé-je être consumée par les feux resplendissans de la foudre, avant que, sans moi, les mers blanchissent sous les rames de Phthie, et que je voie ta flotte partir et m'abandonner! Si déjà le retour et le foyer paternel te plaisent, je ne suis pas un si lourd fardeau pour ta flotte. Je suivrai captive un vainqueur, non épouse un mari. Ces doigts seront propres à filer la laine. Ton épouse, la plus belle parmi les femmes achéennes, ira dans ta couche nuptiale, et puisse-t-elle y aller : la bru est digne du beau-père, petit-fils de Jupiter et d'Égine, digne de la parenté du vieux Nérée. Moi, d'un humble rang, moi, ta servante, je déviderai la tâche imposée, et ma trame

Digna nurus socero, Jovis Æginæque nepote;
 Cuique senex Nereus prosocer esse velit.
Nos humiles, famulæque tuæ, data pensa trahemus;
 Et minuent plenas stamina nostra colos.
Exagitet ne me tantum tua, deprecor, uxor,
 Quæ mihi nescio quo non erit æqua modo.
Neve meos coram scindi patiare capillos,
 Et leviter dicas : « Hæc quoque nostra fuit. »
Vel patiare licet, dum ne contempta relinquar :
 Hic mihi væ miseræ concutit ossa metus.
Quid tamen exspectas? Agamemnona pœnitet iræ,
 Et jacet ante tuos Græcia mœsta pedes.
Vince animos iramque tuam, qui cetera vincis.
 Quid lacerat Danaas impiger Hector opes?
Arma cape, Æacida, sed me tamen ante recepta;
 Et preme turbatos, Marte favente, viros.
Propter me mota est, propter me desinat ira;
 Simque ego tristitiæ causa modusque tuæ.
Nec tibi turpe puta precibus succumbere nostris :
 Conjugis OEnides versus in arma prece est.
Res audita mihi, nota est tibi. Fratribus orba
 Devovit nati spemque caputque parens.
Bellum erat : ille ferox positis secessit ab armis,
 Et patriæ rigida mente negavit opem.
Sola virum conjux flexit. Felicior illa!
 At mea pro nullo pondere verba cadunt.

amincira l'épais fuseau. Seulement que ton épouse ne
me persécute pas, c'est la grâce que j'implore ; je ne
sais pourquoi, mais je crains qu'elle ne me soit pas favorable. Ne souffre pas qu'on me rase la tête en ta présence, et ne dis pas avec indifférence : « Elle aussi fut à
nous. » Ou plutôt consens-y, je le veux, pourvu que
je ne sois pas délaissée : cette crainte, malheureuse que
je suis, ébranle tous mes membres.

Qu'attends-tu pourtant? Agamemnon regrette son
emportement; la Grèce affligée embrasse tes genoux.
Triomphe de ta colère et de ton ressentiment, toi qui
triomphes du reste. Pourquoi l'infatigable Hector dé-
chire-t-il la puissance des Grecs? Prends tes armes,
fils d'Éaque; mais auparavant rappelle-moi; et poursuis
de tes armes victorieuses des guerriers en désordre.
Pour moi s'est allumé ton courroux, que pour moi il
s'apaise ; que je sois la cause et le terme de cette animosité. Ne crois pas humiliant pour toi de céder à
mes prières : le fils d'Éneus a pris les armes à la prière
d'une épouse. J'en ai entendu le récit et tu le connais.
Une mère avait perdu ses enfans; elle maudit l'avenir et
les jours de son fils. La guerre se déclare : le fier jeune
homme dépose les armes et se retire, et refuse obstiné-
ment son secours à sa patrie. Son épouse seule put le
fléchir. Elle fut plus heureuse, elle! mais moi, mes paroles tombent sans effet. Je ne m'en indigne pas; toutefois, je ne me suis pas comportée en épouse, esclave

Nec tamen indignor : nec me pro conjuge gessi,
  Sæpius in domini serva vocata torum.
Me quædam, memini, Dominam captiva vocabat :
  « Servitio, dixi, nominis addis onus. »
Per tamen ossa viri, subito male tecta sepulcro,
  Semper judiciis ossa verenda meis,
Perque trium fortes animas, mea numina, fratrum,
  Qui bene pro patria, cum patriaque jacent,
Perque tuum nostrumque caput, quæ junximus una,
  Perque tuos enses, cognita tela meis!
Nulla Mycenæum sociasse cubilia mecum
  Juro : fallentem deseruisse velis.
Si tibi nunc dicam, fortissime, « tu quoque jura,
  Nulla tibi sine me gaudia facta : » neges.
At Danai mœrere putant. Tibi plectra moventur;
  Te tenet in tepido mollis amica sinu;
Et si quis quærat quare pugnare recuses :
  Pugna nocet; citharæ, voxque Venusque juvant.
Tutius est jacuisse toro, tenuisse puellam,
  Threiciam digitis increpuisse lyram,
Quam manibus clypeos, et acutæ cuspidis hastam,
  Et galeam pressa sustinuisse coma.
Sed tibi pro tutis insignia facta placebant;
  Partaque bellando gloria dulcis erat.
An tantum, dum me caperes, fera bella probabas?
  Cumque mea patria laus tua victa jacet?

souvent appelée à la couche de mon maître. Une femme captive, il m'en souvient, m'appelait Maîtresse : « A la servitude, lui dis-je, tu ajoutes le poids d'un nom. »

Et pourtant, par les ossemens d'un époux mal recouverts sous un sépulcre à la hâte élevé, ossemens toujours vénérables à mes yeux, par les magnanimes ombres, objets de mon culte, de mes trois frères, glorieusement ensevelis avec la patrie et pour la patrie, par ta tête et la mienne, que l'amour rapprocha, par ton épée, arme connue des miens, je le jure, aucun Mycénien ne partagea ma couche : si je te trompe, abandonne-moi. Si maintenant je te disais, vaillant guerrier, « Jure de même que tu n'as goûté sans moi aucuns plaisirs, » tu ne pourrais l'affirmer. Mais les Grecs te croient plongé dans la douleur. Tu touches la lyre; une douce amie te réchauffe sur son sein; et si quelqu'un cherche à savoir pourquoi tu refuses de combattre, c'est que le combat nuit à tes plaisirs; la cithare, le chant et l'amour te charment. Il est plus sûr de coucher sur un lit, de tenir dans ses bras une jeune fille, de promener ses doigts sur une lyre de Thrace, que de soutenir sur son bras le bouclier et la lance au dard acéré, et sur sa tête le casque qui la presse. Mais tu préférais les actions glorieuses à celles qui sont sûres, et l'éclat de la victoire te charmait. Est-ce seulement pour t'emparer de moi, que tu aimais la guerre homicide? et ta gloire est-elle ensevelie sous les ruines de ma patrie? T'en préservent les dieux! que plutôt, je les en prie, ta lance du mont Pélias vibrée par un bras vigoureux, traverse les flancs d'Hector.

Di melius! validoque, precor, vibrata lacerto
  Transeat Hectoreum Pelias hasta latus.
Mittite me, Danai; dominum legata rogabo:
  Multaque mandatis oscula mixta feram.
Plus ego quam Phoenix, plus quam facundus Ulixes,
  Plus ego quam Teucri, credite, frater agam.
Est aliquid, collum solitis tetigisse lacertis,
  Praesentisque oculos admonuisse sui.
Sis licet immitis, matrisque ferocior undis,
  Ut taceam, lacrymis comminuere meis.
Nunc quoque, sic omnes Peleus pater impleat annos,
  Sic eat auspiciis Pyrrhus in arma tuis!
Respice sollicitam Briseida, fortis Achille;
  Nec miseram lenta ferreus ure mora.
Aut, si versus amor tuus est in taedia nostri,
  Quam sine te cogis vivere, coge mori.
Utque facis, coges: abiit corpusque colorque;
  Sustinet hoc animae spes tamen una tui;
Qua si destituor, repetam fratresque virumque.
  Nec tibi magnificum femina jussa mori.
Cur autem jubeas? Stricto pete corpora ferro:
  Est mihi, qui fosso pectore sanguis eat.
Me petat ille tuus qui, si dea passa fuisset,
  Ensis in Atridae pectus iturus erat.
At potius serves nostram, tua munera, vitam:
  Quod dederas hosti victor, amica rogo.

Grecs, envoyez-moi; ambassadrice, je prierai mon maître, et à mes discours je mêlerai beaucoup de baisers. Je ferai plus que Phénix, croyez-moi, plus que l'éloquent Ulysse, plus que le frère de Teucer. C'est quelque chose d'entourer un cou des bras accoutumés, et d'avertir les yeux qu'on est présent. Quoique barbare, et plus féroce que les ondes de ta mère, sans que je parle, tu seras attendri par mes larmes.

Maintenant encore, puisse ton père Pélée compléter le nombre de ses années, et Pyrrhus débuter sous tes auspices dans la carrière des armes! Regarde Briséis en proie à l'inquiétude, valeureux Achille, et ne consume pas une infortunée par la lenteur de tes délais. Ou si ton amour pour moi a fait place aux dédains, celle que tu contrains à vivre sans toi, contrains-la à mourir. Poursuis, et tu la contraindras : l'embonpoint et les couleurs ont disparu ; cependant l'unique espoir de te posséder soutient ma frêle existence; si j'en suis dépossédée, j'irai rejoindre mes frères et mon époux. Et il ne sera pas glorieux pour toi d'avoir ordonné la mort d'une femme. Mais pourquoi l'ordonner? Plonge dans mon sein ton épée nue; j'ai du sang qui jaillira en y fouillant. Plonge-s-y ce glaive, qui devait traverser le cœur d'Atride, si une déesse l'eût permis. Mais plutôt conserve ma vie, qui est un de tes bienfaits : ce que vainqueur tu donnas à une ennemie, je le demande amie. Pergame, ouvrage de Neptune, t'offre des victimes préférables; tu trouveras chez un ennemi

Perdere quos melius possis, Neptunia præbent
 Pergama : materiam cædis ab hoste pete.
Me modo, sive paras impellere remige classem,
 Sive manes, domini jure venire jube.

EPISTOLA QUARTA.

PHÆDRA HIPPOLYTO.

Qua, nisi tu dederis, caritura est ipsa, salutem
 Mittit Amazonio Cressa puella viro.
Perlege quodcunque est : quid epistola lecta nocebit?
 Te quoque, in hac aliquid, quod juvet, esse potest.
His arcana notis terra pelagoque feruntur ;
 Inspicit acceptas hostis ab hoste notas.
Ter tecum conata loqui, ter inutilis hæsit
 Lingua, ter in primo destitit ore sonus.
Qua licet et sequitur, pudor est miscendus amori :
 Dicere quæ puduit, scribere jussit Amor.
Quidquid Amor jussit, non est contemnere tutum :
 Regnat, et in dominos jus habet ille Deos.
Ille mihi primo dubitanti scribere, dixit :
 « Scribe ; dabit victas ferreus ille manus. »
Adsit et, ut nostras avido fovet igne medullas,
 Fingat sic animos in mea vota tuos.

matière à carnage. Mais, soit que tu te disposes à faire voguer ta flotte à l'aide de la rame, soit que tu restes, ordonne-moi de venir à titre de maître.

ÉPITRE QUATRIÈME.

PHÈDRE A HIPPOLYTE.

La jeune fille de Crète envoie au héros, fils d'une Amazone, le salut qui lui manquera, si tu ne le lui donnes. Quelle que soit ma lettre, lis-la en entier : quel mal peut te faire cette lecture? Peut-être même y trouveras-tu quelque charme. Par ces signes, on envoie les secrets et sur terre et sur mer : l'ennemi même accepte et examine la lettre d'un ennemi. Trois fois je m'efforçai de te parler, trois fois ma langue s'arrêta paralysée, trois fois le son expira sur mes lèvres. Autant qu'il est permis et possible, il faut mêler la pudeur à l'amour : ce que je rougissais d'exprimer, Amour m'a ordonné de l'écrire. Les ordres de l'Amour, il n'est pas sans danger de les enfreindre : il règne et étend son empire sur les dieux souverains. D'abord j'hésitais à écrire; c'est lui qui m'a dit : « Écris; ce cœur de fer subira les lois d'un vainqueur. » Qu'il me soit en aide, et, comme il embrâse mes veines d'un feu dévorant, qu'ainsi il dispose ton cœur à exaucer mes vœux.

Non ego nequitia socialia foedera rumpam:
　Fama (velim quæras) crimine nostra vacat.
Venit Amor gravius, quo serius: urimur intus,
　Urimur et cæcum pectora vulnus habent.
Scilicet ut teneros lædunt juga prima juvencos,
　Frenaque vix patitur de grege captus equus,
Sic male vixque subit primos rude pectus amores;
　Sarcinaque hæc animo non sedet apta meo.
Ars fit, ubi a teneris crimen condiscitur annis:
　Quæ venit exacto tempore, pejus amat.
Tu nova servatæ capies libamina famæ;
　Et pariter nostrum fiet uterque nocens.
Est aliquid plenis pomaria carpere ramis,
　Et tenui primam deligere ungue rosam.
Si tamen ille prior, quo me sine crimine gessi,
　Candor ab insolita labe notandus erat,
At bene successit, digno quod adurimur igni:
　Pejus adulterio turpis adulter abest.
Si mihi concedat Juno fratremque virumque,
　Hippolytum videor præpositura Jovi.
Jam quoque, vix credas! ignotas mittor in artes:
　Est mihi per sævas impetus ire feras.
Jam mihi prima Dea est, arcu præsignis adunco
　Delia: judicium subsequor ipsa tuum.
In nemus ire libet, pressisque in retia cervis,
　Hortari celeres per juga summa canes;

Je ne romprai pas, par mes infidélités, le pacte qui doit nous lier; ma vie (je la livre à ton examen) est pure et sans reproche. Mon amour a d'autant plus de force, qu'il est plus tardif : je brûle intérieurement, je brûle, et une plaie secrète dévore mon âme. Comme le premier joug blesse les jeunes taureaux, et qu'un poulain tiré du troupeau supporte à peine le frein, ainsi un cœur novice subit de mauvaise grâce et avec peine les premières amours; ce fardeau ne peut trouver dans mon sein une place qui le fixe. Le crime devient un art, lorsqu'il est appris dès nos tendres ans : la femme qui aime dans un âge avancé, a moins de retenue. Tu goûteras les prémices d'un honneur conservé intact, et nous deviendrons l'un et l'autre pareillement coupables. C'est quelque chose de cueillir à pleines mains les fruits dans un verger, et de détacher la première rose d'un doigt délicat. Si toutefois cette pureté d'une vie irréprochable devait être souillée d'une tache non ordinaire, je suis heureuse de brûler d'un feu digne de moi : je n'ai pas à me reprocher un choix honteux, pire que l'adultère. Si Junon me cédait son époux et frère, il me semble que je préférerais Hippolyte à Jupiter.

Déjà même, le croiras-tu? je suis entraînée vers un art inconnu : je suis impatiente d'aller parmi les bêtes farouches. Déjà ma première divinité est Délie, que décore un arc recourbé : moi-même je me conforme à ton goût. Je voudrais aller dans les forêts, presser le cerf dans les toiles, animer sur la cime des monts la meute ardente; ou de mon bras tendu lancer le javelot trem-

Aut tremulum excusso jaculum vibrare lacerto;
   Aut in graminea ponere corpus humo.
Sæpe juvat versare leves in pulvere currus,
   Torquentem frenis ora sequacis equi;
Nunc feror, ut Bacchi furiis Eleleides actæ,
   Quæque sub Idæo tympana colle movent,
Aut quas semideæ Dryades, Faunique bicornes,
   Numine contactas attonuere suo.
Namque mihi referunt, quum se furor ille remisit,
   Omnia : me tacitam conscius urit Amor.
Forsitan hunc generis fato reddamus amorem,
   Et Venus e tota gente tributa petat.
Jupiter Europam (prima est ea gentis origo)
   Dilexit, tauro dissimulante Deum.
Pasiphaë mater, decepto subdita tauro,
   Enixa est utero crimen onusque suo.
Perfidus Ægides, ducentia fila secutus,
   Curva meæ fugit tecta sororis ope.
En ego nunc, ne forte parum Minoia credar,
   In socias leges ultima gentis eo.
Hoc quoque fatale est : placuit domus una duabus;
   Me tua forma capit, capta parente soror.
Thesides Theseusque duas rapuere sorores :
   Ponite de nostra bina tropæa domo.
Tempore, quo vobis inita est Cerealis Eleusin,
   Gnosia me vellem detinuisset humus.

blant; ou poser mon corps à terre sur le gazon. Souvent je me plais à guider un char léger dans la poussière, et à maîtriser avec le mors la bouche du coursier docile. Tantôt je m'élance, comme la bacchante transportée des fureurs de son dieu, et comme celles qui, sur l'Ida, agitent les tambourins, ou celles encore à qui les Dryades demi déesses et les Faunes à la double corne, inspirèrent un fanatique enthousiasme. Car on me rapporte tout, lorsque mon transport est calmé : c'est un amour, connu de moi seule, qui me brûle en secret.

Peut-être faut-il attribuer cet amour au destin de ma race, et Vénus lève-t-elle ce tribut sur toute la famille. Jupiter (et c'est la première origine de notre race) aima Europe : un taureau déguisait le dieu. Pasiphaë, ma mère, livrée à un taureau abusé, déchargea de ses flancs son crime et son fardeau. Le fils perfide d'Égée, à l'aide d'un fil libérateur, sortit, par l'assistance de ma sœur, des détours du Labyrinthe. Voici que maintenant moi-même, afin de bien paraître la fille de Minos, je subis la dernière les lois communes à ma famille. C'est encore de la fatalité : une seule maison a plu à deux femmes; je suis éprise de ta beauté, ma sœur l'est de ton père. Thésée et son fils ont ravi les deux sœurs : élevez deux trophées aux dépens de notre maison.

Au temps où vous entriez à Éleusis, ville de Cérès, j'aurais voulu que la terre de Gnos me retînt. Alors

Tunc mihi præcipue, nec non tamen ante, placebas.
  Acer in extremis ossibus hæsit amor.
Candida vestis erat, præcincti flore capilli,
  Flava verecundus tinxerat ora rubor;
Quemque vocant aliæ vultum rigidumque trucemque,
  Pro rigido, Phædra judice, fortis erat.
Sint procul a nobis juvenes, ut femina, comti:
  Fine coli modico forma virilis amat.
Te tuus iste rigor, positique sine arte capilli,
  Et levis egregio pulvis in ore decet.
Sive ferocis equi luctantia colla recurvas,
  Exiguo flexos miror in orbe pedes;
Seu lentum valido torques hastile lacerto,
  Ora ferox in se versa lacertus habet;
Sive tenes lato venabula cornea ferro;
  Denique, nostra juvat lumina, quidquid agas.
Tu modo duritiem silvis depone jugosis:
  Non sum materia digna perire tua.
Quid juvat incinctæ studia exercere Dianæ,
  Et Veneri numeros eripuisse suos?
Quod caret alterna requie, durabile non est:
  Hæc reparat vires, fessaque membra novat.
Arcus et arma tuæ tibi sint imitanda Dianæ:
  Si nunquam cesses tendere, mollis erit.
Clarus erat silvis Cephalus, multæque per herbam
  Conciderant, illo percutiente, feræ.

surtout, mais auparavant aussi, tu me plaisais. Un amour passionné se fixa jusque dans la moelle de mes os. Ton vêtement était d'une éclatante blancheur, ta chevelure entrelacée de fleurs; l'incarnat de la pudeur colorait ton teint hâlé. Cet air que les autres femmes appellent sauvage et farouche, loin d'être dur, au jugement de Phèdre, il était mâle. Loin ces jeunes gens parés comme une femme : une beauté virile ne veut que des ajustemens simples et sans apprêts. Cette fierté même, ces cheveux flottant sans art, et une légère poussière répandue sur ton noble front, voilà ce qui te sied. Soit que tu fasses fléchir l'encolure rebelle d'un coursier fougueux, j'admire tes pieds arrondis en un cercle étroit; soit que d'un bras vigoureux tu brandisses le flexible javelot, ton bras intrépide attire sur toi mes regards; soit que tu tiennes des épieux de cornouiller, garnis d'un large fer : tout ce que tu fais en un mot charme mes yeux.

Dépose seulement ta dureté dans les forêts montueuses : je ne mérite pas de périr par ta main. A quoi bon te livrer aux exercices de la légère Diane, et ravir à Vénus ses droits? Ce qui est sans intervalles de repos n'a pas de durée : c'est là ce qui répare les forces et délasse les membres fatigués. Imite l'arc et les armes de ta déesse favorite : si jamais tu ne cesses de le tendre, il sera lâche. Céphale était célèbre dans les forêts, et parmi les herbages beaucoup de bêtes étaient tombées sous ses coups. Cependant il n'avait pas tort de se prêter à l'amour de l'Aurore; la sage déesse quittait pour le voir son vieil époux. Souvent, sous les yeuses, l'herbe la plus commune

Nec tamen Auroræ male se præbebat amandum:
  Ibat ad hunc sapiens a sene Diva viro.
Sæpe sub ilicibus, Venerem Cinyraque creatum
  Sustinuit positos quælibet herba duos.
Arsit et OEnides in Mænalia Atalanta:
  Illa feræ spolium, pignus amoris, habet.
Nos quoque jam primum turba numeremur in ista:
  Si Venerem tollas, rustica silva tua est.
Ipsa comes veniam; nec me latebrosa movebunt
  Saxa, nec obliquo dente timendus aper.
Æquora bina suis oppugnant fluctibus Isthmon,
  Et tenuis tellus audit utrumque mare.
Hic tecum Trœzena colam, Pittheia regna:
  Jam nunc est patria gratior illa mea.
Tempore abest, aberitque diu, Neptunius heros:
  Illum Pirithoi detinet ora sui.
Præposuit Theseus, nisi si manifesta negamus,
  Pirithoum Phædræ, Pirithoumque tibi.
Nec sola hæc nobis injuria venit ab illo:
  In magnis læsi rebus uterque sumus.
Ossa mei fratris clava perfracta trinodi
  Sparsit humi; soror est præda relicta feris.
Prima securigeras inter virtute puellas
  Te peperit, nati digna vigore parens.
Si quæras ubi sit, Theseus latus ense peregit:
  Nec tanto mater pignore tuta fuit.

porta Vénus et le fils de Cinyra, côte à côte étendus.
Le fils d'Énéus brûla pour Atalante du mont Ménale :
celle-ci a, pour gage d'amour, la dépouille d'une bête
fauve.

Et nous aussi, pour la première fois, soyons comptée
dans ce nombre : si tu bannis Vénus, tes bois ne sont plus
que sauvages. Moi-même je serai ta compagne; et ni les
roches caverneuses ne pourront m'éloigner, ni la défense
oblique du sanglier redoutable. Deux mers assiègent un
isthme de leurs flots, un étroit défilé entend leurs mu-
gissemens. C'est là que j'habiterai avec toi Trézène,
royaume de Pitthée : ces lieux me sont déjà plus chers
que ma propre patrie.

Le héros, fils de Neptune, est absent à propos, et il
le sera long-temps : le pays de son cher Pirithoüs le retient. Thésée, à moins de nier l'évidence, a préféré Pirithoüs à Phèdre, et Pirithoüs à toi-même. Ce n'est pas
le seul affront qui me vienne de lui : tous deux nous
fûmes blessés dans des objets bien chers. D'une massue à
trois nœuds il a brisé les os de mon frère et les a dispersés sur le sol; ma sœur a été laissée en proie aux
bêtes féroces. La plus belliqueuse des filles qui portent
la hache t'a enfanté. La mère était digne du fils par sa
vaillance. Si tu lui demandes où elle est, Thésée lui a
traversé le flanc d'un glaive : un tel gage de son amour
n'a pu la sauver. Elle ne fut pas même son épouse; pour
elle il n'alluma pas le flambeau conjugal. Pourquoi?
sinon pour que tu fusses illégitime et exclus du trône

At ne nupta quidem, tædaque accepta jugali.
  Cur? nisi ne caperes regna paterna nothus.
Addidit et fratres ex me tibi: quos tamen omnes
  Non ego tollendi causa, sed ille fuit.
O utinam nocitura tibi, pulcherrime rerum,
  In medio nisu viscera rupta forent!
I nunc, et meriti lectum reverere parentis,
  Quem fugit, et factis abdicat ille suis.
Nec, quia privigno videar coitura noverca,
  Terruerint animos nomina vana tuos.
Ista vetus pietas, ævo moritura futuro,
  Rustica Saturno regna tenente, fuit.
Jupiter esse pium statuit, quodcunque juvaret;
  Et fas omne facit fratre marita soror.
Illa coit firma generis junctura catena,
  Imposuit nodos cui Venus ipsa suos.
Nec labor est; celare licet. Pete munus ab illa:
  Cognato poterit nomine culpa tegi.
Viderit amplexos aliquis; laudabimur ambo:
  Dicar privigno fida noverca meo.
Non tibi per tenebras duri reseranda mariti
  Janua, non custos decipiendus erit.
Ut tenuit domus una duos, domus una tenebit.
  Oscula aperta dabas, oscula aperta dabis.
Tutus eris mecum, laudemque merebere culpa,
  Tu licet in lecto conspiciare meo.

paternel. Il t'associa les frères que je t'ai donnés; et la cause de leur adoption, ce fut lui, et non moi. Oh! que n'a-t-il été déchiré au milieu même des efforts de l'enfantement, ce sein qui devait te nuire, le plus beau des mortels! Va, maintenant, révère la couche de ce tendre père; il la fuit, il l'abdique par ses actes.

Et que le commerce d'une belle-mère avec son beau-fils n'épouvante pas ton imagination; ce n'est qu'un vain préjugé. Ce scrupule suranné, que les âges suivans devaient abolir, appartenait au règne rustique de Saturne. Jupiter a légitimé tout ce qui plaît, et l'hymen de la sœur avec le frère rend tout licite. L'alliance forme une chaîne indissoluble de parenté, alors que Vénus elle-même en a resserré les nœuds. Tu n'as rien à craindre; le mystère est facile. Que la parenté nous serve d'excuse : la faute pourra se couvrir de ce nom. Qu'on nous surprenne dans les bras l'un de l'autre; ce sera à notre louange : on dira que la belle-mère est attachée au beau-fils. Tu n'auras pas à te faire ouvrir, pendant les ténèbres, la porte d'un mari soupçonneux, ni de gardien à corrompre. Comme nous avons vécu, nous vivrons sous le même toit. Publiquement tu me donnais des baisers; tu m'en donneras publiquement. Avec moi tu seras en sûreté; ta faute te méritera des éloges, lors même que tu serais vu dans mon lit. Seulement bannis tout retard, et hâte ce moment fortuné. Qu'à ce prix Amour, cruel maintenant pour moi, soit favorable à tes désirs!

Tolle moras tantum, properataque foedera junge.
  Qui mihi nunc saevit, sic tibi parcat Amor!
Non ego dedignor supplex humilisque precari.
  Heu! ubi nunc fastus, altaque verba? jacent.
Et pugnare diu, nec me submittere culpae
  Certa fui; certi si quid haberet amor!
Victa precor, genibusque tuis regalia tendo
  Brachia. Quid deceat non videt ullus amans.
Depuduit, profugusque pudor sua signa relinquit.
  Da veniam fassae, duraque corda doma.
Quo mihi, quod genitor, qui possidet aequora, Minos?
  Quod veniant proavi fulmina torta manu?
Quod sit avus, radiis frontem vallatus acutis,
  Purpureo tepidum qui movet axe diem?
Nobilitas sub amore jacet. Miserere priorum;
  Et, mihi si non vis parcere, parce meis.
Est mihi dotalis tellus, Iovis insula, Crete.
  Serviat Hippolyto regia tota meo.
FLECTE feros animos. Potuit corrumpere taurum
  Mater: eris tauro saevior ipse truci?
Per Venerem parcas, oro, quae plurima mecum est::
  Sic nunquam, quae te spernere possit, ames;
Sic tibi secretis agilis Dea saltibus adsit,
  Silvaque perdendas praebeat alta feras;
Sic faveant Satyri, montanaque numina Panes;
  Et cadat adversa cuspide fossus aper;

Je ne dédaigne pas de descendre à d'humbles prières. Hélas! où est mon orgueil, où est ce langage hautain? tout a disparu. J'étais résolue à combattre long-temps, et à ne pas succomber; mais l'amour n'est-il pas inconséquent? Reine vaincue, je prie et j'embrasse tes genoux. Aucun amant ne voit ce qu'exigent les convenances. J'ai désappris à rougir; transfuge de la Pudeur, j'ai abandonné ses étendards. Pardonne à mon aveu, et dompte un cœur barbare. A quoi me sert-il d'avoir pour père Minos, dominateur des ondes? que la foudre éclate en serpentant des mains de mon aïeul? que mon grand-père, le front armé de dards rayonnans, conduise sur son char vermeil le jour qu'il échauffe? La noblesse est ensevelie sous l'amour. Prends pitié de mes ancêtres; et si tu ne veux m'épargner, au moins épargne les miens. J'ai pour dot la Crète, île de Jupiter. Que toute ma cour soit asservie à mon Hippolyte.

Adoucis ton cœur inflexible. Ma mère a pu séduire un taureau : seras-tu donc plus cruel qu'un farouche taureau? Par Vénus qui règne sur mon cœur, oh! je t'en conjure, épargne-moi; puisses-tu à ce prix ne jamais éprouver les dédains d'une amante! A ce prix, que la déesse agile des forêts te protège dans ses retraites solitaires; que les bois touffus offrent des victimes à tes coups; que les Satyres et les Pans, divinités des montagnes, te favorisent, et que le sanglier tombe percé du dard de ta lance; que les Nymphes, quoiqu'on t'accuse

Sic tibi dent Nymphæ, quamvis odisse puellas
  Diceris, arentem quæ levet unda sitim.
Addimus his precibus lacrymas quoque: verba precantis
  Perlegis; at lacrymas finge videre meas.

EPISTOLA QUINTA.

OENONE PARIDI.

Perlegis? an conjux prohibet nova? perlege: non est
  Ista Mycenæa littera facta manu.
Pegasis OEnone, Phrygiis celeberrima silvis,
  Læsa queror de te, si sinis esse, meo.
Quis Deus opposuit nostris sua numina votis?
  Ne tua permaneam, quod mihi crimen obest?
Leniter, ex merito quidquid patiare, ferendum est:
  Quæ venit indignæ pœna, dolenda venit.
Nondum tantus eras, quum te contenta marito,
  Edita de magno flumine Nympha, fui.
Qui nunc Priamides, adsit reverentia vero,
  Servus eras: servo nubere Nympha tuli.
Sæpe greges inter requievimus arbore tecti;
  Mixtaque cum foliis præbuit herba torum.
Sæpe super stramen fœnoque jacentibus alto,
  Defensa est humili cana pruina casa.

de haïr leur sexe, te donnent une onde fraîche qui te désaltère ! Ces prières, je les arrose de mes larmes : tu lis jusqu'au bout les paroles suppliantes ; quant aux larmes, figure-toi les voir.

ÉPITRE CINQUIÈME.

ÉNONE A PARIS.

Peux-tu me lire ? ou ta nouvelle épouse s'y oppose-t-elle ? lis : cette lettre n'a pas été tracée par une main de Mycène. C'est Énone la naïade, célèbre dans les forêts de la Phrygie, qui se plaint de tes outrages, à toi, son époux, si tu veux bien y consentir. Quelle divinité ennemie a contrarié mes vœux ? par quel forfait ai-je cessé d'être à toi ? Il faut se résigner au malheur, quand on l'a mérité : les peines qu'on éprouve innocent, on les éprouve avec regret.

Tu n'étais pas encore un si grand prince, lorsque je me contentai de ton hymen, quoique nymphe et fille d'un grand fleuve. Maintenant le fils de Priam, tu étais alors esclave, que la vérité ne t'offense pas : nymphe, j'ai daigné m'unir à un esclave. Souvent, parmi les troupeaux, nous reposâmes sous l'abri d'un arbre ; et son feuillage, mêlé au gazon, nous offrait un lit de verdure. Souvent, étendus sur le chaume et la paille touffue, une chétive cabane nous défendit contre les blancs frimas. Qui te mon-

Quis tibi monstrabat saltus venatibus aptos,
 Et tegeret catulos qua fera rupe suos?
Retia saepe comes maculis distincta tetendi;
 Saepe citos egi per juga summa canes.
Incisae servant a te mea nomina fagi;
 Et legor OEnone, falce notata tua:
Et quantum trunci, tantum mea nomina crescunt.
 Crescite, et in titulos surgite recta meos.
Populus est, memini, fluviali consita ripa,
 Est in qua nostri litera scripta memor.
« Popule, vive precor, quae consita margine ripae,
 Hoc in rugoso cortice carmen habes:
Quum Paris OEnone poterit spirare relicta,
 Ad fontem Xanthi versa recurret aqua. »
Xanthe, retro propera, versaeque recurrite lymphae:
 Sustinet OEnonen deseruisse Paris.
ILLA dies fatum miserae mihi dixit: ab illa
 Pessima mutati coepit amoris hiems;
Qua Venus et Juno, sumtisque decentior armis,
 Venit in arbitrium nuda Minerva tuum.
Attoniti micuere sinus, gelidusque cucurrit,
 Ut mihi narrasti, dura per ossa tremor.
Consului, neque enim modice terrebar, anusque,
 Longaevosque senes: constitit esse nefas.
Caesa abies, sectaeque trabes, et, classe parata,
 Caerula ceratas accipit unda rates.

trait les bois propices à la chasse, et cette roche où la bête fauve dérobait ses petits ? Souvent, compagne de tes délassemens, j'ai tendu les filets aux mailles variées ; souvent j'ai conduit les limiers rapides sur la cime des monts. Les hêtres conservent mon chiffre gravé par toi, et on lit le nom d'Énone, que ta serpe a inscrit : autant croissent les tiges, autant croît mon nom. Croissez, et dressez-vous en colonnes pour établir nos titres. Il est, je m'en souviens, un peuplier, planté sur la rive du fleuve, où tu gravas des caractères qui retracent ma mémoire. « Peuplier, disais-tu, vis long-temps, toi qui, planté le long du rivage, portes ces vers sur ton écorce ridée : Lorsque Pâris pourra respirer loin d'Énone, le cours de ton onde remontera vers sa source. » Xanthe, coule en arrière ; ondes, revenez sur vous-mêmes : Pâris n'a pas craint d'abandonner Énone.

Ce jour fatal a marqué la destinée de la malheureuse Énone, et fut pour elle le rigoureux hiver d'un amour changé, alors que Vénus et Junon, et la déesse, à qui sied mieux l'armure, Minerve nue, vinrent se soumettre à ton jugement. A ce récit, mon cœur palpita de surprise, et un froid tremblement parcourut mes membres raidis. Je consultai, car je n'étais pas médiocrement effrayée, et les femmes âgées et les vieillards : je ne doutai plus de mon malheur. On abat le pin, on façonne les planches, et, la flotte prête, l'onde azurée reçoit les vaisseaux de cire enduits. Tu pleuras en partant ; au moins épargne-toi de le nier : ton nouvel amour est plus honteux que

Flesti discedens; hoc saltem parce negare.
  Præterito magis est iste pudendus amor.
Et flesti, et nostros vidisti flentis ocellos :
  Miscuimus lacrymas mœstus uterque suas.
Non sic appositis vincitur vitibus ulmus,
  Ut tua sunt collo brachia nexa meo.
Ah! quoties, quum te vento quererere teneri,
  Riserunt comites! ille secundus erat.
Oscula dimissæ quoties repetita dedisti!
  Quam vix sustinuit dicere lingua, « Vale! »
Aurá levis rigido pendentia lintea malo
  Suscitat, et remis eruta canet aqua.
Prosequor infelix oculis abeuntia vela,
  Qua licet; et lacrymis humet arena meis.
Utque celer venias virides Nereidas oro;
  Scilicet ut venias in mea damna celer.
Votis ergo meis alii rediture redisti.
  Hei mihi! pro dira pellice blanda fui.
Adspicit immensum moles nativa profundum:
  Mons fuit, æquoreis illa resistit aquis.
Hinc ego vela tuæ cognovi prima carinæ,
  Et mihi per fluctus impetus ire fuit.
Dum moror, in summa fulsit mihi purpura prora.
  Pertimui : cultus non erat ille tuus.
Fit propior, terrasque cita ratis attigit aura.
  Femineas vidi, corde tremente, genas.

le premier. Tu pleuras, et tu vis mes yeux baignés de larmes : dans notre mutuelle douleur, nous confondions nos larmes. La vigne ne s'attache pas aussi étroitement à l'ormeau, que tes bras furent serrés à l'entour de mon cou. Ah! combien de fois ont ri tes compagnons, lorsque tu te plaignais d'être retenu par les vents! Les vents étaient propices. Combien de baisers redoublés tu me donnas en me quittant! Comme ta langue eut à peine le courage de dire, « Adieu ! » Une brise légère relève la voile pendante le long du mât dressé, l'onde blanchit sous la rame qui la soulève. Je suis des yeux, malheureuse! la voile fugitive, aussi loin qu'il m'est possible; le rivage est humecté de mes pleurs. Je demande aux verdoyantes Néréides ton prompt retour; oui, ton prompt retour, pour consommer ma ruine. Mes vœux t'ont rappelé, mais tu devais revenir pour une autre. Hélas! je priais en faveur de ma cruelle rivale.

Un môle naturel domine sur la profondeur des abîmes : c'est une montagne contre laquelle se brisent les vagues marines. De là pour la première fois j'ai reconnu les voiles de ton vaisseau, et j'eus la pensée de me précipiter dans les flots. Tandis que je balance, je vois briller de la pourpre au sommet de ta proue. La crainte me saisit : cette parure n'était pas la tienne. Le navire approche et, porté par un souffle rapide, il touche terre. Je vois alors, le cœur tremblant, un visage de femme. Ce n'était pas assez : et pourquoi aussi, forcenée que

Non satis id fuerat : quid enim furiosa morabar ?
 Hærebat gremio turpis amica tuo.
Tunc vero rupique sinus, et pectora planxi,
 Et secui madidas ungue rigente genas,
Implevique sacram querulis ululatibus Idam.
 Illinc has lacrymas in mea saxa tuli.
Sic Helene doleat, desertaque conjuge ploret;
 Quæque prior nobis intulit, ipsa ferat.
Nunc tibi conveniunt, quæ te per aperta sequantur
 Æquora, legitimos destituantque toros.
At quum pauper eras, armentaque pastor agebas,
 Nulla, nisi OEnone, pauperis uxor erat.
Non ego miror opes, nec me tua regia tangit,
 Nec de tot Priami dicar ut una nurus.
Non tamen ut Priamus Nymphæ socer esse recuset,
 Aut Hecubæ fuerim dissimulanda nurus.
Dignaque sum et cupio fieri matrona potentis :
 Sunt mihi, quas possint sceptra decere, manus.
Nec me, faginea quod tecum fronde jacebam,
 Despice : purpureo sum magis apta toro.
Denique tutus amor meus est tibi : nulla parantur
 Bella, nec ultrices advehit unda rates.
Tyndaris infestis fugitiva reposcitur armis :
 Hac venit in thalamos dote superba tuos.
Quæ si sit Danais reddenda, vel Hectora fratrem,
 Vel cum Deiphobo Polydamanta roga.

j'étais, demeurais-je en ces lieux? Ta vile amante se pressait contre ton sein. Alors je déchire ma robe, je me meurtris la poitrine, et avec mes ongles je déchire mes joues humides, et je remplis de mes hurlemens plaintifs le mont sacré d'Ida. De là je transporte ces larmes vers les rochers qui me sont chers. Qu'ainsi pleure Hélène, abandonnée de son époux, et qu'elle éprouve elle-même le mal qu'elle nous causa la première.

Ce qui te convient maintenant, ce sont des femmes qui te suivent à travers les vastes mers, et désertent la couche légitime. Mais lorsque tu étais pauvre, et que tu menais les troupeaux, Énone était l'unique épouse du pauvre berger. Je n'admire pas tes richesses, ce n'est pas ton palais qui me touche, ni l'honneur d'être appelée l'une des brus si nombreuses de Priam. Non pourtant que Priam se refuse à être le beau-père d'une Nymphe, ou que sa bru doive faire rougir Hécube. Je suis digne d'être l'épouse d'un potentat, et je le désire : le sceptre ne serait pas déplacé dans mes mains. Et, parce que j'étais étendue avec toi sous le feuillage du hêtre, ne me méprise pas : une couche de pourpre me conviendrait mieux.

Enfin, mon amour est pour toi sans périls : aucune guerre ne te menace; l'onde ne porte pas de nefs vengeresses. La fille fugitive de Tyndare est redemandée par des ennemis en armes : voilà la dot qu'elle est glorieuse d'apporter à un époux. Doit-elle être rendue aux Grecs? consulte ton frère Hector, ou Déiphobe et Polydamas. Demande au grave Anténor et à Priam lui-

Quid gravis Antenor, Priamus quid censeat ipse,
  Consule; quis ætas longa magistra fuit.
Turpe rudimentum, patriæ præponere raptam.
  Causa pudenda tua est; justa vir arma movet.
Nec tibi, si sapias, fidam promitte Lacænam,
  Quæ sit in amplexus tam cito versa tuos.
Ut minor Atrides temerati fœdera lecti
  Clamat, et externo læsus amore dolet,
Tu quoque clamabis. Nulla reparabilis arte
  Læsa pudicitia est : deperit illa semel.
Ardet amore tui : sic et Menelaon amavit;
  Nunc jacet in viduo credulus ille toro.
Felix Andromache, certo bene nupta marito!
  Uxor ad exemplum fratris habenda fui.
Tu levior foliis, tunc quum, sine pondere succi,
  Mobilibus ventis arida facta volant,
Et minus est in te, quam summa pondus arista,
  Quæ levis assiduis solibus usta riget.
Hoc tua, nam recolo, quondam germana canebat,
  Sic mihi diffusis vaticinata comis?
« Quid facis, OEnone? quid arenæ semina mandas?
  Non profecturis littora bubus aras.
Graia juvenca venit, quæ te, patriamque, domumque
  Perdet (io prohibe!); Graia juvenca venit.
Dum licet, obscenam ponto, Dii, mergite puppim.
  Heu! quantum Phrygii sanguinis illa vehit!»

même ce qu'ils en pensent; ils sont instruits à l'école de l'expérience. C'est un triste début, de préférer à sa patrie une femme ravie. Ta cause est honteuse; l'époux prend les armes avec justice. Et ne te promets pas, si tu es sage, la fidélité de cette Lacédémonienne, qui s'est jetée dans tes bras si promptement. Comme le plus jeune des Atrides crie à l'outrage de la foi conjugale, et déplore la blessure d'un amour étranger, tu crieras, toi aussi. La perte de l'honneur est un mal irrémédiable : une fois suffit pour le perdre. Elle brûle d'amour pour toi : ainsi elle aima Ménélas; et maintenant le crédule époux est seul sur sa couche déserte. Heureuse Andromaque, d'être unie à un époux qu'elle connaît! Tu devais, à l'exemple de ton frère, me prendre pour ta femme. Mais tu es plus léger que la feuille, alors que, n'étant plus chargée de sève, elle voltige, desséchée, au gré des vents mobiles; et tu as moins de poids que la pointe des frêles épis, qui jaunissent chaque jour aux ardeurs du soleil.

Ta sœur, il m'en souvient, prophétisait jadis ma destinée; voici l'oracle qu'elle prononça, la chevelure en désordre : « Que fais-tu, Énone? pourquoi semer sur le sable? Tes bœufs labourent inutilement les rivages. Voici venir une génisse de la Grèce qui vous perdra, toi, ta patrie et ta maison (ah! vous en préserve le ciel!); voici venir une génisse de la Grèce. Il en est temps encore, dieux, engloutissez dans les flots cette nef impure! Hélas! que de sang phrygien elle porte! » Elle dit. Ses femmes l'enlèvent dans le cours de ses transports;

Dixerat. In cursu famulae rapuere furentem;
  At mihi flaventes diriguere comae.
Ah! nimium vates miserae mihi vera fuisti!
  Possidet en saltus illa juvenca meos.
SIT facie quamvis insignis, adultera certe est.
  Deseruit socios, hospite capta, Deos.
Illam de patria Theseus, nisi nomine fallor,
  Nescio quis Theseus, abstulit ante sua.
A juvene et cupido credatur reddita virgo?
  Unde hoc compererim tam bene, quaeris? amo.
Vim licet appelles, et culpam nomine veles;
  Quae toties rapta est, praebuit ipsa rapi.
At manet OEnone fallenti casta marito;
  Et poteras falli legibus ipse tuis.
ME Satyri celeres (silvis ego tecta latebam),
  Quaesierunt rapido, turba proterva, pede,
Cornigerumque caput pinu praecinctus acuta
  Faunus, in immensis qua tumet Ida jugis.
Me fide conspicuus Trojae munitor amavit.
  Ille meae spolium virginitatis habet:
Id quoque luctando: rupi tamen ungue capillos,
  Oraque sunt digitis aspera facta meis.
Nec pretium stupri gemmas aurumve poposci;
  Turpiter ingenuum munera corpus emunt.
Ipse, ratus dignam, medicas mihi tradidit artes,
  Admisitque meas ad sua dona manus.

mes blonds cheveux se sont hérissés sur ma tête. Ah! prêtresse, ta prédiction n'a été pour moi que trop véridique! voilà que cette génisse s'est emparée de mes pâturages.

Qu'elle soit brillante de beauté, elle est certainement adultère. Ravie par un hôte, elle a abandonné les dieux de l'hyménée. Thésée, si je ne me trompe de nom, je ne sais quel Thésée, l'avait auparavant emmenée de sa patrie. Il était jeune et amoureux; croit-on qu'il l'ait rendue vierge? Où ai-je été si bien instruite; tu le demandes? j'aime. Appelle cela violence, et voile la faute sous ce nom; celle qui tant de fois a été ravie, s'est prêtée à l'être. Mais Énone se conserve pure à un époux qui la trahit; et cependant on pouvait être infidèle en suivant ta loi.

Une troupe impudente de prompts Satyres (j'étais cachée dans les forêts), me chercha d'un pied rapide, ainsi que Faune, au front cornu, armé de pins, sur cette chaîne immense de monts où surgit l'Ida. Le dieu de la lyre, fondateur de Troie, m'aima. Il a une dépouille de ma virginité, mais non sans lutte : de mes mains je lui arrachai les cheveux, et mes doigts imprimèrent sur ses joues des meurtrissures. Et, pour prix de cette violence, je ne demandai pas de l'or ou des pierreries; il est honteux de payer la rançon d'un corps libre. Le dieu me trouva digne de lui; il me confia la science des médicamens, et employa mes mains à ses dons. Toute herbe secourable, toute racine utile à l'art de guérir qui naît dans le globe, m'est connue. Malheureuse, que les simples ne puissent être un remède à l'amour!

Quæcunque herba potens ad opem, radixque medenti
  Utilis in toto nascitur orbe, mea est.
Me miseram, quod amor non est medicabilis herbis!
  Destituor prudens artis ab arte mea.
Ipse repertor opis vaccas pavisse Pheræas
  Fertur, et e nostro saucius igne fuit.
Quod neque graminibus tellus fecunda creandis,
  Nec Deus, auxilium tu mihi ferre potes.
Et potes, et merui. Dignæ miserere puellæ :
  Non ego cum Danais arma cruenta fero;
Sed tua sum, tecumque fui puerilibus annis,
  Et tua, quod superest temporis, esse precor.

EPISTOLA SEXTA.

HYPSIPYLE JASONI.

Littora Thessaliæ reduci tetigisse carina
  Diceris, auratæ vellere dives ovis.
Gratulor incolumi, quantum sinis : hoc tamen ipso
  Debueram scripto certior esse tuo.
Nam, ne pacta tibi præter mea regna redires,
  Quum cuperes, ventos non habuisse potes;
Quamlibet adverso signetur epistola vento.
  Hypsipyle missa digna salute fui.

Habile dans cet art, je suis abandonnée par mon art. L'inventeur même a mené paître, dit-on, les génisses du roi de Phère, et fut blessé de mes feux. L'assistance, que n'ont pu me procurer ni un dieu, ni la terre, inépuisable dans la production des plantes, tu peux me la donner. Tu le peux, et je le mérite. Écoute une jeune fille qui a des droits à ta pitié: je n'apporte pas avec les Grecs une guerre sanglante; mais je suis à toi; avec toi j'ai été dès mes plus jeunes ans, et je désire t'appartenir le reste de mes jours.

ÉPITRE SIXIÈME.

HYPSIPYLE A JASON.

On dit que ton vaisseau a touché les rivages de la Thessalie, riche de la toison du bélier d'or. Je te félicite, autant que tu le permets, de ton heureux retour; cependant un écrit de ta main aurait dû m'en donner l'assurance. Car les vents peuvent t'avoir éloigné de mon empire, où tu désirais aborder, selon ta promesse; mais le vent n'est pas assez contraire, qu'on ne puisse tracer une lettre. Hypsipyle fut digne de recevoir ton salut.

Cur mihi fama prior, quam nuntia littera, venit,
 Isse sacros Marti sub juga panda boves?
Seminibus jactis segetes adolesse virorum,
 Inque necem dextra non eguisse tua?
Pervigilem spolium pecudis servasse draconem,
 Rapta tamen forti vellera fulva manu?
Hæc ego si possem timide credentibus, « ista
 Ipse mihi scripsit, » dicere, quanta forem!
Quid queror officium lenti cessasse mariti?
 Obsequium, maneo si tua, grande tuli.
Barbara narratur venisse venefica tecum,
 In mihi promissi parte recepta tori.
Credula res amor est : utinam temeraria dicar
 Criminibus falsis insimulasse virum!
Nuper ab Hæmoniis hospes mihi Thessalus oris
 Venerat; et, tactum vix bene limen erat :
« Æsonides, dixi, quid agit meus? » Ille pudore
 Hæsit, in opposita lumina fixus humo.
Protinus exsilui; tunicisque a pectore ruptis,
 « Vivit? an, exclamo, me quoque fata trahunt? »
« Vivit, ait : » timidumque mihi jurare coëgi.
 Vix mihi, teste Deo, credita vita tua est.
Utque animus rediit, tua facta requirere cœpi.
 Narrat aenipedes Martis arasse boves;
Vipereos dentes in humum pro semine jactos,
 Et subito natos arma tulisse viros;

Pourquoi la renommée m'a-t-elle appris, avant ta lettre, que les taureaux consacrés à Mars avaient courbé sous le joug? qu'une semence jetée par toi avait produit des moissons de guerriers, et que, pour leur destruction, ils n'avaient pas eu besoin de ton bras? qu'un dragon vigilant gardait la dépouille de l'animal; que cependant ta main hardie avait enlevé la précieuse toison? Si aux incrédules je pouvais dire : « Lui-même il me l'a écrit, » que je serais glorieuse! Mais pourquoi me plaindre d'un mari trop lent à acquitter le devoir? j'ai obtenu, si tu me restes, un trop grand acte de complaisance.

On raconte qu'une enchanteresse barbare accompagne tes pas, et que tu l'as admise à partager la couche qui m'était due. L'amour est chose crédule; plût aux dieux que l'on dise : « Elle a légèrement accusé son époux de crimes mensongers. » Naguère, des côtes de l'Hémonie, un hôte thessalien était venu vers moi; à peine il avait touché le seuil de mon palais : « Que fait le fils d'Éson, lui dis-je, que fait celui que j'aime? » Il reste interdit et confus; ses yeux se fixent devant moi sur la terre. Soudain je m'élance; et, déchirant ma tunique sur mon sein : « Vit-il? m'écriai-je, ou n'ai-je plus qu'à partager son trépas? — Il vit, dit-il; » et, comme il parlait timidement, je le forçai à jurer. A peine je croyais à ta vie, attestée sur la foi d'un dieu. Lorsque j'eus repris mes sens, je commençai à l'interroger sur tes exploits. Il raconte que les taureaux de Mars, aux pieds d'airain, avaient labouré; que les dents du dragon, semées sur la terre, avaient soudain fait éclore des guerriers tout armés; que ce peuple, enfant de la

Terrigenas populos, civili Marte peremtos,
  Implesse ætatis fata diurna suæ.
Devicto serpente, iterum, si vivat Iason,
  Quærimus : alternant spesque timorque fidem.
Singula dum narrat, studio cursuque loquendi,
  Detegit ingenio vulnera facta tuo.
Heu! ubi pacta fides? ubi connubialia jura?
  Faxque sub arsuros dignior ire rogos?
Non ego sum furto tibi cognita. Pronuba Juno
  Adfuit, et sertis tempora vinctus Hymen.
At mihi nec Juno, nec Hymen, sed tristis Erinnys
  Prætulit infaustas sanguinolenta faces.
Quid mihi cum Minyis? quid cum Tritonide pinu?
  Quid tibi cum patria, navita Tiphy, mea?
Non erat hic aries villo spectabilis aureo;
  Non senis Æetæ regia : Lemnos erat.
Certa fui primo, sed me mala fata trahebant,
  Hospita feminea pellere castra manu :
Lemniadesque viros, nimium quoque, vincere norunt.
  Milite tam forti vita tuenda fuit.
Urbe virum vidi, tectoque animoque recepi.
  Hic tibi bisque æstas, bisque cucurrit hiems.
Tertia messis erat, quum tu, dare vela coactus,
  Implesti lacrymis talia verba tuis :
« Abstrahor, Hypsipyle ; sed, dent modo fata recursus,
  Vir tuus hinc abeo, vir tibi semper ero.

terre, avait accompli sa destinée éphémère, en mourant dans une lutte civique. Le serpent vaincu, je m'informe de nouveau si Jason vit encore : ma foi à ses paroles flotte entre la crainte et l'espérance. Tandis qu'il rapporte les faits en détail, il me découvre, dans le cours d'un récit fidèle, les blessures que ton cœur m'a faites.

Hélas ! où est la foi promise ? où sont les droits de l'hymen, et ce flambeau plus digne d'allumer un bûcher funéraire ? Je n'ai pas été connue de toi furtivement. C'est Junon et l'Hymen, ceint de guirlandes, qui reçurent nos sermens. Je me trompe, ce n'est ni Junon ni l'Hymen, mais la triste Érynnis qui, ensanglantée, porta de sinistres torches. Que m'importaient les Argonautes et le vaisseau de Minerve ? et toi, nautonnier Tiphys, que t'importait ma patrie ? Là n'était pas le bélier à la toison d'or, ni le palais du vieil Éètes : c'était Lemnos.

J'avais résolu d'abord, mais un sort malheureux m'entraînait, de repousser ces armes étrangères à l'aide de mes bataillons féminins : les femmes de Lemnos ne savent que trop vaincre des hommes. Avec d'aussi valeureux soldats je devais défendre mes jours. J'ai vu le héros dans nos murs ; je lui ai donné un asile dans mon palais et dans mon cœur. Là, deux étés et deux hivers se sont écoulés. C'était la troisième moisson, lorsque, forcé de mettre à la voile, tu me dis ces paroles en versant des larmes : « On m'entraîne, Hypsipyle ; mais, que les destins seulement m'accordent le retour, je pars ton époux, je le serai à jamais. Qu'il vive cependant le fruit de no-

Quod tamen e nobis gravida celatur in alvo,
 Vivat; et ejusdem simus uterque parens.»
HACTENUS : et, lacrymis in falsa cadentibus ora,
 Cetera te memini non potuisse loqui.
Ultimus e sociis sacram conscendis in Argo.
 Illa volat: ventus concava vela tenet.
Caerula propulsae subducitur unda carinae :
 Terra tibi, nobis adspiciuntur aquae.
In latus omne patens turris circumspicit undas.
 Huc feror; et lacrymis osque sinusque madent.
Per lacrymas specto; cupidaeque faventia menti
 Longius adsueto lumina nostra vident.
Addo preces castas, immixtaque vota timori,
 Nunc quoque, te salvo, persoluenda mihi.
Vota ego persolvam? votis Medea fruatur!
 Cor dolet; atque ira mixtus abundat amor.
Dona feram templis, vivum quod Iasona perdam!
 Hostia pro damnis concidat icta meis!
NON equidem secura fui : semperque verebar,
 Ne pater Argolica sumeret urbe nurum.
Argolidas timui; nocuit mihi barbara pellex :
 Non expectata vulnus ab hoste tuli.
Nec facie meritisve placet; sed carmine movit:
 Diraque cantata pabula falce metit.
Illa reluctantem curru deducere Lunam
 Nititur, et tenebris abdere Solis equos;

tre union que ton sein recèle; qu'il soit notre enfant à tous deux. »

A ces mots, des larmes feintes inondent ton visage, et je me souviens que tu ne pus poursuivre. Le dernier de tes compagnons, tu montes sur le vaisseau sacré. Il vole sur les mers : le vent tient les voiles enflées. L'onde azurée se dérobe sous la nef rapide. Tu regardes la terre, et moi les eaux. Une tour, d'où la vue se promène dans tous les sens, domine les ondes. Je m'y porte; des larmes humectent mon visage et mon sein. Je regarde à travers ces larmes; et, servant mon ardeur, mes yeux voient plus loin que de coutume. J'ajoute de chastes prières, et à ma crainte se mêlent des vœux, que maintenant encore je dois acquitter, puisque tu es sauvé. Moi acquitter des vœux, pour que Médée en jouisse! Mon cœur s'afflige, et l'amour le remplit avec un sentiment de colère. Je porterai aux temples des offrandes, parce que Jason vivant m'est ravi! une victime tombera en sacrifice pour mes pertes!

Je ne fus pas tranquille : il est vrai; toujours je craignais que ton père ne prît une bru dans une des villes de la Grèce. J'ai craint les Grecques; c'est une rivale barbare qui m'a nui : ma blessure me vient d'une ennemie inattendue. Elle ne plaît pas au moins par sa beauté ou son mérite; elle t'a séduit par la vertu de ses enchantemens : armée d'une faux magique, elle moissonne des plantes funestes. Ses charmes puissans arrachent de son char la Lune rebelle, et plongent dans les ténèbres les coursiers du Soleil; ils enchaînent les ondes

Illa refrenat aquas, obliquaque flumina sistit;
  Illa loco silvas, vivaque saxa movet.
Per tumulos errat passis discincta capillis,
  Certaque de tepidis colligit ossa rogis.
Devovet absentes, simulacraque cerea figit,
  Et miserum tenues in jecur urget acus.
Et quæ nescierim melius. Male quæritur herbis,
  Moribus et forma conciliandus, amor.
HANC potes amplecti, thalamoque relictus in uno,
  Impavidus somno, nocte silente, frui!
Scilicet ut tauros, ita te juga ferre coegit;
  Quaque feros angues, te quoque mulcet, ope.
Adde, quod adscribi factis procerumque tuisque
  Se favet; et titulo conjugis uxor obest.
Atque aliquis Peliæ de partibus acta venenis
  Imputat, et populum, qui sibi credat, habet.
Non hæc Æsonides, sed Phasias Æetine
  Aurea Phryxeæ terga revellit ovis.
Non probat Alcimede mater tua: consule matrem;
  Non pater, a gelido cui venit axe nurus.
Illa sibi Tanai, Scythiæque paludibus udæ
  Quærat, et a patria Phasidos usque, virum.
MOBILIS Æsonide, vernaque incertior aura,
  Cur tua pollicito pondere verba carent?
Vir meus hinc ieras, vir non meus inde redisti:
  Sim reducis conjux, sicut euntis eram.

et suspendent le cours des fleuves; déplacent les forêts et animent les rochers. Elle parcourt les tombeaux, errante, échevelée, et recueille sur le bûcher encore tiède des ossemens qu'elle a choisis. Elle maudit les absens, pique des figures de cire, enfonce des aiguilles effilées dans un foie déplorable : et autres sortilèges que je préfère ignorer. La magie est un infâme moyen de faire naître l'amour; il doit être le prix des vertus et de la beauté.

Peux-tu la serrer dans tes bras, et, resté seul avec elle sur ta couche, peux-tu goûter le sommeil dans le silence des nuits? Ainsi elle t'a soumis au joug comme les taureaux; et le pouvoir qui assoupit le féroce dragon, te domine également. Ajoute qu'elle se flatte d'être comprise dans tes hauts faits et dans ceux de tes chefs. L'épouse nuit au triomphe de l'époux. Quelques partisans de Pélias imputent tes succès à ses enchantemens, et le peuple est là pour le croire. Ainsi, ce n'est pas le fils d'Éson, mais la fille d'Éètes, des bords du Phase, qui enlève la toison d'or du bélier de Phryxus. Alcimède ta mère ne t'approuve pas : consulte ta mère; non plus que ton père, qui voit venir une bru des régions glaciales. Qu'elle aille se chercher un époux sur les bords du Tanaïs, dans les marais de l'humide Scythie, et jusqu'aux sources du Phase, sa patrie.

Volage fils d'Éson, moins stable que la brise printanière, pourquoi tes promesses n'ont-elles pas de consistance? Tu étais parti mon époux, tu reviens sans l'être : que je sois ta femme à ton retour, comme à ton départ. Si la noblesse et un nom illustre te touchent,

Si te nobilitas generosaque nomina tangunt,
  En ego Minoo nata Thoante feror.
Bacchus avus; Bacchi conjux, redimita corona,
  Præradiat stellis signa minora suis.
Dos tibi Lemnos erit, terra ingeniosa colenti.
  Me quoque res tales inter habere potes.
Nunc etiam peperi. Gratare ambobus, Iason :
  Dulce mihi gravidæ fecerat auctor onus.
Felix in numero quoque sum; prolemque gemellam
  Pignora Lucina bina favente dedi.
Si quæris cui sint similes, cognosceris illis.
  Fallere non norunt; cetera patris habent.
Legatos quos pæne dedi pro matre ferendos :
  Sed tenuit cœptas sæva noverca vias.
Medeam timui : plus est Medea noverca.
  Medeæ faciunt ad scelus omne manus.
Spargere quæ fratris potuit laniata per agros
  Corpora, pignoribus parceret illa meis?
Hanc tamen, o demens, Colchisque ablate venenis,
  Diceris Hypsipyles præposuisse toro.
Turpiter illa virum cognovit adultera virgo :
  Me tibi, teque mihi tæda pudica dedit.
Prodidit illa patrem : rapui de cæde Thoanta.
  Deseruit Colchos : me mea Lemnos habet.
Quid refert, scelerata piam si vincit, et ipso
  Crimine dotata est, emeruitque virum?

eh bien ! tu vois en moi la fille de Thoas, descendant de
Minos. Bacchus est mon aïeul ; l'épouse de Bacchus efface par l'éclat de sa couronne les astres subalternes.
Ma dot sera Lemnos, terre favorable à la culture. Tu
peux aussi me compter parmi de tels avantages.

Maintenant même je viens d'être mère. Félicite-nous
tous deux, Jason : l'auteur de ma grossesse m'avait rendu
le fardeau bien doux. Je suis heureuse aussi par le nombre, et Lucine a favorisé la naissance de jumeaux,
double gage de notre amour. Si tu demandes à qui ils
ressemblent, on te reconnaît en eux. Ils ne savent tromper ; le reste, ils le tiennent de leur père. J'allais presque
les faire porter en ambassade pour leur mère : une
cruelle marâtre m'a retenue sur le point du départ. J'ai
craint Médée : Médée est plus qu'une marâtre. Les
mains de Médée sont exercées à commettre tous les
forfaits. Celle qui a pu disperser dans les champs les
membres déchirés d'un frère, épargnerait-elle les objets
de ma tendresse ?

Et, dans ton délire, ô toi que les poisons de Colchos
égarent, on dit que tu l'as préférée aux feux d'Hypsipyle. Vierge adultère, un honteux commerce l'a fait
connaître à son mari : une flamme pudique nous a donnés l'un à l'autre. Elle a trahi son père : j'ai dérobé Thoas
au massacre. Elle a fui Colchos : Lemnos, où je règne,
me possède. Qu'importe cette différence, si la scélératesse triomphe de la vertu ; si le crime lui tient lieu de
dot, et lui mérite un époux ? Je blâme la vengeance des
femmes de Lemnos, Jason, mais elle ne m'étonne pas :

Lemniadum facinus culpo, non miror, Iason :
  Quælibet iratis ipse dat arma dolor.
Dic age, si ventis, ut oportuit, actus iniquis,
  Intrasses portus, tuque comesque, meos,
Obviaque exissem, fœtu comitata gemello
  (Hiscere nempe tibi terra roganda foret),
Quo vultu natos, quo me, scelerate, videres?
  Perfidiæ pretio qua nece dignus eras?
Ipse quidem per me tutus sospesque fuisses,
  Non quia tu dignus, sed quia mitis ego.
Pellicis ipsa meos implessem sanguine vultus,
  Quosque veneficiis abstulit illa suis.
Medeæ Medea forem.
          Quod si quid ab alto,
Justus ades votis, Jupiter, ipse meis,
Quod gemit Hypsipyle, lecti quoque subnuba nostri
  Mœreat; et leges sanciat ipsa suas :
Utque ego destituor conjux, materque duorum,
  A totidem natis orba sit, aque viro;
Nec male parta diu teneat; pejusque relinquat;
  Exsulet, et toto quærat in orbe fugam;
Quam fratri germana fuit, miseroque parenti
  Filia, tam natis, tam sit acerba viro;
Quum mare, quum terras consumserit, aera tentet;
  Erret inops, exspes, cæde cruenta sua.
Hæc ego conjugio fraudata Thoantias oro :
  Vivite devoto, nuptaque, virque, toro.

le ressentiment fait une arme de tout à ceux qu'il anime.

Dis-moi, si, poussé par des vents contraires, comme il eût été juste, tu fusses entré dans mon port, toi et celle qui t'accompagne, si j'étais allée à ta rencontre, accompagnée de mes deux jumeaux (tu devais prier la terre d'ouvrir ses abîmes sous tes pas), de quel œil, époux criminel, verrais-tu tes enfans, verrais-tu ton épouse ? quelle mort ne mériterais-tu pas pour prix de ta perfidie ? Tu aurais été en sûreté près de moi, j'aurais respecté tes jours, non que tu en sois digne, mais parce que je suis douce. Quant à moi, le sang de ma rivale eût assouvi mes regards et ceux de l'homme que ses fascinations m'ont ravi. Pour Médée je serais une autre Médée.

Jupiter, si, du haut Olympe, tu n'es pas sourd à ma prière, fais que celle qui a usurpé mon rang gémisse du malheur qui afflige Hypsipyle ; qu'elle-même sanctionne ses lois : et que, comme je suis délaissée épouse et mère de deux enfans, elle soit privée d'un nombre égal d'enfans et de son époux ; qu'elle ne conserve pas long-temps sa conquête illégitime ; qu'elle l'abandonne encore plus malheureusement ; qu'elle soit exilée, et cherche un asile dans tout le globe ; qu'autant elle a été sœur pour son frère, et fille pour son malheureux père, autant elle soit cruelle pour ses enfans et son époux ; qu'après avoir épuisé de ses courses et les mers et la terre, elle essaie de l'air ; qu'elle erre sans secours et sans espoir, ensanglantée du meurtre des siens. Voilà ce que demande la fille de Thoas, dépouillée de son hymen : vivez, l'homme et la femme, sous le poids de la malédiction.

EPISTOLA SEPTIMA.

DIDO ÆNEÆ.

Sic, ubi fata vocant, udis abjectus in herbis,
  Ad vada Mæandri concinit albus olor.
Nec, quia te nostra sperem prece posse moveri,
  Adloquor: adverso movimus ista Deo;
Sed merita et famam, corpusque animumque pudicum
  Quum male perdiderim, perdere verba leve est.
Certus es ire tamen miseramque relinquere Dido,
  Atque idem venti vela fidemque ferent.
Certus es, Ænea, cum fœdere solvere naves,
  Quæque ubi sint nescis, Itala regna sequi.
Nec nova Carthago, nec te crescentia tangunt
  Mœnia, nec sceptro tradita summa tuo.
Facta fugis, facienda petis. Quærenda per orbem
  Altera, quæsita est altera terra tibi.
Ut terram invenias, quis eam tibi tradet habendam?
  Quis sua non notis arva tenenda dabit?
Alter habendus amor tibi restat, et altera Dido;
  Quamque iterum fallas, altera danda fides.
Quando erit, ut condas instar Carthaginis urbem,
  Et videas populos altus ab arce tuos?

ÉPITRE SEPTIÈME.

DIDON A ÉNÉE.

Tel, étendu sur des herbes marécageuses, le blanc cygne, lorsque les destins l'appellent, chante aux bords du Méandre. Et ce n'est pas parce que j'espère pouvoir te fléchir par ma prière, que je t'adresse cette lettre : j'ai agi sous l'influence du courroux céleste ; mais, après avoir perdu, par une conduite coupable, mes bienfaits et l'honneur, mon corps et une âme pudique, c'est peu de perdre des paroles. Tu es déterminé à partir cependant, à abandonner la malheureuse Didon, et les mêmes vents qui enfleront tes voiles, emporteront tes sermens. Tu es déterminé, Énée, à lever l'ancre et à trahir ta foi ; à chercher un royaume d'Italie dont tu ignores même la position. Rien ne te touche, ni Carthage récemment fondée, ni ses murailles qui s'élèvent, ni la souveraineté confiée à ton sceptre. Tu fuis ce qui est fait ; ce qui est à faire, tu le poursuis. Il te faut chercher sur le globe une autre terre, et tu en as trouvé une. Mais que tu la trouves cette terre, qui t'en livrera la possession ? qui offrira, pour s'y établir, son territoire à des inconnus ? Il te reste à avoir un autre amour, une autre Didon ; à engager de nouveau ta foi, pour la violer de nouveau. Quand sera le jour où tu puisses élever une ville à l'instar de Carthage, et voir tes peuples du haut de la citadelle ?

Omnia si veniant, nec te tua vota morentur,
  Unde tibi, quæ te sic amet, uxor erit?
Uror ut inducto ceratæ sulfure tædæ,
  Ut pia fumosis addita tura focis.
Æneas oculis semper vigilantis inhæret,
  Æneamque animo noxque diesque refert.
Ille quidem male gratus, et ad mea munera surdus,
  Et quo, si non sim stulta, carere velim.
Non tamen Æneam, quamvis male cogitat, odi;
  Sed queror infidum, questaque pejus amo.
Parce, Venus, nurui; durumque amplectere fratrem
  Frater, Amor: castris militet ille tuis.
Atque, ego quem cœpi, neque enim dedignor, amare,
  Materiam curæ præbeat ille meæ.
Fallor; et ista mihi falso jactatur imago.
  Matris ab ingenio dissidet ille suæ.
Te lapis, et montes, innataque rupibus altis
  Robora, te sævæ progenuere feræ;
Aut mare, quale vides agitari nunc quoque ventis,
  Quod tamen adversis fluctibus ire paras.
Quo fugis? obstat hiems: hiemis mihi gratia prosit.
  Adspice ut eversas concitet Eurus aquas.
Quod tibi malueram, sine me debere procellis:
  Justior est animo ventus et unda tuo.
Non ego sum tanti (quamvis merearis, inique),
  Ut pereas, dum me per freta longa fugis.

Et quand tu réussirais au gré de tes désirs, où trouveras-tu une épouse qui t'aime autant que moi? Je brûle comme ces torches de cire imprégnées de soufre, comme l'encens des temples épandu sur le brasier odorant. Énée s'attache toujours à mes yeux pendant que je veille; le jour et la nuit retracent Énée à mon imagination. C'est un ingrat, il est vrai, sourd à la voix de mes bienfaits; je devrais même l'oublier, si je n'étais folle : et cependant, malgré son indifférence, je ne hais pas Énée; mais je me plains de l'infidèle, et ma plainte redouble mon amour. Vénus, épargne ta bru; et toi, Amour, embrase un frère inhumain : qu'il serve dans tes camps. Pour moi, j'y consens, que celui que j'ai commencé à aimer fournisse matière à mes tourmens.

Je m'abuse; une vaine illusion se joue de moi. Il n'a pas de ressemblance avec sa mère. La pierre et les montagnes, et le chêne produit sur les hauts rochers, et de cruelles bêtes sauvages t'ont engendré; ou la mer, comme celle que tu vois maintenant même agitée par les vents, et que tu vas bientôt parcourir sur des flots orageux. Où fuis-tu? la tempête s'oppose : que la tempête me favorise de ses rigueurs. Vois comme l'Eurus agite et bouleverse les ondes. Ce que j'eusse préféré te devoir, permets que je le doive à la tempête : le vent et l'onde sont plus justes que ton cœur.

Je ne suis pas d'un assez grand prix, quoique ta perfidie le mérite, pour que tu périsses dans ta fuite sur

Exerces pretiosa odia et constantia magno,
  Si, dum me careas, est tibi vile mori.
Jam venti ponent, strataque æqualiter unda,
  Cæruleis Triton per mare curret equis.
Tu quoque cum ventis utinam mutabilis esses!
  Et, nisi duritie robora vincis, eris.
Quid? si nescieris insana quid æquora possint?
  Expertæ toties tam male credis aquæ?
Ut pelago suadente etiam retinacula solvas,
  Multa tamen latus tristia pontus habet.
Nec violasse fidem tentantibus æquora prodest:
  Perfidiæ pœnas exigit ille locus.
Præcipue quum læsus Amor; quia mater Amoris
  Nuda Cytheriacis edita fertur aquis.
PERDITA ne perdam timeo, noceamve nocenti;
  Neu bibat æquoreas naufragus hostis aquas.
Vive, precor; sic te melius, quam funere, perdam:
  Tu potius leti causa ferare mei.
FINGE, age, te rapido (nullum sit in omine pondus)
  Turbine deprendi; quid tibi mentis erit?
Protinus occurrent falsæ perjuria linguæ,
  Et Phrygia Dido fraude coacta mori.
Conjugis ante oculos deceptæ stabit imago
  Tristis, et effusis sanguinolenta comis.
« Quidquid id est, totum merui, concedite, dicas: »
  Quæque cadent, in te fulmina missa putes.

les vastes mers. Tu exerces une haine chère et dispendieuse, si, pourvu que tu sois privé de moi, la mort est vile à tes yeux. Bientôt les vents se calmeront, et sur la plaine unie des mers Triton fera courir son char d'azur. Que n'es-tu mobile comme leurs haleines! et tu le seras, si tu ne surpasses en dureté les chênes. Eh quoi! ne sais-tu pas ce que peuvent les flots en courroux? Tu as tant de fois éprouvé cet élément, et tu t'y confies? Tu partiras, je le veux, invité par le calme des ondes; mais les vastes abîmes offrent beaucoup de dangers. Les parjures ne gagnent rien à traverser les mers : ce lieu même punit la violation de la foi. Surtout lorsque l'Amour est blessé; parce que, dit-on, la mère de l'Amour sortit nue, à sa naissance, des ondes de Cythère.

Déjà perdue, je crains encore de perdre; je crains de nuire à qui me nuit, et que l'onde marine n'engloutisse mon ennemi naufragé. Vis, je t'en conjure; j'aime mieux te perdre ainsi que par le trépas : qu'on te dise plutôt l'artisan de ma mort.

Voyons, imagine-toi (puisse mon présage ne pas s'accomplir!) enlevé par un tourbillon rapide; quelles seront tes pensées? Soudain se présenteront à toi les parjures d'une bouche mensongère, et Didon forcée de mourir par la ruse phrygienne. Devant tes yeux le fantôme de ton épouse trompée se dressera triste, sanglant, et la chevelure en désordre. Tu diras alors : « Tout ce qui m'arrive, je l'ai bien mérité; dieux! pardonnez. » Et les foudres qui tomberont, tu les croi-

Da breve sævitiæ spatium pelagique tuæque :
 Grande moræ pretium tuta futura via est.

Nec mihi tu parcas; puero parcatur Iulo.
 Te satis est titulum mortis habere meæ.
Quid puer Ascanius, quid Di meruere Penates?
 Ignibus ereptos obruet unda Deos.
Sed neque fers tecum; nec, quæ mihi, perfide, jactas,
 Presserunt humeros sacra paterque tuos.
Omnia mentiris: nec enim tua fallere lingua
 Incipit a nobis, primaque plector ego.
Si quæras ubi sit formosi mater Iuli :
 Occidit, a duro sola relicta viro.
Hæc mihi narraras; non me movere : merentem
 Ure, minor culpa pœna futura mea est.
Nec mihi mens dubia est, quin te tua numina damnent :
 Per mare, per terras septima jactat hiems.
Fluctibus ejectum tuta statione recepi,
 Vixque bene audito nomine, regna dedi.
His tamen officiis utinam contenta fuissem,
 Et mihi concubitus fama sepulta foret!
Illa dies nocuit, qua nos declive sub antrum
 Cæruleus subitis compulit imber aquis.
Audieram vocem; Nymphas ululasse putavi :
 Eumenides fatis signa dedere meis.
Exige, læse pudor, pœnas, violate Sichæo,
 Ad quem, me miseram! plena pudoris eo.

ras dirigées contre toi. Accorde aux rigueurs de la mer et aux tiennes quelque relâche : une sûre navigation sera le prix inestimable de ce court délai.

Et ne m'épargne pas; épargne le petit Iule. C'est assez pour toi d'être l'auteur de ma mort. Mais ton fils Ascagne, mais tes dieux pénates, qu'ont-ils fait? ces dieux arrachés aux flammes, l'onde va les engloutir. Mais tu ne les portes pas avec toi, et, malgré ta jactance, perfide, les objets sacrés du culte et ton père n'ont pas chargé tes épaules. Tout est mensonge dans ce récit : car ce n'est pas par nous que ta langue commence à tromper; je ne suis pas ta première victime. Si tu recherches où est la mère du charmant Iule : elle a péri, abandonnée seule par son époux inhumain. Tu me l'avais raconté; je n'y fis pas attention : ah! brûle-moi aussi, je le mérite, cette peine sera trop douce pour la faute. Je ne doute nullement que tes divinités ne se vengent de toi : sept hivers t'ont vu ballotté sur la terre et les mers. La tempête te jette sur mes côtes, je te reçois dans un sûr asile; à peine j'ai entendu prononcer ton nom, je t'offre un royaume.

Et plût aux dieux que je me fusse contentée de ces bienfaits, et que le souvenir de notre union eût été enseveli! Jour fatal, que celui où un soudain orage nous fit chercher un asile contre la pluie dans une grotte profonde! J'avais entendu une voix; je la pris pour le hurlement des nymphes : c'étaient les Euménides qui donnaient le signal à ma destinée. Pudeur outragée, venge-toi de mon infidélité envers Sichée, que je vais retrouver, hélas! pénétrée de confusion. J'ai, dans un temple de

Est mihi marmorea sacratus in æde Sichæus;
  Adpositæ frondes velleraque alba tegunt.
Hinc ego me sensi noto quater ore citari;
  Ipse sono tenui dixit : « Elissa, veni. »
Nulla mora est : venio, venio tibi debita conjux,
  Sed tamen admissi tarda pudore mei.
Da veniam culpæ; decepit idoneus auctor :
  Invidiam noxæ detrahit ille meæ.
Diva parens, seniorque pater, pia sarcina nati,
  Spem mihi mansuri rite dedere tori.
Si fuit errandum, causas habet error honestas.
  Adde fidem, nulla parte pigendus erit.
Durat in extremum, vitæque novissima nostræ
  Prosequitur fati, qui fuit ante, tenor.
Occidit internas conjux mactatus ad aras,
  Et sceleris tanti præmia frater habet.
Exsul agor, cineresque viri patriamque relinquo,
  Et feror in duras, hoste sequente, vias.
Applicor ignotis, fratrique elapsa fretoque,
  Quod tibi donavi, perfide, litus emo.
Urbem constitui lateque patentia fixi
  Mœnia, finitimis invidiosa locis.
Bella tument : bellis peregrina et femina tentor,
  Vixque rudes portas urbis et arma paro.
Mille procis placui, qui me coiere, querentes
  Nescio quem thalamis præposuisse suis.

marbre, l'image sacrée de Sichée ; des guirlandes de feuillage et de blancs tissus la recouvrent. De là j'ai entendu sa voix connue m'appeler quatre fois : il me disait d'un ton faible : « Élise, viens. » Plus de retard : j'accours ; je viens à toi. Époux, je t'appartiens. Mais la honte de mon crime ralentit mes pas. Pardonne, c'est un homme séduisant qui m'a trompée : il ôte à ma faute ce qu'elle a d'odieux. La déesse qui lui donna le jour, son vieux père, le pieux fardeau d'un fils, voilà ce qui me donnait l'espérance d'une union durable et légitime. Si je dus errer, mon erreur a des motifs honorables. Ajoute les promesses, je n'aurai à m'en repentir par aucun côté.

L'influence du destin qui pesait auparavant sur moi, s'acharne encore, et me poursuit jusqu'au dernier terme de mon existence. Mon époux a péri dans son palais, immolé aux pieds des autels ; et d'un si noir attentat, c'est un frère qui obtient le prix. Je m'exile ; j'abandonne les cendres d'un époux et ma patrie, et, poursuivie par mon ennemi, j'entreprends une navigation périlleuse. J'aborde sur des plages inconnues ; échappée à mon frère et à la mer, j'achète le rivage que je te donnai, perfide. Je fonde une ville et j'en élève les vastes murailles, objet d'envie pour les contrées voisines. Des guerres fermentent : étrangère et femme, on m'attaque par la guerre, et je prépare à la fois les portes à peine achevées de ma ville et des armes. Je plais à mille prétendans, qui viennent se plaindre à moi que je leur aie préféré pour époux je ne sais quel étranger. Que balances-tu à me livrer enchaînée

Quid dubitas vinctam Gætulo tradere Iarbæ?
  Præbuerim sceleri brachia nostra tuo.
Est etiam frater, cujus manus impia poscit
  Respergi nostro, sparsa cruore viri.
Pone Deos, et quæ tangendo sacra profanas :
  Non bene cœlestes impia dextra colit.
Si tu cultor eras elapsis igne futurus,
  Pœnitet elapsos ignibus esse Deos.
FORSITAN et gravidam Dido, scelerate, relinquas,
  Parsque tui lateat corpore clausa meo.
Accedet fatis matris miserabilis infans,
  Et nondum nato funeris auctor eris.
Cumque parente sua frater morietur Iuli,
  Pœnaque connexos auferet una duos.
SED jubet ire Deus! Vellem vetuisset adire;
  Punica nec Teucris pressa fuisset humus.
Hoc duce, nempe Deo, ventis agitaris iniquis,
  Et teris in rapido tempora longa freto.
Pergama vix tanto tibi erant repetenda labore,
  Hectore si vivo quanta fuere, forent.
Non patrium Simoënta petis, sed Tybridas undas.
  Nempe, ut pervenias quo cupis, hospes eris :
Utque latet refugitque tuas abstrusa carinas,
  Vix tibi continget terra petita seni.
Hos populos potius in dotem, ambage remota,
  Accipe, et advectas Pygmalionis opes.

au Gétule Iarbas? je prêterais mes bras à ton crime. Il est aussi un frère dont la main impie, déjà trempée du sang de mon époux, demande à se baigner dans le mien. Dépose tes dieux et les objets sacrés, que tu profanes en les touchant : l'hommage rendu aux Immortels par une main impie est un sacrilège. Si c'est pour avoir en toi un adorateur que les dieux ont été sauvés de l'incendie, ils regrettent d'être échappés aux flammes.

Peut-être aussi, malheureux, laisses-tu Didon enceinte; peut-être mes flancs recèlent-ils une portion de ton être. Un déplorable enfant partagera les destins de sa mère; il n'est pas encore, et tu seras l'artisan de son trépas. Avec sa mère mourra le frère d'Iule, et une seule peine enveloppera deux victimes.

Mais un dieu t'ordonne de partir! Je voudrais qu'il t'eût défendu de venir, et que le sol carthaginois n'eût pas été foulé par les Troyens. Ainsi c'est un dieu qui te guide, et tu es le jouet des vents orageux, et tu consumes un long temps sur la mer impétueuse. A peine ton retour à Pergame devrait-il être acheté par tant de fatigues, si Troie était aussi florissante que du vivant d'Hector. Ce n'est pas le Simoïs de ta patrie que tu cherches, mais les ondes du Tibre. Ainsi, pour parvenir au but de tes desseins, tu seras hôte et étranger; et, comme la terre que tu poursuis se cache et se dérobe à tes vaisseaux, à peine y parviendras-tu dans ta vieillesse. Renonce plutôt à ces détours, et accepte en dot mon peuple et les richesses de Pygmalion, que j'ai emportées. Transporte Ilion dans la ville des Tyriens sous

Ilion in Tyriam transfer felicius urbem :
  Hancque locum regni, sceptraque sacra tene.
Si tibi mens avida est belli, si quaerit Iulus
  Unde suo partus Marte triumphus eat;
Quem superet, ne quid desit, praebebimus hostem :
  Hic pacis leges, hic locus arma capit.
Tu modo, per matrem, fraternaque tela, sagittas,
  Perque fugae comites, Dardana sacra, Deos
(Sic superent, quoscunque tua de gente reportas,
  Mars ferus et damnis sit modus ille tuis,
Ascaniusque suos feliciter impleat annos,
  Et senis Anchisae molliter ossa cubent!),
Parce precor domui, quae se tibi tradit habendam.
  Quod crimen dicis, praeter amasse, meum?
Non ego sum Phthias, magnisve oriunda Mycenis;
  Nec steterunt in te virque paterque meus.
Si pudet uxoris, non nupta, sed hospita dicar :
  Dum tua sit Dido, quidlibet esse feret.
Nota mihi freta sunt Afrum frangentia litus :
  Temporibus certis dantque negantque viam.
Quum dabit aura viam, praebebis carbasa ventis.
  Nunc levis ejectam continet alga ratem.
Tempus ut observem manda mihi, certius ibis,
  Nec te, si cupies ipse, manere sinam.
Et socii requiem poscunt, laniataque classis
  Postulat exiguas semirefecta moras.

de meilleurs auspices : fais-en le siège de ton empire et porte-s-y le sceptre sacré. Si ton âme est passionnée pour la guerre, si le jeune Iule cherche à conquérir un triomphe par ses propres exploits, pour que rien ne te manque, nous lui fournirons un ennemi à vaincre : ce lieu comporte et les traités de la paix et les combats.

Seulement, au nom de ta mère, au nom de ces flèches, armes de ton frère, au nom des dieux de la Dardanie, compagnons sacrés de ta fuite (et, à ce prix, puisses-tu sauver tous ceux de ta nation qui te suivent; puisse cette cruelle guerre être le dernier de tes malheurs, et Ascagne accomplir heureusement le cours de ses années; puissent les os du vieux Anchise reposer mollement!), je t'en conjure, épargne une maison qui se remet entre tes mains. Quel crime me reproches-tu, sinon mon amour? Je ne suis pas de Phthie, la grande Mycène ne m'a pas vue naître; mon époux et mon père n'ont pas porté les armes contre toi. Si tu me repousses comme épouse, qu'on t'appelle non mon mari, mais mon hôte; pourvu qu'elle t'appartienne, Didon consentira à être quoi que ce soit. Je connais les parages où l'onde se brise contre la rive africaine; à certaines époques la mer est praticable, elle ne l'est pas à d'autres. Lorsque les vents le permettront, tu livreras tes voiles à leur souffle. Maintenant l'algue légère arrête le vaisseau lancé du port. Confie-moi le soin d'observer le temps, tu partiras avec plus de sûreté; et quand tu le désirerais, je ne souffrirai pas que tu restes. D'ailleurs, tes compagnons réclament du repos; ta flotte endommagée n'est qu'à demi réparée; elle demande quelques délais. Pour prix de mes bienfaits et de ceux que je

Pro meritis, et si qua tibi præbebimus ultra,
  Pro spe conjugii, tempora parva peto :
Dum freta mitescunt et amor, dum tempore et usu
  Fortiter edisco tristia posse pati.
Sin minus, est animus nobis effundere vitam.
  In me crudelis non potes esse diu.
Adspicias utinam quæ sit scribentis imago !
  Scribimus, et gremio Troicus ensis adest;
Perque genas lacrymæ strictum labuntur in ensem,
  Qui jam pro lacrymis sanguine tinctus erit.
Quam bene conveniunt fato tua munera nostro !
  Instruis impensa nostra sepulcra brevi.
Nec mea nunc primo feriuntur pectora telo :
  Ille locus sævi vulnus Amoris habet.
Anna soror, soror Anna, meæ male conscia culpæ,
  Jam dabis in cineres ultima dona meos.
Nec, consumta rogis, inscribar : « Elissa Sichæi ! »
  Hoc tamen in tumuli marmore carmen erit :
« Præbuit Æneas et causam mortis et ensem;
  Ipsa sua Dido concidit usa manu. »

pourrai ajouter aux premiers, pour l'espoir de notre hymen, je réclame un peu de temps : jusqu'à ce que la mer et l'amour s'adoucissent ; jusqu'à ce que le temps et l'habitude m'apprennent à supporter courageusement le malheur.

Sinon, ma résolution est prise, je renonce à la vie. Tu ne peux être long-temps cruel envers moi. Si tu voyais le triste aspect de celle qui t'écrit ! je t'écris, et le glaive troyen est sur moi ; des larmes coulent de mes joues sur cette épée nue, qui bientôt, au lieu de larmes, sera trempée de sang. Oh ! que ton présent s'accommode bien à ma destinée ! Les apprêts de ma mort te coûtent peu. Ce n'est pas le premier trait qui perce mon sein : le cruel Amour a déjà fait une plaie en ce lieu. Anne, ma sœur Anne, confidente de ma fatale erreur, bientôt tu vas porter à ma cendre les dons suprêmes. Consumée sur le bûcher, on ne gravera pas sur ma tombe : « Élise, épouse de Sichée ! » Cependant on lira sur le marbre cette épitaphe : « Énée a fourni et la cause de la mort et le glaive ; Didon s'est elle-même frappée de sa main. »

EPISTOLA OCTAVA.

HERMIONE ORESTÆ.

Adloquor Hermione nuper fratremque virumque,
  Nunc fratrem: nomen conjugis alter habet.
Pyrrhus Achillides, animosus imagine patris,
  Inclusam contra jusque piumque tenet.
Quod potui, renui, ne non invita tenerer:
  Cetera femineæ non valuere manus.
« Quid facis, Æacide? non sum sine vindice, dixi:
  Hæc tibi sub domino, Pyrrhe, puella suo est. »
Surdior ille freto, clamantem nomen Orestæ
  Traxit inornatis in sua tecta comis.
Quid gravius, capta Lacedæmone, serva tulissem,
  Si raperet Graias barbara turba nurus?
Parcius Andromachen vexavit Achaia victrix,
  Quum Danaus Phrygias ureret ignis opes.
At tu, cura Mei si te pia tangit, Oreste,
  Injice non timidas in tua jura manus.
An, si quis rapiat stabulis armenta reclusis,
  Arma feras; rapta conjuge, lentus eris?
Sit socer exemplo, nuptæ repetitor ademtæ,
  Cui pia militiæ causa puella fuit.

ÉPITRE HUITIÈME.

HERMIONE A ORESTE.

Hermione adresse la parole à celui qui naguère encore était son frère et son époux; maintenant il est son frère : un autre a le titre d'époux. Pyrrhus, fils d'Achille, fougueux à l'exemple de son père, me tient enfermée contre la justice et l'humanité. Autant que j'ai pu, j'ai refusé, pour ne pas être enfermée volontairement : les mains d'une faible femme n'ont pas pu davantage. « Que fais-tu, fils d'Éaque? je ne suis pas sans vengeur, lui dis-je : cette jeune fille, Pyrrhus, a son maître. » Plus sourd que les mers, pendant que j'invoquais le nom d'Oreste, il me traîne échevelée dans son palais. Esclave dans Lacédémone, la proie des Barbares, qu'eussé-je éprouvé de plus dur, si leur troupe eût enlevé les femmes grecques? La Grèce victorieuse a traité Andromaque avec plus de ménagement, lorsque, la flamme à la main, elle incendiait les richesses de la Phrygie.

Mais, si un tendre soin pour moi te touche, Oreste, soutiens tes droits d'un bras non intimidé. Eh quoi! si l'on enlevait tes troupeaux enfermés dans leurs étables; tu saisirais tes armes; ton épouse est ravie, et tu restes indifférent? Prends exemple sur ton beau-père : on lui enlève sa fiancée, il la redemande, et une jeune fille est pour lui un motif légitime de guerre. Si ton beau-père

Si socer ignavus vidua sedisset in aula,
 Nupta foret Paridi mater, ut ante fuit.
Nec tu mille rates sinuosaque vela pararis;
 Nec numeros Danai militis : ipse veni.
Sic quoque eram repetenda tamen : nec turpe marito
 Aspera pro caro bella tulisse toro.
Quid, quod avus nobis idem Pelopeius Atreus?
 Et si non esses vir mihi, frater eras?
Vir, precor, uxori, frater succurre sorori :
 Instant officio nomina bina tuo.
Me tibi Tyndareos, vita gravis auctor et annis,
 Tradidit : arbitrium neptis habebat avus.
At pater Æacidæ promiserit inscius acti;
 Plus quoque, qui prior est ordine, possit avus.
Quum tibi nubebam, nulli mea tæda nocebat;
 Si jungar Pyrrho, tu mihi læsus eris.
Et pater ignoscet nostro Menelaus amori :
 Succubuit telis præpetis ipse Dei.
Quem sibi permisit, genero permittet amorem :
 Proderit exemplo mater amata suo.
Tu mihi, quod matri pater, es : quas egerat olim
 Dardanius partes advena, Pyrrhus agit.
Ille licet patriis sine fine superbiat actis,
 Et tu, quæ referas, acta parentis habes.
Tantalides omnes ipsumque regebat Achillem :
 Hic pars militiæ, dux erat ille ducum.

fût lâchement resté dans sa cour déserte, ma mère serait encore aujourd'hui l'épouse de Pâris, comme elle le fut auparavant. Tu n'as pas à préparer mille vaisseaux et des voiles onduleuses, ni des armées de soldats grecs : viens en personne. Cependant tu devais même me redemander ainsi : il n'est pas déshonorant à un époux de s'exposer aux hasards des combats pour un lit qui lui est cher. Eh! n'avons-nous pas tous deux pour aïeul Atrée, fils de Pélops? et si tu n'avais été mon époux, ne serais-tu pas mon frère? Époux, secours ton épouse, je t'en conjure; frère, défends ta sœur : j'ai un double titre à solliciter cet office.

Tyndare, l'auteur de cet hymen, vieillard respectable par ses vertus, me donna à toi : l'aïeul pouvait disposer de sa petite-fille. Mais que mon père, dans l'ignorance de cet engagement, m'ait promise au fils d'Éaque; mon aïeul, qui a pris rang le premier, l'emporte aussi en droit. Lorsque je t'épousais, mon hymen ne fit tort à personne; si l'on m'unit à Pyrrhus, tes intérêts seront lésés par moi. D'ailleurs, Ménélas mon père pardonnera mon amour : lui-même il succomba sous les traits du dieu ailé. L'amour qu'il s'est permis, il le permettra à son gendre : ma mère, qu'il a aimée, servira par son exemple. Tu es à moi ce que mon père fut à ma mère : le rôle qu'a joué autrefois l'étranger Dardanien, Pyrrhus le joue. Quoique sans cesse il s'enorgueillisse des hauts faits de son père, et toi aussi tu as à rapporter les actions de ton père. Le descendant de Tantale commandait à tous, même à Achille : l'un faisait partie de l'armée, l'autre était le chef des rois. Tu as aussi pour bisaïeul Pélops et le père de Pélops : si tu comptes bien, tu seras le cinquième depuis Jupiter.

Tu quoque habes proavum Pelopem Pelopisque parentem:
 Si melius numeres, a Jove quintus eris.
Nec virtute cares : arma invidiosa tulisti;
 Sed tu quid faceres? induit illa pater.
Materia vellem fortis meliore fuisses :
 Non lecta est, operi sed data causa tuo.
Hanc tamen implesti; juguloque Ægisthus aperto
 Tecta cruentavit, quae pater ante tuus.
Increpat Æacides, laudemque in crimina vertit;
 Et tamen adspectus sustinet ille meos!
Rumpor, et ora mihi pariter cum mente tumescunt,
 Pectoraque inclusis ignibus usta dolent.
Hermione coram quidquamne objectet Orestae?
 Nec mihi sunt vires, nec ferus ensis adest?
Flere licet certe : flendo diffundimus iram;
 Perque sinum lacrymae, fluminis instar, eunt.
Has solas habeo semper, semperque profundo :
 Hument incultae fonte perenne genae.
Hoc generis fatum, quod nostros errat in annos :
 Tantalides matres apta rapina sumus.
Non ego fluminei referam mendacia cygni,
 Nec querar in plumis delituisse Jovem.
Qua duo porrectus longe freta distinet Isthmos,
 Vecta peregrinis Hippodamia rotis.
Castori Amyclaeo et Amyclaeo Polluci
 Reddita Mopsopia Taenaris urbe soror.

Tu ne manques pas non plus de valeur : tu as porté les armes dans une cause odieuse ; mais que pouvais-tu faire ? ton père en fit autant. J'aurais voulu à ton courage une occasion meilleure de se signaler : tu n'as pas choisi le motif, il t'a été donné. Cependant tu as rempli ta mission, en perçant le cœur d'Égisthe, et il a ensanglanté le même palais que ton père. Le petit-fils d'Éaque te blâme ; il trouve criminel ce qui fait ton mérite : et cependant il soutient mes regards. J'éclate, mon cœur et mon visage se gonflent, et ma poitrine est déchirée par les feux secrets qui l'embrasent. Devant Hermione, adresser un reproche à Oreste ? et je suis sans forces, et je n'ai pas un glaive homicide ! au moins je puis pleurer : les larmes dissipent la colère ; elles inondent mon sein comme un torrent. Je n'ai qu'elles sans cesse, et sans cesse j'en répands. Leur source intarissable baigne mes joues livides.

C'est le destin de ma race, qui s'étend jusqu'à moi : femmes du sang de Tantale nous sommes vouées au rapt. Je ne rapporterai pas l'imposture du cygne des fleuves ; je ne me plaindrai pas que Jupiter se soit caché sous un plumage. Dans cet isthme au loin prolongé, qui sépare deux mers, Hippodamie fut emportée sur un char étranger. Ma sœur la Ténarienne fut rendue de la ville de Mopsope à Castor et Pollux, les Amycléens. La Ténarienne, qu'emmena par delà les mers l'hôte d'Ida, vit la Grèce armer ses bras pour sa cause. A peine s'il m'en

Tænaris, Idæo trans æquor ab hospite rapta,
  Argolicas pro se vertit in arma manus.
Vix equidem memini; memini tamen : omnia luctus,
  Omnia solliciti plena timoris erant.
Flebat avus, Phœbeque soror, fratresque gemelli;
  Orabat superos Leda suumque Jovem.
Ipsa ego, non longos etiam nunc scissa capillos,
  Clamabam : « Sine me, me sine, mater, abis! »
Nam conjux aberat. Ne non Pelopeia credar,
  Ecce Neoptolemo præda parata fui.
Pelides utinam vitasset Apollinis arcus!
  Damnaret nati facta proterva pater.
Nec quondam placuit, nec nunc placuisset Achilli,
  Abducta viduum conjuge flere virum.
Quæ mea cœlestes injuria fecit iniquos?
  Quod mihi, væ miseræ! sidus obesse querar?
Parva mea sine matre fui; pater arma ferebat :
  Et, duo quum vivant, orba duobus eram.
Non tibi blanditias primis, mea mater, in annis
  Incerto dictas ore puella tuli.
Non ego captavi brevibus tua colla lacertis;
  Nec gremio sedi sarcina grata tuo.
Non cultus tibi cura mei; nec, pacta marito,
  Intravi thalamos, matre parante, novos.
Obvia prodieram reduci tibi; vera fatebor,
  Nec facies nobis nota parentis erat.

souvient; je m'en souviens cependant : tout était plein de deuil, plein d'inquiétude et d'alarmes. Mon aïeul pleurait, ma sœur Phébé et les deux jumeaux pleuraient également; Léda priait les dieux célestes et Jupiter son époux. Moi-même, j'arrachais mes cheveux, non encore bien longs, et je m'écriais : « Tu pars sans moi, ma mère, sans que je t'accompagne! » car son époux était absent. Pour qu'on me crût bien du sang de Pélops, voilà que je deviens la proie de Néoptolème.

Plût aux dieux que le fils de Pélée se fût soustrait aux flèches d'Apollon ! père il condamnerait l'audace criminelle de son fils. Jadis Achille n'approuva pas, il n'appouverait pas plus aujourd'hui qu'un époux dans le veuvage pleurât l'enlèvement de son épouse. Quel crime ai-je commis, pour que les dieux soient irrités contre moi? Quelle fatale étoile accuserai-je de mes malheurs? Petite, je fus sans mère; mon père portait les armes : tous deux vivaient, j'étais privée de tous deux. Ma mère, ta fille ne bégaya pas pour toi de douces paroles, dans ses premières années. Je n'ai pas pris ton cou dans mes bras enfantins; aimable fardeau, je ne me suis pas assise sur tes genoux; tu n'as pas donné tes soins à ma parure; fiancée à un époux, je ne suis pas entrée, conduite par ma mère, dans la nouvelle chambre nuptiale. J'avais couru à ta rencontre; j'avouerai la vérité, les traits de ma mère m'étaient inconnus. Cependant, à ton incomparable beauté, je sentis que tu étais Hélène. Tu cherchais, toi, qui pouvait être ta fille.

7.

Te tamen esse Helenen, quod eras pulcherrima, sensi.
  Ipsa requirebas quae tibi nata foret.
Pars haec una mihi conjux bene cessit Orestes;
  Is quoque, ni pro se pugnet, ademtus erit.
Pyrrhus habet raptam, reduce et victore parente:
  Munus et hoc nobis diruta Troja dedit.
Quum tamen altus equis Titan radiantibus instat,
  Perfruor infelix liberiore malo.
Nox ubi me thalamis ululantem et acerba gementem
  Condidit, in moesto procubuique toro,
Pro somno, lacrymis oculi funguntur obortis,
  Quaque licet fugio, sicut ab hoste, virum.
Saepe malis stupeo; rerumque oblita locique,
  Ignara tetigi Scyria membra manu.
Utque nefas sensi, male corpora tacta relinquo,
  Et mihi pollutas credor habere manus.
Saepe, Neoptolemi pro nomine, nomen Orestae
  Exit, et errorem vocis, ut omen, amo.
Per genus infelix juro, generisque parentem,
  Qui freta, qui terras, qui sua regna quatit,
Per patris ossa tui, patrui mihi, quae tibi debent,
  Quod se sub tumulo fortiter ulta jacent,
Aut ego praemoriar, primoque exstinguar in aevo,
  Aut ego Tantalidae Tantalis uxor ero.

Une bonne part m'est échue, c'est mon époux Oreste; lui aussi, s'il ne combat pour lui-même, me sera enlevé. Pyrrhus m'a ravie, il me possède; et mon père est de retour, il est victorieux : voilà le présent que nous a fait Troie détruite. Cependant, lorsque Titan promène son char radieux sur l'horizon, mon mal me donne quelque liberté. Mais sitôt que la nuit me ramène à ma couche, poussant des hurlemens et d'amers soupirs, et que je me suis étendue tristement sur mon lit, le sommeil fuit mes paupières, qui se remplissent de larmes; et, autant que je le puis, je me dérobe à mon époux, comme à un ennemi. Souvent le mal me rend insensible : je ne sais ni où je suis, ni ce que je fais, et ma main a touché, par une méprise, le corps du héros de Scyros. Mais à peine me suis-je aperçue de cette profanation, je m'éloigne de cet impur contact : il me semble que j'aie les mains souillées. Souvent, au lieu du nom de Néoptolème, c'est celui d'Oreste que je prononce; et cette erreur de ma bouche, je l'aime comme un présage. Je le jure par mon infortunée race, par le père de ma race, qui ébranle les mers, la terre et son empire, par les os de ton père, mon oncle, qui te sont redevables d'une éclatante vengeance et d'un tombeau où ils reposent, ou je mourrai moissonnée à la fleur de mes ans, ou, fille de Tantale, je serai l'épouse d'un fils de Tantale.

EPISTOLA NONA.

DEJANIRA HERCULI.

Gratulor OEchaliam titulis accedere vestris;
  Victorem victæ succubuisse queror.
Fama Pelasgiadas subito pervenit in urbes
  Decolor, et factis inficianda tuis:
Quem nunquam Juno, seriesque immensa laborum
  Fregerit, huic Iolen imposuisse jugum.
Hoc velit Eurystheus, velit hoc germana Tonantis,
  Lætaque sit vitæ labe noverca tuæ;
At non ille velit, cui nox, si creditur, una
  Non tanti, ut tantus conciperere, fuit.
Plus tibi, quam Juno, nocuit Venus: illa premendo
  Sustulit, hæc humili sub pede colla tenet.
Respice vindicibus pacatum viribus orbem,
  Qua latam Nereus cærulus ambit humum.
Se tibi pax terræ, tibi se tuta æquora debent:
  Implesti meritis Solis utramque domum.
Quod te laturum est, cœlum prior ipse tulisti:
  Hercule supposito sidera fulsit Atlas.
Quid nisi notitia est misero quæsita pudori,
  Si maculas turpi facta priora nota?

ÉPITRE NEUVIÈME.

DÉJANIRE A HERCULE.

Je te félicite de joindre OEchalie à tes titres de gloire; je me plains qu'une vaincue ait triomphé de son vainqueur. La renommée a subitement répandu dans les villes de la Grèce cette inconcevable nouvelle, démentie par tes nobles exploits : qu'invincible à Junon et à une immense série de travaux, tu aurais subi le joug d'Iole. Que ce soit le vœu d'Eurysthée, le vœu de la sœur de Jupiter, qu'une belle-mère se réjouisse de voir une tache sur ta vie; il te désapprouve celui à qui, dit-on, une nuit n'a pas suffi pour l'enfantement d'un héros tel que toi. Vénus t'a été plus nuisible que Junon : celle-ci en t'abaissant t'a élevé; celle-là te tient courbé sous son pied humiliant.

Regarde, ta force vengeresse a pacifié le globe, aussi loin que Nérée embrasse la terre d'un cercle d'azur. A toi la terre est redevable de la paix, à toi les mers de leur sécurité; ta renommée a rempli l'un et l'autre hémisphère. Le ciel, un jour, doit te porter, tu l'as porté le premier : lorsqu'Atlas étaya les astres, Hercule en fut le support. Qu'as-tu gagné, sinon la publicité à une déplorable honte, en souillant tes premiers exploits par une tache infamante? Est-ce bien toi que l'on cite pour avoir pressé deux serpens de tes étreintes, lorsque, dans ton ber-

Tene ferunt geminos pressisse tenaciter angues,
 Quum tener in cunis jam Jove dignus eras?
Cœpisti melius quam desinis : ultima primis
 Cedunt : dissimiles hic vir et ille puer.
Quem non mille feræ, quem non Stheneleius hostis,
 Non potuit Juno vincere, vincit Amor!
At bene nupta feror, quia nominor Herculis uxor,
 Estque socer rapidis qui tonat altus equis.
Quam male inæquales veniunt ad aratra juvenci,
 Tam premitur magno conjuge nupta minor.
Non honor est, sed onus; species læsura ferentem.
 Si qua voles apte nubere, nube pari.
Vir mihi semper abest; et, conjuge notior, hospes
 Monstraque, terribiles persequiturque feras.
Ipsa domo vidua, votis operata pudicis,
 Torqueor, infesto ne vir ab hoste cadat.
Inter serpentes aprosque avidosque leones
 Jactor, et esuros terna per ora canes.
Me pecudum fibræ, simulacraque inania somni,
 Ominaque arcana nocte petita movent.
Aucupor infelix incertæ murmura famæ;
 Speque timor dubia, spesque timore cadit.
Mater abest, queriturque Deo placuisse potenti;
 Nec pater Amphitryon, nec puer Hyllus adest.
Arbiter Eurystheus iræ Junonis iniquæ
 Sentitur nobis, iraque longa Deæ.

ceau, tendre enfant, déjà tu étais digne de Jupiter? Tu as mieux débuté que tu ne finis : tes derniers pas dans la carrière le cèdent aux premiers : l'homme et l'enfant contrastent. Celui que n'ont pu vaincre cent monstres divers, ni le fils de Sthénélée, ton ennemi ; celui que n'a pu vaincre Junon, l'Amour en triomphe!

Mais on trouve mon hymen glorieux, parce que je suis appelée l'épouse d'Hercule, et que mon beau-père est celui qui tonne du haut de son char rapide. Autant un attelage inégal dépare une charrue, autant une épouse inférieure à son époux est écrasée par sa gloire. Ce n'est pas un honneur, mais un fardeau ; un masque de nature à blesser qui le porte. Voulez-vous un mariage assorti? épousez votre pareil. Mon époux est toujours absent ; hôte plus connu qu'époux, il est sans cesse à la poursuite des monstres et des animaux terribles. Et moi, dans mon palais, vouée au veuvage, je forme de chastes vœux, et tremble que mon époux ne tombe sous les coups de l'ennemi. Je me représente avec inquiétude des serpens, des sangliers, d'avides lions, le chien aux trois gueules dévorantes. Les fibres des victimes, les vains fantômes d'un songe, et les mystérieux présages de la nuit, tout m'épouvante. Malheureuse ! j'épie les rumeurs équivoques de la renommée; tour-à-tour, dans mon âme flottante, la crainte fait place à l'espoir, et l'espoir à la crainte. Ta mère est absente ; elle se désole d'avoir pu plaire à un dieu puissant; ton père Amphitryon, notre fils Hyllus, sont loin de ces lieux. Eurysthée, exécuteur des vengeances de Junon, et l'implacable courroux de la déesse, se font sentir à moi.

Hæc mihi ferre parum est: peregrinos addis amores,
 Et mater de te quælibet esse potest.
Non ego Partheniis temeratam vallibus Augen,
 Nec referam partus, Ormeni nympha, tuos.
Non tibi crimen erunt Teuthrantia turba sorores,
 Quarum de populo nulla relicta tibi.
Una, recens crimen, præfertur adultera nobis;
 Unde ego sum Lydo facta noverca Lamo.
Mæandros, toties qui terris errat in iisdem,
 Qui lassas in se sæpe retorquet aquas,
Vidit in Herculeo suspensa monilia collo,
 Illo, cui cœlum sarcina parva fuit.
Non puduit fortes auro cohibere lacertos;
 Et solidis gemmas adposuisse toris.
Nempe sub his animam pestis Nemeæa lacertis
 Edidit: unde humerus tegmina lævus habet.
Ausus es hirsutos mitra redimire capillos:
 Aptior Herculeæ populus alba comæ.
Nec te Mæonia, lascivæ more puellæ,
 Incingi zona dedecuisse putas?
Non tibi succurrit crudi Diomedis imago,
 Efferus humana qui dape pavit equas?
Si te vidisset cultu Busiris in isto,
 Huic victor victo nempe pudendus eras.
Detrahat Antæus duro redimicula collo,
 Ne pigeat molli succubuisse viro.

C'est peu de ces tourmens : tu ajoutes encore tes amours étrangers ; toute femme peut être mère de toi. Je ne rapporterai ni le viol d'Augé dans les vallons du Parthenus, ni ton enfantement, ô nymphe, fille d'Orménus. Ton crime ne sera pas cette troupe de sœurs, petites-filles de Teuthra, peuple de femmes, dont aucune ne fut respectée par toi. Une adultère, le crime est récent, nous est préférée ; par elle je suis devenue belle-mère du Lydien Lamus. Le Méandre, qui tant de fois s'égare dans les mêmes contrées, qui souvent replie sur lui-même ses ondes fatiguées, a vu des colliers suspendus au cou d'Hercule, ce cou pour qui le ciel fut un léger fardeau. Il n'a pas eu honte d'enchaîner dans l'or ses bras robustes, et d'appliquer des pierreries sur ses muscles vigoureux. Sous ces muscles, cependant, expira le monstre de Némée : la dépouille en recouvre son épaule gauche. Tu as osé ceindre de la mitre tes cheveux hérissés : le blanc peuplier sied mieux à la chevelure d'Hercule. Et tu ne penses pas qu'il était inconvenant à toi de porter la ceinture méonienne, à la manière d'une jeune fille déhontée ? Ne te rappelles-tu pas l'aspect du féroce Diomède, qui nourrit ses cavales de chair humaine ? Si Busiris t'eût vu sous cette parure, le vaincu aurait rougi du vainqueur. Antée arracherait ces ornemens du cou de son rude adversaire, confus qu'il serait d'avoir succombé sous un homme efféminé.

Inter Ioniacas calathum tenuisse puellas
  Diceris, et dominae pertimuisse minas.
Non fugis, Alcide, victricem mille laborum
  Rasilibus calathis imposuisse manum?
Crassaque robusto deducis pollice fila,
  Aequaque formosae pensa rependis herae?
Ah! quoties, digitis dum torques stamina duris,
  Praevalidae fusos comminuere manus.
Crederis, infelix! scuticae tremefactus habenis,
  Ante pedes dominae procubuisse tuae.
Eximias pompas, praeconia summa triumphi,
  Factaque narrabas dissimulanda tibi:
Scilicet immanes, elisis faucibus, hydro'
  Infantem nodis involuisse manum?
Ut Tegeaeus aper cupressifero Erymantho
  Incubet, et vasto pondere laedat humum?
Non tibi Threiciis adfixa penatibus ora,
  Non hominum pingues caede tacentur equae?
Prodigiumque triplex, armenti dives Iberi,
  Geryones, quamvis in tribus unus erat?
Inque canes totidem trunco digestus ab uno
  Cerberos, implicitis angue minante comis?
Quaeque redundabat fecundo vulnere serpens
  Fertilis, et damnis dives ab ipsa suis?
Quique inter laevumque latus, laevumque lacertum,
  Praegrave compressa fauce pependit onus?

On dit que, parmi les filles ioniennes, tu as tenu la corbeille, et craint les menaces d'une maîtresse. N'as-tu pas honte, Alcide, de porter à de légères corbeilles une main victorieuse de mille travaux ? Tes doigts robustes filent une trame grossière, et tu partages également des tâches pour une beauté qui te tyrannise ? Oh ! combien de fois, tandis que ta lourde main fait tourner le fuseau, as-tu rompu l'instrument, écrasé sous tes doigts vigoureux ! On croit, infortuné ! que, tremblant sous les coups du fouet, tu tombas aux pieds de ta maîtresse.

Tu racontais sans doute les pompes glorieuses et le magnifique appareil de tes triomphes, et des exploits que tu devais dès-lors passer sous silence : par exemple, que d'énormes serpens, étouffés par ton bras enfantin, t'avaient entouré de leurs anneaux ; comme le sanglier de Tégée, étendu sous les cyprès d'Érymanthe, couvrait la terre de son vaste poids ? Tu n'omets pas ces têtes exposées dans les palais de Thrace, ni ces cavales engraissées de carnage humain ? et ce monstre à la triple forme, possesseur de troupeaux ibériens, Géryon, qui était un en trois ? et Cerbère qui, d'un tronc unique, se partage en autant de chiens, dont les têtes menaçantes sont entrelacées de couleuvres ? et l'hydre qui renaissait de ses blessures en rejetons fertiles, et que ses pertes enrichissaient ? et celui qui, pressé par la gorge entre le bras gauche et le flanc gauche, demeura suspendu comme un lourd fardeau ? et le bataillon équestre qui, malgré la vitesse de sa course et sa double nature, se vit chassé des monts de Thessalie ? Peux-tu redire ces merveilles, décoré de la pourpre de Sidon ? Cet habillement ne re-

Et male confisum pedibus formaque bimembri,
　Pulsum Thessalicis agmen equestre jugis?
Haec tu Sidonio potes insignitus amictu
　Dicere? non cultu lingua retenta silet?
Se quoque Nympha tuis ornavit Iardanis armis,
　Et tulit e capto nota tropaea viro.
I nunc, tolle animos, et fortia gesta recense!
　Quod tu non esses jure, vir illa fuit.
Qua tanto minor es, quanto te, maxime rerum,
　Quam quos vicisti, vincere majus erat.
Illi procedit rerum mensura tuarum:
　Cede bonis; heres laudis amica tuae.
Proh pudor! hirsuti costas exuta leonis
　Aspera texerunt vellera molle latus.
Falleris, et nescis: non sunt spolia ista leonis,
　Sed tua; tuque feri victor es, illa tui.
Femina tela tulit Lernaeis atra venenis,
　Ferre gravem lana vix satis apta colum;
Instruxitque manum clava domitrice ferarum,
　Vidit et in speculo conjugis arma sui.
Haec tamen audieram; licuit non credere famae.
　En venit ad sensus mollis ab aure dolor.
Ante meos oculos adducitur advena pellex;
　Nec mihi, quae patior, dissimulare licet.
Non sinis averti: mediam captiva per urbem
　Invitis oculis adspicienda venit.

tient pas ta langue, ne la réduit pas au silence? La nymphe, fille de Iardanus, s'est ornée aussi de tes armes; elle a élevé aux dépens de son mari prisonnier un trophée connu.

Va maintenant, glorifie-toi; énumère tes superbes exploits! Tu n'étais pas homme, quoique devant l'être; eh bien! elle l'a été. Tu es autant au dessous d'elle, ô le plus grand des hommes, qu'il était plus glorieux de te vaincre, que ceux que tu as vaincus. La mesure de tes actions s'agrandit pour elle : renonce à ton bien; ton amie est l'héritière de ta gloire. O honte! la peau arrachée aux côtes d'un horrible lion et son poil hérissé ont couvert un corps délicat. Tu te trompes, tu t'abuses : cette dépouille n'est pas celle du lion, mais la tienne; tu as vaincu la bête, et cette femme t'a vaincu. Une femme a porté les traits noircis des poisons de Lerne, pouvant à peine soutenir le fuseau chargé de laine; sa main a saisi la massue qui dompta les monstres, et elle a vu dans une glace l'armure de son époux.

On me l'avait toutefois appris; j'ai pu ne pas en croire la renommée. Mais voilà que ce sujet de douleur, peu sensible à l'oreille, vient frapper mes sens. Une rivale étrangère est conduite sous mes yeux, et je ne peux étouffer mes souffrances. Tu ne permets pas qu'on l'écarte : captive, elle traverse la ville, et mes yeux, malgré moi, devront la regarder. Elle ne vient

Nec venit incultis, captarum more, capillis,
  Fortunam vultus fassa tegendo suos.
Ingreditur late lato spectabilis auro,
  Qualiter in Phrygia tu quoque cultus eras.
Dat vultum populo sublimis ab Hercule victo:
  Oechaliam vivo stare parente putes.
Forsitan expulsa Aetolide Deianira,
  Nomine deposito pellicis, uxor erit;
Eurytidosque Ioles, atque insani Alcidae
  Turpia famosus corpora junget Hymen.
Mens fugit admonitu, frigusque perambulat artus,
  Et jacet in gremio languida facta manus.
Me quoque cum multis, sed me sine crimine, amasti:
  Ne pigeat, pugnae bis tibi causa fui.
Cornua flens legit ripis Acheloüs in udis,
  Truncaque limosa tempora mersit aqua.
Semivir occubuit in letifero Eveno
  Nessus, et infecit sanguis equinus aquas. . . . .
Sed quid ego haec refero? scribenti nuntia venit
  Fama, virum tunicae tabe perire meae.
Hei mihi! quid feci? quo me furor egit amantem?
  Impia quid dubitas Deianira mori?
An tuus in media conjux lacerabitur Oeta?
  Tu, sceleris tanti causa, superstes eris?
Si quid adhuc habeo facti, cur Herculis uxor
  Credar, conjugii mors mihi pignus erit.

pas, la chevelure en désordre, à la manière des captives ; ni le visage voilé en signe de disgrâce. Elle s'avance, fière de l'or qu'elle étale fastueusement, parée comme tu l'étais toi-même en Phrygie. Elle montre au peuple un visage fier de la défaite d'Hercule : on croirait Œchalie debout, et son père sur le trône. Peut-être, lorsque tu auras expulsé Déjanire l'Étolienne, changera-t-elle son nom de courtisane en celui d'épouse ; et qu'un infâme hymen unira les ignobles corps d'Iole, la fille d'Eurytus, et de l'insensé Alcide. A cette pensée, mon esprit se trouble, le frisson parcourt mes membres, et ma main tombe sans mouvement sur mes genoux.

Tu m'as aussi aimée avec beaucoup d'autres ; mais ce fut sans crime : n'en rougis pas, deux fois je fus pour toi une cause de combats. Achéloüs recueillit en pleurant ses cornes sur ses rives humides, et plongea son front mutilé dans une eau limoneuse. Nessus, demi-homme, périt sur l'Événus meurtrier, et son sang de cheval infecta les eaux....... Mais à quoi bon ces récits ? j'écrivais, lorsque la renommée m'annonce que mon époux périt dévoré par la tunique empoisonnée que je lui envoie. Hélas ! qu'ai-je fait ? où la fureur a-t-elle emporté une amante ? Impie Déjanire, pourquoi hésiter à mourir ? Quoi ! ton époux sera déchiré au milieu de l'Œta ; et toi, la cause d'un si grand forfait, tu lui survivras ? Si j'ai encore à ma disposition quelque acte, pour qu'on me croie l'épouse d'Hercule, la mort sera le gage de cette alliance. Et toi aussi, Méléagre, tu reconnaîtras en moi une sœur. Impie Dé-

Tu quoque cognosces in me, Meleagre, sororem.
　　Impia quid dubitas Deïanira mori?
Heu devota domus! solio sedet Agrios alto:
　　OEnea desertum nuda senecta premit;
Exulat ignotis Tydeus germanus in oris:
　　Alter fatali vivus in igne fuit;
Exegit ferrum sua per præcordia mater.
　　Impia quid dubitas Deïanira mori?
Deprecor hoc unum, per jura sacerrima lecti,
　　Ne videar fatis insidiata tuis.
Nessus, ut est avidum percussus arundine pectus,
　　« Hic, dixit, vires sanguis amoris habet. »
Illita Nesseo misi tibi texta veneno.
　　Impia quid dubitas Deïanira mori?
Jamque vale, seniorque pater, germanaque Gorge,
　　Et patria, et patriæ frater ademte tuæ;
Et tu, lux oculis hodierna novissima nostris,
　　Virque, sed o possis! et puer Hylle, vale.

EPISTOLA DECIMA.

ARIADNE THESEO.

Mitius inveni, quam te, genus omne ferarum;
　　Credita non ulli, quam tibi, pejus eram.

janire, pourquoi hésiter à mourir? O famille maudite! Agrius est assis sur le trône : OEneus délaissé traîne sa vieillesse dans l'indigence; Tydée mon frère est exilé sur des plages inconnues : l'autre était vivant dans un fatal tison; ma mère a enfoncé un poignard dans son propre sein. Impie Déjanire, pourquoi hésiter à mourir? Je ne repousse qu'un malheur, au nom des liens sacrés qui nous unissent, c'est de ne pas paraître avoir attenté à tes jours. Nessus, frappé au cœur d'une de tes flèches : « Ce sang, dit-il, a la vertu d'éveiller l'amour. » Je t'ai envoyé le tissu trempé du venin de Nessus. Impie Déjanire, pourquoi hésiter à mourir? Adieu, mon vieux père; Gorgé ma sœur; adieu, patrie; et toi, frère, enlevé à ta patrie! et toi, lumière de ce jour, le dernier à mes yeux; et toi, mon époux, oh! si tu pouvais vivre! et toi, jeune Hyllus, adieu.

ÉPITRE DIXIÈME.

ARIADNE À THÉSÉE.

J'AI trouvé plus douce que toi la race entière des animaux féroces; je n'étais confiée à personne plus mal-

Quæ legis, ex illo, Theseu, tibi litore mitto,
Unde tuam sine me vela tulere ratem;
In quo me somnusque meus male prodidit, et tu,
Per facinus somnis insidiate meis.
TEMPUS erat, vitrea quo primum terra pruina
Spargitur, et tectæ fronde queruntur aves.
Incertum vigilans, a somno languida, movi
Thesea pressuras semisupina manus.
Nullus erat; referoque manus, iterumque retento,
Perque torum moveo brachia; nullus erat.
Excussere metus somnum; conterrita surgo,
Membraque sunt viduo præcipitata toro.
Protinus adductis sonuerunt pectora palmis;
Utque erat e somno turbida, rapta coma est.
Luna fuit : specto, si quid nisi litora, cernam;
Quod videant oculi nil, nisi litus, habent.
Nunc huc, nunc illuc, et utroque, sine ordine, curro:
Alta puellares tardat arena pedes.
Interea toto clamanti litore, Theseu!
Reddebant nomen concava saxa tuum.
Et quoties ego te, toties locus ipse vocabat :
Ipse locus miseræ ferre volebat opem.
MONS fuit : adparent frutices in vertice rari;
Hinc scopulus raucis pendet adesus aquis.
Adscendo : vires animus dabat; atque ita late
Æquora prospectu metior alta meo.

heureusement qu'à toi. Ce que tu lis, Thésée, je te l'envoie de ce rivage où la voile emporta sans moi ton vaisseau ; où je fus, hélas ! indignement trahie et par mon funeste sommeil, et par toi, perfide, à la faveur de mon sommeil.

C'était le temps où le givre du matin parsème la terre de ses perles, où les oiseaux gazouillent sous le feuillage qui les couvre. Dans une veille équivoque, encore languissante de sommeil, j'étendais nonchalamment mes mains pour presser Thésée. Il avait disparu : je reporte mes mains, de nouveau je tâte, et j'agite mes bras dans la couche, il avait disparu. La crainte m'arrache au sommeil ; je me lève effrayée, et mes membres sortent précipitamment d'un lit solitaire. Aussitôt ma poitrine retentit sous l'effort de mes bras, et ma chevelure, éparse au sortir du sommeil, est déchirée. La lune brillait : je regarde si je découvre autre chose que les rivages ; mes yeux n'ont rien à voir que le rivage. Je cours çà et là en désordre : un sable profond retarde les pas de la jeune fille. Cependant, tout le long du rivage, mes cris appellent Thésée : l'écho des rochers répétait ton nom. Chaque fois que je t'appelais, chaque fois ce lieu me répondait ; ce lieu paraissait vouloir secourir une malheureuse.

Il est une montagne : quelques arbustes apparaissent au sommet ; delà pend un rocher que minent les eaux grondantes. J'y monte : le courage me donnait des forces ; ma vue mesure ainsi la vaste étendue des mers. De ce point, car les vents aussi me furent cruels, j'ai vu

Inde ego, nam ventis quoque sum crudelibus usa,
 Vidi præcipiti carbasa tensa Noto :
Aut vidi, aut etiam, quum me vidisse putarem,
 Frigidior glacie, semianimisque fui.
Nec languere diu patitur dolor : excitor illo,
 Excitor, et summa Thesea voce voco.
« Quo fugis? exclamo; scelerate, revertere, Theseu.
 Flecte ratem : numerum non habet illa suum. »
Hæc ego; quod voci deerat, plangore replebam :
 Verbera cum verbis mixta fuere meis.
Si non audires, ut saltem cernere posses,
 Jactatæ late signa dedere manus;
Candidaque imposui longæ velamina virgæ,
 Scilicet oblitos admonitura mei.
Jamque oculis ereptus eras. Tum denique flevi :
 Torpuerant molles ante dolore genæ.
Quid potius facerent, quam me mea lumina flerent,
 Postquam desierant vela videre tua?
Aut ego diffusis erravi sola capillis,
 Qualis ab Ogygio concita Baccha Deo;
Aut, mare prospiciens, in saxo frigida sedi,
 Quamque lapis sedes, tam lapis ipsa fui.
Sæpe torum repeto, qui nos acceperat ambos,
 Sed non acceptos exhibiturus erat.
Et tua, qua possum, pro te vestigia tango,
 Strataque, quæ membris intepuere tuis.

tes voiles enflées par l'impétueux Notus : ou je l'ai vu, ou, croyant le voir, je suis devenue plus froide que le marbre et à demi morte. La douleur ne me laisse pas long-temps immobile : elle me réveille et m'excite; j'appelle Thésée du plus fort de ma voix : « Où fuis-tu? m'écriai-je : reviens, barbare Thésée. Ramène ton vaisseau, il n'est pas au complet. »

Ainsi je m'exprimai; les sanglots suppléaient à l'impuissance de ma voix : à mes paroles se mêla le retentissement des coups. Si tu ne m'entendais pas, afin que tu pusses au moins m'apercevoir, mes gestes, au loin projetés, te firent des signaux. A une longue perche j'attachai un blanc tissu, pour rappeler mon souvenir à ceux qui m'oubliaient. Déjà tu étais soustrait à ma vue. Alors enfin je pleurai : la douleur avait auparavant suspendu mes larmes si promptes à couler. Que pouvaient faire de mieux mes yeux, que de me pleurer moi-même, après qu'ils avaient cessé de voir tes voiles? Ou j'errai seule et échevelée, telle qu'une bacchante transportée du dieu qu'adore le royaume d'Ogygès; ou, les regards attachés sur la mer, je m'assis sur la pierre, aussi froide, aussi insensible qu'elle était. Souvent je regagne la couche qui nous avait réunis tous deux, et ne devait plus nous montrer ensemble. Autant que je puis, je touche, au lieu de toi, tes traces et le lit que tes membres échauffèrent. Je m'y couche, et, l'inondant de mes larmes, je m'écrie : « Nous t'avons foulé deux, rends-nous deux. Ensemble nous sommes venus ici, pourquoi ne pas nous retirer ensemble? lit perfide, où est la meilleure partie de mon être? »

Incumbo; lacrymisque toro manante profusis,
 « Pressimus, exclamo, te duo, redde duos.
Venimus huc ambo, cur non discedimus ambo?
 Perfide, pars nostri, lectule, major ubi est? » —
Quid faciam? quo sola ferar? vacat insula cultu.
 Non hominum video, non ego facta boum.
Omne latus terræ cingit mare : navita nusquam;
 Nulla per ambiguas puppis itura vias.
Finge dari comitesque mihi ventosque ratemque;
 Quid sequar? accessus terra paterna negat.
Ut rate felici pacata per æquora labar,
 Temperet ut ventos Æolus, exsul ero.
Non ego te, Crete, centum digesta per urbes,
 Adspiciam, puero cognita terra Jovi:
Nam pater, et tellus justo regnata parenti,
 Prodita sunt facto, nomina cara, meo,
Quum tibi, ne victor tecto morerere recurvo,
 Quæ regerent passus, pro duce, fila dedi;
Quum mihi dicebas, « Per ego ipsa pericula juro,
 Te fore, dum nostrum vivet uterque, meam. »
Vivimus, et non sum, Theseu, tua; si modo vivit
 Femina, perjuri fraude sepulta viri.
Me quoque, qua fratrem, mactasses, improbe, clava;
 Esset, quam dederas, morte soluta fides.
Nunc ego non tantum, quæ sum passura, recordor,
 Sed quæcunque potest ulla relicta pati.

Que faire ? où porter mes pas ? je suis seule ; l'île est inculte. Je n'aperçois ni les travaux des hommes, ni ceux des bœufs. La mer en baigne les côtes dans toutes ses parties : point de nautonnier ; aucun vaisseau qui entreprenne un trajet hasardeux. Suppose que des compagnons, des vents favorables et un vaisseau me soient donnés ; où irai-je ? la terre paternelle me refuse un accès. Quand mon heureux navire glisserait sur des mers paisibles, quand Éole rendrait les vents propices, je serai toujours exilée. Crète aux cent villes, pays connu de Jupiter enfant, je ne te verrai plus : car deux objets chéris, mon père et le sol où règne mon juste père, ont été livrés par ma trahison, lorsque, pour te soustraire à la mort, dont ta victoire dans la demeure tortueuse eût été le prix, je te remis un fil libérateur qui guida tes pas ; lorsque tu me disais : « J'en jure par ces périls mêmes, tu seras à moi, tant que l'un et l'autre nous vivrons. » Nous vivons, et je ne suis pas à toi, Thésée ; si toutefois peut vivre une femme ensevelie par la trahison de son parjure époux.

Que ne m'as-tu aussi immolée, barbare, avec la même massue que mon frère ? la mort t'eût délié des sermens que tu m'avais faits. Maintenant je me représente non-seulement les maux que je dois éprouver, mais encore tous ceux que peut souffrir une femme abandonnée. La

Occurrunt animo pereundi mille figuræ;
  Morsque minus poenæ, quam mora mortis, habet.
Jam jam venturos aut hac, aut suspicor illac,
  Qui lanient avido viscera dente, lupos.
Forsitan et fulvos tellus alat ista leones?
  Quis scit an hæc sævas tigridas insula habet?
Et freta dicuntur magnas expellere phocas.
  Quis vetat et gladios per latus ire meum?
Tantum ne religer dura captiva catena;
  Neve traham serva grandia pensa manu,
Cui pater est Minos, cui mater filia Phoebi,
  Quodque magis memini, quæ tibi pacta fui.
Si mare, si terras porrectaque litora vidi,
  Multa mihi terræ, multa minantur aquæ.
Coelum restabat: timeo simulacra Deorum;
  Destituor rabidis præda cibusque feris.
Sive colunt habitantque viri, diffidimus illis:
  Externos didici læsa timere viros.
VIVERET Androgeos utinam! nec facta luisses
  Impia funeribus, Cecropi terra, tuis!
Nec tua mactasset nodoso stipite, Theseu,
  Ardua parte virum dextera, parte bovem!
Nec tibi, quæ reditus monstrarent, fila dedissem,
  Fila per adductas sæpe recepta manus!
Non equidem miror si stat victoria tecum,
  Strataque Cretæam bellua stravit humum.

mort se retrace à mon esprit sous mille aspects divers ; la mort est un supplice moins cruel que le délai de la mort. Je me figure des loups dévorans, qui vont venir d'un côté ou d'un autre pour déchirer mes entrailles. Peut-être aussi cette contrée nourrit-elle des lions à la fauve crinière ? Qui sait si cette île ne renferme pas des tigres féroces ? On dit aussi que la mer vomit sur la plage d'énormes phoques. Qui empêche que des glaives ne me traversent les flancs ? Seulement que je ne sois pas captive, que d'indignes liens ne chargent pas mes bras ; qu'une dure maîtresse n'impose pas à son esclave des tâches accablantes, à moi, dont Minos est le père, et une fille de Phébus la mère, et, ce que je me rappelle encore mieux, à moi qui fus ta fiancée. Si j'examine la mer, les terres et les rivages lointains, sur la terre et les ondes je ne vois que menaces. Restait le ciel : je crains jusqu'aux images des dieux ; je suis livrée sans défense, comme une proie, aux bêtes furieuses. Ou si des humains habitent ce lieu et y séjournent, je me défie d'eux : j'ai appris par mes malheurs à craindre les hommes étrangers.

Plût au ciel qu'Androgée vécût, et que tu n'eusses pas expié, terre de Cécrops, un meurtre impie, par tes funérailles ! que ton bras, Thésée, armé d'une massue noueuse, n'eût pas immolé le mortel moitié homme, moitié taureau ! que je ne t'eusse pas donné, pour diriger ton retour, des fils que prenaient tes mains souvent ramenées sur toi !

Je ne m'étonne pas, au reste, que la victoire ait été à toi, et que le monstre ait teint de son sang la terre de

Non poterant figi præcordia ferrea cornu:
  Ut te non tegeres, pectore tutus eras.
Illic tu silices, illic adamanta tulisti,
  Illic, qui silices, Thesea, vincat, habes.
CRUDELES somni, quid me tenuistis inertem?
  At semel æterna nocte premenda fui.
Vos quoque, crudeles venti, nimiumque parati,
  Flaminaque in lacrymas officiosa meas;
Dextera crudelis, quæ me fratremque necavit,
  Et data poscenti, nomen inane, fides;
In me jurarunt somnus, ventusque, fidesque;
  Prodita sum causis una puella tribus.
ERGO ego nec lacrymas matris moritura videbo;
  Nec, mea qui digitis lumina condat, erit?
Spiritus infelix peregrinas ibit in auras;
  Nec positos artus unget amica manus?
Ossa superstabunt volucres inhumata marinæ?
  Hæc sunt officiis digna sepulcra meis!
Ibis Cecropios portus, patriaque receptus,
  Quum steteris urbis celsus in arce tuæ,
Et bene narraris letum taurique virique,
  Sectaque per dubias saxea tecta vias,
Me quoque narrato sola tellure relictam :
  Non ego sum titulis subripienda tuis.
Nec pater est Ægeus, nec tu Pittheidos Æthræ
  Filius; auctores saxa fretumque tui.

Crète. Sa corne ne pouvait percer un cœur de fer : à défaut de cuirasse, tu avais ta poitrine pour te couvrir. Là tu portais le caillou et le diamant ; là tu possèdes Thésée, plus dur que le caillou.

Cruel sommeil, pourquoi m'as-tu retenue dans cet engourdissement ? une seule fois il fallait me plonger dans la nuit éternelle. Vous aussi, cruels vents, trop bien disposés, souffles qui l'avez servi en faisant couler mes larmes ; et toi, main cruelle qui as assassiné mon frère et moi, foi accordée à mes vœux, mais qui ne fus qu'un vain nom ; tout a conspiré contre moi, sommeil, vent et fidélité : une triple trahison contre une fille !

Ainsi, je ne verrai pas, à ma mort, les larmes d'une mère ; et personne ne viendra me fermer les yeux ? Mon âme infortunée s'envolera sous un ciel étranger ; et une main amie ne rendra pas les derniers devoirs à ma dépouille inanimée. Des oiseaux marins s'abattront sur mes ossemens non inhumés ? digne sépulture pour prix de mes bienfaits ! Tu iras au port de Cécrops. Reçu dans ta patrie, lorsque tu seras monté à la citadelle de ta ville, que tu auras pompeusement raconté la mort de l'homme-taureau dans les routes tortueuses de ce palais souterrain, raconte aussi que tu m'as délaissée sur une plage solitaire : je ne dois pas être soustraite à tes titres de gloire. Ton père n'est pas Égée, ni ta mère Éthra, fille de Pitthée ; les rochers et la mer sont les auteurs de tes jours.

Di facerent ut me summa de puppe videres!
  Movisset vultus moesta figura tuos.
Nunc quoque non oculis, sed, qua potes, adspice mente,
  Hærentem scopulo, quem vaga pulsat aqua.
Adspice demissos lugentis in ore capillos,
  Et tunicas lacrymis, sicut ab imbre, graves.
Corpus, ut impulsæ segetes Aquilonibus, horret;
  Literaque articulo pressa tremente labat.
Non te per meritum, quoniam male cessit, adoro:
  Debita sit facto gratia nulla meo;
Sed nec poena quidem: si non ego causa salutis,
  Non tamen est cur sis tu mihi causa necis.
Has tibi, plangendo lugubria pectora lassas,
  Infelix tendo trans freta longa manus.
Hos tibi, qui superant, ostendo moesta capillos.
  Per lacrymas oro, quas tua facta movent,
Flecte ratem, Theseu, versoque relabere vento.
  Si prius occidero, tu tamen ossa leges.

EPISTOLA UNDECIMA.

CANACE MACAREO.

Si qua tamen cæcis errabunt scripta lituris,
  Oblitus a dominæ cæde libellus erit.

J'aurais voulu que tu me visses du haut de ta poupe :
l'image de ma tristesse eût attendri ton cœur. Maintenant encore regarde-moi, non plus des yeux, mais en
imagination, s'il est possible, attachée à un rocher que
baigne la vague orageuse. Vois mes cheveux tombant
sur mon visage éploré, et ma tunique trempée de larmes comme d'une pluie. Mon corps frissonne comme les
épis que l'Aquilon balance, et ma lettre vacille sous
mon doigt tremblant. Je ne te prie pas au nom d'un
bienfait qui a mal réussi : qu'aucune reconnaissance ne
soit due à mon service, mais aucune peine non plus :
si je n'ai pas été la cause de ta conservation, est-ce une
raison pour que tu sois la cause de ma mort?

Par delà les mers, je tends vers toi, malheureuse !
ces mains fatiguées à meurtrir ma lugubre poitrine. Je
te montre les cheveux qui me restent dans mon affliction. Je t'en conjure par les larmes que m'arrachent tes
mépris, Thésée, ramène ton vaisseau ; reviens sur tes
pas à la faveur des vents. Si je succombe auparavant,
au moins tu recueilleras mes os.

ÉPITRE ONZIÈME.

CANACÉ A MACARÉE.

Si, en lisant cet écrit, des ratures en dérobent quelques
caractères à ta vue troublée, c'est que la lettre aura

Dextra tenet calamum, strictum tenet altera ferrum,
 Et jacet in gremio charta soluta meo.
Hæc est Æolidos fratri scribentis imago;
 Sic videor duro posse placere patri.
IPSE necis cuperem nostræ spectator adesset,
 Auctorisque oculis exigeretur opus.
Ut ferus est, multoque suis truculentior Euris,
 Spectasset siccis vulnera nostra genis.
Scilicet est aliquid cum sævis vivere ventis:
 Ingenio populi convenit ille sui.
Ille Noto Zephyroque et Sithonio Aquiloni
 Imperat, et pennis, Eure proterve, tuis.
Imperat, heu! ventis, tumidæ non imperat iræ,
 Possidet et vitiis regna minora suis.
Quid juvat, admotam per avorum nomina cœlo,
 Inter cognatos posse referre Jovem?
Num minus infestum, funebria munera, ferrum
 Feminea teneo, non mea tela, manu?
O UTINAM, Macareu, quæ nos commisit in unum,
 Venisset leto serior hora meo!
Cur unquam plus me, frater, quam frater amasti?
 Et tibi, non debet quod soror esse, fui?
Ipsa quoque incalui; qualemque audire solebam,
 Nescio quem sensi corde tepente Deum.
Fugerat ore color, macies adduxerat artus,
 Sumebant minimos ora coacta cibos;

été imbibée du sang de sa maîtresse. Ma main droite tient une plume, l'autre tient un fer nu, et sur mes genoux est une feuille déroulée. Telle est l'image de la fille d'Éole écrivant à son frère ; c'est ainsi qu'il lui semble pouvoir contenter un père impitoyable.

Je voudrais qu'il fût lui-même spectateur de mon trépas, et que l'acte fût consommé sous les yeux de celui qui l'ordonne. Barbare comme il l'est, et plus féroce que les vents soumis à son empire, il aurait contemplé d'un œil sec mes blessures. C'est bien quelque chose, de vivre avec les vents affreux : son naturel s'accorde avec celui de son peuple. Il dicte des lois au Notus, au Zéphyr, à l'Aquilon de Sithonie ; il règle ton vol, capricieux Eurus. Il commande, hélas! aux vents, et ne commande pas à son courroux indomptable : la royauté qu'il possède est moins puissante que ses vices. A quoi me sert de toucher au ciel par la généalogie de mes ancêtres, et de pouvoir compter Jupiter au nombre de mes parens? Ma main de femme en porte-t-elle moins une arme non faite pour elle, ce glaive fatal, présent de mort?

O Macarée! que n'est-elle venue plus tardivement que ma mort, cette heure qui nous enchaîna l'un à l'autre! Pourquoi, frère, m'as-tu jamais aimée plus qu'un frère? pourquoi ai-je été à ton égard ce que ne doit pas être une sœur? Moi-même je me suis enflammée : j'ai senti dans mon cœur brûlant je ne sais quel dieu, comme on me le dépeignait. Mon teint avait perdu ses couleurs, mes membres étaient maigres et décharnés; ma bouche prenait à peine avec dégoût quelques alimens; le sommeil était gêné ; la nuit me paraissait une année ;

Nec somni faciles, et nox erat annua nobis;
 Et gemitum nullo læsa dolore dabam.
Nec cur hæc facerem poteram mihi reddere causam;
 Nec noram quid amans esset; at illud eram.
Prima malum nutrix animo præsensit anili;
 Prima mihi nutrix, « Æoli, dixit, amas. »
Erubui, gremioque pudor dejecit ocellos :
 Hæc satis in tacita signa fatentis erant.
Jamque tumescebant vitiati pondera ventris,
 Ægraque furtivum membra gravabat onus.
Quas mihi non herbas, quæ non medicamina nutrix
 Attulit, audaci supposuitque manu,
Ut penitus nostris, hoc te celavimus unum,
 Visceribus crescens excuteretur onus?
Ah! nimium vivax admotis restitit infans
 Artibus, et tecto tutus ab hoste fuit.
Jam novies erat orta soror pulcherrima Phœbi,
 Denaque luciferos Luna movebat equos.
Nescia quæ faceret subitos mihi causa dolores,
 Et rudis ad partus, et nova miles eram.
Nec tenui vocem : « Quid, ait, tua crimina prodis? »
 Oraque clamantis conscia pressit anus.
Quid faciam infelix? gemitus dolor edere cogit;
 Sed timor, et nutrix, et pudor ipse vetant.
Continuo gemitus elapsaque verba reprendo,
 Et cogor lacrymas combibere ipsa meas.

je gémissais enfin sans éprouver aucune souffrance. Je ne pouvais me rendre raison de ces symptômes; j'ignorais l'amour, mais c'était bien cela.

Ma nourrice, la première, en eut le pressentiment par sa vieille expérience; ma nourrice la première me dit : « Fille d'Éole, tu aimes. » Je rougis, la pudeur me fit baisser les yeux sur mon sein : ce langage muet, cet aveu, étaient assez significatifs. Déjà le fardeau arrondissait mes flancs incestueux, et mes membres malades étaient appesantis de son poids furtif. Que d'herbages, que de médicamens ma nourrice ne m'apporta-t-elle pas? combien ne m'en fit-elle pas prendre d'une main audacieuse, afin, et cela seul, nous te l'avons caché, de détacher entièrement de mes entrailles le fardeau croissant? Ah! trop vivace, l'enfant résista aux efforts de l'art, et fut en sûreté contre son ennemi secret.

Déjà la charmante sœur de Phébus s'était neuf fois levée; la dixième lune conduisait son char argenté. J'ignorais la cause des douleurs soudaines que j'éprouvais, j'étais novice pour l'enfantement, et comme un conscrit inexpérimenté. Je ne pus étouffer mes cris : « Pourquoi, dit-elle, trahir ton crime?» Et la vieille, ma complice, me ferma la bouche. Que faire, malheureuse? La douleur m'arrache des gémissemens; mais la peur, ma nourrice et la honte m'arrêtent. Je retiens aussitôt mes gémissemens et les paroles qui m'échappent, et je suis forcée de dévorer mes larmes. La mort était devant mes yeux; Lucine me refusait son assistance. La mort, si je fusse morte,

9.

Mors erat ante oculos; et opem Lucina negabat;
  Et grave, si morerer, mors quoque crimen erat.
Quum superincumbens, scissa tunicaque, comaque,
  Pressa refovisti pectora nostra tuis.
Et mihi : « Vive soror, soror o carissima, dixti;
  Vive, nec unius corpore perde duos.
Spes bona det vires; fratri nam nupta futura es :
  Illius, es de quo mater, et uxor eris. »
Mortua, crede mihi, tamen ad tua verba revixi;
  Et positum est uteri crimen onusque mei.
Quid tibi grataris? media sedet Æolus aula :
  Crimina sunt oculis subripienda patris.
Frondibus infantem, ramisque albentis olivæ,
  Et levibus vittis sedula celat anus;
Fictaque sacra facit, dicitque precantia verba.
  Dat populus sacris, dat pater ipse, viam.
Jam prope limen erat; patrias vagitus ad aures
  Venit, et indicio proditur ille suo.
Eripit infantem, mentitaque sacra revelat
  Æolus; insana regia voce sonat.
Ut mare fit tremulum, tenui quum stringitur aura,
  Ut quatitur tepido fraxina virga Noto,
Sic mea vibrari pallentia membra videres :
  Quassus ab imposito corpore lectus erat.
Irruit, et nostrum vulgat clamore pudorem;
  Et vix a misero continet ore manus.

était aussi un crime affreux. Lorsque tu te jettes sur moi, la tunique et la chevelure déchirées, et que tu réchauffes ma poitrine en me pressant contre la tienne : « Vis, ma sœur, ô ma bien-aimée sœur, me dis-tu ; vis, et ne perds pas deux corps en un. Qu'un bon espoir te donne des forces ; car tu dois être unie à ton frère : celui qui t'a rendue mère sera ton époux. » J'étais morte, crois-le bien, ta parole m'a fait renaître ; et j'ai mis au jour le fardeau que portait mon sein criminel.

Pourquoi t'en réjouir ? Éole siège au milieu du palais : il faut soustraire mon crime aux yeux d'un père. La vieille cache soigneusement l'enfant sous le feuillage, avec les rameaux d'un blanc olivier et de légères bandelettes. Elle feint un sacrifice, l'accomplit, et prononce les paroles de la prière. Le peuple, mon père lui-même, donnent passage au sacrifice. Déjà presque l'on touchait au seuil ; un vagissement frappe les oreilles de mon père : l'enfant est son propre dénonciateur. Éole le saisit et dévoile ce sacrifice imposteur ; le palais retentit de ses cris insensés. Comme la mer devient tremblante, lorsqu'une brise légère en rase la surface ; comme la tige du frêne est battue par la tiède haleine du Notus : ainsi tu aurais vu mes membres pâlir et frissonner ; mon lit était ébranlé par les secousses de mon corps. Il s'élance, et divulgue avec cris mon déshonneur ; à peine si sa main respecte mon visage. Confuse, je ne laisse échapper que des larmes : ma langue glacée était muette d'effroi.

Ipsa nihil, præter lacrymas, pudibunda profudi :
  Torpuerat gelido lingua retenta metu.
JAMQUE dari parvum canibusque avibusque nepotem
  Jusserat, in solis destituique locis.
Vagitus dedit ille miser : sensisse putares,
  Quaque suum poterat voce rogabat avum.
Quid mihi tunc animi credas, germane, fuisse
  (Nam potes ex animo colligere ipse tuo),
Quum mea me coram silvas inimicus in altas
  Viscera montanis ferret edenda lupis?
Exierat thalamo : tunc demum pectora plangi
  Contigit, inque meas unguibus ire genas.
INTEREA patrius, vultu mœrente, satelles
  Venit, et indignos edidit ore sonos :
« Æolus hunc ensem mittit tibi (tradidit ensem),
  Et jubet ex merito scire quid iste velit. »
Scimus; et utemur violento fortiter ense :
  Pectoribus condam dona paterna meis.
His mea muneribus, genitor, connubia donas?
  Hac tua dote, pater, filia dives erit?
Tolle procul, decepte, faces, Hymenæe, maritas;
  Et fuge turbato tecta nefanda pede.
Ferte faces in me, quas fertis, Erinnyes atræ;
  Ut meus ex isto luceat igne rogus.
Nubite felices, Parca meliore, sorores;
  Admissi memores sed tamen este mei.

Déjà il avait ordonné qu'on livrât aux chiens dévorans et aux oiseaux de proie son jeune enfant ; qu'on l'abandonnât dans une solitude. Le petit malheureux pousse un vagissement : il semblait comprendre son sort, et priait son grand-père dans le seul langage qui lui fût permis. Imagine-toi, mon frère, quel fut alors mon désespoir (car tu peux t'en faire une idée d'après ton propre cœur), lorsque, sous mes yeux, un ennemi portait mes entrailles dans le fond des forêts, pour servir de pâture aux loups des montagnes ! Mon père était sorti de mon appartement : c'est alors enfin que je pus me meurtrir le sein, et déchirer mon visage avec mes ongles.

Cependant, un satellite de mon père arrive, l'air abattu, et prononce ces indignes paroles : « Éole t'envoie cette épée (il me remet l'épée), et t'ordonne de savoir l'usage que tu mérites d'en faire. » Je le sais ; j'aurai le courage d'employer cette arme violente : je plongerai dans mon sein le don paternel. Voilà donc, ô mon père, tes présens de noce? voilà par quelle dot s'enrichira ta fille? Hymen, trompé dans ton attente, éloigne le flambeau nuptial, et fuis d'un pied éperdu une demeure infâme. Noires Furies, portez contre moi les torches que vous tenez ; qu'elles allument la flamme de mon bûcher. O mes sœurs ! qu'une Parque plus propice préside à vos mariages ; mais cependant rappelez-vous mon crime. Qu'a fait cet enfant? il n'a que quelques heures d'existence. Par quelle action, lui qui est né à peine, a-t-il blessé son aïeul? S'il a pu mériter la mort, qu'on

Quid puer admisit, tam paucis editus horis?
  Quo laesit facto, vix bene natus, avum?
Si potuit meruisse necem, meruisse putetur.
  Ah! miser admisso plectitur ille meo!
Nate, dolor matris, rapidarum praeda ferarum,
  Hei mihi! natali dilacerate tuo,
Nate, parum fausti miserabile pignus amoris,
  Haec tibi prima dies, haec tibi summa fuit.
Non mihi te licuit lacrymis perfundere justis;
  In tua non tonsas ferre sepulcra comas.
Non superincubui; non oscula frigida carpsi.
  Diripiunt avidae viscera nostra ferae.
Ipsa quoque infantis cum vulnere prosequar umbras:
  Nec mater fuero dicta, nec orba diu.
Tu tamen, o frustra miserae sperate sorori,
  Sparsa, precor, nati collige membra tui;
Et refer ad matrem, socioque impone sepulcro:
  Urnaque nos habeat, quamlibet arta, duos.
Vive memor nostri, lacrymasque in funere funde;
  Neve reformida corpus amantis amans.
Tu, rogo, projectae nimium mandata sororis
  Perfer; mandatis perfruar ipsa patris.

dise qu'il l'a méritée. Ah! c'est pour ma faute qu'il est puni, le malheureux!

Mon fils, ô douleur de ta mère, proie des monstres sauvages, toi, hélas! qui es déchiré le jour de ta naissance, mon fils, déplorable gage d'un amour peu fortuné, le premier jour de ta vie en a été le dernier. Il ne m'a pas été permis de répandre sur toi de justes larmes, ni de porter sur ton sépulcre l'offrande de ma chevelure. Je ne me suis pas jetée sur ton corps; je ne t'ai pas ravi de froids baisers. D'avides animaux se disputent mes entrailles. Moi aussi, avec ma blessure, je suivrai l'ombre de mon fils : on ne dira pas que j'aie été long-temps mère et privée d'enfant.

Et toi, qu'espéra en vain une sœur malheureuse, je t'en conjure, recueille les membres dispersés de ton fils; rapproche-le de sa mère; qu'ils reposent dans un tombeau commun: et qu'une même urne, si étroite qu'elle soit, renferme nos deux cendres. Vis et conserve mon souvenir; répands des larmes sur mon trépas; amant, ne redoute pas le corps de ton amante. Accomplis les dernières volontés d'une sœur trop abandonnée; j'exécuterai moi-même celles de mon père.

EPISTOLA DUODECIMA.

MEDEA JASONI.

At tibi Colchorum, memini, regina vacavi,
 Ars mea, quum peteres, ut tibi ferret opem.
Tunc, quæ dispensant mortalia fila, Sorores
 Debuerant fusos evoluisse meos.
Tunc potui Medea mori bene : quidquid ab illo
 Produxi vitæ tempore, pœna fuit.
Hei mihi! cur unquam juvenilibus acta lacertis
 Phryxeam petiit Pelias arbor ovem?
Cur unquam Colchi Magnetida vidimus Argo,
 Turbaque Phasiacam Graja bibistis aquam?
Cur mihi plus æquo flavi placuere capilli,
 Et decor, et linguæ gratia ficta tuæ?
Aut, semel in nostras quoniam nova puppis arenas
 Venerat, audaces attuleratque viros,
Isset anhelatos non præmedicatus in ignes
 Immemor Æsonides, oraque adunca boum.
Semina jecisset, totidem sensisset et hostes;
 Ut caderet cultu cultor ab ipse suo.
Quantum perfidiæ tecum, scelerate, perisset!
 Demta forent capiti quam mala multa meo!

ÉPITRE DOUZIÈME.

MÉDÉE A JASON.

J'ÉTAIS reine de Colchos, et cependant, il m'en souvient, je fus à ta disposition, lorsque tu imploras le secours de mon art. Alors les sœurs, dispensatrices des destinées humaines, devaient rompre la trame de mes jours. Alors Médée eût pu mourir glorieuse : tout ce qui s'est écoulé de ma vie depuis cette époque fatale, a été un supplice.

Hélas! pourquoi l'arbre de Pélion, conduit par de jeunes bras, vogua-t-il à la conquête du bélier de Phryxus? Pourquoi avons-nous vu à Colchos le navire magnésien des Argonautes? pourquoi, troupe de Grecs, vous êtes-vous abreuvés aux eaux du Phase? pourquoi ta blonde chevelure m'a-t-elle trop charmée? pourquoi ai-je été séduite par tes grâces et tes discours mensongers? Ou bien, puisqu'un vaisseau jusqu'alors inconnu avait abordé sur nos côtes, et débarqué des mortels audacieux, que n'a-t-il été, l'ingrat fils d'Éson, affronter sans préservatif les taureaux au muffle recourbé et la flamme qu'ils exhalaient! que n'a-t-il jeté la semence, et senti autant d'ennemis; pour que l'auteur devînt victime de son propre ouvrage. Que de perfidie eût péri avec toi, barbare! que de maux n'auraient pas pesé sur ma tête!

Est aliqua ingrato meritum exprobrare voluptas;
  Hac fruar : hæc de te gaudia sola feram.
Jussus inexpertam Colchos advertere puppim,
  Intrasti patriæ regna beata meæ.
Hoc illic Medea fui nova nupta quod hic est.
  Quam pater est illi, tam mihi dives erat :
Hic Ephyren bimarem, Scythia tenus ille nivosa
  Omne tenet, Ponti qua plaga læva jacet.
Accipit hospitio juvenes Æeta Pelasgos,
  Et premitis pictos corpora Graja toros.
Tunc ego te vidi, tunc cœpi scire quid esses :
  Illa fuit mentis prima ruina meæ.
Ut vidi, ut perii! Nec notis ignibus arsi,
  Ardet ut ad magnos pinea tæda Deos.
Et formosus eras, et me mea fata trahebant :
  Abstulerant oculi lumina nostra tui.
Perfide, sensisti : quis enim bene celat amorem?
  Eminet indicio prodita flamma suo.
Dicitur interea tibi lex, ut dura ferorum
  Insolito premeres vomere colla boum.
Martis erant : tauri plus, quam per cornua, sævi;
  Quorum terribilis spiritus ignis erat;
Ære pedes solidi, prætentaque naribus æra,
  Nigra per adflatus hæc quoque facta suos.
Semina præterea, populos genitura, juberis
  Spargere devota lata per arva manu,

Il y a quelque plaisir à reprocher un bienfait à un ingrat; je le goûterai : c'est la seule jouissance que tu m'auras procurée. On t'ordonne de diriger vers Colchos un navire, invention nouvelle; tu entres dans l'heureuse contrée de ma patrie. Là Médée fut pour toi ce qu'est ici ta nouvelle épouse. Autant son père est riche, autant l'était le mien : Créon règne sur Éphyre, que baigne une double mer, Éétès règne sur toute la contrée qui s'étend depuis la gauche du Pont jusqu'à la Scythie neigeuse. Il offre l'hospitalité à la jeunesse grecque, et vos corps de Grecs foulent des lits ornés de peintures. C'est alors que je t'ai vu, que j'ai appris à te connaître : ce fut le premier coup porté à mon esprit. Comme je m'enflammai à ta vue ! Une ardeur inconnue me brûla, comme brûle aux autels des grands dieux la torche de pin. Tu étais beau, et ma destinée m'entraînait : tes yeux avaient absorbé mes regards. Perfide, tu l'as senti : qui peut facilement cacher l'amour ? La flamme se trahit et se dénonce par elle-même.

Cependant on t'impose la condition d'assujétir à un joug inaccoutumé le cou rebelle de féroces taureaux. Ils appartenaient à Mars : leurs cornes ne les rendaient pas seules redoutables; leur terrible haleine était de feu, leurs pieds d'airain massif; l'airain garnissait encore leurs naseaux, l'airain, noirci par la vapeur de leur souffle. De plus, on t'ordonne de répandre au loin dans les campagnes, d'une main obéissante, les semences qui doivent engendrer des peuples, pour qu'ils attaquent ton corps à l'aide d'armes nées avec eux; moisson ingrate

Qui peterent secum natis tua corpora telis.
　　Illa est agricolæ messis iniqua suo.
Lumina custodis, succumbere nescia somno,
　　Ultimus est aliqua decipere arte labor.
Dixerat Æetes : mœsti consurgitis omnes;
　　Mensaque purpureos deserit alta toros.
Quam tibi nunc longe regnum dotale Creusæ,
　　Et socer, et magni nata Creontis erant!
Tristis abis; oculis abeuntem prosequor udis,
　　Et dixit tenui murmure lingua, « Vale. »
Ut positum tetigi thalamo male saucia lectum,
　　Acta est per lacrymas nox mihi, quanta fuit.
Ante oculos taurique truces, segetesque nefandæ;
　　Ante meos oculos pervigil anguis erat.
Hinc amor, hinc timor est; ipsum timor auget amorem.
　　Mane erat; et thalamo cara recepta soror,
Disjectamque comas, aversaque in ora jacentem
　　Invenit, et lacrymis omnia plena meis.
Orat opem Minyis : petit altera; et altera habebit.
　　Æsonio juveni, quod rogat illa, damus.
Est nemus, et piceis et frondibus ilicis atrum :
　　Vix illuc radiis solis adire licet.
Sunt in eo, fuerantque diu, delubra Dianæ :
　　Aurea barbarica stat Dea facta manu.
Nescio an exciderint mecum loca? Venimus illuc;
　　Orsus es infido sic prior ore loqui :

envers celui qui la cultiva. Ta dernière épreuve est de surprendre par quelque ruse les yeux du gardien, qui jamais ne sommeillent.

Éétès avait parlé : vous vous levez tous affligés ; et la table somptueuse déserte les lits vermeils. Que tu étais loin alors de songer au royaume que Créüse reçoit en dot, et à ton beau-père, et à la fille du grand Créon! Tu pars en proie à la tristesse ; mes yeux humides t'accompagnent, et ma langue murmure d'une voix faible : « Adieu. » Lorsque, blessée d'un trait mortel, j'eus touché le lit dressé dans mon appartement, la nuit, aussi longue qu'elle était, fut passée par moi dans les larmes. Devant mes yeux se présentaient et les farouches taureaux et cette moisson détestable ; devant mes yeux était le dragon vigilant. L'amour et la crainte se combattent ; la crainte même augmente l'amour. C'était le matin ; et ma sœur chérie, introduite dans mon appartement, me trouve les cheveux en désordre, couchée sur la figure, et inondant tout de mes larmes. Elle demande secours pour les Minyens : ce que l'une demande, une autre l'aura. Ce qu'elle sollicite, nous l'accordons pour le jeune fils d'Éson.

Il est un bois obscurci par les sapins et le feuillage de l'yeuse : à peine les rayons du soleil y peuvent pénétrer. Il existe dans ce bois, de temps immémorial, un temple de Diane : l'image de la déesse est d'or, façonnée par une main barbare. Je ne sais si ces lieux se sont effacés avec moi de ton souvenir. Nous nous y rendons, et tu commences ainsi un discours artificieux :

« Jus tibi et arbitrium nostræ fortuna salutis
  Tradidit : inque tua vitaque morsque manu.
Perdere posse sat est, si quem juvet ista potestas;
  Sed tibi servatus gloria major ero.
Per mala nostra precor, quorum potes esse levamen,
  Per genus et numen cuncta videntis avi,
Per triplicis vultus arcanaque sacra Dianæ,
  Et si forte alios gens habet ista Deos,
O virgo, miserere mei; miserere meorum!
  Effice me meritis tempus in omne tuum.
Quod si forte virum non dedignare Pelasgum
  (Sed mihi tam faciles unde meosque Deos?),
Spiritus ante meus tenues vanescat in auras,
  Quam thalamo, nisi tu, nupta sit ulla meo.
Conscia sit Juno, sacris præfecta maritis,
  Et dea, marmorea cujus in æde sumus. »
Hæc animum (et quota pars hæc sunt?) movere puellæ
  Simplicis, et dextræ dextera juncta meæ.
Vidi etiam lacrymas : an et est pars fraudis in illis?
  Sic cito sum verbis capta puella tuis.
Jungis et æripedes inadusto corpore tauros,
  Et solidam jusso vomere findis humum.
Arva venenatis, pro semine, dentibus imples;
  Nascitur, et gladios scutaque miles habet.
Ipsa ego, quæ dederam medicamina, pallida sedi,
  Quum vidi subitos arma tenere viros;

« La fortune t'a donné le droit de disposer de ma destinée : ma vie et ma mort sont entre tes mains. C'est assez de pouvoir perdre, pour qui est jaloux d'un tel pouvoir; mais ma conservation te sera plus glorieuse. Je t'en conjure par nos maux, que tu peux alléger, par ta race et la divinité de ton aïeul, qui de ses regards embrasse l'univers, par le visage et les sacrés mystères de la triple Diane, et par les autres dieux du pays, s'il en est encore, ô vierge ! prends pitié de moi; prends pitié des miens! Enchaîne-moi pour jamais à toi par tes bienfaits. Que si tu ne dédaignes pas la main d'un Grec (mais comment espérer des dieux cette faveur?), le souffle de ma vie se dissipera dans les airs, avant qu'une autre épouse que toi partage ma couche. J'en atteste Junon, qui préside à la sainteté du mariage, et la déesse qui nous reçoit dans son temple de marbre. »

Ces paroles (et c'est la moindre partie de ses séductions) touchèrent le cœur d'une jeune fille naïve, et sa main a serré ma main. J'ai vu encore tes larmes couler : seraient-elles trompeuses, elles aussi ? Enfin, je fus bientôt prise à tes paroles. Tu attelles les taureaux aux pieds d'airain, sans te brûler le corps, et fends avec le soc, d'après l'ordre reçu, une terre compacte et dure. Tu sèmes dans les sillons les dents envenimées; il en naît des soldats armés du glaive et du bouclier. Moi-même, qui avais fourni le préservatif, je pâlis d'effroi, lorsque je vis ces guerriers subitement nés tenir leurs armes; jusqu'à ce que ces frères, enfans de la terre, spectacle

Donec terrigenæ, facinus miserabile! fratres
  Inter se strictas conseruere manus.
PERVIGIL ecce draco, squamis crepitantibus horrens,
  Sibilat, et torto pectore verrit humum.
Dotis opes ubi tunc? ubi tunc tibi regia conjux?
  Quique maris gemini distinet isthmos aquas?
Illa ego, quæ tibi sum nunc denique barbara facta,
  Nunc tibi sum pauper, nunc tibi visa nocens,
Flammea subduxi medicato lumina somno,
  Et tibi, quæ raperes, vellera tuta dedi.
Proditus est genitor; regnum patriamque reliqui:
  Munus in exilio quolibet esse tuli.
Virginitas facta est peregrini præda latronis;
  Optima, cum cara matre, relicta soror.
At non te fugiens sine me, germane, reliqui:
  Deficit hoc uno litera nostra loco.
Quod facere ausa mea est, non audet scribere dextra;
  Sic ego, sed tecum, dilaceranda fui.
NEC tamen extimui (quid enim post illa timerem?)
  Credere me pelago femina, jamque nocens.
Numen ubi est? ubi Di? Meritas subeamus in alto,
  Tu fraudis pœnas, credulitatis ego.
Complexos utinam Symplegades elisissent,
  Nostraque adhærerent ossibus ossa tuis!
Aut nos Scylla rapax canibus mississet edendos!
  Debuit ingratis Scylla nocere viris.

déplorable! tournèrent contre eux-mêmes leurs bras homicides.

Mais voici que le dragon vigilant, hérissé d'écailles retentissantes, siffle et traîne sur la terre les replis de son poitrail. Où se trouvait alors ta riche dot? où se trouvaient alors et ta royale épouse, et l'isthme qui sépare les eaux de deux mers? Et moi, qui maintenant ne suis pour toi qu'une Barbare, moi qui maintenant te paraîs pauvre et coupable, j'ai assoupi ses yeux flamboyans par la vertu de mes charmes, je t'ai fait enlever avec sûreté la toison. Mon père a été trahi; j'ai abandonné royaume et patrie : dans tout exil, j'ai bien voulu ne voir qu'une faveur. Ma virginité est devenue la proie d'un ravisseur étranger; avec une mère chérie a été abandonnée la plus tendre des sœurs. Mais, en fuyant, je ne t'ai pas laissé sans moi, ô mon frère : ma lettre manque par ce seul endroit. Ce que ma main a osé exécuter, elle n'ose l'écrire; j'aurais dû, mais avec toi, être ainsi déchirée.

Cependant je n'ai pas craint (pouvais-je, après cela, craindre quelque chose?) de m'exposer à la mer, moi femme et déjà coupable. Où est la déesse? où sont les dieux? Subissons dans les abîmes le juste châtiment, toi de ta fourberie, moi de ma crédulité. Oh! que n'avons-nous été brisés par les Symplégades au milieu de nos embrassemens, en sorte que mes os restent collés aux tiens! Plût au ciel que l'avide Scylla nous eût fait dévorer par ses chiens! Scylla devait se venger de l'ingratitude des hommes. Et celle qui vomit autant de flots

Quæque vomit fluctus totidem, totidemque resorbet,
  Nos quoque Trinacriæ supposuisset aquæ!
Sospes ad Hæmonias victorque reverteris urbes;
  Ponitur ad patrios aurea lana Deos.
Quid referam Peliæ natas, pietate nocentes,
  Cæsaque virginea membra paterna manu?
Ut culpent alii, tibi me laudare necesse est,
  Pro quo sum toties esse coacta nocens.
Ausus es o (justo desunt sua verba dolori),
  Ausus es, « Æsonia, dicere, cede domo. »
Jussa domo cessi, natis comitata duobus,
  Et, qui me sequitur semper, amore tui.
Ut subito nostras Hymen cantatus ad aures
  Venit, et accenso lampades igne micant,
Tibiaque effundit socialia carmina vobis,
  At mihi funerea flebiliora tuba,
Pertimui; nec adhuc tantum scelus esse putabam :
  Sed tamen in toto pectore frigus erat.
Turba ruunt; et, Hymen, clamant, Hymenæe, frequentant.
  Quo propior vox est, hoc mihi pejus erat.
Diversi flebant servi, lacrymasque tegebant.
  Quis vellet tanti nuntius esse mali?
Me quoque, quidquid erat, potius nescire juvabat :
  Sed tanquam scirem, mens mihi tristis erat.
Quum minor e pueris jussus studioque videndi,
  Constitit ad geminæ limina prima foris.

qu'elle en rejette, que ne nous a-t-elle aussi précipités dans les ondes trinacriennes ! Tu retournes sain et sauf et vainqueur dans les villes de l'Hémonie ; la laine d'or est offerte aux autels de la patrie. Rappellerai-je les filles de Pélias, pieusement cruelles, et les membres d'un père coupés par une main virginale ? Que les autres me blâment, tu dois me louer, toi, pour qui j'ai été si souvent forcée d'être coupable.

Tu as osé (les paroles manquent à ma juste indignation), tu as bien osé me dire : « Sors du palais d'Éson. » J'ai obéi, j'ai quitté le palais, accompagnée de mes deux enfans, et de ton amour, qui me suit en tous lieux. Aussitôt que les chants de l'hymen ont frappé mes oreilles, et que brille l'éclat des flambeaux allumés, que la flûte célèbre votre union par ses accords, plus lamentables pour moi que la trompette funéraire, je fus épouvantée, sans toutefois croire encore à l'énormité du forfait : cependant l'effroi glaçait tous mes membres. La foule accourt ; on s'écrie, on répète : « Hymen, ô hyménée ! » Plus les voix approchent, plus mon mal redouble. Mes serviteurs se détournaient pour pleurer, et cachaient leurs larmes. Qui voudrait être le messager d'un aussi grand malheur ? Mieux valait pour moi que j'ignorasse ce qui était ; mais, comme si je le savais, mon âme était attristée. Lorsque le plus jeune de mes fils, par mon ordre non moins que par curiosité, s'arrêta sur le seuil de la porte à deux battans : « Sors, me dit-il, ô ma mère ! c'est Jason mon père qui présidera la cérémonie ; avec son manteau d'or, il guide son char attelé. » Soudain je déchirai mon vêtement et me frappai la poitrine ; mon

Hic mihi : « Mater, abi; pompam pater, inquit, Iason
  Ducet; et adjunctos aureus urget equos. »
Protinus abscissa planxi mea pectora veste;
  Tuta nec a digitis ora fuere meis.
Ire animus mediæ suadebat in agmina turbæ,
  Sertaque compositis demere rapta comis.
Vix me continui, quin sic laniata capillos
  Clamarem : « Meus est! » injiceremque manus.
LÆSE pater, gaude; Colchi gaudete relicti;
  Inferias, umbræ fratris, habete mei.
Deseror, amissis regno, patriaque, domoque,
  Conjuge, qui nobis omnia solus erat.
Serpentes igitur potui taurosque furentes,
  Unum non potui perdomuisse virum?
Quæque feros pepuli doctis medicatibus ignes,
  Non valeo flammas effugere ipsa meas?
Ipsi me cantus herbæque artesque relinquunt?
  Nil Dea, nil Hecates sacra potentis agunt?
Non mihi grata dies: noctes vigilantur amaræ :
  Nec tener in misero pectore somnus adest.
Quæ me non possum, potui sopire draconem!
  Utilior cuivis, quam mihi, cura mea est.
Quos ego servavi, pellex amplectitur artus :
  Et nostri fructus illa laboris habet.
FORSITAN et, stultæ dum te jactare maritæ
  Quæris, et injustis auribus apta loqui,

visage même ne fut pas à l'abri de mes coups. J'étais tentée de me précipiter au milieu de la foule, et d'arracher les festons entrelacés dans ma chevelure. A peine j'eus assez d'empire sur moi pour ne pas crier, ainsi échevelée : « C'est mon époux! » et le retenir.

Réjouis-toi, mon père que j'ai outragé ; Colchos abandonnée, réjouissez-vous ; ombre d'un frère, prenez-moi en sacrifice expiatoire. Délaissée, j'ai perdu royaume, patrie, foyer domestique, et un époux qui, à lui seul, était tout pour moi. J'ai donc pu dompter un dragon et des taureaux furieux ; et un seul homme me résiste? et moi qui, par de savans breuvages, ai repoussé des feux inhumains, je ne puis échapper à mes propres ardeurs? Mes charmes, mes simples et mes artifices m'abandonnent? la déesse et les augustes mystères d'Hécate sont impuissans? Le jour est pour moi sans attrait ; les insomnies nocturnes sont pleines d'amertume : le doux repos ne calme pas mes sens. Je ne puis me procurer le sommeil, et j'ai assoupi un dragon! Mon art a plus d'influence sur les autres que sur moi. Ces membres que j'ai préservés, une rivale les embrasse : elle recueille le fruit de mes peines.

Peut-être même, tandis que tu cherches à te faire valoir auprès de ta sotte compagne, et à adapter tes dis-

In faciem moresque meos nova crimina fingis.
 Rideat, et vitiis læta sit illa meis;
Rideat, et Tyrio jaceat sublimis in ostro :
 Flebit, et ardores vincet adusta meos.
Dum ferrum flammæque aderunt, succusque veneni,
 Hostis Medeæ nullus inultus erit.
Quod si forte preces præcordia ferrea tangunt;
 Nunc animis audi verba minora meis.
Tam tibi sum supplex, quam tu mihi sæpe fuisti :
 Nec moror ante tuos procubuisse pedes.
Si tibi sum vilis, communes respice natos :
 Sæviet in partus dira noverca meos.
Et nimium similes tibi sunt, et imagine tangor;
 Et, quoties video, lumina nostra madent.
Per Superos oro, per avitæ lumina flammæ,
 Per meritum, et natos, pignora nostra, duos :
Redde torum, pro quo tot res insana reliqui;
 Adde fidem dictis, auxiliumque refer.
Non ego te imploro contra taurosque virosque;
 Utque tua serpens victa quiescat ope.
Te peto, quem merui, quem nobis ipse dedisti;
 Cum quo sum pariter facta parente parens.
Dos ubi sit, quæris? campo numeravimus illo,
 Qui tibi, laturo vellus, arandus erat.
Aureus ille aries, villo spectabilis aureo,
 Dos mea; quam, dicam si tibi, « Redde, » neges.

cours à ses injustes oreilles, inventes-tu de nouvelles calomnies contre ma figure et mes mœurs. Qu'elle rie ; qu'elle soit joyeuse de mes vices ; qu'elle rie et qu'elle étale sa pompe sur la pourpre de Tyr : elle pleurera, et l'emportera sur moi en ardeurs dévorantes. Tant qu'il y aura du fer, de la flamme, et les sucs des poisons, aucun ennemi de Médée ne restera impuni.

Si les prières touchent ton cœur de bronze, écoute maintenant des paroles qui révoltent ma fierté. Je suis à ton égard suppliante, autant que tu l'as été souvent au mien : je ne balance pas à tomber à tes genoux. Si je suis méprisable à tes yeux, regarde nos communs enfans : une cruelle marâtre maltraitera les fruits de ma fécondité. Et ils ne te ressemblent que trop ; leurs traits me touchent ; et chaque fois que je les vois, mes yeux se mouillent. Au nom des dieux, par la lumière radieuse de ton aïeul, par mes bienfaits et mes deux enfans, gage d'amour, rends-moi, je t'en conjure, ce lit pour lequel, insensée ! j'ai abandonné tant de choses ; réalise tes promesses, et rends-moi secours pour secours. Je ne t'implore pas contre des taureaux ou des guerriers, ni pour qu'un dragon se repose, dompté par ton art. Je te demande à toi-même ; je t'ai mérité ; tu t'es donné à moi ; je suis devenue mère en même temps que tu devenais père.

Tu me demandes où est ma dot ? je l'ai comptée dans ce champ que tu devais labourer, pour obtenir la toison. Ce bélier d'or, brillant de sa dépouille d'or, voilà ma dot. Que je te dise : « Rends-la-moi, » tu refuseras. Ma dot ! c'est ta conservation ; ma dot ! c'est la jeunesse

Dos mea, tu sospes; dos est mea, Graja juventus.
  I nunc, Sisyphias, improbe, confer opes.
Quod vivis, quod habes nuptam socerumque potentem,
  Hoc ipsum, ingratus quod potes esse, meum est.
Quos equidem actutum!.... sed quid praedicere poenam
  Attinet? ingentes parturit ira minas.
Quo feret ira, sequar. Facti fortasse pigebit?....
  Et piget infido consuluisse viro.
Viderit ista Deus, qui nunc mea pectora versat:
  Nescio quid certe mens mea majus agit.

EPISTOLA TERTIA DECIMA.

LAODAMIA PROTESILAO.

Mittit, et optat amans, quo mittitur, ire salutem,
  Aemonis Aemonio Laodamia viro.
Aulide te fama est, vento retinente, morari:
  Ah! me quum fugeres, hic ubi ventus erat?
Tum freta debuerant vestris obsistere remis:
  Illud erat saevis utile tempus aquis.
Oscula plura viro, mandataque plura dedissem;
  Et sunt quae volui dicere multa tibi.
Raptus es hinc praeceps; et, qui tua vela vocaret,
  Quem cuperent nautae, non ego, ventus erat:

grecque. Va maintenant, scélérat; compare à cela l'opulence du fils de Sisyphe. Ta vie, la possession d'une épouse et d'un beau-père puissant, la possibilité même où tu es d'être ingrat, tel est mon ouvrage. Bientôt je vous.... mais à quoi bon annoncer d'avance la peine? la colère enfante d'affreuses menaces. J'irai où me conduira la colère. Peut-être me repentirai-je de ma vengeance?... mais je me repens aussi d'avoir protégé un infidèle époux. Que le dieu, qui maintenant bouleverse mon cœur, y pourvoie; je ne sais quel projet sinistre médite mon âme.

ÉPITRE TREIZIÈME.

LAODAMIE A PROTÉSILAS.

Ton amante Laodamie l'Émonienne envoie le salut à son époux l'Émonien, et désire qu'il arrive à son adresse. La renommée publie que, retenu par les vents, tu restes à Aulis : ah! lorsque tu me fuyais, où était-il, ce vent? Alors les mers auraient dû s'opposer à vos rames : c'était le temps favorable à la fureur des ondes. J'aurais prodigué plus de baisers à mon époux; je lui aurais fait plus de recommandations; et il est beaucoup de choses que je voulais te dire. Tu as brusquement quitté ces lieux; le vent qui appelait tes voiles était celui que désiraient les matelots, mais non pas moi : le vent était convenable pour les nautonniers, mais non

Ventus erat nautis aptus, non aptus amanti.
  Solvor ab amplexu, Protesilae, tuo;
Linguaque mandantis verba imperfecta relinquit;
  Vix illud potuit dicere triste vale.
Incubuit Boreas, abreptaque vela tetendit:
  Jamque meus longe Protesilaus erat.
Dum potui spectare virum, spectare juvabat:
  Sumque tuos oculos usque secuta meis.
Ut te non poteram, poteram tua vela videre:
  Vela diu vultus detinuere meos.
At postquam nec te, nec vela fugacia vidi,
  Et quod spectarem, nil, nisi pontus, erat,
Lux quoque tecum abiit, tenebris exsanguis obortis
  Succiduo dicor procubuisse genu.
Vix socer Iphiclus, vix me grandævus Acastus,
  Vix mater gelida mœsta refecit aqua:
Officium fecere pium, sed inutile, nobis.
  Indignor miseræ non licuisse mori.
Ut rediit animus, pariter rediere dolores;
  Pectora legitimus casta momordit amor.
Nec mihi pectendos cura est præbere capillos;
  Nec libet aurata corpora veste tegi.
Ut quas pampinea tetigisse Bicorniger hasta
  Creditur; huc illuc, quo furor egit, eo.
Conveniunt matres Phylaceides, et mihi clamant:
  « Indue regales, Laodamia, sinus. »

convenable pour une amante. Je m'arrache à tes embrassemens, Protésilas; ma langue laisse la parole inachevée dans ma bouche; à peine elle put dire un triste adieu. Borée souffle, et enfle la voile tendue : déjà mon cher Protésilas était loin de moi.

Tant que j'ai pu regarder mon époux, je me plaisais à le regarder, et mes yeux n'ont pas cessé de suivre les tiens. Je ne pouvais plus te voir, je pouvais voir tes voiles : long-temps tes voiles fixèrent mes regards. Mais quand je ne vis plus ni toi ni tes voiles fugitives, que je n'eus plus rien que la mer à contempler, et que la lumière s'enfuit aussi avec toi, on dit que, les ténèbres s'épaississant autour de moi, mes genoux fléchirent, et je tombai sans connaissance. A peine mon beau-père Iphiclus, à peine le vieil Acaste, à peine ma mère consternée, en m'arrosant d'une eau fraîche, purent-ils me ranimer : ils me rendirent un pieux, mais inutile devoir. Je leur en veux, dans mon malheur, de ne m'avoir pas laissé mourir.

Je reprends enfin l'usage de mes sens et mes douleurs à la fois; un légitime amour déchire mon chaste cœur. Je suis indifférente au soin de ma chevelure; je ne songe plus à me couvrir d'un vêtement d'or. Comme celles qu'on croit frappées du thyrse que porte le dieu à la double corne, je vais çà et là, au gré de mon délire. Les mères de Phylacé accourent, elles me crient : « Revêts ton royal manteau, Laodamie. » Moi, que je porte des vêtemens de pourpre, tandis qu'il porte la guerre sous les remparts d'Ilion? Que je peigne ma che-

Scilicet ipsa geram saturatas murice vestes,
  Bella sub Iliacis moenibus ille gerat?
Ipsa comas pectar, galea caput ille prematur?
  Ipsa novas vestes, dura vir arma ferat?
Qua possum, squalore tuos imitata labores
  Dicar; et hæc belli tempora tristis agam.
Dyspari Priamide, damno formose tuorum,
  Tam sis hostis iners, quam malus hospes eras.
Aut te Tænariæ faciem culpasse maritæ,
  Aut illi vellem displicuisse tuam.
Tu, qui pro rapta nimium, Menelae, laboras,
  Hei mihi! quam multis flebilis ultor eris!
Di, precor, a nobis omen removete sinistrum,
  Et sua det reduci vir meus arma Jovi.
Sed timeo; quotiesque subit miserabile bellum,
  More nivis lacrymæ sole madentis, eunt.
Ilion et Tenedos, Simoisque et Xanthus et Ide,
  Nomina sunt ipso pæne timenda sono.
Nec rapere ausurus, nisi se defendere posset,
  Hospes erat: vires noverat ille suas.
Venerat, ut fama est, multo spectabilis auro,
  Quique suo Phrygias corpore ferret opes;
Classe virisque potens, per quæ fera bella geruntur;
  Et sequitur regni pars quotacunque sui.
His ego te victam, consors Ledæa gemellis,
  Suspicor; hæc Danais posse nocere puto.

velure, tandis qu'un casque charge sa tête? Que je porte des vêtemens neufs, et mon époux de lourdes armes? Autant qu'il est possible, on dira que, par mon deuil, j'ai imité tes peines ; et je passerai dans la tristesse ces temps de guerre.

Malheureux fils de Priam, Pâris, beauté fatale aux tiens, sois un aussi impuissant ennemi, que tu fus un hôte infidèle. Je voudrais ou que tu eusses réprouvé les traits de ton épouse de Ténare, ou que les tiens lui eussent déplu. Toi, Ménélas, trop empressé pour une femme ravie, hélas! que ta vengeance fera couler de larmes! Dieux! je vous en conjure, écartez de nous ce sinistre présage, et que mon époux consacre ses armes à Jupiter, auteur de son retour. Mais je suis craintive; et, chaque fois que je songe à cette déplorable guerre, mes larmes coulent à la manière de la neige fondant au soleil. Ilion, Ténédos, le Simoïs, le Xanthe et l'Ida, sont des noms redoutables presque par leur son même.

L'hôte n'eût pas osé tenter cet enlèvement, s'il n'avait pu se défendre : il connaissait ses forces. Il venait, dit-on, brillant d'or, et portait sur son corps l'opulence phrygienne. Puissant par sa flotte et ses guerriers, instrumens de guerres homicides, il est suivi néanmoins de la plus faible partie de son royaume. Voilà, fille de Léda et sœur des jumeaux, à quoi je soupçonne que ta défaite est due; voilà ce que je crois funeste aux Grecs. Je crains un je ne sais quel Hector : Pâris a dit qu'Hector dirigeait de sa main sanguinaire les affreux combats.

Hectora nescio quem timeo : Paris Hectora dixit
 Ferrea sanguinea bella movere manu.
Hectora, quisquis is est, si sum tibi cara, caveto :
 Signatum memori pectore nomen habe.
Hunc ubi vitaris, alios vitare memento;
 Et multos illic Hectoras esse puta.
Et facito dicas, quoties pugnare parabis :
 « Parcere me jussit Laodamia sibi. »
Si cadere Argolico fas est sub milite Trojam,
 Te quoque non ullum vulnus habente, cadat.
Pugnet, et adversos tendat Menelaus in hostes,
 Ut rapiat Paridi, quam Paris ante sibi.
Irruat, et causa quem vincit, vincat et armis :
 Hostibus e mediis nupta petenda viro est.
Causa tua est dispar : tu tantum vivere pugna,
 Inque pios dominæ posse redire sinus.
Parcite, Dardanidæ, de tot, precor, hostibus uni :
 Ne meus ex illo corpore sanguis eat.
Non est, quem deceat nudo concurrere ferro,
 Sævaque in oppositos pectora ferre viros.
Fortius ille potest multo, qui pugnat amore :
 Bella gerant alii; Protesilaus amet.
Nunc fateor, volui revocare, animusque ferebat;
 Substitit auspicii lingua timore mali.
Quum foribus velles ad Trojam exire paternis,
 Pes tuus offenso limine signa dedit :

Ah! si je te suis chère, garde-toi d'Hector, quel qu'il soit; conserve ce nom gravé dans ton souvenir. Lorsque tu l'auras évité, n'oublie pas d'éviter les autres, et pense qu'il y a là plusieurs Hectors. Tâche de te dire, toutes les fois que tu te disposeras à combattre : « Laodamie m'a recommandé de l'épargner. »

S'il est permis que Troie succombe sous les efforts des bataillons grecs, qu'elle tombe sans que tu aies reçu aucune blessure. Que Ménélas combatte et s'élance au sein de la mêlée, pour enlever à Pâris celle que Pâris lui avait d'abord ravie. Qu'il se précipite, et celui dont il triomphe par le droit, qu'il en triomphe par les armes : un époux doit reconquérir sa femme au milieu des ennemis. Ta cause est différente : combats seulement à vivre, et à pouvoir revenir dans les bras de ta tendre maîtresse. Dardaniens, épargnez, je vous en conjure, de tant d'ennemis un seul : que mon sang ne coule pas de ce corps. Il n'est pas de ceux à qui il sied bien de combattre un fer nu à la main, et de présenter aux coups des guerriers une poitrine inhumaine. Il est bien plus fort, lorsqu'il combat en amour. Que d'autres fassent la guerre, Protésilas doit aimer. Maintenant je l'avoue, j'ai voulu le rappeler; et mon cœur m'y portait; ma langue s'est arrêtée par la crainte d'un mauvais augure. Lorsque tu voulais partir pour Troie par la porte de ton père, ton pied, en heurtant le seuil, fournit un présage. A cette vue, je gémis, et me dis secrètement à moi-même : « Que ce soit le présage du retour de mon

Ut vidi, ingemui, tacitoque in pectore dixi:
  « Signa reversuri sint, precor, ista viri! »
Hæc tibi nunc refero, ne sis animosus in armis:
  Fac meus in ventos hic timor omnis eat.
Sors quoque nescio quem fato designat iniquo,
  Qui primus Danaum Troada tangat humum.
Infelix, quæ prima virum lugebit ademtum!
  Di faciant, ne tu strenuus esse velis!
Inter mille rates tua sit millesima puppis;
  Jamque fatigatas ultima verset aquas.
Hoc quoque præmoneo: de nave novissimus exi;
  Non est, quo properes, terra paterna tibi.
Quum venies, remoque move veloque carinam;
  Inque tuo celerem litore siste gradum.
Sive latet Phœbus, seu terris altior extat,
  Tu mihi luce dolor, tu mihi nocte, venis;
Nocte tamen, quam luce, magis. Nox grata puellis,
  Quarum suppositus colla lacertus habet.
Aucupor in lecto mendaces cælibe somnos:
  Dum careo veris, gaudia falsa juvant.
Sed tua cur nobis pallens occurrit imago?
  Cur venit a verbis multa querela tuis?
Excutior somno, simulacraque noctis adoro;
  Nulla caret fumo Thessalis ara meo.
Tura damus, lacrymamque super, qua sparsa relucet,
  Ut solet adfuso surgere flamma mero.

époux ! » Maintenant je te rapporte ce fait, pour que tu ne sois pas acharné sous les armes : fais que toutes mes alarmes se dispersent dans les airs.

Le sort aussi assigne une fin déplorable à je ne sais quel guerrier qui, le premier des Grecs, touchera le sol troyen. Malheureuse celle qui, la première, pleurera le trépas de son époux ! Fassent les dieux que tu ne veuilles pas signaler ta bravoure ! Parmi les mille vaisseaux, que le tien soit le millième; que le dernier il fende les ondes déjà fatiguées. Je te donne aussi cet avertissement : sors le dernier du vaisseau ; ce n'est point la terre de tes pères, pour te hâter d'y descendre. Lorsque tu reviendras, accélère le mouvement de ta nef par la rame et la voile ; et arrête ta course agile sur ton rivage.

Soit que Phébus se cache, ou que du haut des cieux il plane sur la terre, tu es, pendant le jour et pendant la nuit, l'objet de ma douleur; mais plutôt la nuit que le jour. La nuit a des charmes pour la jeune fille qu'enlace un bras passé sous son cou. Je poursuis dans ma couche solitaire des songes mensongers : je manque des vraies joies, et les fausses m'enchantent. Mais pourquoi ton image s'offre-t-elle pâle à mes regards? pourquoi ces nombreux reproches que ta bouche m'adresse? Je m'éveille en sursaut et j'adore les simulacres de la nuit; aucun autel thessalien n'est privé d'une odorante fumée. Je prodigue l'encens, je l'arrose de mes larmes ; la flamme reluit, comme elle s'élève de la libation d'un vin pur. Quand donc, à ton retour, te pressant de mes étreintes caressantes, me pâmerai-je dans les langueurs

Quando ego, te reducem cupidis amplexa lacertis,
  Languida laetitia solvar ab ipsa mea?
Quando erit ut, lecto mecum bene junctus in uno,
  Militiae referas splendida facta tuae?
Quae mihi dum referes, quamvis audire juvabit,
  Multa tamen rapies oscula, multa dabis.
Semper in his apte narrantia verba resistunt :
  Promtior est dulci lingua referre mora.
Sed quum Troja subit, subeunt ventique fretumque :
  Spes bona sollicito victa timore cadit.
Hoc quoque, quod venti prohibent exire carinas,
  Me movet : invitis ire paratis aquis.
Quis velit in patriam, vento prohibente, reverti?
  A patria pelago vela vetante datis.
Ipse suam non praebet iter Neptunus ad urbem.
  Quo ruitis? vestras quisque redite domos.
Quo ruitis, Danai? ventos audite vetantes :
  Non subiti casus, numinis ista mora est.
Quid petitur tanto, nisi turpis adultera, bello?
  Dum licet, Inachiae, vertite vela, rates.
Sed quid ego revoco haec? omen revocantis abesto,
  Blandaque compositas aura secundet aquas.
Troasin invideo, quae si lacrymosa suorum
  Funera conspicient, nec procul hostis erit.
Ipsa suis manibus forti nova nupta marito
  Imponet galeam, barbaraque arma dabit;

de la joie ? Quand viendra le jour où, réuni à moi pour
jamais dans un lit commun, tu me raconteras tes brillans exploits de guerre ? Et pendant que tu me les raconteras, quelque plaisir que j'éprouve à les entendre, tu
recevras et donneras tour-à-tour beaucoup de baisers.
Toujours il est bien que les paroles d'un récit en soient
retardées : la langue est mieux disposée à le redire par
ce doux retard. Mais quand je songe à Troie, je songe
aussi aux vents et à la mer : l'espérance cède, vaincue,
aux inquiétudes de la crainte.

Un autre sujet de peines, c'est que les vents arrêtent la navigation : vous vous disposez à partir malgré la mer. Qui voudrait retourner dans sa patrie, lorsque les vents s'y opposent ? Vous faites voiles de votre
patrie, malgré les menaces de la mer. Neptune ne
vous ouvre pas une route vers sa ville. Où allez-vous ?
retournez chacun dans vos demeures. Où allez-vous,
Grecs ? entendez les vents qui vous défendent d'avancer : ce retard n'est pas causé par un hasard soudain,
mais par la divinité. Que redemande-t-on dans cette
importante guerre ? une vile adultère. Tandis qu'il en est
temps encore, vaisseaux d'Inachus, revenez sur vos pas.
Mais pourquoi les rappeler ? loin ce présage de rappel ;
qu'une brise favorable règne sur la paisible surface des
ondes !

J'envie le sort des Troyennes : elles verront, il est
vrai, les funérailles lamentables de leurs époux, mais
l'ennemi ne sera pas loin. La nouvelle fiancée, de ses
propres mains, placera le casque sur la tête de son vaillant époux, et lui donnera des armes barbares ; elle lui

Arma dabit, dumque arma dabit, simul oscula sumet :
　Hoc genus officii dulce duobus erit.
Producetque virum, dabit et mandata reverti;
　Et dicet : « Referas ista face arma Jovi. »
Ille, ferens dominæ mandata recentia secum,
　Pugnabit caute, respicietque domum.
Exuet hæc reduci clypeum, galeamque resolvet,
　Excipietque suo pectora lassa sinu.
Nos sumus incertæ, nos anxius omnia cogit,
　Quæ possunt fieri, facta putare, timor.
Dum tamen arma geres diverso miles in orbe,
　Quæ referat vultus est mihi cera tuos.
Illi blanditias, illi tibi debita verba
　Dicimus, amplexus accipit illa meos.
Crede mihi : plus est, quam quod videatur, imago.
　Adde sonum ceræ, Protesilaus erit.
Hanc specto, teneoque sinu pro conjuge vero;
　Et, tanquam possit verba referre, queror.
Per reditus corpusque tuum, mea numina, juro,
　Perque pares animi conjugiique faces,
Perque, quod ut videam canis albere capillis,
　Quod tecum possis ipse referre, caput,
Me tibi venturam comitem, quocunque vocaris
　Sive, quod heu ! timeo, sive superstes eris.
Ultima mandato claudetur epistola parvo :
　« Si tibi cura mei, sit tibi cura tui. »

donnera des armes, et, en les lui donnant, elle lui prendra des baisers : ce genre d'office sera doux à tous deux. Elle accompagnera le guerrier, lui recommandera de revenir, et lui dira : « Fais en sorte de rapporter ces armes à Jupiter! » Celui-ci, emportant les recommandations récentes de sa maîtresse, combattra avec précaution, et tournera ses regards vers ses foyers. Au retour, elle le déchargera de son bouclier, lui enlèvera son casque et recevra sur son sein sa poitrine fatiguée. Nous, au contraire, nous vivons dans l'incertitude; l'anxiété de la crainte nous oblige à regarder comme réel tout ce qui est possible.

Toutefois, tant que tu porteras les armes dans un monde différent, j'ai une image en cire qui me retracera tes traits. A elle j'adresse des paroles d'amour qui te sont destinées; c'est elle qui reçoit mes embrassemens. Crois-moi, cette image est plus que ce qu'elle paraît. Ajoute la parole à la cire, ce sera Protésilas. J'y attache mes regards, je la presse contre mon sein comme mon époux véritable; et, comme si elle pouvait répondre, je me plains à elle. Par ton retour et ton corps, idole de ma vie, par les feux sympathiques du cœur et de l'hymen, par cette tête que je voudrais voir blanchir, que je voudrais te voir rapporter en ces lieux, je jure de t'accompagner partout où tu m'appelleras, soit qu'il t'arrive ce qu'hélas! je redoute, soit que tu puisses te soustraire au trépas. Une dernière et courte recommandation terminera ma lettre : « Si tu n'es pas indifférent pour moi, ne le sois pas pour toi-même. »

EPISTOLA QUARTA DECIMA.

HYPERMNESTRA LYNCEO.

Mittit Hypermnestra de tot modo fratribus uni:
  Cetera nuptarum crimine turba jacet.
Clausa domo teneor gravibusque coercita vinclis:
  Est mihi supplicii causa, fuisse piam.
Quod manus extimuit jugulo demittere ferrum,
  Sum rea; laudarer, si scelus ausa forem.
Esse ream præstat, quam sic placuisse parenti;
  Non piget immunes cædis habere manus.
Me pater igne licet, quem non violavimus, urat,
  Quæque aderant sacris, tendat in ora faces,
Aut illo jugulet, quem non bene tradidit, ense,
  Ut, qua non cecidit vir nece, nupta cadam;
Non tamen, ut dicant morientia, « Pœnitet, » ora,
  Efficiet: non es quam piget esse piam.
Pœniteat sceleris Danaum sævasque sorores:
  Hic solet eventus facta nefanda sequi.
Cor pavet admonitu temeratæ sanguine noctis,
  Et subitus dextræ præpedit orsa tremor.
Quam tu cæde putes fungi potuisse mariti,
  Scribere de facta non sibi cæde timet:

ÉPITRE QUATORZIÈME.

HYPERMNESTRE A LYNCÉE.

Hypermnestre envoie cette épître au seul qui lui reste de tant de frères : la foule des autres a péri victime de criminelles épouses. On me retient dans une prison, chargée de chaînes pesantes : la cause de mon supplice est d'avoir été sensible. Parce que mon bras a craint de plonger le glaive dans un cœur, je suis coupable; on me louerait, si j'avais osé commettre ce forfait. Mieux vaut être coupable, que d'avoir plu ainsi à mon père; je ne regrette pas d'avoir les mains pures d'un meurtre. Que mon père me brûle des feux que je n'ai pas profanés, qu'il tourne contre mon visage les torches du sacrifice, ou qu'il m'égorge avec le glaive qu'il eut la barbarie de me livrer, afin que la mort dont mon époux n'a pas péri, moi épouse je la subisse; il n'obtiendra jamais que ma bouche mourante s'écrie : « Je me repens : » tu n'es pas capable de regretter ta vertu, Hypermnestre. Honte à Danaüs et à ces sœurs dénaturées : telle est la conséquence d'une action criminelle.

Mon cœur s'épouvante au souvenir de cette nuit désastreuse, et un soudain tremblement arrête ma main prête à écrire. Celle que tu croirais avoir pu consommer le meurtre d'un époux, craint de retracer un meurtre dont elle n'est pas l'auteur : je vais toutefois l'entrepren-

Sed tamen experiar. Modo facta crepuscula terris :
  Ultima pars noctis, primaque lucis erat.
Ducimur Inachides magni sub tecta Tyranni;
  Et socer armatas accipit æde nurus.
Undique collucent præcinctæ lampades auro;
  Dantur in invitos impia tura focos.
Vulgus, «Hymen, Hymenæe,» vocant : fugit ille vocantes;
  Ipsa Jovis conjux cessit ab urbe sua.
Ecce mero dubii, comitum clamore frequentes,
  Flore novo madidas impediente comas,
In thalamos læti, thalamos, sua busta, feruntur;
  Strataque corporibus, funere digna, premunt.
Jamque cibo vinoque graves somnoque jacebant;
  Securumque quies alta per Argos erat.
Circum me gemitus morientum audire videbar;
  Et tamen audibam; quodque verebar, erat.
Sanguis abit, mentemque calor corpusque reliquit;
  Inque novo jacui frigida facta toro.
Utque levi Zephyro fragiles vibrantur aristæ,
  Frigida populeas ut quatit aura comas,
Aut sic, aut etiam tremui magis. Ipse jacebas;
  Quæque tibi dederant vina, soporis erant.
Excussere metum violenti jussa parentis.
  Erigor, et capio tela tremente manu.
Non ego falsa loquar : ter acutum sustulit ensem,
  Ter male sublato decidit ense manus.

dre. Le crépuscule du matin commençait à poindre sur la terre : c'étaient les dernières ténèbres de la nuit et les premières lueurs du jour. Les petites-filles d'Inachus sont conduites au palais du puissant monarque. Le beau-père reçoit dans sa demeure ses brus armées. De toutes parts étincellent les flambeaux enrichis d'or; un sacrilège encens est épandu sur les brasiers irrités. La foule invoque l'hymen et l'appelle : l'hymen fuit leur prière; l'épouse même de Jupiter a déserté sa ville. Cependant les époux, chancelans d'ivresse, accourent et se rassemblent à la voix de leurs compagnons; des fleurs nouvelles couronnent leurs cheveux parfumés. Ils se rendent joyeux dans leurs chambres nuptiales, leurs futurs tombeaux, et foulent de leurs corps des couches où la mort les attend. Déjà ils goûtaient un profond sommeil, chargés de mets et de vins; le calme régnait au loin dans la tranquille Argos. Il me semblait entendre à mes côtés les sanglots des mourans; et en effet je les entendais; mes appréhensions étaient réelles. Mon sang se retire; la chaleur abandonne mon esprit et mon corps; je demeure glacée sur mon nouveau lit. Comme un léger zéphyr balance les frêles épis, comme une froide haleine secoue la tête des peupliers, ainsi, ou même davantage, je tremblai. Tu étais couché, toi; les vins qu'ils t'avaient donnés étaient des vins soporifiques.

Les ordres violens de mon père ont banni la crainte. Je me lève; d'une main tremblante je saisis mon arme. Je ne trahirai pas la vérité : trois fois ma main leva le glaive homicide, trois fois ma main et le glaive à tort levé retombèrent. J'approchai de ta gorge (permets-moi

Admovi jugulo (sine me tibi vera fateri),
  Admovi jugulo tela paterna tuo.
Sed timor et pietas crudelibus obstitit ausis,
  Castaque mandatum dextra refugit opus.
Purpureos laniata sinus, laniata capillos,
  Exiguo dixi talia verba sono:
« Sævus, Hypermnestra, pater est tibi: jussa parentis
  Effice; germanis sit comes iste suis.
Femina sum, et virgo, natura mitis et annis:
  Non faciunt molles ad fera tela manus.
Quin age, dumque jacet, fortes imitare sorores:
  Credibile est cæsos omnibus esse viros.
Si manus hæc aliquam posset committere cædem,
  Morte foret dominæ sanguinolenta suæ.
Quid meruere necem, patruelia regna tenendo,
  Quæ tamen externis danda forent generis?
Finge viros meruisse mori: quid fecimus ipsæ?
  Quo mihi commisso non licet esse piæ?
Quid mihi cum ferro? quid bellica tela puellæ?
  Aptior est digitis lana colusque meis. »
Hæc ego; dumque queror, lacrymæ sua verba sequuntur,
  Deque meis oculis in tua membra cadunt.
Dum petis amplexus sopitaque brachia jactas,
  Pæne manus telo saucia facta tua est.
Jamque patrem famulosque patris lucemque timebam,
  Expulerunt somnos hæc mea dicta tuos:

de t'en faire le sincère aveu), j'approchai de ta gorge l'arme paternelle. Mais la crainte et la tendresse s'opposèrent à ce barbare dessein, et mon chaste bras se refusa à l'exécution d'un tel ordre. Je déchire mon sein vermeil, je déchire mes cheveux, et à demi-voix je prononce ces paroles : « Hypermnestre, tu as un père cruel : exécute les ordres de ton père; que ton époux accompagne ses frères. Je suis femme et vierge, douce par caractère et par mon âge : des armes homicides ne conviennent pas à de faibles mains. Allons, et tandis qu'il repose, imite le courage de tes sœurs : il est croyable que, toutes, elles ont égorgé leurs époux. Si cette main pouvait commettre quelque meurtre, elle serait ensanglantée de celui de sa maîtresse. Comment ont-ils mérité la mort, pour occuper le trône de leur oncle, qu'il faudrait bien donner à des gendres étrangers? Supposé qu'ils aient mérité la mort : qu'avons-nous fait nous-mêmes? quel crime ai-je commis, pour qu'il ne me soit pas permis d'être vertueuse? à quoi bon un fer entre mes mains? pourquoi des armes guerrières à une jeune fille? La laine et le fuseau conviennent mieux à mes doigts. »

Ainsi je parlais; et, pendant ma plainte, chaque parole est suivie d'une larme, et de mes yeux elles tombent sur ton corps. Tandis que tu cherches mes embrassemens, et qu'assoupi encore tu agites tes bras, l'arme a presque blessé ta main. Déjà je craignais mon père, les serviteurs de mon père et la lumière; ces paroles, que je prononçai, t'arrachèrent au sommeil : « Lève-toi, enfant

« Surge, age, Belide, de tot modo fratribus unus;
  Nox tibi, ni properas, ista perennis erit. »
Territus exsurgis : fugit omnis inertia somni.
  Adspicis in timida fortia tela manu.
Quærenti causam : « Dum nox sinit, effuge, » dixi.
  Dum nox atra sinit, tu fugis; ipsa moror.
Mane erat, et Danaus generos ex cæde jacentes
  Dinumerat; summæ criminis unus abes.
Fert male cognatæ jacturam mortis in uno;
  Et queritur facti sanguinis esse parum.
Abstrahor a patriis pedibus; raptamque capillis
  (Hæc meruit pietas præmia) carcer habet.
Scilicet ex illo Junonia permanet ira,
  Quo bos ex homine est, ex bove facta Dea.
At satis est pœnæ teneram mugisse puellam,
  Nec, modo formosam, posse placere Jovi.
Adstitit in ripa liquidi nova vacca parentis,
  Cornuaque in patriis non sua vidit aquis.
Conatoque queri mugitus edidit ore,
  Territaque est forma, territa voce sua.
« Quid fugis, infelix? quid te miraris in unda?
  Quid numeras factos ad nova membra pedes?
Illa Jovis magni pellex, metuenda sorori,
  Fronde levas nimiam cespitibusque famem.
Fonte bibis, spectasque tuam stupefacta figuram;
  Et, te ne feriant, quæ geris, arma, times.

de Bélus, de tant de frères le seul qui survives ; cette nuit, si tu ne te hâtes, sera pour toi éternelle. » Épouvanté, tu te lèves : toute la langueur du sommeil se dissipe. Tu aperçois dans ma timide main l'arme du guerrier. Tu m'interroges : « Fuis, te dis-je, tandis que la nuit le permet. » Tandis que la nuit sombre le permet, tu fuis ; moi, je reste.

C'était le matin : Danaüs compte le nombre de ses gendres victimes du massacre ; toi seul manques pour que le crime soit au complet. La conservation d'un seul parent l'afflige ; il se plaint que trop peu de sang ait coulé. On m'arrache des pieds de mon père ; on m'entraîne par les cheveux : le prix que mérite mon dévoûment est une prison.

Apparemment le courroux de Junon persiste depuis le jour où une femme est devenue génisse, et de génisse déesse. Mais c'est assez de châtiment qu'une jeune fille ait mugi, et que, belle naguère, elle ne puisse charmer Jupiter. La génisse nouvelle s'arrêta sur les rives du fleuve son père, et vit dans le cristal des ondes des cornes qui ne lui appartenaient pas. Elle s'efforce de parler ; sa bouche pousse un mugissement ; elle est effrayée de sa forme, effrayée de sa voix. « Pourquoi fuir, malheureuse ? pourquoi te contempler dans l'onde ? pourquoi compter les pieds qui soutiennent tes nouveaux membres ? Toi, l'amante du grand Jupiter, redoutable à sa sœur, tu soulages ta faim excessive en broutant le feuillage et le gazon. Tu bois à la fontaine, tu considères avec surprise ta figure, et tu crains d'être blessée par les armes que tu portes. Riche naguère, au point de paraître digne de Jupiter lui-même, tu reposes nue sur la terre

Quæque modo, ut posses etiam Jove digna videri,
    Dives eras, nuda nuda recumbis humo.
Per mare, per terras, cognataque flumina curris;
    Dat mare, dant amnes, dat tibi terra viam.
Quæ tibi causa fugæ? quid, Io, freta longa pererras?
    Non poteris vultus effugere ipsa tuos.
Inachi, quo properas? eadem sequerisque fugisque;
    Tu tibi dux comiti, tu comes ipsa duci. »
Per septem Nilus portus emissus in æquor
    Exuit insanæ pellicis ora bovi.
ULTIMA quid referam, quorum mihi cana senectus
    Auctor? dant anni quod querar, ecce, mei.
Bella pater patruusque gerunt, regnoque domoque
    Pellimur : ejectas ultimus orbis habet.
Ille ferox solus solio sceptroque potitur;
    Cum sene nos inopi turba vagamur inops.
De fratrum populo pars exiguissima restas;
    Quique dati leto, quæque dedere, fleo.
Nam mihi quot fratres, totidem periere sorores;
    Accipiat lacrymas utraque turba meas.
En ego, quod vivis, pœnæ crucianda reservor :
    Quid fiet sonti, quum rea laudis agar?
Et, consanguineæ quondam centesima turbæ,
    Infelix, uno fratre manente, cadam.
AT tu, si qua piæ, Lynceu, tibi cura sororis,
    Quæque tibi tribui munera, dignus habes;

nue. Tu cours à travers les mers, à travers les terres et les fleuves de ta famille; la mer et les fleuves et la terre te livrent un passage. Quelle est la cause de ta fuite? pourquoi, Io, parcourir les vastes mers? tu ne pourras te dérober à tes propres regards. Fille d'Inachus, où te précipites-tu? tu te fuis en même temps que tu te fuis; tu es le guide qui t'accompagne, le compagnon qui te guide.» Le Nil, qui se décharge dans la mer par sept embouchures, rend à la génisse furieuse ses traits de femme.

Rapporterai-je des faits anciens, attestés par la vieillesse en cheveux blancs? l'espace de ma vie, tu le verras, fournit matière à mes plaintes. Mon père et mon beau-père se combattent; nous sommes expatriées, sans asile: nous sommes reléguées aux confins du monde. Le féroce jouit sans partage du trône et du sceptre; et nous, troupe indigente, nous errons avec un indigent vieillard. De ce peuple de frères toi seul restes la partie la plus exiguë; je pleure et ceux qui ont reçu la mort et celles qui l'ont donnée. Car autant j'ai perdu de frères, autant j'ai perdu de sœurs; que l'une et l'autre troupe accepte mes larmes. Et moi, parce que tu vis, on me réserve à la peine, au supplice: que m'arrivera-t-il coupable, puisque, vertueuse, on m'accuse? Un jour, la centième de cette foule de parens, malheureuse! je mourrai, ne laissant après moi qu'un seul frère.

Mais toi, Lyncée, si tu portes à ta sœur quelque attachement, si tu es digne du bienfait que tu me dois,

Vel fer opem, vel dede neci; defunctaque vita
 Corpora furtivis insuper adde rogis.
Et sepeli lacrymis perfusa fidelibus ossa;
 Scriptaque sint titulo nostra sepulcra brevi:
« Exsul Hypermnestra, pretium pietatis iniquum,
 Quam mortem fratri depulit, ipsa tulit. »
SCRIBERE plura libet; sed pondere lassa catenæ
 Est manus, et vires subtrahit ipse timor.

EPISTOLA QUINTA DECIMA.

SAPPHO PHAONI.

ECQUID, ut inspecta est studiosæ litera dextræ,
 Protinus est oculis cognita nostra tuis?
An, nisi legisses auctoris nomina Sapphus,
 Hoc breve nescires unde moveret opus?
Forsitan et quare mea sint alterna requiras
 Carmina, quum lyricis sim magis apta modis.
Flendus amor meus est: elegeia flebile carmen:
 Non facit ad lacrymas barbitos ulla meas.
Uror, ut, indomitis ignem exercentibus Euris,
 Fertilis accensis messibus ardet ager.
Arva Phaon celebrat diversa Typhoïdos Ætnæ;
 Me calor Ætnæo non minor igne coquit.

ou viens me secourir, ou donne-moi la mort; et place mon corps inanimé sur un bûcher clandestin. Ensevelis ensuite mes os baignés de tes larmes fidèles; que cette courte épitaphe soit gravée sur ma tombe : « Hypermnestre exilée, pour indigne prix de sa tendresse, a elle-même enduré la mort dont elle préserva son frère. »

Je voudrais en écrire davantage; mais mon bras est las du poids de sa chaîne, et la crainte m'ôte les forces.

ÉPITRE QUINZIÈME.

SAPHO A PHAON.

Est-ce que, à l'inspection de cette lettre, tracée par une main amie, tes yeux ont aussitôt reconnu la mienne? ou bien, si tu n'avais lu le nom de Sapho, son auteur, ne saurais-tu d'où provient ce léger ouvrage? — Peut-être aussi vas-tu demander pourquoi mes vers sont entremêlés, lorsque je suis plus propre aux accens de la lyre. — Il faut pleurer mon amour : l'élégie est un chant plaintif : aucun luth ne s'accorde avec mes larmes. Je brûle comme lorsque, l'indomptable Eurus animant la flamme, la moisson embrasée met en feu un champ fertile. Phaon habite les campagnes lointaines où l'Etna pèse sur Typhée; et moi, une ardeur me dévore, non moins vive que les feux de l'Etna. Il ne me survient pas de vers, que je puisse associer aux modulations des cordes sa-

Nec mihi, dispositis quæ jungam carmina nervis,
  Proveniunt: vacuæ carmina mentis opus.
Nec me Pyrrhiades Methymniadesve puellæ,
  Nec me Lesbiadum cetera turba, juvant.
Vilis Anactorie, vilis mihi candida Cydno;
  Non oculis grata est Atthis, ut ante, meis;
Atque aliæ centum, quas non sine crimine amavi.
  Improbe, multarum quod fuit, unus habes.
Est in te facies, sunt apti lusibus anni.
  O facies oculis insidiosa meis!
Sume fidem et pharetram, fies manifestus Apollo.
  Accedant capiti cornua, Bacchus eris.
Et Phœbus Daphnen, et Gnosida Bacchus amavit.
  Nec norat lyricos illa, vel illa modos.
At mihi Pegasides blandissima carmina dictant:
  Jam canitur toto nomen in orbe meum.
Nec plus Alcæus, consors patriæque lyræque,
  Laudis habet, quamvis grandius ille sonet.
Si mihi difficilis formam natura negavit,
  Ingenio formæ damna rependo meæ.
Sum brevis; at nomen, quod terras impleat omnes,
  Est mihi: mensuram nominis ipsa fero.
Candida si non sum, placuit Cepheia Perseo
  Andromede, patriæ fusca colore suæ.
Et variis albæ junguntur sæpe columbæ;
  Et niger a viridi turtur amatur ave.

vantes : les vers sont l'œuvre d'un esprit libre. Ni les filles de Pyrrha, ni celles de Méthymne, ni la foule des autres femmes de Lesbos n'ont de charmes pour moi. Anactorie, la blanche Cydno sont viles à mes yeux; Atthis est maintenant pour moi sans attraits; et cent autres objets d'un criminel amour. Perfide, ce qui fut l'objet des vœux d'un grand nombre de femmes, toi seul tu le possèdes.

Tu as de la beauté, un âge propre aux badinages. O beauté désastreuse pour mes yeux! Prends la lyre et le carquois, tu deviendras un Apollon frappant. Que des cornes s'élèvent sur ta tête, tu seras Bacchus. Phébus aima Daphné, et Bacchus la fille de Gnosse. Ni celle-ci ni l'autre ne connaissaient les modulations de la lyre. Mais moi, les nymphes de la fontaine de Pégase m'inspirent les plus doux chants : déjà mon nom est célébré dans tout l'univers. Alcée, mon compagnon de patrie et de lyre, n'a pas plus de gloire, quoiqu'il prenne un ton plus relevé. Si la nature rigoureuse m'a refusé la beauté, je répare le manque de beauté par mon génie. Ma taille est petite; mais j'ai un nom qui peut remplir toute la terre : je porte en moi-même la mesure de mon nom. Si je ne suis pas blanche, Andromède, fille de Céphée, plut à Persée, quoique brune, de la couleur de sa patrie. Souvent, d'ailleurs, de blanches colombes sont attachées à d'autres de couleurs variées; et la noire tourterelle est aimée d'un oiseau vert. Si aucune femme ne peut t'appartenir, qu'elle ne paraisse digne de toi par ses charmes, aucune femme ne t'appartiendra.

Si, nisi quae facie poterit te digna videri,
 Nulla futura tua est, nulla futura tua est.
At, me quum legeres, etiam formosa videbar:
 Unam jurabas usque decere loqui.
Cantabam, memini: meminerunt omnia amantes;
 Oscula cantanti tu mihi rapta dabas.
Haec quoque laudabas; omnique a parte placebam,
 Sed tum praecipue, quum fit amoris opus.
Tunc te plus solito lascivia nostra juvabat,
 Crebraque mobilitas, aptaque verba joco,
Quique, ubi jam amborum fuerat consumta voluptas,
 Plurimus in lasso corpore languor erat.
Nunc tibi Sicelides veniunt, nova praeda, puellae.
 Quid mihi cum Lesbo? Sicelis esse volo.
At vos erronem tellure remittite nostrum,
 Nisiades matres, Nisiadesque nurus.
Neu vos decipiant blandae mendacia linguae:
 Quae dicit vobis, dixerat ante mihi.
Tu quoque, quae montes celebras, Erycina, Sicanos,
 Nam tua sum, vati consule, Diva, tuae.
An gravis inceptum peragit Fortuna tenorem,
 Et manet in cursu semper acerba suo?
Sex mihi natales ierant, quum lecta parentis
 Ante diem lacrymas ossa bibere meas.
Arsit inops frater, victus meretricis amore;
 Mixtaque cum turpi damna pudore tulit.

Cependant, lorsque tu me lisais, je paraissais belle aussi : tu jurais qu'à moi seule il convenait de toujours parler. Je chantais, il m'en souvient : les amans se souviennent de tout ; pendant que je chantais, tu me dérobais des baisers. Tu les vantais aussi ; je te plaisais en tous points, mais principalement dans l'œuvre de l'amour. C'est alors que tu trouvais un charme plus qu'ordinaire dans mes agaceries, dans la mobilité de mes postures, dans mes propos lascifs, et, lorsque nous avions tous deux épuisé les raffinemens du plaisir, dans la voluptueuse langueur d'un corps fatigué.

Maintenant les filles de Sicile t'offrent une nouvelle proie. Qu'ai-je besoin à Lesbos ? je veux être Sicilienne. Femmes de Nisée, filles de Nisée, renvoyez-nous le volage de votre territoire. Que les doux mensonges de sa bouche ne vous séduisent pas : ce qu'il vous dit, il me l'avait dit auparavant. Et toi, déesse de l'Éryx, qui fréquentes les monts Sicaniens, car je suis vouée à ton culte, protège ton poète.

La fortune ennemie continue-t-elle à m'accabler ? poursuit-elle le cours de ses rigueurs ? Six fois mon jour natal s'était renouvelé, lorsque les ossemens de mon père, recueillis avant le temps, furent trempés de mes larmes. Mon frère, indigent, brûla d'amour pour une esclave qui le captivait ; et de ce commerce il retira le déshonneur et la ruine. Devenu pauvre, il parcourt

Factus inops agili peragit freta cærula remo:
  Quasque male amisit, nunc male quærit opes.
Me quoque, quod monui bene multa fideliter, odit:
  Hoc mihi libertas, hoc pia lingua dedit.
Et tanquam desint quæ me sine fine fatigent,
  Accumulat curas filia parva meas.
Ultima tu nostris accedis causa querelis.
  Non agitur vento nostra carina suo.
Ecce jacent collo positi sine lege capilli;
  Nec premit articulos lucida gemma meos.
Veste tegor vili; nullum est in crinibus aurum;
  Non Arabo noster rore capillus olet.
Cui colar infelix, aut cui placuisse laborem?
  Ille mei cultus unicus auctor abest.
Molle meum levibusque cor est violabile telis:
  Et semper causa est cur ego semper amem;
Sive ita nascenti legem dixere Sorores,
  Nec data sunt vitæ fila severa meæ;
Sive abeunt studia in mores, artisque magistra,
  Ingenium nobis molle Thalia facit.
Quid mirum primæ si me lanuginis ætas
  Abstulit, atque anni quos vir amare potest?
Hunc ne pro Cephalo raperes, Aurora, timebam;
  Et faceres, sed te prima rapina tenet.
Hunc si conspicias, quæ conspicis, omnia Phœbe,
  Jussus erit somnos continuare Phaon.

les plaines azurées de la mer à l'aide de sa rame agile : ses richesses honteusement perdues, il les recherche honteusement. Moi-même il me hait, parce que mon amitié lui donna de nombreux conseils : telle est la récompense de ma franchise et de mon attachement. Et comme si quelque chose manquait aux interminables soucis qui m'assiègent, une fille en bas âge y met le comble. Tu arrives en dernier lieu pour motiver mes plaintes. Non, ma barque ne vogue pas au gré d'un vent propice.

Vois ma chevelure ; elle flotte au hasard sur mon cou ; la pierre brillante n'entoure pas mes doigts. Un vêtement grossier me couvre ; il n'y a pas d'or dans mes cheveux ; les parfums de l'Arabie n'humectent pas ma chevelure. Pour qui me parer ? pour qui m'étudier à plaire ? l'unique auteur de ma parure est absent. Mon cœur est tendre, il est vulnérable aux traits du dieu ailé : toujours il est une cause pour que j'aime toujours ; soit que les trois sœurs m'aient dicté cette loi à ma naissance, et qu'elles ne filent pas pour moi des jours sérieux ; soit que les inclinations se changent en habitude, et que Thalie, en me donnant les leçons de mon art, me rende le cœur tendre et facile.

Quelle merveille, si l'âge du premier duvet, si les années où l'homme peut aimer, m'ont ravie à moi-même ? Aurore, je craignais que tu ne l'enlevasses au lieu de Céphale ; et tu le ferais, mais ta première conquête te captive. Si tu le voyais, Phébé, toi qui vois tout, Phaon serait condamné à un perpétuel sommeil. Vénus l'aurait emporté dans le ciel sur son char d'ivoire ; mais elle voit qu'elle

Hunc Venus in coelum curru vexisset eburno;
   Sed videt et Marti posse placere suo.
O nec adhuc juvenis, nec jam puer; utilis ætas!
   O decus atque ævi gloria magna tui!
Huc ades, inque sinus, formose, relabere nostros;
   Non ut ames, oro, verum ut amare sinas!
Scribimus, et lacrymis oculi rorantur obortis.
   Adspice quam sit in hoc multa litura loco.
Si tam certus eras hinc ire, modestius isses;
   Et modo dixisses: « Lesbi puella, vale. »
Non tecum lacrymas, non oscula summa tulisti;
   Denique non timui quod dolitura fui.
Nil de te mecum est, nisi tantum injuria; nec tu,
   Admoneat quod te, pignus amantis habes.
Non mandata dedi : neque enim mandata dedissem
   Ulla, nisi ut nolles immemor esse mei.
Per, tibi qui nunquam longe discedat, Amorem,
   Perque novem juro, numina nostra, Deas,
Quum mihi nescio quis, « Fugiunt tua gaudia, » dixit,
   Nec me flere diu, nec potuisse loqui.
Et lacrymæ deerant oculis, et lingua palato;
   Adstrictum gelido frigore pectus erat.
Postquam se dolor invenit, nec pectora plangi,
   Nec puduit scissis exululare comis.
Non aliter, quam si nati pia mater ademti
   Portet ad exstructos corpus inane rogos.

peut plaire encore à son Mars. O toi qui n'es plus enfant, sans être encore jeune homme; âge précieux! l'honneur et la gloire immortelle de ton siècle! accours, objet charmant, revole dans mon sein; non pour aimer, mais, je t'en fais la prière, pour te laisser aimer! J'écris, et des larmes abondantes humectent mes paupières. Regarde, que de nombreux caractères effacés en cet endroit! Si tu étais si décidé à partir, tu serais parti moins brusquement; tu m'aurais dit au moins : « Fille de Lesbos, adieu! » Tu n'as pas emporté avec toi mes larmes, mes derniers baisers; enfin je n'ai pas craint ce qui eût causé mes regrets. Je n'ai de toi que l'injure; et toi, tu n'as pas un gage d'amour qui me rappelle à ton souvenir. Je ne t'ai pas fait de recommandations : je ne t'en eusse pas fait d'autres, sinon de ne pas m'oublier.

Par l'Amour (et puisse-t-il ne jamais s'éloigner beaucoup de toi!), par les neuf déesses, nos divinités, je le jure, lorsque je ne sais qui vint me dire : « Ta joie s'enfuit, » je ne pus ni pleurer long-temps, ni parler. Les larmes étaient taries dans mes yeux, ma langue immobile dans mon palais; mon cœur oppressé était froid comme la glace. Lorsque ma douleur eut pu se reconnaître, je ne craignis pas de meurtrir mon sein, et de me déchirer les cheveux en poussant des hurlemens. Telle une mère, qui verrait porter au bûcher funèbre le corps inanimé d'un fils ravi à sa tendresse. Mon frère Charaxus se réjouit et triomphe de mon affliction; il passe

Gaudet et e nostro crescit mœrore Charaxus
 Frater; et ante oculos itque reditque meos.
Utque pudenda mei videatur causa doloris :
 « Quid dolet hæc? certe filia vivit, » ait.
Non veniunt in idem pudor atque amor: omne videbat
 Vulgus; eram lacero pectus aperta sinu.
Tu mihi cura, Phaon : te somnia nostra reducunt,
 Somnia formoso candidiora die.
Illic te invenio, quamquam regionibus absis :
 Sed non longa satis gaudia somnus habet.
Sæpe tuos nostra cervice onerare lacertos,
 Sæpe tuæ videor supposuisse meos.
Blandior interdum, verisque simillima verba
 Eloquor, et vigilant sensibus ora meis.
Oscula cognosco, quæ tu committere linguæ,
 Aptaque consueras accipere, apta dare.
Ulteriora pudet narrare, sed omnia fiunt :
 Et juvat, et sine te non licet esse mihi.
At quum se Titan ostendit, et omnia secum,
 Tam cito me somnos destituisse queror.
Antra nemusque peto; tanquam nemus antraque prosint :
 Conscia deliciis illa fuere tuis.
Illuc mentis inops, ut quam furialis Erichtho
 Impulit, in collo crine jacente, feror.
Antra vident oculi scabro pendentia topho,
 Quæ mihi Mygdonii marmoris instar erant.

et repasse sous mes yeux. Et pour que la cause de ma douleur paraisse honteuse : « Qu'a-t-elle à pleurer? dit-il; sa fille vit certainement. » La pudeur et l'amour sont inconciliables : tout le peuple me voyait; j'avais la robe déchirée et le sein découvert.

C'est toi, Phaon, qui es l'objet de mes soins : toi que ramènent mes songes, ces songes plus beaux qu'un beau jour. Là je te retrouve malgré ton éloignement : mais le sommeil n'a pas de joies assez longues. Souvent il me semble que ma tête s'appuie sur tes bras, souvent il me semble que c'est la tienne que les miens supportent. Quelquefois je te caresse et je prononce des paroles qui ont toute l'apparence de la réalité, et ma bouche veille pour mes sens. Je reconnais les baisers dont ta langue était la messagère, ces baisers donnés et reçus si fortement. J'ai honte de raconter les faveurs plus intimes, mais tout se fait : j'en suis ravie, et je ne peux être sans toi.

Mais lorsque Titan se montre et avec lui toutes choses, je me plains d'être si tôt frustrée du sommeil. Je gagne les grottes et les bois, comme si les bois et les grottes pouvaient quelque chose : ils furent les confidens de mon bonheur. Là, éperdue, j'erre à l'aventure, les cheveux épars, comme une femme que transporte la furie Érichtho. Mes yeux voient la grotte tapissée du tuf rocailleux, qui était pour moi comme le marbre de Mygdonie. Je trouve la forêt qui souvent nous offrit un lit de verdure, ombragé d'un épais feuillage.

Invenio silvam, quæ sæpe cubilia nobis
  Præbuit, et multa texit opaca coma.
At non invenio dominum silvæque meumque :
  Vile solum locus est; dos erat ille loci.
Agnovi pressas noti mihi cespitis herbas :
  De nostro curvum pondere gramen erat.
Incubui; tetigique locum qua parte fuisti :
  Grata prius lacrymas combibit herba meas.
Quin etiam rami positis lugere videntur
  Frondibus; et nullæ dulce queruntur aves.
Sola virum non ulta pie mœstissima mater
  Concinit Ismarium Daulias ales Ityn :
Ales Ityn, Sappho desertos cantat amores.
  Hactenus : ut media cetera nocte silent.
Est nitidus vitreoque magis perlucidus amne,
  Fons sacer : hunc multi numen habere putant.
Quem supra ramos expandit aquatica lotos,
  Una nemus. Tenero cespite terra viret.
Hic ego quum lassos posuissem flebilis artus,
  Constitit ante oculos Naias una meos;
Constitit et dixit : « Quoniam non ignibus æquis
  Ureris, Ambracias terra petenda tibi.
Phœbus ab excelso, quantum patet, adspicit æquor :
  Actiacum populi Leucadiumque vocant.
Hinc se Deucalion, Pyrrhæ succensus amore,
  Misit, et illæso corpore pressit aquas.

Mais je ne trouve plus le maître de la forêt et de mon cœur : le lieu est un endroit vil ; c'est lui qui en faisait le prix. J'ai reconnu les herbes du gazon connu de moi que nous foulions : le poids de notre corps avait couché les plantes. Je m'y suis reposée ; j'ai touché le lieu dans la partie où tu étais : l'herbe, jadis agréable, s'est humectée de mes larmes. Que dis-je? il semble que, pour pleurer, les rameaux aient dépouillé leur parure ; aucun oiseau ne fait entendre son doux ramage. Un seul, celui de Daulis, mère éplorée, qui exerça sur son époux une vengeance barbare, y chante Itys l'Ismarien : un oiseau chante Itys, et Sapho son amour méconnu. Voilà tout : le reste est muet comme au milieu de la nuit.

Il est une fontaine sacrée, plus limpide que le pur cristal : le vulgaire croit qu'il y réside une divinité. L'aquatique alisier y étale ses rameaux pardessus : à lui seul, il forme un bois. Un tendre gazon verdit sur la terre. Là, toute en larmes, comme j'avais reposé mes membres fatigués, une Naïade se présente à mes yeux ; elle se présente et dit : « Puisque tu ne brûles pas d'une flamme partagée, il faut te rendre dans la ville d'Ambracie. Phébus, du haut de son temple, voit toute l'étendue de la mer : les peuples l'appellent mer d'Actium et de Leucade. De là s'est précipité Deucalion, brûlant d'amour pour Pyrrha, et son corps en pressa les eaux sans s'y blesser. Soudain, l'amour se déplace et va toucher le cœur insensible de Pyrrha ; Deucalion est soulagé du feu qui le dévore. Telle est la propriété de

Nec mora : versus amor tetigit lentissima Pyrrhæ
    Pectora; Deucalion igne levatus erat.
Hanc legem locus ille tenet. Pete protinus altam
    Leucada; nec saxo desiluisse time. »
Ut monuit, cum voce abiit. Ego frigida surgo;
    Nec gravidæ lacrymas continuere genæ.
Ibimus, o Nymphe, monstrataque saxa petemus.
    Sit procul insano victus amore timor.
Quidquid erit, melius quam nunc erit. Aura, subito.
    Hæc mea non magnum corpora pondus habent.
Tu quoque, mollis Amor, pennas suppone cadenti,
    Ne sim Leucadiæ mortua crimen aquæ.
Inde chelyn Phœbo, communia munera, ponam;
    Et sub ea versus unus et alter erunt :
« Grata lyram posui tibi, Phœbe, poetria Sappho;
    Convenit illa mihi, convenit illa tibi. »
Cur tamen Actiacas miseram me mittis ad oras,
    Quum profugum possis ipse referre pedem?
Tu mihi Leucadia potes esse salubrior unda :
    Et forma et meritis tu mihi Phœbus eris.
An potes, o scopulis undaque ferocior illa,
    Si moriar, titulum mortis habere meæ?
At quanto melius jungi mea pectora tecum,
    Quam poterant saxis præcipitanda dari!
Hæc sunt illa, Phaon, quæ tu laudare solebas;
    Visaque sunt toties ingeniosa tibi.

ce lieu. Dirige-toi promptement vers la haute Leucade, et ne crains pas de te précipiter du rocher. » Après cet avertissement, elle se retire, sans ajouter un mot. Je me lève glacée d'effroi ; mes yeux, gros de larmes, ne peuvent les contenir. Nous irons, ô nymphe ! nous nous rendrons vers ces rochers qu'on nous indique : loin la crainte, vaincue par mon fol amour. Quoi qu'il arrive, il en sera mieux que maintenant. Air, soutiens-moi ; mon corps n'est pas bien pesant. Et toi, tendre Amour, étends sous moi tes ailes pendant ma chute, de peur que ma mort ne soit une accusation contre les eaux de Leucade. Alors je consacrerai à Phébus l'offrande commune de ma lyre, et au dessous ces deux vers seront gravés : « Sapho, femme-poète, t'a offert une lyre, ô Phébus, comme gage de sa reconnaissance : elle convient à toi, comme elle convient à moi. »

Mais pourquoi m'envoyer sur les côtes d'Actium, malheureuse que je suis ! lorsque tu peux ramener près de moi tes pas volages ? Tu peux m'être plus salutaire que les ondes de Leucade : par ta beauté, comme par ce service, tu seras pour moi Phébus. Peux-tu, si je meurs, ô mortel plus féroce que les rochers et cette onde, accepter la responsabilité de ma mort ? Combien il serait préférable que mon cœur fût uni au tien, au lieu d'être précipité du haut des rochers ! C'est lui, c'est ce cœur, ô Phaon, que tu avais coutume de vanter ; qui, tant de fois, te parut spirituel. Maintenant je voudrais qu'il fût éloquent : la douleur nuit à l'art, et mes malheurs arrê-

Nunc vellem facunda forent : dolor artibus obstat,
  Ingeniumque meis substitit omne malis.
Non mihi respondent veteres in carmina vires :
  Plectra dolore tacent; muta dolore lyra est.
Lesbides æquoreæ, nupturaque nuptaque proles,
  Lesbides, Æolia nomina dicta lyra,
Lesbides, infamem quæ me fecistis amatæ,
  Desinite ad citharas turba venire meas.
Abstulit omne Phaon, quod vobis ante placebat,
  Me miseram! dixi quam modo pæne, meus!
Efficite ut redeat, vates quoque vestra redibit :
  Ingenio vires ille dat, ille rapit.
Ecquid ago precibus? pectusne agreste movetur?
  An riget? et Zephyri verba caduca ferunt?
Qui mea verba ferunt, vellem tua vela referrent:
  Hoc te, si saperes, lente, decebat opus.
Sive redis, puppique tuæ votiva parantur
  Munera, quid laceras pectora nostra mora?
Solve ratem. Venus, orta mari, mare præstat eunti.
  Aura dabit cursum; tu modo solve ratem.
Ipse gubernabit residens in puppe Cupido;
  Ipse dabit tenera vela legetque manu.
Sive juvat longe fugisse Pelasgida Sappho,
  Non tamen invenies cur ego digna fuga.
Hoc saltem miseræ crudelis epistola dicat;
  Ut mihi Leucadiæ fata petantur aquæ.

tent l'essor de mon génie. Mes anciennes forces ne me soutiennent plus dans la carrière poétique : la douleur impose silence à mon luth ; ma lyre est muette de douleur.

Femmes de la maritime Lesbos, troupe mariée ou à marier, femmes de Lesbos, dont la lyre éolienne a célébré les noms, femmes de Lesbos, dont l'amour m'a rendue infâme, cessez d'accourir en foule à mes chants. Phaon a emporté tout ce qui vous charmait auparavant ; malheureuse ! j'ai été près de l'appeler mon ami ! Faites qu'il revienne ; avec lui reviendra aussi votre poète : c'est lui qui donne des forces à mon esprit, qui les lui retire.

A quoi bon des prières ? son cœur sauvage est-il ému ? n'est-il pas insensible ? et les zéphyrs n'emportent-ils pas mes paroles superflues ? Comme ils emportent mes paroles, je voudrais qu'ils ramenassent tes voiles : si tu eusses été sage, ô tardif amant, voilà ce qu'il te convenait de faire. Mais si tu reviens, si l'on prépare pour ton vaisseau les offrandes votives, pourquoi déchirer mon cœur par ton retard ? Lance en mer ton vaisseau. Vénus est fille de la mer ; elle dispose la mer pour le navigateur. Les vents favoriseront ta course ; seulement lance en mer ton vaisseau. Cupidon lui-même, assis à la poupe, dirigera le gouvernail ; c'est lui qui, de sa main délicate, donnera de la voile ou la resserrera. Mais s'il te plaît de fuir au loin Sapho la pélasgienne, tu ne trouveras pas de motif pour la fuir. Qu'au moins ta cruelle lettre le dise à une malheureuse, afin que je subisse la destinée des ondes de Leucade.

EPISTOLA SEXTA DECIMA.

PARIS HELENÆ.

Hanc tibi Priamides mitto, Ledæa, salutem,
  Quæ tribui sola te mihi dante potest.
Eloquar? an flammæ non est opus indice notæ;
  Et plus, quam vellem, jam meus exstat amor?
Ille quidem malim lateat, dum tempora dentur
  Lætitiæ mixtos non habitura metus.
Sed male dissimulo: quis enim celaverit ignem,
  Lumine qui semper proditur ipse suo?
Si tamen exspectas vocem quoque rebus ut addam,
  Uror: habes animi nuntia verba mei.
Parce, precor, fasso; nec vultu cetera duro
  Perlege, sed formæ conveniente tuæ.
Jamdudum gratum est, quod epistola nostra recepta
  Spem facit, hoc recipi me quoque posse modo.
Quæ rata sint, nec te frustra promiserit opto,
  Hoc mihi quæ suasit mater Amoris iter.
Namque ego divino monitu, ne nescia pecces,
  Advehor; et cœpto non leve numen adest.
Præmia magna quidem, sed non indebita, posco;
  Pollicita est thalamo te Cytherea meo.

ÉPITRE SEIZIÈME.

PARIS A HÉLÈNE.

Fils de Priam, j'envoie à la fille de Léda ce salut, que je ne puis obtenir que comme un don venant d'elle. Parlerai-je? ou bien ma flamme connue n'a-t-elle pas besoin de déclaration; et mon amour s'est-il déjà manifesté plus clairement que je ne voudrais? Je préfèrerais qu'il restât caché, jusqu'à ce qu'il me soit donné des temps où la joie sera sans mélange de crainte. Mais je dissimule maladroitement : eh! qui pourrait cacher un feu, qui toujours se trahit par sa lumière? Si toutefois tu attends que j'ajoute la parole au fait, je brûle : voilà l'expression du sentiment que j'éprouve. Pardonne à mon aveu, je t'en conjure; et ne parcoures pas le reste d'un œil sévère, mais avec cette douceur qui sied à ta beauté.

Je ne cesse de me réjouir, que la réception de ma lettre me fasse espérer que je puis être aussi reçu de la même manière. Ratifie cet espoir, c'est le vœu de mon cœur; et que la mère de l'Amour, qui m'a conseillé ce voyage, ne t'ait pas en vain promise. Car, pour que tu ne pèches pas par ignorance, c'est un avertissement divin qui m'amène; une déité puissante favorise mon entreprise. Le prix que je réclame est grand, mais il m'est dû; Cythérée m'a promis ta main. Sous un tel guide, du rivage de Sigée j'ai parcouru des routes pé-

Hac duce, Sigeo dubias a litore feci
 Longa Phereclea per freta puppe vias.
Illa dedit faciles auras, ventosque secundos:
 In mare nimirum jus habet, orta mari.
Perstet, et, ut pelagi, sic pectoris adjuvet aestum;
 Deferat in portus et mea vota suos.
ATTULIMUS flammas, non hic invenimus, illas:
 Hae mihi tam longae causa fuere viae.
Nam neque tristis hiems, neque nos huc adpulit error:
 Taenaris est classi terra petita meae.
Nec me crede fretum merces portante carina
 Findere: quas habeo, Di tueantur, opes!
Nec venio Graias veluti spectator ad urbes:
 Oppida sunt regni divitiora mei.
Te peto, quam lecto pepigit Venus aurea nostro;
 Te prius optavi, quam mihi nota fores.
Ante tuos animo vidi, quam lumine, vultus:
 Prima fuit vultus nuntia fama tui.
NEC tamen est mirum, si, sicut oporteat, arcu
 Missilibus telis eminus ictus, amo.
Sic placuit fatis: quae ne convellere tentes,
 Accipe cum vera dicta relata fide.
Matris adhuc utero, partu remorante, tenebar:
 Jam gravidus justo pondere venter erat.
Illa sibi ingentem visa est, sub imagine somni,
 Flammiferam pleno reddere ventre facem.

rilleuses, à travers les vastes mers, sur la nef de Phéréclès. C'est elle qui m'a donné des vents propices et qui en a modéré le souffle : fille de la mer, elle y exerce un empire. Qu'elle persiste, et seconde les mouvemens de mon cœur de même que ceux des mers; qu'elle fasse arriver mes vœux à bon port.

Nous avons apporté cette flamme, nous ne l'avons pas trouvée ici : c'est elle qui a été la cause d'un si long voyage. Car ce n'est pas une fâcheuse tempête, ni une erreur de route qui nous a portés sur ces bords : ma flotte s'est dirigée vers la terre de Ténare. Ne crois pas que je fende les mers avec un navire chargé de marchandises : que les dieux me conservent seulement les richesses que je possède ! Je ne viens pas non plus comme observateur dans les villes grecques : les cités de ma patrie sont plus opulentes. Ce que je vais chercher, c'est toi-même, que la blonde Vénus a promise à ma couche; je t'ai souhaitée avant de te connaître. J'ai vu tes appas en imagination, avant que mes yeux ne les vissent : la renommée fut la première qui m'instruisit de tes charmes.

Néanmoins il n'est pas surprenant que j'aime, comme je le dois, frappé de traits venus de loin. Tel fut l'arrêt des destins, irrévocable, comme t'en convaincra cette relation fidèle et véridique. J'étais encore, par un délai du terme, retenu dans les flancs de ma mère : déjà ils avaient la juste mesure de la grossesse. Il lui sembla, dans les visions d'un songe, mettre au monde une énorme torche ardente. Épouvantée, elle se lève, et raconte au vieux Priam le rêve effrayant de la sombre nuit; celui-ci le transmet aux devins. Le devin déclare qu'Ilion sera

Territa consurgit, metuendaque noctis opacae
  Visa seni Priamo; vatibus ille refert.
Arsuram Paridis vates canit Ilion igni.
  Pectoris, ut nunc est, fax fuit illa mei.
Forma vigorque animi, quamvis de plebe videbar,
  Indicium tectae nobilitatis erant.
Est locus in mediae nemorosis vallibus Idae
  Devius, et piceis ilicibusque frequens;
Qui nec ovis placidae, nec amantis saxa capellae,
  Nec patulo tardae carpitur ore bovis.
Hinc ego Dardaniae muros excelsaque tecta
  Et freta prospiciens, arbore nixus eram.
Ecce pedum pulsu visa est mihi terra moveri :
  Vera loquar, veri vix habitura fidem.
Constitit ante oculos, actus velocibus alis,
  Atlantis magni Pleionesque nepos
(Fas vidisse fuit; fas sit mihi visa referre);
  Inque Dei digitis aurea virga fuit.
Tresque simul Divae, Venus, et cum Pallade Juno,
  Graminibus teneros imposuere pedes.
Obstupui, gelidusque comas erexerat horror;
  Quum mihi : « Pone metum, nuntius ales ait.
Arbiter es formae : certamina siste Dearum,
  Vincere quae forma digna sit una duas. »
Neve recusarem, verbis Jovis imperat; et se
  Protinus aetherea tollit in astra via.

embrasée par le feu de Pâris. Cette flamme fut, comme à présent, celle de mon cœur. Ma beauté et la vigueur de mon courage, quoique je parusse du peuple, étaient les indices de ma noblesse cachée.

Il est, dans les vallons boisés de l'Ida, un lieu solitaire, planté de sapins et d'yeuses; que ne broutent ni la paisible brebis, ni la chèvre, amante des rochers, ni le mufle épais du pesant bœuf. De là, exhaussé par un arbre, je regardais au loin et les murailles de Troie et ses demeures superbes et la mer. Tout à coup, il me semble qu'un retentissement de pas a ébranlé la terre : ce que je dirai est vrai, mais à peine vraisemblable. Devant mes yeux s'arrête, transporté par un vol rapide, le petit-fils du grand Atlas et de Pléione (il m'a été permis de le voir ; qu'il me soit permis de rapporter ce que j'ai vu); dans la main du dieu était sa baguette d'or. Trois déesses à la fois, Vénus, Pallas et Junon, posèrent leurs pieds délicats sur le gazon. Interdit, l'effroi qui me glaçait avait hérissé mes cheveux. « Bannis tes alarmes, me dit le messager ailé. Tu es l'arbitre de la beauté : termine le débat des déesses; à toi de prononcer laquelle efface en beauté les deux autres. » Et, pour ne pas essuyer un refus, il commande au nom de Jupiter, et soudain s'élève dans les astres par la route éthérée. Mon âme se rassure, et aussitôt la hardiesse me vient; je ne redoute pas d'examiner chacune d'elles en face. Toutes étaient dignes de la victoire, et je craignais, comme juge, que toutes elles ne pussent gagner leur cause. Cependant,

Mens mea convaluit, subitoque audacia venit;
 Nec timui vultu quamque notare meo.
Vincere erant omnes dignæ; judexque verebar,
 Non omnes causam vincere posse suam.
Sed tamen ex illis jam tunc magis una placebat:
 Hanc esse ut scires, unde movetur amor.
Tantaque vincendi cura est! ingentibus ardent
 Judicium donis sollicitare meum.
Regna Jovis conjux, virtutem filia jactat:
 Ipse potens dubito fortis an esse velim.
Dulce Venus risit: « Nec te, Pari, munera tangant;
 Utraque suspensi plena timoris, ait.
Nos dabimus quod ames, et pulchræ filia Ledæ
 Ibit in amplexus, pulchrior ipsa, tuos. »
Dixit: et ex æquo donis formaque probata,
 Victorem cœlo rettulit illa pedem.
INTEREA, credo, versis ad prospera fatis,
 Regius agnoscor per rata signa puer.
Læta domus, nato per tempora longa recepto,
 Addit et ad festos hunc quoque Troja diem.
Utque ego te cupio, sic me cupiere puellæ;
 Multarum votum sola tenere potes.
Nec tantum regum natæ petiere ducumque,
 Sed Nymphis etiam curaque amorque fui.
At mihi cunctarum subeunt fastidia, postquam
 Conjugii spes est, Tyndari, facta tui.

déjà une d'entre elles me plaisait davantage : tu devines que c'était la déesse qui inspire l'amour. Et, tant est vif en elles le désir de la victoire ! elles s'empressent d'influencer mon jugement par des dons magnifiques. L'épouse de Jupiter promet des royaumes, sa fille la valeur : je doute moi-même si je veux être puissant ou courageux. Vénus me dit avec un doux sourire : « Pâris, que ces présens ne te touchent pas ; tous deux sont pleins de craintes et d'anxiétés. Je te donnerai, moi, un objet à aimer ; la fille de la belle Léda passera dans tes bras, plus belle encore que sa mère. » Elle dit ; j'approuve également son offre et sa beauté, et la déesse remonte d'un pied victorieux vers l'Olympe.

Cependant, mes destinées, je pense, étant devenues prospères, je suis reconnu à des signes certains pour un royal enfant. La maison, joyeuse de revoir un fils après tant d'années, met, ainsi que Troie, ce jour au nombre de ses jours de fêtes. Et comme je te désire, ainsi m'ont désiré les jeunes filles ; seule, tu peux posséder l'objet de tant de vœux. Et non-seulement des filles de rois et de chefs m'ont recherché : des Nymphes elles-mêmes je fus l'amour et le souci. Mais je n'éprouve que dédain pour toutes ces femmes, depuis que j'ai conçu l'espoir de t'épouser, fille de Tyndare. C'est toi que mes yeux voyaient pendant la veille, toi que voyait mon imagina-

Te vigilans oculis, animo te nocte videbam,
  Lumina quum placido victa sopore jacent.
Quid facies praesens, quae nondum visa placebas?
  Ardebam, quamvis hinc procul ignis erat.
Nec potui debere mihi spem longius istam,
  Caerulea peterem quin mea vota via.
Troia caeduntur Phrygia pineta securi,
  Quaeque erat aequoreis utilis arbor aquis.
Ardua proceris spoliantur Gargara silvis,
  Innumerasque mihi longa dat Ida trabes.
Fundatura citas flectuntur robora naves;
  Texitur et costis panda carina suis.
Addimus antennas et vela sequentia malos;
  Accipit et pictos puppis adunca Deos.
Qua tamen ipse vehor, comitata Cupidine parvo,
  Sponsor conjugii stat Dea picta sui.
Imposita est factae postquam manus ultima classi,
  Protinus Aegaeis ire jubebar aquis.
Et pater et genitrix inhibent mea vota rogando,
  Propositumque pia voce morantur iter.
Et soror effusis, ut erat, Cassandra capillis,
  Quum vellent nostrae jam dare vela rates :
« Quo ruis? exclamat; referes incendia tecum :
  Quanta per has, nescis, flamma petatur aquas. »
Vera fuit vates : dictos invenimus ignes;
  Et ferus in molli pectore flagrat amor.

tion pendant la nuit, lorsqu'un paisible sommeil ferme les paupières assoupies. Que feras-tu présente, toi qui non encore vue me plaisais? Je brûlais, et le feu était loin de moi.

Je n'ai pu accorder à ma dette un plus long terme d'espoir, sans la poursuivre de mes vœux à travers l'onde azurée. La hache phrygienne abat le pin de Troie, et tout arbre utile à la navigation. Les cimes du Gargare sont dépouillées de vastes matériaux, et le long Ida me fournit d'innombrables poutres. Les durs chênes sont courbés pour la construction de rapides vaisseaux; la carène arrondie est garnie de ses flancs. Nous ajoutons des antennes et des voiles attenantes aux mâts; l'éperon de la poupe recourbée est embelli de dieux peints. Sur le vaisseau qui me porte, on voit en peinture, avec le petit Cupidon qui l'accompagne, la déesse, caution de son hymen. Lorsqu'on eut mis la dernière main à cet ouvrage, je reçois aussitôt l'ordre de m'embarquer sur les flots égéens. Mon père et ma mère opposent à mes vœux leurs prières, et leur tendresse suspend mon projet de départ. Ma sœur Cassandre accourt, les cheveux épars, selon sa coutume, au moment même où déjà nous voulions mettre à la voile : « Où vas-tu? s'écrie-t-elle; tu rapporteras avec toi un incendie : tu ignores toutes les flammes que ces eaux te réservent. » Sa prophétie fut vraie : j'ai trouvé les feux qu'elle m'avait prédits; un amour effréné brûle en mon cœur attendri.

Portubus egredior, ventisque ferentibus usus,
  Applicor in terras, Œbali Nympha, tuas.
Excipit hospitio vir me tuus : hoc quoque factum
  Non sine consilio numinibusque Deum.
Ille quidem ostendit, quidquid Lacedæmone tota
  Ostendi dignum, conspicuumque fuit.
Sed mihi laudatam cupienti cernere formam,
  Lumina nil aliud quo caperentur erat.
Ut vidi, obstupui; præcordiaque intima sensi
  Attonitus curis intumuisse novis.
His similes vultus, quantum reminiscor, habebat,
  Venit in arbitrium quum Cytherea meum.
Si tu venisses pariter certamen in illud,
  In dubium Veneris palma futura fuit.
Magna quidem de te rumor præconia fecit,
  Nullaque de facie nescia terra tua est;
Nec tibi par usquam Phrygiæ, nec, solis ab ortu,
  Inter formosas altera nomen habet.
Credis et hoc nobis? minor est tua gloria vero :
  Famaque de forma pæne maligna tua est.
Plus hic invenio, quam quod promiserat illa :
  Et tua materia gloria victa sua est.
Ergo arsit merito, qui noverat omnia, Theseus :
  Et visa es tanto digna rapina viro,
More tuæ gentis, nitida dum nuda palæstra
  Ludis, et es nudis femina mixta viris.

Je m'éloigne du port, et, à la faveur des vents, je descends sur tes bords, nymphe de l'OEbalie. Ton époux m'offre l'hospitalité : c'est encore là une disposition de la volonté suprême des dieux. Il me montre tout ce qui, dans Lacédémone entière, était curieux et remarquable. Mais je désirais voir tes charmes tant vantés, et il n'y avait rien autre chose propre à captiver mes regards. Je te vis, ce fut pour moi un ravissement; au fond de mes entrailles je sentis naître avec étonnement l'effervescence d'une passion nouvelle. Elle avait, autant que je m'en souviens, des traits semblables, la déesse de Cythère, lorsqu'elle vint se présenter à mon tribunal. Si tu fusses également venue à cette lutte célèbre, je ne sais si Vénus eût obtenu la palme. La renommée t'a au loin préconisée, et il n'est aucune région qui ne connaisse tes charmes; nulle autre femme dans la Phrygie, ni des contrées de l'Aurore, n'a, parmi les belles, un renom égale au tien. Et, m'en croiras-tu ? ta gloire est au dessous de la réalité : la renommée est presque calomnieuse sur ta beauté. Je trouve ici plus qu'elle n'avait promis : ta gloire est vaincue par son objet.

Aussi fut-elle légitime, la flamme de Thésée, qui connaissait toutes tes perfections : tu parus à ce héros une proie digne de lui, lorsque nue, selon la coutume de ta nation, tu t'exerces au jeu de la brillante palestre, et que tu es mêlée, quoique femme, aux hommes également-

Quod rapuit, laudo; miror, quod reddidit unquam :
 Tam bona constanter præda tenenda fuit.
Ante recessisset caput hoc cervice cruenta,
 Quam tu de thalamis abstraherere meis.
Tene manus unquam nostræ dimittere vellent?
 Tene meo paterer vivus abire sinu?
Si reddenda fores, aliquid tamen ante tulissem;
 Nec Venus ex toto nostra fuisset iners ;
Vel mihi virginitas esset libata, vel illud
 Quod poterat salva virginitate rapi.
Da modo te; Paridi quæ sit constantia nosces.
 Flamma rogi flammas finiet una meas.
Præposui regnis ego te, quæ maxima quondam
 Pollicita est nobis nupta sororque Jovis;
Dumque tuo possem circumdare brachia collo,
 Contemta est virtus, Pallade dante, mihi.
Nec piget, aut unquam stulte elegisse videbor :
 Permanet in voto mens mea firma suo.
Spem modo ne nostram fieri patiare caducam,
 Te precor, o tanto digna labore peti.
Non ego conjugium generosæ degener opto,
 Nec mea, crede mihi, turpiter uxor eris.
Pleiada, si quæras, in nostra gente, Jovemque
 Invenies, medios ut taceamus avos.
Sceptra parens Asiæ, qua nulla beatior ora,
 Finibus immensis vix obeunda, tenet.

ment nus. Il t'a enlevée, je l'en loue; je m'étonne qu'il t'ait jamais rendue : une proie aussi précieuse devait être constamment gardée. On eût retranché cette tête de mon cou sanglant, avant de t'enlever à ma couche. Que mes mains veuillent jamais te laisser aller? que je souffre vivant qu'on t'arrache de mon sein? Si tu devais être rendue, auparavant, du moins, j'eusse emporté quelque gage : mon amour ne fût pas resté totalement inerte. Je t'eusse ou ravi ta virginité, ou ce qui pouvait l'être sans la compromettre.

Donne-toi seulement à moi, tu apprendras quelle est la constance de Pâris. La flamme seule du bûcher sera le terme de la mienne. Je t'ai préférée aux royaumes que la souveraine épouse et sœur de Jupiter m'a jadis promis; et, pourvu que je pusse enlacer mes bras à ton cou, j'ai dédaigné la valeur, que m'offrait Pallas. Je n'en ai pas de regret; jamais je ne croirai avoir fait un choix insensé : ma résolution est inébranlable et je persiste dans mon souhait. Seulement, ne permets pas que mon espoir soit déçu, je t'en conjure, ô digne objet de tant de pénibles soins! L'hymen que je désire ne sera pas une mésalliance pour ta noble famille; et tu ne rougiras pas, crois-moi, de ton époux. En cherchant, tu trouveras dans ma famille une Pléiade et Jupiter, sans parler de mes ancêtres intermédiaires. Mon père tient le sceptre d'Asie, région fortunée, dont on peut à peine parcourir l'étendue immense. Tu verras d'innombrables cités, et des palais d'or, et des temples, qu'on peut dire dignes de leurs dieux. Tu remarqueras Ilion, et ses

Innumeras urbes atque aurea tecta videbis,
  Quæque suos dicas templa decere Deos.
Ilion adspicies, firmataque turribus altis
  Mœnia, Phœbeæ structa canore lyræ.
Quid tibi de turba narrem numeroque virorum?
  Vix populum tellus sustinet illa suum.
Occurrent denso tibi Troades agmine matres :
  Nec capient Phrygias atria nostra nurus.
O quoties dices : « Quam pauper Achaia nostra est ! »
  Una domus quævis urbis habebit opes.
Nec mihi fas fuerit Sparten contemnere vestram :
  In qua tu nata es, terra beata mihi est.
Parca sed est Sparte; tu cultu divite digna :
  Ad talem formam non facit iste locus.
Hanc faciem largis sine fine paratibus uti,
  Deliciisque decet luxuriare novis.
Quum videas cultum nostra de gente virorum,
  Qualem Dardanidas credis habere nurus?
Da modo te facilem : nec dedignare maritum,
  Rure Therapnæo nata puella, Phrygem.
Phryx erat et nostro genitus de sanguine, qui nunc
  Cum Dis potandas nectare miscet aquas.
Phryx erat Auroræ conjux : tamen abstulit illum
  Extremum noctis quæ Dea finit iter.
Phryx etiam Anchises, volucrum cui mater Amorum
  Gaudet in Idæis concubuisse jugis.

remparts flanqués de hautes tours, qu'éleva la lyre harmonieuse de Phébus. Te parlerai-je de la foule et de la multitude des habitans? à peine cette terre peut-elle porter sa population. Les femmes troyennes accourront en troupes nombreuses à ta rencontre : notre palais ne pourra contenir les filles de la Phrygie. Oh! que de fois tu diras : « Combien notre Achaïe est pauvre! » Une seule maison ordinaire possédera les richesses d'une ville.

Mais je ne me permettrai pas de mépriser votre Sparte : la ville où tu as vu le jour est pour moi une heureuse terre. Mais Sparte est parcimonieuse; toi, tu es digne de la magnificence : ce lieu est mal assorti avec une telle beauté. Avec une telle figure, il convient d'user des plus riches parures sans fin renouvelées, et d'épuiser tout ce que le luxe et les délices ont de raffinemens. A la vue de cette opulence qu'étalent les hommes de notre nation, pense quelle doit être celle des femmes dardaniennes. Seulement, montre-toi indulgente : fille des campagnes de Thérapné, ne dédaigne pas un mari phrygien. Il était Phrygien et issu de notre sang, celui qui, maintenant parmi les dieux, verse dans leur coupe le nectar dont ils s'abreuvent. Il était Phrygien, l'époux de l'Aurore : cependant elle l'enleva, la déesse qui marque à la nuit le terme de sa carrière. Il était Phrygien aussi, cet Anchise, auprès duquel la mère des légers Amours se plut à se reposer, sur les sommités de l'Ida.

Nec, puto, collatis forma Menelaus et annis,
  Judice te, nobis anteferendus erit.
Non dabimus certe socerum tibi clara fugantem
  Lumina, qui trepidos a dape vertat equos.
Nec pater est Priamo soceri de caede cruentus,
  Et qui Myrtoas crimine signet aquas.
Nec proavo Stygia nostro captantur in unda
  Poma, nec in mediis quaeritur humor aquis.
Quid tamen hoc refert, si te tenet ortus ab illis?
  Cogitur huic domui Jupiter esse socer.
Heu facinus! totis indignus noctibus ille
  Te tenet, amplexu perfruiturque tuo;
At mihi conspiceris, posita vix denique mensa;
  Multaque, quae laedant, hoc quoque tempus habet.
Hostibus eveniant convivia talia nostris,
  Experior posito qualia saepe mero.
Poenitet hospitii, quum, me spectante, lacertos
  Imposuit collo rusticus iste tuo.
Rumpor et invideo, quid enim tamen omnia narrem?
  Membra superjecta quum tua veste fovet.
Oscula quum vero coram non dura daretis,
  Ante oculos posui pocula sumta meos.
Lumina demitto, quum te tenet arctius ille,
  Crescit et invito lentus in ore cibus.
Saepe dedi gemitus; et te, lasciva, notavi
  In gemitu risum non tenuisse meo.

Je ne pense pas non plus que Ménélas, si tu compares la beauté et les années, doive, à ton jugement, nous être préféré. Nous ne te donnerons pas certes un beau-père qui fasse fuir le flambeau éclatant du Soleil, qui détourne d'un festin ses coursiers effrayés. Priam n'a pas un père ensanglanté du meurtre de son beau-père, et qui souille d'un crime les ondes de Myrtos. Notre aïeul ne s'efforce pas de cueillir des fruits dans l'onde stygienne, il ne cherche pas de l'eau dans l'humide élément. Mais qu'importe, si leur descendant te possède? Jupiter est contraint d'être beau-père dans cette famille.

O crime! cet indigne époux te serre dans ses bras les nuits entières; il jouit de tes faveurs, et moi je t'aperçois à peine enfin, lorsque la table est dressée; et ce moment a encore bien des choses qui me blessent. Qu'il arrive à nos ennemis des repas tels que ceux auxquels j'assiste souvent, lorsque le vin est servi. Je regrette le don de l'hospitalité, lorsque, sous mes yeux, ce rustre a passé ses bras autour de ton cou. La jalousie me dévore; faut-il tout rapporter? lorsqu'il réchauffe tes membres sous son vêtement. Cependant, lorsque vous vous donniez, en ma présence, de tendres baisers, j'ai pris ma coupe et l'ai placée devant mes yeux. Je baisse les yeux, lorsqu'il te tient étroitement serrée, et les morceaux, trop lents, s'accumulent, malgré moi, dans ma bouche. Souvent j'ai poussé des soupirs; et j'ai remarqué, folâtre, que tu ne pouvais modérer ton rire, pendant que je gémissais. Souvent j'ai voulu éteindre ma flamme dans le vin; mais elle n'a fait que s'accroître : l'ivresse a été du feu sur du feu. Pour ne pas voir beaucoup de cho-

Saepe mero volui flammam compescere; at illa
 Crevit: et ebrietas ignis in igne fuit.
Multaque ne videam, versa cervice recumbo;
 Sed revocas oculos protinus ipsa meos.
Quid faciam dubito: dolor est meus illa videre;
 Sed dolor a facie major abesse tua.
Qua licet et possum, luctor celare furorem:
 Sed tamen apparet dissimulatus amor.
Nec tibi verba damus: sentis mea vulnera, sentis;
 Atque utinam soli sint ea nota tibi!
Ah! quoties, lacrymis venientibus, ora reflexi,
 Ne causam fletus quaereret ille mei!
Ah! quoties juvenum narravi potus amores,
 Ad vultus referens singula verba tuos!
Indiciumque mei ficto sub nomine feci;
 Ille ego, si nescis, verus amator eram.
Quin etiam, ut possem verbis petulantibus uti,
 Non semel ebrietas est simulata mihi.
Prodita sunt, memini, tunica tua pectora laxa,
 Atque oculis aditum nuda dedere meis,
Pectora vel puris nivibus, vel lacte, tuamque
 Complexo matrem candidiora Jove.
Dum stupeo visis, nam pocula forte tenebam,
 Tortilis e digitis excidit ansa meis.
Oscula si natae dederas, ego protinus illa
 Hermiones tenero laetus ab ore tuli.

ses, je détourne la vue et baisse les yeux ; mais aussitôt tu rappelles à toi mes regards. Que faire ? je l'ignore : il est douloureux pour moi de voir ce spectacle ; mais plus douloureux d'être banni de ta présence. Autant qu'il m'est permis et que je le peux, je m'efforce de déguiser cette frénésie : mais mon amour éclate malgré ma dissimulation.

Je ne t'en impose pas : tu sens mes plaies, tu les sens ; et plût au ciel qu'elles ne fussent connues que de toi ! Ah ! que de fois, les larmes me venant aux yeux, ai-je détourné la vue, de peur qu'il ne m'interrogeât sur la cause de mes pleurs ! Ah ! que de fois, après avoir bu, ai-je raconté l'histoire de jeunes amans, me tournant vers toi à chaque parole ! C'était moi que j'indiquais sous un nom supposé ; moi-même, si tu l'ignores, j'étais le véritable amant. Bien plus, afin de pouvoir employer des termes libres, plus d'une fois j'ai simulé l'ivresse. Ta tunique lâche, il m'en souvient, découvrit ton sein nu, et donna accès à mes yeux vers ce sein, plus blanc que la pure neige ou le lait, plus blanc que Jupiter lorsqu'il embrassa ta mère. Tandis que je suis dans l'extase, comme je tenais par hasard une coupe, l'anse arrondie s'échappe de mes doigts. Avais-tu donné un baiser à ta fille ? soudain je le prenais avec joie de la bouche tendre d'Hermione. Tantôt je chantais, mollement couché, les antiques amours ; tantôt je donnais, par mes gestes, des signes d'intelligence. Dernièrement, j'ai osé adresser de doucereuses paroles à tes premières compagnes, Clymène et Éthra. Elles me répondirent uni-

Et modo cantabam veteres resupinus amores;
  Et modo per nutum signa tegenda dabam.
Et comitum primas Clymenen Æthramque tuarum
  Ausus sum blandis nuper adire sonis.
Quæ mihi non aliud, quam formidare, locutæ,
  Orantis medias deseruere preces.
Di facerent, magni pretium certaminis esses;
  Teque suo victor posset habere toro!
Ut tulit Hippomenes Schœneida, præmia cursus,
  Venit ut in Phrygios Hippodamia sinus,
Ut ferus Alcides Acheloia cornua fregit,
  Dum petit amplexus, Deïanira, tuos,
Nostra per has leges audacia fortiter isset;
  Teque mei scires esse laboris opus.
Nunc mihi nil superest, nisi te, formosa, precari,
  Amplectique tuos, si patiare, pedes.
O decus, o præsens geminorum gloria fratrum!
  O Jove digna viro, ni Jove nata fores!
Aut ego Sigeos repetam, te conjuge, portus,
  Aut ego Tænaria contegar exsul humo.
Non mea sunt summa leviter destricta sagitta
  Pectora; descendit vulnus ad ossa meum.
Hoc mihi, nam repeto, fore ut a cœleste sagitta
  Figar, erat verax vaticinata soror.
Parce datum fatis, Helene, contemnere amorem:
  Sic habeas faciles in tua vota Deos.

quement qu'elles craignaient, et m'abandonnèrent au milieu de mes supplications.

Oh! que n'es-tu le prix d'une lutte solennelle, et la possession du vainqueur! Comme Hippomène emporta pour prix de la course la fille de Schœné, comme Hippodamie vint dans les bras d'un Phrygien, comme le fier Alcide brisa les cornes d'Acheloüs, lorsqu'il aspire aux embrassemens de Déjanire, notre audace, suivant les mêmes lois, se fût montrée courageuse : tu saurais être l'ouvrage d'un de mes travaux. Maintenant, femme adorable, il ne me reste plus qu'à te prier; à embrasser humblement tes genoux, si tu y consens. O honneur! ô gloire brillante des deux jumeaux! ô digne d'avoir Jupiter pour époux, s'il n'était ton père! Ou je rentrerai dans le port de Sigée, toi étant mon épouse; ou je serai inhumé dans l'exil à Ténare. La flèche n'a pas légèrement effleuré ma poitrine; c'est une blessure qui a pénétré jusqu'à la moelle de mes os. Je devais être percé d'une flèche céleste; je me rappelle cet oracle de ma sœur, qui s'est accompli. Garde-toi, Hélène, de mépriser un amour autorisé par les destins : et puissent, à ce prix, les dieux exaucer tes désirs!

Multa quidem subeunt; sed coram ut plura loquamur,
  Excipe me lecto, nocte silente, tuo.
An pudet, et metuis venerem temerare maritam,
  Castaque legitimi fallere jura tori?
Ah! nimium simplex Helene, ne rustica dicam,
  Hanc faciem culpa posse carere putas!
Aut faciem mutes, aut sis non dura, necesse est:
  Lis est cum forma magna pudicitiæ.
Jupiter his gaudet, gaudet Venus aurea furtis.
  Hæc tibi nempe patrem furta dedere Jovem.
Vix fieri, si sunt vires in semine avorum,
  Et Jovis et Ledæ filia, casta potes.
Casta tamen tum sis, quum te mea Troja tenebit;
  Et tua sim, quæso, crimina solus ego.
Nunc ea peccemus, quæ corrigat hora jugalis,
  Si modo promisit non mihi vana Venus.
Sed tibi et hoc suadet rebus, non voce, maritus;
  Neve sui furtis hospitis obstet, abest.
Non habuit tempus, quo Cressia regna videret,
  Aptius. O mira calliditate virum!
Ivit, et, « Idæi mando tibi, dixit iturus,
  Curam pro nobis hospitis uxor agas. »
Negligis absentis, testor, mandata mariti:
  Cura tibi non est hospitis ulla tui.
Hunccine tu speres, hominem sine pectore, dotes
  Posse satis formæ, Tyndari, nosse tuæ?

J'ai beaucoup de choses à t'écrire; mais, pour que nous en disions de vive voix un plus grand nombre, reçois-moi dans ta couche, pendant le silence de la nuit. Est-ce la pudeur qui te fait craindre de profaner l'amour conjugal, et de trahir le serment de fidélité à un époux légitime? Ah! trop simple Hélène, j'ai presque dit rustique, penses-tu que cette figure puisse être exempte de faute! Ou change ta figure, ou ne sois pas barbare: une grande lutte existe entre la beauté et la sagesse. Ces larcins charment Jupiter, ils charment la belle Vénus. Ces larcins t'ont donné pour père Jupiter. Fille de Jupiter et de Léda, si la semence de tes ancêtres a quelque vertu, tu peux à peine devenir chaste. Sois-le cependant, alors que ma Troie te possédera; et, je t'en supplie, que seul je sois ton crime. Maintenant commettons une faute, que répare l'époque du mariage, si toutefois Vénus ne m'a pas fait une promesse illusoire.

Mais ton époux t'y engage par sa conduite, sinon par ses paroles; et pour ne pas contrarier les larcins de son hôte, il s'absente. Il n'a pas eu de circonstance plus favorable, pour visiter le royaume de Crète. Ô merveilleuse pénétration de cet homme! Il partit, et dit en partant: « Je te confie notre hôte; prends soin de lui à ma place, ô mon épouse!» Tu négliges, je l'atteste, les recommandations de ton mari : tu n'as aucun soin de ton hôte. Crois-tu donc, fille de Tyndare, cet homme sans intelligence capable de connaître assez le mérite de ta beauté? Tu t'abuses; il le méconnaît : et, s'il y attachait un grand prix, il ne confierait pas le trésor qu'il possède à un

Falleris: ignorat : nec, si bona magna putaret,
 Quæ tenet, externo crederet illa viro.
Ut te nec mea vox, nec te meus incitet ardor,
 Cogimur ipsius commoditate frui;
Aut erimus stulti, sic ut superemus et ipsum,
 Si tam securum tempus abibit iners.
Pæne suis ad te manibus deducit amantem :
 Utere non vafri simplicitate viri.
Sola jaces viduo tam longa nocte cubili;
 In viduo jaceo solus et ipse toro.
Te mihi, meque tibi communia gaudia jungant :
 Candidior medio nox erit illa die.
Tunc ego jurabo quævis tibi numina, meque
 Adstringam verbis in sacra jura tuis.
Tunc ego, si non est fallax fiducia nostri,
 Efficiam præsens ut mea regna petas.
Si pudet, et metuis, ne me videare secuta,
 Ipse reus sine te criminis hujus ero :
Nam sequar Ægidæ factum fratrumque tuorum :
 Exemplo tangi non propiore potes.
Te rapuit Theseus, geminas Leucippidas illi;
 Quartus in exemplis adnumerabor ego.
Troia classis adest, armis instructa virisque;
 Jam facient celeres remus et aura vias.
Ibis Dardanias ingens regina per urbes,
 Teque novam credet vulgus adesse Deam.

homme étranger. Bien que mes discours et mon ardeur ne te déterminassent pas, nous sommes contraints de faire usage de l'occasion qu'il nous offre ; ou bien nous serons insensés, au point de l'emporter sur lui-même, si un temps aussi sûr s'écoule en pure perte. Il amène vers toi un amant presque de ses mains : profite de la simplicité d'un mari sans malice.

Tu restes seule sur un lit solitaire pendant la nuit si longue ; seul aussi je reste sur ma couche solitaire. Que des joies communes nous unissent, toi à moi, moi à toi : cette nuit sera plus belle qu'un midi. Alors je jurerai par tous les dieux, et me lierai par le serment solennel que tu m'auras dicté. Alors encore, si ta confiance en moi n'est pas trompeuse, je te déterminerai à venir dans mon royaume. Si tu ne l'oses, si tu crains de paraître m'avoir suivi, je serai moi-même coupable sans toi de cet attentat : car j'imiterai l'action du fils d'Égée et de tes frères : tu ne peux céder à un exemple qui te touche de plus près. Thésée t'a enlevée ; ceux-ci ont enlevé les deux filles de Leucippe ; je serai le quatrième cité en exemple. La flotte troyenne est prête, fournie d'armes et d'hommes ; bientôt la rame et le vent vont accélérer notre marche. Tu iras, comme une grande reine, à travers les cités dardaniennes ; le peuple te prendra pour une divinité nouvelle. Où tu porteras tes pas, le cinnamome brûlera sur la flamme, et la victime immolée frappera la terre sanglante. Mon père et mes frères, mes sœurs et ma mère, toutes les Troyennes et Ilion entière, t'offriront des présens. Hélas ! à peine j'annonce

Quaque feres gressus, adolebunt cinnama flammæ,
 Cæsaque sanguineam victima planget humum.
Dona pater fratresque, et cum genitrice sorores,
 Iliadesque omnes, totaque Troja, dabunt.
Hei mihi! pars a me vix dicitur ulla futuri :
 Plura feres, quam quæ litera nostra refert.
Nec tu rapta time ne nos fera bella sequantur,
 Concitet et vires Græcia magna suas.
Tot prius abductis, dic, quæ repetita per arma est?
 Crede mihi, vanos res habet ista metus.
Nomine ceperunt Aquilonis Erechthida Thraces :
 Tuta sed a bello Bistonis ora fuit.
Phasida puppe nova vexit Pagasæus Iason,
 Læsa nec est Colcha Thessala terra manu.
Te quoque qui rapuit, rapuit Minoida Theseus;
 Nulla tamen Minos Cretas ad arma vocat.
Terror in his ipso major solet esse periclo :
 Quæque timere libet, pertimuisse pudet.
Finge tamen, si vis, ingens consurgere bellum :
 Et mihi sunt vires, et mea tela nocent.
Nec minor est Asiæ, quam vestræ copia terræ :
 Illa viris dives, dives abundat equis.
Nec plus Atrides animi Menelaus habebit
 Quam Paris, aut armis anteferendus erit.
Pæne puer cæsis abducta armenta recepi
 Hostibus, et causam nominis inde tuli.

une faible partie de l'avenir : tu recevras plus que ma lettre ne porte.

Une fois ravie, ne crains pas que de cruelles guerres nous poursuivent, et que la vaste Grèce soulève ses forces. Bien des femmes déjà ont été ravies : dis-moi, qui d'entre elles fut redemandée par les armes ? Crois-moi, ce projet t'inspire de vaines alarmes. Les Thraces, sous la conduite de Borée, enlevèrent la fille d'Érechthée ; mais la rive bistonienne fut garantie de la guerre. Jason de Pagasa fit voguer la fille du Phase à l'aide du vaisseau, jusqu'alors inconnu ; mais le sol thessalien ne fut pas en butte aux attaques de Colchos. Thésée, qui t'a enlevée, avait enlevé aussi la fille de Minos ; cependant Minos n'appela pas les Crétois aux armes. La terreur, dans ces conjonctures, est d'ordinaire plus grande que le péril : ce qu'on se plaît à craindre, on rougit de l'avoir craint jusqu'au bout.

Suppose toutefois, si tu veux, qu'une formidable guerre s'élève : j'ai de la puissance et mes traits sont meurtriers. L'opulence de l'Asie ne le cède pas à celle de votre pays : riche en hommes, elle est riche également en nobles coursiers. Ménélas, fils d'Atrée, n'aura pas plus de valeur que Pâris ; il ne lui sera pas préférable sous les armes. Presque enfant, j'ai égorgé des ennemis et emmené leurs troupeaux : telle fut l'origine du nom que je porte. Presque enfant, j'ai vaincu des jeunes gens dans divers combats ; parmi eux se trou-

Pæne puer vario juvenes certamine vici,
 In quibus Ilioneus, Deiphobusque fuit.
Neve putes non me, nisi cominus, esse timendum:
 Figitur in jusso nostra sagitta loco.
Num potes hæc illi primæ dare facta juventæ?
 Instruere Atriden num potes arte mea?
Omnia si dederis, numquid dabis Hectora fratrem?
 Unus is innumeri militis instar habet.
Quid valeam nescis, et te mea robora fallunt;
 Ignoras cui sis nupta futura viro.
Aut igitur nullo belli repetere tumultu,
 Aut cedent marti Dorica castra meo.
Nec tamen indigner pro tanta sumere ferrum
 Conjuge: certamen præmia magna movent.
Tu quoque, si de te totus contenderit orbis,
 Nomen ab æterna posteritate feres.
Spe modo non timida, Dis hinc egressa secundis,
 Exige cum plena munera pacta fide.

EPISTOLA SEPTIMA DECIMA.

HELENA PARIDI.

Nunc oculos tua quum violarit epistola nostros,
 Non rescribendi gloria visa levis.

vaient Ilionée et Déiphobe. Ne pense pas que je ne sois redoutable que de près : ma flèche atteint le but visé. Peux-tu lui accorder de pareils débuts de jeunesse? peux-tu attribuer au fils d'Atrée un art égal au mien? Et quand tu lui donnerais tout, lui donneras-tu Hector pour frère? Celui-là vaut, à lui seul, des bataillons. Tu ne sais ce que je vaux, et ma force t'est inconnue; tu ignores à quel homme tu es destinée pour épouse.

Donc, ou tu ne seras redemandée par aucun appareil de guerre, ou notre armée triomphera de celle des Grecs. Cependant je n'hésiterais pas à m'armer du fer pour une épouse aussi précieuse : de grandes récompenses déterminent la lutte. Et toi, si l'univers se dispute ta conquête, tu seras immortelle dans les fastes de la postérité. Seulement, que ton espoir ne s'intimide pas, et, partie de ces lieux sous de favorables auspices, exige en pleine assurance l'accomplissement de mes promesses.

ÉPITRE DIX-SEPTIÈME.

HÉLÈNE A PARIS.

Maintenant que ta lettre a souillé mes regards, ne pas répondre m'a paru un faible mérite. Tu as osé, étranger,

Ausus es, hospitii temeratis, advena, sacris,
　Legitimam nuptae sollicitare fidem!
Scilicet idcirco ventosa per aequora vectum
　Excepit portu Taenaris ora suo!
Nec tibi, diversa quamvis e gente venires,
　Oppositas habuit regia nostra fores,
Esset ut officii merces injuria tanti!
　Qui sic intrabas, hospes an hostis eras?
Nec dubito quin haec, quum sit tam justa, vocetur
　Rustica judicio nostra querela tuo.
Rustica sim sane, dum non oblita pudoris,
　Dumque tenor vitae sit sine labe meae.
Si non est ficto vultus mihi tristis in ore,
　Nec sedeo duris torva superciliis,
Fama tamen clara est, et adhuc sine crimine vixi,
　Et laudem de me nullus adulter habet.
Quo magis admiror quae sit fiducia coepti,
　Spemque tori dederit quae tibi causa mei.
An, quia vim nobis Neptunius attulit heros,
　Rapta semel, videor bis quoque digna rapi?
Crimen erat nostrum, si delenita fuissem.
　Quum sim rapta, meum quid, nisi nolle, fuit?
Non tamen e facto fructum tulit ille petitum :
　Excepto redii passa timore nihil.
Oscula luctanti tantummodo pauca protervus
　Abstulit : ulterius nil habet ille mei.

au mépris des droits de l'hospitalité, attenter à la foi d'une épouse légitime! C'est donc pour cela que tu as vogué sur une mer orageuse et que Ténare t'a reçu dans son port! Et si, quoique tu vinsses d'une région différente, notre palais n'a pas fermé ses portes à ton approche, était-ce pour que l'outrage fût la récompense d'un si grand bienfait? Pour entrer ainsi, étais-tu hôte ou ennemi? Je ne doute pas que ma plainte, toute juste qu'elle est, ne passe à tes yeux pour de la rusticité. Que je sois rustique, j'y consens, pourvu que je n'oublie pas la pudeur, et que ma vie offre une suite de jours sans tache. Parce que mon hypocrite visage ne prend pas un air triste, parce que mon front sourcilleux n'est ni dur ni farouche, je n'en ai pas moins une réputation pure; jusqu'ici j'ai vécu sans crime, et aucun adultère ne tire vanité de moi.

J'en admire d'autant plus ta confiance dans ton entreprise, et quel motif a pu te donner l'espoir de partager ma couche. Quoi! parce que le héros, petit-fils de Neptune, m'a violée, pour avoir été une fois ravie, je parais digne de l'être deux? Le crime était de mon côté, si je me fusse laissé séduire. Ayant été ravie, quelle fut ma participation, sinon de refuser? Cependant, il n'a pas retiré de son attentat le fruit qu'il désirait : hormis la peur, je suis revenue sans avoir éprouvé rien. Seulement, sa bouche audacieuse m'a dérobé quelques baisers, que je lui disputai : il n'a de moi rien davantage. Avec ta scélératesse, il ne se fût pas contenté de ces faveurs. Grâce

Quæ tua nequitia est, non his contenta fuisset.
   Di melius! similis non fuit ille tui.
Reddidit intactam, minuitque modestia crimen;
   Et juvenem facti pœnituisse patet.
Thesea pœnituit, Paris ut succederet illi?
   Ne quando nomen non sit in ore meum?
Nec tamen irascor (quis enim succenset amanti?),
   Si modo, quem præfers, non simulatur amor.
Hoc quoque enim dubito : non quod fiducia desit,
   Aut mea sit facies non bene nota mihi;
Sed quia credulitas damno solet esse puellis,
   Verbaque dicuntur vestra carere fide.
At peccant aliæ, matronaque rara pudica est.
   Quid prohibet raris nomen inesse meum?
Nam mea quod visa est tibi mater idonea, cujus
   Exemplo flecti me quoque posse putes,
Matris in admisso, falsa sub imagine lusæ,
   Error inest : pluma tectus adulter erat.
Nil ego, si peccem, possim nescisse; nec ullus
   Error, qui facti crimen obumbret, erit.
Illa bene erravit, vitiumque auctore redemit.
   Felix in culpa quo Jove dicar ego?
Et genus, et proavos, et regia nomina jactas;
   Clara satis domus hæc nobilitate sua est.
Jupiter ut soceri proavus taceatur, et omne
   Tantalidæ Pelopis Tyndareique genus;

aux dieux! il ne t'a pas ressemblé. Il m'a rendue intacte, et sa modération atténue sa faute; il est manifeste que le jeune homme s'est repenti de son action. Thésée s'est repenti, pour avoir dans Pâris un successeur? pour que mon nom ne cessât d'être dans les bouches? Cependant je ne m'en fâche pas (comment s'irriter contre un amant?), pourvu que l'amour dont tu te vantes soit sincère. Car j'en doute encore: non que la confiance me manque, ou que mes charmes ne me soient pas bien connus; mais parce que la crédulité porte malheur aux jeunes filles, et que vos protestations passent pour mensongères.

Mais, dira-t-on, d'autres femmes succombent, il en est même peu de chastes. Et qui empêche que mon nom ne figure parmi le petit nombre? Car, pour la faiblesse de ma mère, qui t'a paru propre à m'entraîner par son exemple, elle est la suite d'une erreur : ma mère fut trompée par une fantastique image: l'adultère se cachait sous un plumage. Je succomberai, moi, sans que je puisse avoir été dans l'ignorance; il n'y aura pas de méprise, pour colorer l'odieux de ma faute. L'erreur de ma mère est louable, l'auteur de la faute la rachète. Où est le Jupiter, qui fasse dire que j'ai été heureuse dans la mienne?

Tu vantes et ta naissance, et tes aïeux et ton titre de roi; ma famille est assez illustre par sa noblesse. Sans rappeler Jupiter, le bisaïeul de mon beau-père, et toute la race de Tyndare et de Pélops, fils de Tantale; Léda, trompée par un cygne, me donna pour père Jupiter,

Dat mihi Leda Jovem, Cycno decepta, parentem,
  Quæ falsam gremio credula fovit avem.
I nunc, et Phrygiæ late primordia gentis,
  Cumque suo Priamum Laomedonte refer.
Quos ego suspicio; sed, qui tibi gloria magna est
  Quintus, is a nostro sanguine primus erit.
Sceptra tuæ quamvis rear esse potentia Trojæ,
  Non tamen hæc illis esse minora puto.
Si jam divitiis locus hic numeroque virorum
  Vincitur, at certe barbara terra tua est.
MUNERA tanta quidem promittit epistola dives,
  Ut possint ipsas illa movere Deas.
Sed si jam fines vellem transire pudoris,
  Tu melior culpæ causa futurus eras.
Aut ego perpetuo famam sine labe tenebo,
  Aut ego te potius, quam tua dona, sequar.
Utque ea non sperno, sic acceptissima semper
  Munera sunt, auctor quæ pretiosa facit.
Plus multo est, quod amas, quod sum tibi causa laboris,
  Quod per tam longas spes tua venit aquas.
ILLA quoque, adposita quæ nunc facis, improbe, mensa,
  Quamvis experiar dissimulare, noto.
Quum modo me spectas oculis, lascive, protervis,
  Quos vix instantes lumina nostra ferunt;
Et modo suspiras; modo pocula proxima nobis
  Sumis, quaque bibi, tu quoque parte bibis.

lorsque, trop crédule, elle réchauffa dans son sein un faux oiseau. Va maintenant, raconte à la Phrygie l'origine de ta race, et Priam avec Laomédon, son père. Je les admire; mais, celui que tu es si glorieux de compter le cinquième dans ta généalogie, sera le premier dans la mienne. Quoique je croie puissant le sceptre de ta chère Troie, cependant je ne regarde pas celui-ci comme inférieur à l'autre. Si ce lieu le cède en richesses et en population, ta patrie du moins est barbare.

Ta riche lettre promet tant d'avantages, qu'ils pourraient ébranler même des déesses. Mais si je voulais franchir enfin les limites de la pudeur, tu devais être un motif plus puissant pour me déterminer à être coupable. Ou je conserverai éternellement sans tache ma réputation, ou je préfèrerai ta personne à tes dons. Et si je ne les méprise pas, c'est que des présens, dont leur auteur fait le prix, sont toujours bien reçus. Quelque chose me touche bien plus, c'est que tu m'aimes, c'est que je suis la cause de tes peines, c'est que ton espérance est venue à travers de si vastes mers.

Ces signes même que, maintenant, tu fais malicieusement, lorsque la table est dressée, quoique je m'étudie à dissimuler, je les remarque. Tantôt tu oses me lancer de lascifs regards, dont mes yeux supportent à peine les importunités; tantôt tu soupires; tantôt tu prends ma coupe, et tu bois à l'endroit même où j'ai bu. Ah! combien de fois ai-je remarqué les

Ah! quoties digitis, quoties ego tecta notavi
  Signa supercilio pæne loquente dari!
Et sæpe extimui ne vir meus illa videret;
  Non satis occultis erubuique notis.
Sæpe vel exiguo, vel nullo murmure, dixi :
  « Nil pudet hunc : » nec vox hæc mea falsa fuit.
Orbe quoque in mensæ legi sub nomine nostro,
  Quod deducta mero litera fecit, AMO.
Credere me tamen hoc oculo renuente negavi.
  Hei mihi! jam didici sic quoque posse loqui.
His ego blanditiis, si peccatura fuissem,
  Flecterer : his poterant pectora nostra capi.
Est quoque, confiteor, facies tibi rara; potestque
  Velle sub amplexus ire puella tuos.
Altera vel potius felix sine crimine fiat,
  Quam cadat externo noster amore pudor.
Disce, meo exemplo, formosis posse carere :
  Est virtus placitis abstinuisse bonis.
Quam multos credas juvenes optare quod optas,
  Qui sapiant? oculos an Paris unus habes?
Non tu plus cernis, sed plus temerarius audes :
  Nec tibi plus cordis, sed magis oris, inest.
Tunc ego te vellem celeri venisse carina,
  Quum mea virginitas mille petita procis.
Si te vidissem, primus de mille fuisses :
  Judicio veniam vir dabit ipse meo.

signes que tu faisais des doigts, ou avec un sourcil presque parlant! Souvent aussi j'ai craint que mon époux ne les vît; et j'ai rougi avec trop peu de dissimulation. Souvent j'ai dit à voix basse, ou sans le moindre bruit : « Il n'a honte de rien; » et je ne me trompais pas. J'ai lu aussi sur le contour de la table, tout auprès de mon nom, le mot *J'aime*, tracé avec du vin. Cependant, par un signe négatif, j'indiquai que je n'en croyais rien. Hélas! déjà j'ai appris qu'on pouvait ainsi parler. Voilà les séductions qui me toucheraient, si j'avais dû succomber : c'est à ces pièges que mon cœur pouvait se laisser prendre. Tu as aussi, j'en conviens, des traits d'une rare beauté; et il se peut qu'une fille veuille se livrer à tes caresses. Qu'une autre devienne heureuse, sans être criminelle, plutôt que mon honneur succombe à un amour étranger. Apprends, à mon exemple, à pouvoir te priver de la beauté : il y a de la vertu à s'abstenir d'un bien qui nous plaît. Combien penses-tu qu'il y ait de jeunes gens qui désirent ce que tu désires, sans cesser d'être sages? Pâris est-il seul à avoir des yeux? Tu ne vois pas plus clair, mais tu as la témérité d'être plus entreprenant : tu n'as pas plus de cœur, mais plus de front. Je voudrais que tu fusses venu sur ta nef rapide, alors que, vierge encore, mille prétendans aspiraient à ma main. Si je t'avais vu, tu eusses été, entre mille, le premier : mon époux lui-même pardonnera mon choix. Tu arrives trop tard pour t'emparer d'un trésor qui a déjà un possesseur et un maître : ton espérance fut lente; ce que tu demandes, un autre l'a obtenu. Bien que j'eusse désiré être pour toi épouse troyenne, cependant ne crois pas que Ménélas me possède contre mon gré. Cesse, je t'en supplie, de boule-

Ad possessa venis præreptaque gaudia serus :
  Spes tua lenta fuit; quod petis alter habet.
Ut tamen optarem fieri tibi Troia conjux,
  Invitam sic me nec Menelaus habet.
Desine molle, precor, verbis convellere pectus;
  Neve mihi, quam te dicis amare, noce.
Sed sine, quam tribuit sortem Fortuna, tueri;
  Nec spolium nostri turpe pudoris habe.
At Venus hoc pacta est, et, in altæ vallibus Idæ,
  Tres tibi se nudas exhibuere Deæ;
Unaque quum regnum, belli daret altera laudem,
  « Tyndaridos conjux, tertia dixit, eris. »
Credere vix equidem cœlestia corpora possum
  Arbitrio formam supposuisse tuo.
Utque sit hoc verum, certe pars altera ficta est,
  Judicii pretium qua data dicor ego.
Non est tanta mihi fiducia corporis, ut me
  Maxima, teste Dea, dona fuisse putem.
Contenta est oculis hominum mea forma probari;
  Laudatrix Venus est invidiosa mihi.
Sed nihil infirmo; faveo quoque laudibus istis :
  Nam mea vox quare, quod cupit, esse negel?
Nec tu succense, nimium mihi creditus ægre;
  Tarda solet magnis rebus inesse fides.
Prima mea est igitur Veneri placuisse voluptas;
  Proxima, me visam præmia summa tibi;

verser par tes discours un faible cœur, et ne nuis pas à celle que tu dis aimer. Mais laisse-moi vivre dans l'état où la fortune m'a placée ; et ne remporte pas une triste dépouille de mon honneur.

Mais tu as la parole de Vénus, et, dans les profondes vallées de l'Ida, trois déesses se présentèrent nues à toi. L'une t'offrait la royauté, l'autre la gloire du guerrier, la troisième te dit : « La fille de Tyndare sera ton épouse. » Je peux à peine croire que des créatures célestes aient soumis leur beauté à ta décision. Ceci fût-il vrai, certainement l'autre partie est fausse, qui me désigne comme le prix annoncé de ce jugement. Mes charmes ne me donnent pas assez de présomption, pour me croire, au témoignage d'une déesse, le don le plus précieux. Il suffit à ma beauté d'obtenir le suffrage des hommes ; les louanges de Vénus m'exposent aux traits de l'envie. Mais je n'infirme rien ; j'applaudis même à ces louanges : car pourquoi ma bouche nierait-elle ce qu'elle désire ? Ne sois pas mécontent que je t'aie cru avec trop de peine ; aux grandes choses on n'ajoute foi que lentement.

Ma première joie est donc d'avoir plu à Vénus ; la seconde, d'avoir paru à tes yeux la plus noble récom-

Nec te Palladios, nec te Junonis honores
  Auditis Helenæ præposuisse bonis.
Ergo ego sum virtus? ego sum tibi nobile regnum?
  Ferrea sim, si non hoc ego pectus amem.
Ferrea, crede mihi, non sum; sed amare recuso
  Illum, quem fieri vix puto posse meum.
Quid bibulum curvo proscindere litus aratro,
  Spemque sequi coner quam locus ipse negat?
Sum rudis ad Veneris furtum, nullaque fidelem,
  Di mihi sint testes! lusimus arte virum.
Nunc quoque, quod tacito mando mea verba libello,
  Fungitur officio litera nostra novo.
Felices, quibus usus adest! ego, nescia rerum,
  Difficilem culpæ suspicor esse viam.
Ipse malo metus est: jam nunc confundor, et omnes
  In nostris oculos vultibus esse reor.
Nec reor hoc falso: sensi mala murmura vulgi;
  Et quasdam voces rettulit Æthra mihi.
At tu dissimula, nisi si desistere mavis.
  Sed cur desistas? dissimulare potes.
Lude, sed occulte; major, non maxima, nobis
  Est data libertas, quod Menelaus abest.
Ille quidem procul est, ita re cogente, profectus:
  Magna fuit subitæ justaque causa viæ;
Aut mihi sic visum est. Ego, quum dubitaret an iret,
  « Quamprimum, dixi, fac rediturus eas. »

pense, et que tu n'aies préféré ni les honneurs de Pallas, ni ceux de Junon, au bien que l'on te disait d'Hélène. Ainsi, pour toi je suis la valeur? je suis un noble royaume? Il faudrait que je fusse de fer, pour ne pas aimer un tel cœur. Non, crois-moi, je ne suis pas de fer; mais je refuse d'aimer celui que je pense à peine pouvoir être à moi. Pourquoi fendre un rivage aqueux avec le soc de la charrue? pourquoi poursuivre un espoir auquel le sol même se refuse? Je suis novice aux larcins de Vénus, et, les dieux m'en soient témoins! je ne me suis jamais jouée d'un époux fidèle par aucun artifice. Maintenant même que je confie mes paroles à des feuilles muettes, cette lettre remplit un office nouveau pour moi. Heureux qui en a l'habitude! pour moi, ignorante des choses, je soupçonne difficile la route du crime.

La crainte même est un mal : déjà je suis dans la confusion, et je pense que tous les regards sont attachés sur moi. Et j'ai raison de le croire: j'ai remarqué les malins propos du peuple; Éthra m'a rapporté certaines paroles. Mais toi, dissimule, à moins que tu ne préfères renoncer à mon amour. Mais pourquoi y renoncerais-tu? tu peux dissimuler. Que ton jeu soit caché; l'absence de Ménélas me donne une liberté plus grande, mais non entière. Il est loin de nous, mais il a été contraint de partir: un motif puissant et légitime a nécessité ce subit voyage; au moins j'en ai jugé ainsi. Comme il balançait à partir: « Pars, lui dis-je, et fais en sorte de revenir promptement. » Charmé du présage, il me donne un baiser et dit: « Je confie à ta garde et mon empire, et ma maison, et l'hôte troyen. » A peine je con-

Omine lætatus, dedit oscula : « Resque, domusque,
  Et tibi sit curæ Troicus hospes, » ait.
Vix tenui risum; quem dum compescere luctor,
  Nil illi potui dicere præter : « Erit. »
Vela quidem Creten ventis dedit ille secundis;
  Sed tu non ideo cuncta licere puta.
Sic meus hinc vir abest, ut me custodiat absens :
  An nescis longas regibus esse manus?
Fama quoque est oneri : nam quo constantius ore
  Laudamur vestro, justius ille timet.
Quæ juvat, ut nunc est, eadem mihi gloria damno est :
  Et melius famæ verba dedisse fuit.
Nec, quod abest, hic me tecum mirare relictam :
  Moribus et vitæ credidit ille meæ.
De facie metuit, vitæ confidit; et illum
  Securum probitas, forma timere facit.
Tempora ne pereant ultro data præcipis, utque
  Simplicis utamur commoditate viri.
Et libet, et timeo; nec adhuc exacta voluntas
  Est satis : in dubio pectora nostra labant.
Et vir abest nobis, et tu sine conjuge dormis;
  Inque vicem tua me, te mea forma capit.
Et longæ noctes; et jam sermone coimus.
  Et tu, me miseram! blandus, et una domus.
Et peream, si non invitent omnia culpam;
  Nescio quo tardor sed tamen ipsa metu.

tins mon rire; tandis que je m'efforce à l'étouffer, je ne pus lui répondre que ces mots : « Il en sera ainsi. »

Il a fait voile vers la Crète par des vents favorables; mais ne pense pas pour cela que tout te soit permis. Mon mari est absent, sans cesser de veiller sur moi : ignores-tu que les rois ont le bras long? Ma renommée aussi me pèse : car plus tu insistes sur mes louanges, plus il est fondé à craindre. Cette gloire, qui me charme, telle qu'elle est maintenant, est préjudiciable pour moi : mieux eût valu trahir l'honneur. Et, parce qu'il est absent, ne sois pas surpris qu'il m'ait laissée ici avec toi : ma conduite et ma vertu le rassuraient. Il craignait pour ma figure, il s'est fié à ma conduite; ma vertu le tranquillise, ma beauté l'alarme. Tu m'engages à ne pas perdre une occasion qui s'offre d'elle-même, et à profiter de la bonhomie d'un époux simple et commode. J'y consens, mais je crains; ma volonté est trop indécise encore : mon cœur flotte dans le doute. Mon époux est loin de moi, et tu reposes sans épouse; tour-à-tour nous sommes captivés, toi par mes charmes, moi par les tiens. Les nuits sont longues; et déjà nous sommes unis en paroles. Tu es séduisant, hélas! et nous habitons la même demeure. Et je périrais, quand tout ne m'inviterait pas au crime; je ne sais pourtant quelle crainte me retarde.

Quam male persuades, utinam bene cogere possis!
  Vi mea rusticitas excutienda foret.
Utilis interdum est ipsis injuria passis:
  Sic certe felix esse coacta velim.
Dum novus est, coepto potius pugnemus amori:
  Flamma recens parva sparsa resedit aqua.
Certus in hospitibus non est amor; errat ut ipsi;
  Quumque nihil speres firmius esse, fugit.
Hypsipyle testis, testis Minoia virgo est,
  In non exhibitis utraque lusa toris.
Tu quoque dilectam multos, infide, per annos
  Diceris OEnonen deseruisse tuam.
Nec tamen ipse negas; et nobis omnia de te
  Quaerere, si nescis, maxima cura fuit.
Adde quod, ut cupias constans in amore manere,
  Non potes: expedient jam tua vela Phryges.
Dum loqueris mecum, dum nox sperata paratur,
  Qui ferat in patriam, jam tibi ventus erit.
Cursibus in mediis novitatis plena relinques
  Gaudia; cum ventis noster abibit amor.
An sequar, ut suades, laudataque Pergama visam,
  Pronurus et magni Laomedontis ero?
Non ita contemno volucris praeconia famae,
  Ut probris terras impleat illa meis.
Quid de me poterit Sparte, quid Achaia tota,
  Quid gentes Asiae, quid tua Troja loqui?

Celle que tu as tant de mal à persuader, que ne peux-tu plutôt la contraindre! c'est par la violence qu'il faudrait m'arracher à ma rusticité. L'outrage est quelquefois utile à ceux qui l'ont essuyé : ainsi, certes, je voudrais être forcément heureuse. Tandis qu'il est nouveau, combattons plutôt un amour qui commence; un peu d'eau suffit à éteindre une flamme récente. L'amour n'est pas stable chez les étrangers : il voyage comme eux; et, lorsque vous comptez le plus sur sa constance, il a disparu. Témoin Hypsipyle, témoin la fille de Minos, toutes deux le jouet d'hymens non accomplis. Toi-même, infidèle, on dit qu'après avoir long-temps aimé Énone, tu l'abandonnas. Tu ne le nies pas non plus; et, si tu l'ignores, j'ai eu le plus grand soin de rechercher tout ce qui te concerne. Ajoute que, voudrais-tu demeurer constant dans ton amour, tu ne le peux : déjà les Phrygiens disposent tes voiles. Tandis que tu me parles, tandis que la nuit désirée se prépare, déjà tu vas avoir le vent qui doit te porter à ta patrie. Tu abandonneras, au milieu de leur cours, des joies toutes nouvelles; avec les vents s'envolera notre amour.

Te suivrai-je, comme tu le conseilles? verrai-je Troie si vantée? serai-je la bru du grand Laomédon? Je ne méprise pas assez les éloges de la volage renommée, pour lui laisser remplir ces contrées de ma honte. Que pourront dire de moi et Sparte, et toute l'Achaïe, et les nations asiatiques, et ta Troie elle-même? Que pensera de moi Priam? qu'en pensera l'épouse de Priam? et

Quid Priamus de me, Priami quid sentiet uxor?
  Totque tui fratres, Dardaniaeque nurus?
Tu quoque, quî poteris fore me sperare fidelem,
  Et non exemplis anxius esse tuis?
Quicunque Iliacos intraverit advena portus,
  Is tibi solliciti causa timoris erit.
Ipse mihi quoties iratus, « Adultera, » dices,
  Oblitus nostro crimen inesse tuum!
Delicti fies idem reprehensor et auctor.
  Terra, precor, vultus obruat ante meos.
At fruar Iliacis opibus cultuque beato;
  Donaque promissis uberiora feram.
Purpura nempe mihi pretiosaque texta dabuntur;
  Congestoque auri pondere dives ero.
Da veniam fassae; non sunt tua munera tanti :
  Nescio quo tellus me tenet ista modo.
Quis mihi, si laedar, Phrygiis succurrat in oris?
  Unde petam fratres? unde parentis opem?
Omnia Medeae fallax promisit Iason;
  Pulsa est Aesonia num minus illa domo?
Non erat Aeetes, ad quem despecta rediret;
  Non Idya parens Chalciopeque soror.
Tale nihil timeo; sed nec Medea timebat :
  Fallitur augurio spes bona saepe suo.
Omnibus invenies, quae nunc jactantur in alto,
  Navibus a portu lene fuisse fretum.

tous tes frères, et les femmes dardaniennes? Toi-même, comment pourras-tu espérer que je te sois fidèle, et ne pas être inquiet par ton propre exemple? Tout étranger entrant dans le port d'Ilion sera pour toi le sujet d'une crainte soupçonneuse. Que de fois, dans ton courroux, me diras-tu « Adultère, » oubliant que mon crime est le tien! Tu seras tout à la fois le censeur et l'auteur de ma faute. Ah! puisse auparavant m'engloutir la terre!

Mais je jouirai de l'opulence troyenne et d'une vie de bonheur; je recevrai des dons plus brillans qu'il ne m'en est promis. On me donnera sans doute de la pourpre et des tissus précieux, et des monceaux d'or m'enrichiront. Pardonne à mon aveu; tes présens n'ont pas assez de valeur : je ne sais par quel charme me retient cette terre. Si quelqu'un m'outrage, qui m'assistera sur les bords phrygiens? où trouver mes frères? où trouver l'appui d'un père? Le trompeur Jason promit tout à Médée; en fut-elle moins bannie de la demeure d'Éson? Déshonorée, elle ne pouvait revenir auprès d'Éétes; sa mère Idya, Chalciope, sa sœur, n'existaient plus pour elle. Je ne crains rien de semblable; Médée non plus ne craignait pas : souvent un flatteur espoir se trompe dans son augure. Il est à remarquer que les vaisseaux, maintenant battus de la tempête, ont tous quitté le port par une mer calme.

Fax quoque me terret, quam se peperisse cruentam,
  Ante diem partus, est tua visa parens.
Et vatum timeo monitus, quos igne Pelasgo
  Ilion arsuram praemonuisse ferunt.
Utque favet Cytherea tibi, quia vicit, habetque
  Parta per arbitrium bina tropaea tuum,
Sic illas vereor quae, si tua gloria vera est,
  Judice te, causam non tenuere duae.
Nec dubito quin, te si prosequar, arma parentur:
  Ibit per gladios, hei mihi! noster amor.
An fera Centauris indicere bella coegit
  Atracis Haemonios Hippodamia viros?
Tu fore tam justa lentum Menelaon in ira,
  Et geminos fratres, Tyndareumque putas?
Quod bene te jactas, et fortia facta recenses,
  A verbis facies dissidet ista suis.
Apta magis Veneri, quam sunt tua corpora Marti:
  Bella gerant fortes; tu, Pari, semper ama.
Hectora, quem laudas, pro te pugnare jubeto;
  Militia est operis altera digna tuis.
His ego, si saperem, pauloque audacior essem,
  Uterer: utetur, si qua puella sapit.
Aut ego deposito faciam fortasse pudore,
  Et dabo conjunctas tempore victa manus.
Quod petis, ut furtim praesentes plura loquamur,
  Scimus quid captes colloquiumque voces.

Ce qui m'effraie encore, c'est cette torche sanglante que ta mère parut mettre au monde, avant le jour de l'enfantement. Je redoute aussi les oracles des devins, qui, dit-on, annoncèrent qu'Ilion brûlerait par la flamme des Grecs. Et comme Cythérée te favorise, parce qu'elle fut victorieuse et possède un double trophée obtenu par ton arbitrage, de même je crains les deux autres déesses, qui doivent à ton jugement, si tu ne te glorifies pas en vain, d'avoir succombé dans leur prétention. Je ne doute pas non plus qu'on ne prenne les armes, si je te suis : hélas! c'est à travers les glaives que marchera notre amour. — Mais Hippodamie d'Atrace força-t-elle les guerriers d'Hémonie à déclarer aux Centaures une guerre cruelle ? — Et toi, penses-tu que Ménélas et mes deux frères et Tyndare soient lents à exercer une si juste vengeance ?

Tu énumères avec complaisance tes actions de courage; mais ta figure dément tes paroles. Ton corps est plus fait pour Vénus que pour Mars : aux forts la guerre; ton rôle, Pâris, est de toujours aimer. Dis à Hector, l'objet de tes louanges, de combattre pour toi; il est une autre guerre digne de signaler tes exploits. Je choisirais ce parti, si j'étais sage et un peu hardie : c'est celui que choisira toute fille sage. Et même, dépouillant toute honte, je le ferai peut-être moi-même, et, vaincue par le temps, je porterai tes chaînes. Tu demandes que nous puissions nous voir en secret et nous en dire davantage; je sais ce que tu désires, ce que tu appelles un entretien. Mais tu es trop empressé; ta moisson est encore en herbe. Peut-être ce retard sera-t-il favorable au vœu que tu formes.

Sed nimium properas, et adhuc tua messis in herba est.
 Hæc mora sit voto forsan amica tuo.
Hactenus arcanum furtivæ conscia mentis
 Litera, jam lasso pollice, sistat opus.
Cetera per socias Clymenen Æthramque loquemur,
 Quæ mihi sunt comites consiliumque duæ.

EPISTOLA OCTAVA DECIMA.

LEANDER HERONI.

Mittit Abydenus, quam mallet ferre, salutem,
 Si cadat ira maris, Sesta puella, tibi.
Si mihi Di faciles et sunt in amore secundi,
 Invitis oculis hæc mea verba leges.
Sed non sunt faciles; nam cur mea vota morantur,
 Currere me nota nec patiuntur aqua?
Ipsa vides cœlum pice nigrius, et freta ventis
 Turbida, perque cavas vix obeunda rates.
Unus, et hic audax, a quo tibi litera nostra
 Redditur, a portu navita movit iter.
Adscensurus eram, nisi quod, quum vincula proræ
 Solveret, in speculis omnis Abydos erat.
Non poteram celare meos, velut ante, parentes;
 Quemque tegi volumus, non latuisset amor.

Ici doit s'arrêter de lassitude cette épître, dépositaire discrète de nos pensées confidentielles. Le reste te sera dit par Clymène et Éthra, mes compagnes, qui toutes deux sont ma société et mon conseil.

ÉPITRE DIX-HUITIÈME.

LÉANDRE A HÉRO.

Un amant d'Abydos t'envoie le salut, qu'il aimerait mieux te porter, fille de Sestos, si le courroux des mers s'apaise. Si les dieux me protègent et sourient à mon amour, tu liras ces lignes avec déplaisir. Mais ils ne sont pas favorables; pourquoi, en effet, retardent-ils l'accomplissement de mes vœux, et ne me laissent-ils pas parcourir mon trajet ordinaire? Tu vois, le ciel est plus noir que la poix, et les mers, bouleversées par les vents, sont praticables à peine pour les creux vaisseaux. Un seul nautonnier, homme audacieux, est parti du port : c'est lui qui te remet ma lettre. J'allais m'embarquer avec lui, si, au moment où il tranchait les liens de la proue, tout Abydos n'eût été en observation. Je ne pouvais échapper, comme auparavant, aux auteurs de mes jours; l'amour que je voulais tenir caché, se fût trahi. Aussitôt, écrivant ces lignes, je m'écrie : « Pars, heureuse lettre; bientôt elle te tendra sa jolie main. Peut-être aussi

Protinus hæc scribens, « Felix, i, litera, dixi :
　Jam tibi formosam porriget illa manum.
Forsitan admotis etiam tangere labellis,
　Rumpere dum niveo vincula dente volet. »
Talibus exiguo dictis mihi murmure verbis,
　Cetera cum charta dextra locuta mea est.
Ah! quanto mallem, quam scriberet, illa nataret,
　Meque per adsuetas sedula ferret aquas!
Aptior illa quidem placido dare verbera ponto;
　Est tamen et sensus apta ministra mei.
Septima nox agitur, spatium mihi longius anno,
　Sollicitum raucis ut mare fervet aquis.
His ego si vidi mulcentem pectora somnum
　Noctibus, insani sit mora longa freti.
Rupe sedens aliqua specto tua litora tristis;
　Et quo non possum corpore, mente feror.
Lumina quin etiam summa vigilantia turre
　Aut videt, aut acies nostra videre putat.
Ter mihi deposita est in sicca vestis arena,
　Ter grave tentavi carpere nudus iter;
Obstitit inceptis tumidum juvenilibus æquor,
　Mersit et adversis ora natantis aquis.
At tu de rapidis immansuetissime ventis,
　Quid mecum certa prœlia mente geris?
In me, si nescis, Borea, non æquora, sævis.
　Quid faceres, esset ni tibi notus amor?

te touchera-t-elle en appuyant ses lèvres, lorsque, de sa dent aussi blanche que la neige, elle voudra en rompre les liens. » Je prononçai d'une voix faible ces paroles; le reste, ma main le dicta au papier. Ah! combien je préfèrerais qu'elle nageât au lieu d'écrire, et me portât soigneusement à travers les ondes accoutumées! Elle est plus propre sans doute à battre la paisible mer; cependant elle est aussi la fidèle interprète de mes sentimens.

Voilà sept nuits, espace plus long pour moi qu'une année, que la mer bouillonne agitée par les eaux grondantes. Pendant ces nuits, si j'ai vu le sommeil calmer mes sens, que la tempête se déchaîne long-temps encore. Assis sur quelque rocher, je regarde tristement tes rivages; et où mon corps ne se peut transporter, je m'y élance en esprit. Bien plus, mes yeux aperçoivent ou croient apercevoir les fanaux qui veillent du haut de la tour. Trois fois fut déposé mon vêtement sur la plage aride, trois fois je tentai de faire, nu, ce périlleux trajet; la mer en courroux s'opposa à cette entreprise de jeune homme, et, pendant que je nageais, inonda mon visage de ses flots.

Mais toi, des vents impétueux ô le plus redoutable, pourquoi cet acharnement à me combattre? C'est contre moi, si tu l'ignores, Borée, et non contre les mers, que tu te déchaînes. Que ferais-tu, si tu ne connaissais pas l'amour? Tout froid que tu es, cruel, tu ne peux nier

Tam gelidus quum sis, non te tamen, improbe, quondam
    Ignibus Actæis incaluisse negas.
Gaudia rapturo si quis tibi claudere vellet
    Aerios aditus, quo paterere modo?

Parce, precor; facilemque move moderatius auram.
    Imperet Hippotades sic tibi triste nihil!
Vana peto, precibusque meis obmurmurat ipse;
    Quasque quatit, nulla parte coercet aquas.
Nunc daret audaces utinam mihi Daedalus alas,
    Icarium quamvis hic prope litus adest!
Quidquid erit, patiar; liceat modo corpus in auras
    Tollere, quod dubia saepe pependit aqua.
Interea, dum cuncta negant ventique fretumque,
    Mente agito furti tempora prima mei.
Nox erat incipiens, namque est meminisse voluptas,
    Quum foribus patriis egrediebar amans.
Nec mora, deposito pariter cum veste timore,
    Jactabam liquido brachia lenta mari.
Luna mihi tremulum praebebat lumen eunti,
    Ut comes in nostras officiosa vias.
Hanc ego suspiciens: « Faveas, Dea candida, dixi;
    Et subeant animo Latmia saxa tuo.
Non sinat Endymion te pectoris esse severi.
    Flecte, precor, vultus ad mea furta tuos.
Tu, Dea, mortalem coelo delapsa petebas;
    Vera loqui liceat: quam sequor, ipsa Dea est.

que jadis une Athénienne n'ait enflammé ton cœur. Si, au moment d'enlever celle qui fait ton bonheur, on voulait te fermer la barrière des airs, comment le souffrirais-tu? Arrête, je t'en conjure; et modère le mouvement des souffles que tu diriges. Qu'à ce prix le petit-fils d'Hippotas ne te commande rien d'affligeant! Vaine demande : lui-même il murmure à mes prières; et les eaux qu'il secoue, il ne les suspend en aucune manière. Oh! que Dédale ne me donne-t-il maintenant ses ailes audacieuses, quoique le rivage d'Icare soit près de ces lieux! Je braverai tous les périls, pourvu seulement que je puisse élever dans les airs ce corps qui souvent fut suspendu entre les balancemens de l'onde. Cependant, puisque vents et mers, tout s'oppose à mes désirs, mon esprit se retrace les premiers temps de mes doux larcins.

La nuit commençait, car ce souvenir a pour moi des charmes, lorsque ton amant abandonnait le foyer paternel. Aussitôt, déposant la crainte et mes vêtemens, j'agitais lentement mes bras dans l'élément liquide. La lune prêtait à ma marche sa tremblante clarté, comme la compagne officieuse de mes voyages. Levant mes regards vers elle : « Favorise-moi, lui dis-je, blanche déesse, et rappelle-toi les rochers de Latmos. Qu'Endymion ne souffre pas que tu aies un cœur inexorable. Tourne tes regards, je t'en conjure, vers mes larcins. Déesse, tu descendais du ciel pour visiter un mortel; m'est-il permis de dire la vérité? je suis moi-même à la poursuite d'une déesse. Sans parler de ses mœurs, dignes d'une âme céleste, tant de beauté ne convient qu'aux vraies déesses. Après la figure de Vénus et la

Neu referam mores coelesti pectore dignos,
 Forma nisi in veras non cadit illa Deas.
A Veneris facie non est prior ulla tuaque :
 Neve meis credas vocibus; ipsa vides.

Quantum, quum fulges radiis argentea puris,
 Concedunt flammis sidera cuncta tuis,
Tanto formosis formosior omnibus illa est :
 Si dubitas, caecum, Cynthia, lumen habes. »
Haec ego, vel certe non his diversa, locutus,
 Per mihi cedentes nocte ferebar aquas.
Unda repercussae radiabat imagine Lunae,
 Et nitor in tacita nocte diurnus erat.
Nullaque vox nostras, nullum veniebat ad aures,
 Praeter dimotae corpore murmur aquae.
Alcyones solae, memores Ceycis amati,
 Nescio quid visae sunt mihi dulce queri.
Jamque fatigatis humero sub utroque lacertis,
 Fortiter in summas erigor altus aquas.
Ut procul adspexi lumen : « Meus ignis in illo est:
 Illa meum, dixi, litora numen habent. »
Et subito lassis vires rediere lacertis;
 Visaque, quam fuerat, mollior unda mihi.
Frigora ne possim gelidi sentire profundi,
 Qui calet in cupido pectore, praestat amor.
Quo magis accedo, propioraque litora fiunt,
 Quoque minus restat, plus libet ire mihi.

tienne, il n'en est pas de plus charmante ; et n'en crois pas à mes paroles, toi-même tu la vois. Autant, lorsque ton disque argenté brille de purs rayons, tous les astres le cèdent à ta lumière, autant par sa beauté elle efface les plus belles : si tu en doutes, déesse du Cynthe, ton flambeau est aveugle. »

Après avoir prononcé ces paroles ou d'autres à peu près semblables, je fendais, la nuit, des ondes s'ouvrant devant moi. L'onde rayonnait de l'image réfléchie de la lune, et la clarté de la nuit silencieuse égalait celle du jour. Nul autre son, nul autre bruit ne frappait mes oreilles, que celui de l'eau séparée par mon corps. Les seuls alcyons, fidèles à l'amour de Céyx, me parurent murmurer je ne sais quelle douce plainte. Déjà, sous chaque épaule, mes bras sont fatigués ; je m'élance d'un bond vigoureux à la superficie de l'eau. Dès que de loin j'eus aperçu le fanal : « Dans cette lumière sont mes feux : ces rivages, m'écriai-je, possèdent ma divinité. » Et soudain mes bras lassés recouvrent leurs forces, et l'onde me paraît plus douce qu'elle ne l'avait été. Je ne puis sentir la fraîcheur du froid abîme, grâce à l'amour qui brûle dans mon sein embrasé. Plus j'avance, plus les rivages sont proches, moins il reste d'espace à franchir, et plus je veux aller. Lorsqu'enfin je peux moi-même être vu, aussitôt tes regards ajoutent à mon courage et doublent mon énergie. Alors aussi je m'efforce en nageant de plaire à ma maîtresse, et c'est pour tes yeux que mes bras s'agitent. A peine si ta nour-

Quum vero possum cerni quoque, protinus addis
　　Spectatrix animos, ut valeamque facis.
Tunc etiam nando dominæ placuisse laboro,
　　Atque oculis jacto brachia nostra tuis.
Te tua vix prohibet nutrix descendere in altum:
　　Hoc quoque enim vidi, nec mihi verba dabas.
Nec tamen effecit, quamvis retinebat euntem,
　　Ne fieret prima pes tuus udus aqua.
Excipis amplexu, feliciaque oscula jungis,
　　Oscula Dis magnis trans mare digna peti.
Eque tuis demtos humeris mihi tradis amictus;
　　Et madidam siccas æquoris imbre comam.
CETERA nox, et nos, et turris conscia novit,
　　Quodque mihi lumen per vada monstrat iter.
Nec magis illius numerari gaudia noctis,
　　Hellespontiaci quam maris alga potest.
Quo brevius spatium nobis ad furta dabatur,
　　Hoc magis est cautum ne foret illud iners.
Jamque, fugatura Tithoni conjuge noctem,
　　Prævius Auroræ Lucifer ortus erat.
Oscula congerimus properata, sine ordine, raptim,
　　Et querimur parvas noctibus esse moras.
Atque ita cunctatus, monitu nutricis amaro,
　　Frigida deserta litora turre peto.
Digredimur flentes; repetoque ego virginis æquor,
　　Respiciens dominam, dum licet, usque meam.

rice peut t'empêcher de descendre à la mer : car j'ai vu encore cela, et tu ne m'en imposais pas. Et cependant elle ne put faire, quoiqu'elle arrêtât tes pas, que ton pied ne fût mouillé des premières atteintes de l'eau. Tu me reçois dans tes bras; nous échangeons d'heureux baisers, baisers dignes d'être recherchés des grands dieux, par delà les mers. Tu me donnes le manteau qui couvrait tes épaules, et tu sèches ma chevelure trempée des eaux de la mer.

Le reste, la nuit et nous, et la tour, confidente de nos amours, le connaissons, ainsi que le flambeau qui, à travers les ondes, me montre ma route. Il n'est pas plus possible de compter les joies de cette nuit, que l'algue de la mer Hellespontique. Plus était court l'espace accordé à nos tendres ébats, plus nous avons pris soin qu'il ne fût pas perdu. Déjà l'épouse de Tithon allait dissiper la nuit, et Lucifer, avant-coureur de l'Aurore, s'était levé. Nous accumulons précipitamment et sans ordre baisers sur baisers, et nous nous plaignons de la brièveté des nuits. Après tous ces délais, au triste avertissement de la nourrice, j'abandonne la tour pour regagner les froids rivages. Nous nous séparons en pleurant; et je regagne la mer de la jeune vierge, les regards, autant qu'il m'est permis, toujours attachés sur ma maîtresse.

Si qua fides vero est, veniens huc esse natator,
  Quum redeo, videor naufragus esse mihi.
Hoc quoque si credas, ad te via prona videtur,
  A te quum redeo, clivus inertis aquae.
Invitus patriam repeto, quis credere possit?
  Invitus certe nunc moror urbe mea.
Hei mihi! cur animo juncti secernimur undis?
  Unaque mens, tellus non habet una duos?
Vel tua me Sestos, vel te mea sumat Abydos:
  Tam tua terra mihi, quam tibi nostra, placet.
Cur ego confundor, quoties confunditur aequor?
  Cur mihi causa levis ventus obesse potest?
Jam nostros curvi norunt delphines amores;
  Ignotum nec me piscibus esse reor.
Jam patet attritus solitarum limes aquarum,
  Non aliter multa quam via pressa rota.
Quod mihi non esset, nisi sic, iterare querebar,
  At nunc per ventos hoc quoque deesse queror.
Fluctibus immodicis Athamantidos aequora canent,
  Vixque manet portu tuta carina suo.
Hoc mare, quum primum de virgine nomina mersa,
  Quae tenet, est nactum, tale fuisse puto.
Et satis amissa locus hic infamis ab Helle est:
  Utque mihi parcat, crimine nomen habet.
Invideo Phrixo, quem per freta tristia tutum
  Aurea lanigero vellere vexit ovis.

Si la vérité mérite quelque confiance, je m'imagine être, au départ, un nageur, au retour, un naufragé. Si tu m'en crois encore, la route vers toi me paraît facile; en revenant, elle me semble un escarpement d'eau stagnante. A regret je regagne ma patrie; qui pourrait le croire? oui, à regret je reste maintenant dans ma ville. Hélas! pourquoi, unis de cœur, sommes-nous séparés par les ondes? nous n'avons qu'une âme, pourquoi n'avoir pas une seule terre? Que ta Sestos me prenne, ou toi mon Abydos. Ta terre me plaît autant qu'à toi la mienne. Pourquoi suis-je troublé toutes les fois que la mer est troublée? pourquoi une cause légère, le vent seul, peut-il être pour moi un obstacle?

Déjà les dauphins au dos saillant connaissent nos amours; je ne pense même pas être inconnu aux poissons. Déjà le sentier que je forme, en traversant les ondes accoutumées, présente une trace aussi battue que l'ornière creusée par la pression d'un grand nombre de roues. Je me plaignais de ne pouvoir parvenir qu'ainsi jusqu'à toi, et maintenant je me plains que les vents me privent de cette ressource. Les vagues orageuses blanchissent la mer de la fille d'Athamas; à peine la nef reste-t-elle en sûreté dans le port qui lui est destiné. Cette mer, lorsque, pour la première fois, le naufrage d'une jeune fille lui donna le nom qu'elle porte, était, je pense, ainsi agitée. Et ce lieu est suffisamment célèbre par la catastrophe d'Hellé; et, m'épargnât-il, un crime motivé son nom.

J'envie Phrixus, que conduisit, à travers de tristes parages, le bélier à toison d'or. Cependant, je ne réclame

Nec tamen officium pecoris navisve requiro,
  Dummodo, quas findam corpore, dentur aquæ.
Arte egeo nulla; detur modo copia nandi :
  Idem navigium, navita, vector, ero.
Nec sequar aut Helicen aut, qua Tyros utitur, Arcton :
  Publica non curat sidera noster amor.
Andromedan alius spectet, claramve Coronam,
  Quæque micat gelido Parrhasis Ursa polo.
At mihi, quod Perseus et cum Jove Liber amarunt,
  Indicium dubiæ non placet esse viæ.
Est aliud lumen, multo mihi certius istis;
  Non erit in tenebris, quo duce, noster amor.
Hoc ego dum spectem, Colchos et in ultima Ponti,
  Quaque viam fecit Thessala puppis, eam.
Et juvenem possim superare Palæmona nando,
  Miraque quem subito reddidit herba Deum.
Sæpe per assiduos languent mea brachia motus,
  Vixque per immensas fessa trahuntur aquas.
His ego quum dixi : « Pretium non vile laboris,
  Jam dominæ vobis colla tenenda dabo, »
Protinus illa valent atque ad sua præmia tendunt,
  Ut celer Eleo carcere missus equus.
Ipse meos igitur servo, quibus uror, amores,
  Teque, magis cœlo digna puella, sequor.
Digna quidem cœlo; sed adhuc tellure morare;
  Aut dic ad Superos hinc mihi qua sit iter.

pas l'assistance de l'animal ou du vaisseau, pourvu que mon corps ait à fendre des eaux. Les secours de l'art me sont inutiles; qu'on me donne seulement la faculté de nager : je serai à la fois passager, navire et pilote. Je n'irai pas me guider sur l'Hélicé ou l'Arcture, constellation chère aux Tyriens : mon amour n'observe pas les astres exposés aux regards du public. Qu'un autre considère Andromède ou la Couronne resplendissante et l'Ourse de Parrhasia, qui brille dans un pôle glacé. Ce qu'aimèrent Persée, Jupiter et Bacchus, je ne veux pas l'adopter pour indice sur une route douteuse. Il est un autre feu, beaucoup plus sûr pour moi que ceux-là : sous son influence, mon amour ne saurait être dans les ténèbres. Tant que je le contemplerai, j'irais à Colchos et aux extrémités du royaume de Pont, et là où le vaisseau thessalien s'est frayé une route. Je pourrais même surpasser à la nage le jeune Palémon et celui qu'une herbe merveilleuse rendit soudainement dieu.

Souvent les mouvemens continuels rendent mes bras languissans; à peine ils se traînent, fatigués, dans l'immensité des eaux. Lorsque je leur ai dit : « Le prix de votre peine n'est pas à dédaigner; bientôt je vous donnerai à tenir le cou de ma maîtresse; » aussitôt ils prennent de la force et tendent vers leur but, comme un prompt coursier qui, dans l'Élide, s'élance de la barrière. J'observe donc mes amours qui m'enflamment, et c'est toi que je suis, fille plus digne du ciel; oui, digne du ciel : mais reste encore sur la terre, ou dis par quel chemin je puis d'ici m'élever au céleste séjour.

Hic es, et exiguum misero contingis amanti;
  Cumque mea fiunt turbida mente freta.
Quid mihi, quod lato non separor æquore, prodest?
  Num minus hoc nobis tam brevis obstat aqua?
An malim dubito, toto procul orbe remotus,
  Cum domina longe spem quoque habere mea.
Quo propius nunc es, flamma propiore calesco:
  Et res non semper, spes mihi semper adest.
Pæne manu quod amo, tanta est vicinia! tango;
  Sæpe sed, heu! lacrymas hoc mihi pæne movet.
Velle quid est aliud fugientia prendere poma,
  Spemque suo refugi fluminis ore sequi?
Ergo ego te nunquam, nisi quum volet unda, tenebo,
  Et me felicem nulla videbit hiems?
Quumque minus firmum nil sit, quam ventus et unda,
  In ventis et aqua spes mea semper erit?
Æstus adhuc tamen est: quid, quum mihi læserit æquor,
  Plias et Arctophylax, Oleniumque pecus!
Aut ego non novi quam sit temerarius, aut me
  In freta non cautum tum quoque mittet Amor.
Neve putes id me, quod abest, promittere tempus:
  Pignora polliciti non tibi tarda dabo.
Sit tumidum paucis etiam nunc noctibus æquor;
  Ire per invitas experiemur aquas.
Aut mihi continget felix audacia salvo,
  Aut mors solliciti finis amoris erit.

Tu es ici-bas, et rarement un malheureux amant jouit
de ta présence; et le trouble des flots se communique à
mon âme. A quoi me sert de n'en être pas séparé par une
large mer? un si court trajet est-il pour moi un moindre
obstacle? Je doute si je n'aimerais pas mieux, relégué loin
du monde entier, voir l'espérance loin de moi comme ma
maîtresse. Plus tu es maintenant près de moi, plus est
proche la flamme qui me brûle : si je n'ai pas la réalité,
j'ai toujours l'espérance. Je touche presque de la main
ce que j'aime, tant est grande la proximité! mais hélas! souvent cela aussi fait presque couler mes larmes.
N'est-ce pas vouloir saisir des fruits fugitifs, et poursuivre de ses lèvres l'espoir d'un fleuve qui se retire?
Ainsi, jamais je ne te posséderai, que l'onde n'y con-
sente? aucune tempête ne me verra heureux? et, quand
il n'est rien de moins stable que le vent et l'onde, mon
espoir sera toujours fondé sur l'eau et les vents? Cependant l'orage dure encore : que sera-ce, lorsque les
Pléiades et le Bouvier et la chèvre d'Olenus auront bou-
leversé les mers? Ou je ne sais combien l'amour est
audacieux, ou alors aussi il m'exposera sans précaution
sur les mers.

Et ne crois pas que je promette un temps éloigné,
à cause de son absence : je ne tarderai pas à te donner un
gage de ma promesse. Que la mer continue, quelques nuits
encore, à être orageuse; je tenterai le trajet à travers les
ondes contraires. Ou je me sauverai, et mon audace sera
heureuse, ou la mort mettra un terme à mon inquiet
amour. Cependant je désirerai d'être porté sur les côtes

Optabo tamen ut partes expellar in illas,
 Et teneant portus naufraga membra tuos.
Flebis enim, tactuque meum dignabere corpus :
 Et, « mortis, dices, huic ego causa fui. »
Scilicet interitus offenderis omine nostri,
 Literaque invisa est hac mea parte tibi.
DESINO : parce queri; sed et, ut mare finiat iram,
 Accedant, quæso, fac tua vota meis.
Pace brevi nobis opus est, dum transferor istuc;
 Quum tua contigero litora, perstet hiems.
Illic est aptum nostræ navale carinæ;
 Et melius nulla stat mea puppis aqua.
Illic me claudat Boreas, ubi dulce morari :
 Tunc piger ad nandum, tunc ego cautus ero.
Nec faciam surdis convicia fluctibus ulla :
 Triste nataturo nec querar esse fretum.
Me pariter venti teneant, pariterque lacerti;
 Per causas istic impediarque duas.
Quum patietur hiems, remis ego corporis utar;
 Lumen in adspectu tu modo semper habe.
Interea pro me pernoctet epistola tecum;
 Quam precor ut minima prosequar ipse mora.

où tu es, et que mes membres naufragés abordent vers ton port. En effet, tu pleureras, et tu daigneras toucher mon corps : tu diras même : « Je fus cause de sa mort. » Sans doute le présage de ma mort t'attriste, et ma lettre t'est odieuse par cet endroit.

Je finis : épargne-toi la plainte; mais, pour que la mer apaise son courroux, joins à mes vœux les tiens. J'ai besoin d'un calme court, pour être transporté près de toi; lorsque j'aurai touché tes rivages, que la tempête continue. Là est un arsenal propre à réparer mon navire; ma nef ne peut reposer dans une anse plus tranquille. Que Borée m'y emprisonne; là il est doux de séjourner : alors je serai paresseux à nager, alors je serai sur mes gardes. Je n'adresserai aux sourdes vagues aucune plainte : je n'accuserai pas la mer d'être impraticable pour un nageur. Que pareillement les vents, pareillement aussi mes bras me retiennent; que je trouve ici une double cause d'empêchement. Lorsque la tempête le permettra, j'userai des rames de mon corps : seulement aie toujours en évidence un fanal. Cependant, qu'à ma place cette lettre passe avec toi la nuit : ce que je désire, c'est de la suivre le moins tardivement possible.

EPISTOLA NONA DECIMA.

HERO LEANDRO.

Quam mihi misisti verbis, Leandre, salutem,
 Ut possim missam rebus habere, veni.
Longa mora est nobis omnis, quæ gaudia differt.
 Da veniam fassæ: non patienter amo.
Urimur igne pari; sed sum tibi viribus impar:
 Fortius ingenium suspicor esse viris.
Ut corpus, teneris sic mens infirma puellis.
 Deficiam; parvi temporis adde moram.
Vos, modo venando, modo rus geniale colendo,
 Ponitis in varia tempora longa mora.
Aut fora vos retinent, aut unctæ dona palæstræ;
 Flectitis aut freno colla sequacis equi.
Nunc volucrem laqueo, nunc piscem ducitis hamo;
 Diluitur posito serior hora mero.
His mihi submotæ, vel si minus acriter urar,
 Quid faciam superest, præter amare, nihil.
Quod superest facio: teque, o mea sola voluptas,
 Plus quoque, quam reddi quod mihi possit, amo.
Aut ego cum cara de te nutrice susurro,
 Quæque tuum, miror, causa moretur iter;

ÉPITRE DIX-NEUVIÈME.

HÉRO A LÉANDRE.

Le salut que tu m'as envoyé en paroles, pour que je puisse l'avoir en réalité, viens, ô Léandre. Tout retard est long pour moi, lorsqu'il diffère mes plaisirs. Pardonne à mon aveu : j'aime éperdûment. Un même feu nous embrase ; mais je ne t'égale pas en forces : je soupçonne que les hommes ont plus de fermeté d'âme. Les jeunes filles ont l'esprit aussi faible que le corps. Je succomberai, si mon attente se prolonge. Pour vous, tantôt la chasse, tantôt la culture des terres, vous procurent d'agréables passe-temps par la diversité des occupations. Ou bien le barreau vous retient, ou les exercices de la souple palestre ; ou bien vous dirigez un coursier docile au frein. Tantôt vous prenez l'oiseau au lacet, ou le poisson à l'hameçon ; pendant les heures du soir, vous noyez vos soucis dans le vin.

Privée de ces distractions, lors même que je brûlerais moins vivement, il ne me reste plus qu'à aimer. Je fais donc ce qui me reste à faire : et j'ai pour toi, ô l'unique charme de mes jours, plus d'amour même que tu ne pourrais m'en rendre. Ou je m'entretiens tout bas de toi avec ma chère nourrice, et je m'étonne du motif qui peut retarder ton départ ; ou, promenant mes regards sur la mer,

Aut mare prospiciens, odioso concita vento
　　Corripio verbis æquora pæne tuis.
Aut, ubi sævitiæ paulum gravis unda remisit,
　　Posse quidem, sed te nolle venire, queror.
Dumque queror, lacrymæ per amantia lumina manant,
　　Pollice quas tremulo conscia siccat anus.
Sæpe tui specto si sint in litore passus,
　　Impositas tanquam servet arena notas.
Utque rogem de te et scribam tibi, si quis Abydo
　　Venerit, aut, quæro, si quis Abydon eat.
Quid referam quoties dem vestibus oscula, quas tu
　　Hellespontiaca ponis iturus aqua?
Sic ubi lux acta est, et noctis amicior hora
　　Exhibuit pulso sidera clara die,
Protinus in summa vigilantia lumina turre
　　Ponimus, adsuetæ signa notamque viæ;
Tortaque versato ducentes stamina fuso,
　　Feminea tardas fallimus arte moras.
Quid loquar interea tam longo tempore, quæris?
　　Nil, nisi Leandri nomen, in ore meo est.
Jamne putas exisse domo mea gaudia, nutrix?
　　An vigilant omnes, et timet ille suos?
Jamne suas humeris illum deponere vestes,
　　Pallade jam pingui tingere membra putas?»
Adnuit illa fere : non nostra quod oscula curet;
　　Sed movet obrepens somnus anile caput.

je gourmande, presque dans les mêmes termes que toi, les vagues agitées par un vent odieux. Ou, lorsque l'onde courroucée a un peu ralenti sa fureur, je me plains que, dans la possibilité de venir, tu ne le veuilles pas. Et, pendant que je me plains, des larmes inondent mon sein amoureux, que ma vieille confidente essuie de son doigt tremblant. Souvent je cherche à découvrir tes pas sur le rivage, comme si le sable conservait les traces qui y furent imprimées. Et, pour m'enquérir de toi ou t'écrire, je demande s'il est venu quelqu'un d'Abydos, ou si quelqu'un y va. Te dirai-je combien de baisers je donne aux vêtemens que tu quittes, pour traverser l'Hellespont?

Et, lorsque la lumière a disparu, et que le retour désiré de la nuit a fait briller les astres qui succèdent au jour, aussitôt je place au sommet de la tour le vigilant fanal, pour te signaler par ses feux ta route accoutumée ; et, déroulant la trame du fuseau mouvant, nous charmons, par un art de femmes, les ennuis de l'attente. Veux-tu connaître le sujet de mes entretiens, pendant un si long temps ? je n'ai à la bouche que le nom de Léandre. « Penses-tu donc, nourrice, que la joie de ma vie ait déjà quitté la maison? ou bien tout le monde veille-t-il, et craint-il ses parens ? penses-tu que déjà il dépouille ses vêtemens ; que déjà il se frotte le corps de l'huile onctueuse?» Celle-ci fait presque un signe affirmatif : non qu'elle se soucie de mes baisers ; mais le sommeil, en se glissant, fait hocher sa tête de vieille. Et, après quelques instans de silence : « Certainement déjà il navigue, lui dis-je, et, de ses bras lentement agités ,

Postque moræ minimum : « Jam certe navigat, inquam,
  Lentaque dimotis brachia jactat aquis. »
Paucaque quum tacta perfeci stamina tela,
  An medio possis, quærimus, esse freto.
Et modo prospicimus; timida modo voce precamur,
  Ut tibi det faciles utilis aura vias.
Auribus interdum voces captamus, et omnem
  Adventus strepitum credimus esse tui.
Sic ubi deceptæ pars est mihi maxima noctis
  Acta, subit furtim lumina fessa sopor.
Forsitan invitus, mecum tamen, improbe, dormis;
  Et, quamquam non vis ipse venire, venis.
Nam modo te videor prope jam spectare natantem;
  Brachia nunc humeris humida ferre meis.
Nunc dare, quæ soleo, madidis velamina membris;
  Pectora nunc juncto nostra fovere sinu.
Multaque præterea, linguæ reticenda modestæ,
  Quæ fecisse juvat, facta referre pudet.
Me miseram! brevis est hæc et non vera voluptas :
  Nam tu cum somno semper abire soles.
Firmius o cupidi tandem coeamus amantes;
  Nec careant vera gaudia nostra fide!
Cur ego tot viduas exegi frigida noctes?
  Cur toties a me, lente natator, abes?
Est mare, confiteor, nondum tractabile nanti;
  Nocte sed hesterna lenior aura fuit.

il sépare les ondes. » Et, après avoir repris ma toile et fait quelques points, je demande si tu peux être au milieu de ta course. Tantôt je regarde au loin ; tantôt, d'une timide voix, je prie les dieux de t'accorder un vent qui facilite ton trajet. Quelquefois je prête l'oreille aux bruits, et, si j'entends l'arrivée de quelqu'un, je crois que c'est la tienne.

C'est ainsi qu'après avoir passé dans ces illusions la plus grande partie de la nuit, le sommeil s'insinue furtivement sur mes paupières fatiguées. Peut-être tu dors contre ton gré, mais cependant avec moi, cruel ; peut-être tu viens sans vouloir venir. Car il me semble que je te vois nager près de moi, et ensuite porter autour de mes épaules tes bras humides. Puis, je te donne, selon la coutume, des vêtemens pour sécher tes membres, et je réchauffe ton sein contre le mien ; et beaucoup d'autres choses que ne doit pas révéler une bouche modeste, qu'on se plaît à faire et qu'on rougit de dire. Hélas! cette félicité est courte et non véritable : car tu disparais toujours avec le sommeil.

Oh! que ne nous unissons-nous plus solidement, tendres amans! que ne donnons-nous la réalité à nos plaisirs! Pourquoi ai-je passé tant de nuits dans une froide solitude? pourquoi, nageur trop lent, es-tu éloigné de moi si souvent? La mer, j'en conviens, n'est pas encore praticable à un nageur; mais hier le vent était plus doux. Pourquoi n'en as-tu pas profité? pourquoi ne craignais-tu pas

Cur ea præterita est? cur non ventura timebas?
  Tam bona cur periit, nec tibi rapta via est?
Protinus ut similis detur tibi copia cursus,
  Hoc melior certe, quo prior, illa fuit.
At cito mutata est jactati forma profundi.
  Tempore, quum properas, sæpe minore venis.
Hic, puto, deprensus, nil quod quererer is haberes;
  Meque tibi amplexo nulla noceret hiems.
Certe ego tum ventos audirem læta sonantes,
  Et nunquam placidas esse precarer aquas.
Quid tamen evenit, cur sis metuentior undæ,
  Contemtumque prius, nunc vereare fretum?
Nam memini, quum te sævum veniente minaxque
  Non minus, aut multo non minus, æquor erat.
Quum tibi clamabam: « Sic tu temerarius esto,
  Ne miseræ virtus sit tua flenda mihi. »
Unde novus timor hic? quoque illa audacia fugit?
  Magnus ubi est spretis ille natator aquis?
Sis tamen hoc potius, quam quod prius esse solebas;
  Et facias placidum per mare tutus iter.
Dummodo sis idem, dum sic, ut scribis, amemur,
  Flammaque non fiat frigidus illa cinis.
Non ego tam ventos timeo, mea vota morantes,
  Quam, similis vento, ne tuus erret amor;
Ne non sim tanti, superentque pericula causam;
  Et videar merces esse labore minor.

l'avenir? Pourquoi as-tu négligé une occasion si favorable? pourquoi n'es-tu pas parti à la hâte? Et, quand une semblable facilité se présenterait, l'autre était d'autant meilleure, qu'elle était antérieure. Mais, diras-tu, l'aspect orageux de la mer est subitement changé. Lorsque tu te hâtes, tu viens souvent en moins de temps. Surpris en ces lieux par la tempête, tu n'aurais, je pense, aucun sujet de plainte ; dans mes embrassemens, aucun péril ne pourrait t'atteindre. Alors certainement, j'entendrais avec joie les vents mugir, je ne souhaiterais jamais le calme des mers.

Qu'est-il donc arrivé, pour que tu sois plus circonspect? pour que tu redoutes maintenant les ondes, qu'autrefois tu bravais? Car je me souviens du temps où tu venais, malgré les menaces d'une mer autant ou presque autant périlleuse. Je te criais alors : « Sois téméraire, sans que ton courage fasse couler mes larmes. » D'où te vient cette crainte nouvelle? qu'est devenue ton audace? où est cet intrépide nageur, qui affrontait le courroux des ondes? Mais non ; sois plutôt prudent que ce que tu étais jadis, et traverse en sûreté la paisible mer. Pourvu que tu sois le même, pourvu que je sois aimée autant que tu me l'écris, et que cette flamme ne devienne pas une froide cendre. Je redoute moins les vents qui retardent mon bonheur, que je ne crains de voir ton amour aussi volage que le vent dans ses caprices ; que je ne crains d'avoir trop peu d'empire sur ton cœur, pour te faire braver les périls que je te cause ; que je ne crains de te paraître un prix indigne de ta constance.

INTERDUM metuo patria ne lædar, et impar
  Ducar Abydeno Sesta puella toro.
Ferre tamen possum patientius omnia, quam si
  Otia, nescio qua pellice captus, agas,
In tua si veniant alieni colla lacerti,
  Sitque novus nostri finis amoris amor.
Ah! potius peream, quam crimine vulnerer isto;
  Fataque sint culpa nostra priora tua!
Nec, quia venturi dederis mihi signa doloris,
  Hæc loquor, aut fama sollicitata nova.
Omnia sed vereor : quis enim securus amavit?
  Cogit et absentes plura timere locus.
Felices illas, sua quas præsentia nosse
  Crimina vera jubet, falsa timere vetat!
Nos tam vana movet, quam facta injuria fallit :
  Incitat et morsus error uterque pares.
O utinam venias! aut ut ventusve paterve,
  Causaque sit certe femina nulla moræ!
Quod si quam sciero, moriar, mihi crede, dolendo.
  Jamdudum peccas, si mea fata petis.
SED neque peccabis, frustraque ego terreor istis :
  Quoque minus venias invida pugnat hiems.
Me miseram! quanto planguntur litora fluctu!
  Et latet obscura condita nube dies!
Forsitan ad pontum mater pia venerit Helles,
  Mersaque roratis nata fleatur aquis;

Quelquefois j'appréhende que ma patrie ne me fasse tort, et qu'une fille de Sestos ne soit jugée indigne d'un époux d'Abydos. Cependant, je puis me résoudre à tout plus facilement, que de te savoir, épris par les charmes de quelque rivale, entre les bras d'une étrangère, que de savoir qu'un nouvel amour a mis fin au nôtre. Ah! plutôt périr, que d'essuyer un pareil affront! et que ma destinée s'accomplisse avant ton forfait! Et, si je parle ainsi, ce n'est pas que tu m'aies fait craindre ce malheur par aucun indice, ni qu'un nouveau renseignement m'inquiète. Mais je crains tout: l'amour fut-il jamais tranquille? L'éloignement aussi inspire aux absens des alarmes. Heureuses les femmes à qui leur présence fait connaître les crimes réels, et qu'elle empêche d'en craindre de chimériques! Pour moi, je ne suis pas moins émue d'un vain outrage, que trompée par un véritable : l'une et l'autre erreur me porte un coup aussi funeste. Oh! puisses-tu venir! ou bien que ce soit le vent ou ton père, mais non une autre femme, qui cause ton retard! Si j'apprends jamais que c'en soit une, je mourrai de douleur, vois-tu. Déjà tu es coupable, si jamais tu désires mon trépas.

Mais tu ne seras pas coupable, et je m'épouvante en vain : c'est la tempête qui s'oppose à ton retour. Malheureuse! avec quel fracas les vagues se brisent contre le rivage! quelle obscurité profonde enveloppe le ciel! Peut-être est-ce la tendre mère d'Hellé qui déplore, en versant des larmes, le naufrage de sa fille; ou bien une marâtre, changée en déesse des ondes,

An mare, ab inviso privignæ nomine dictum,
  Vexat in æquoream versa noverca Deam?
Non favet, ut nunc est, teneris locus iste puellis:
  Hac Helle periit; hac ego lædor aqua.
At tibi flammarum memori, Neptune, tuarum
  Nullus erat ventis impediendus amor,
Si neque Amymone, nec laudatissima forma
  Criminis est Tyro fabula vana tui,
Lucidaque Alcyone, Calyceque Hecatæone nata,
  Et nondum nexis angue Medusa comis,
Flavaque Laodice, cœloque recepta Celæno,
  Et quarum memini nomina lecta mihi.
Has certe pluresque canunt, Neptune, poetæ
  Molle latus lateri conseruisse tuo.
Cur igitur, toties vires expertus amoris,
  Adsuetum nobis turbine claudis iter?
PARCE, ferox, latoque mari tua prœlia misce.
  Seducit terras hæc brevis unda duas.
Te decet aut magnas magnum jactare carinas,
  Aut etiam totis classibus esse trucem.
Turpe Deo pelagi juvenem terrere natantem:
  Gloriaque est stagno quolibet ista minor.
Nobilis ille quidem est et clarus origine; sed non
  A tibi suspecto ducit Ulixe genus.
Da veniam, servaque duos : natat ille; sed isdem
  Corpus Leandri, spes mea, pendet aquis.

trouble ces parages, appelés de l'odieux nom de sa belle-fille? Ce lieu, dans son état présent, ne favorise plus les jeunes filles : Hellé y a péri, et moi, j'y reçois une blessure. Cependant, Neptune, au souvenir de tes feux, tu ne devais, à l'aide des vents, contrarier aucun amour, si Amymone, et Tyro, si vantée pour ses charmes, ne sont pas à tort citées comme tes conquêtes, ainsi que la brillante Alcyone, et Calycé, fille d'Hécatéon, et Méduse, avant que sa chevelure fût nattée de serpens, et la blonde Laodicé, et Celéno, admise au ciel, et celles dont je me souviens d'avoir lu les noms. Celles-ci, Neptune, et un plus grand nombre, sont citées par les poètes, pour avoir pressé leur tendre sein contre ton sein. Pourquoi donc, ayant éprouvé tant de fois le pouvoir de l'amour, nous fermer par des ouragans les routes accoutumées?

Épargne-nous, dieu terrible, et déploie sur la vaste mer l'appareil de tes combats. Ici, le défilé qui sépare deux terres est étroit. Il convient à ta grandeur d'attaquer de grands vaisseaux, ou de te déchaîner contre des flottes entières. Il est honteux pour le dieu des mers d'effrayer un jeune nageur : la gloire de ces eaux est au dessous du moindre étang. Il est, à la vérité, d'une illustre et noble origine; mais il ne descend pas d'Ulysse à toi suspect. Pardonne, et conserve-s-en deux à la fois : c'est lui qui nage; mais ces mêmes eaux renferment le corps de Léandre, et avec lui tout mon espoir.

Interea lumen, posito nam scribimus illo,
  Sternuit, et nobis prospera signa dedit.
Ecce merum nutrix faustos instillat in ignes :
  « Cras erimus plures, » inquit; et ipsa bibit.
Effice nos plures, evicta per aequora lapsus,
  O penitus toto corde recepte mihi!
In tua castra redi, socii desertor Amoris.
  Ponuntur medio cur mea membra toro?
Quod timeas non est : auso Venus ipsa favebit;
  Sternet et aequoreas, aequore nata, vias.
Ire libet medias ipsi mihi saepe per undas;
  Sed solet hoc maribus tutius esse fretum.
Nam cur, hoc vectis Phryxo Phryxique sorore,
  Sola dedit vastis femina nomen aquis?
Forsitan ad reditum metuas ne robora desint,
  Aut gemini nequeas ferre laboris onus.
At nos diversi medium coeamus in aequor,
  Obviaque in summis oscula demus aquis;
Atque ita quisque suas iterum redeamus ad urbes.
  Exiguum, sed plus quam nihil, illud erit.
Vel pudor hic utinam, qui nos clam cogit amare,
  Vel timidus famae cedere vellet amor!
Nunc male res junctae, calor et reverentia, pugnant.
  Quid sequar in dubio est : haec decet, ille juvat.
Ut semel intravit Colchos Pagasaeus Iason,
  Impositam celeri Phasida puppe tulit.

Cependant, le flambeau à la lueur duquel j'écris, a
scintillé; ce signe est d'un favorable augure. Voilà que
ma nourrice épand le vin sur un brasier propice : « De-
main, dit-elle, nous serons plus nombreux; » et elle-
même a bu. Glisse sur les mers, et rends-nous plus
nombreux en les franchissant, ô toi qui remplis mon
cœur tout entier! Rentre dans ton camp, déserteur de
l'Amour, ton frère d'armes. Pourquoi mes membres
sont-ils placés dans le milieu du lit? Tu n'as aucun sujet
de crainte : Vénus elle-même favorisera ton audace, et,
fille de l'onde, elle en aplanira pour toi les routes. Souvent moi-même je voudrais m'élancer au sein des ondes;
mais ce détroit est plus sûr pour les hommes. Car pourquoi, traversé par Phryxus et la sœur de Phryxus, la
femme seule a-t-elle donné son nom aux vastes eaux?

Peut-être aussi crains-tu de manquer de forces pour
le retour, ou de ne pouvoir supporter le poids d'une
double fatigue. Eh bien! de part et d'autre réunissons-
nous au milieu des mers, et donnons-nous de mutuels
baisers à la surface de l'onde; et qu'ensuite chacun de
nous retourne vers sa ville. Ce sera peu, mais plus que
rien. Que ne puis-je perdre ou la pudeur, qui nous force
d'aimer secrètement, ou l'amour, qu'effraie la renommée! Maintenant deux sentimens incompatibles, la décence et la passion, se combattent. Lequel suivre? j'hé-
site : l'une convient, l'autre plaît. Dès que Jason de
Pagase fut entré à Colchos, il enleva la fille du Phase
sur un léger esquif. Dès que l'adultère du mont Ida
eut abordé à Lacédémone, il revint aussitôt avec sa
proie. Et toi, l'objet que tu aimes, tu le quittes aussi

Ut semel Idæus Lacedæmona venit adulter,
  Cum præda rediit protinus ille sua.
Tu, quam sæpe petis quod amas, tam sæpe relinquis,
  Et quoties grave fit puppibus ire, natas.
Sic tamen, o juvenis, tumidarum victor aquarum,
  Sic facito spernas, ut vereare, fretum.
Arte laboratæ vincuntur ab æquore puppes:
  Tu tua plus remis brachia posse putes?
Quod cupis, hoc nautæ metuunt, Leandre, natare:
  Exitus hic fractis puppibus esse solet.
Me miseram! cupio non persuadere, quod hortor,
  Sisque, precor, monitis fortior ipse meis;
Dummodo pervenias, excussaque sæpe per undas
  Injicias humeris brachia lassa meis.
Sed mihi, cæruleas quoties obvertor ad undas,
  Nescio quæ pavidum frigora pectus habent.
Nec minus hesternæ confundor imagine noctis,
  Quamvis est sacris illa piata meis.
Namque sub aurora, jam dormitante lucerna,
  Somnia quo cerni tempore vera solent,
Stamina de digitis cecidere sopore remissis,
  Collaque pulvino nostra ferenda dedi.
Hic ego ventosas nantem delphina per undas
  Cernere non dubia sum mihi visa fide.
Quem, postquam bibulis illisit fluctus arenis,
  Unda simul miserum vitaque deseruit.

souvent que tu le vois, et tu nages chaque fois qu'il est dangereux aux navires de voguer.

Cependant, ô jeune vainqueur des ondes orageuses ! brave les mers, sans cesser de les craindre. Les poupes que l'art a élaborées cèdent à l'effort des eaux : et tu penserais que tes bras sont plus puissans que les rames ? Tu désires nager, Léandre ; les matelots même le craignent : c'est la dernière ressource, lorsque le vaisseau est brisé. Malheureuse ! je voudrais ne pas persuader, et j'exhorte, et je te prie de résister à mes avertissemens ; pourvu toutefois que tu parviennes au but, et qu'après avoir souvent agité tes bras dans les ondes, tu les passes, fatigués, autour de mes épaules. Mais, chaque fois que ma pensée se porte vers la plaine azurée, je ne sais quel effroi glace mon cœur.

Je ne suis pas moins troublée par le songe de la nuit dernière, quoique j'en aie conjuré l'effet par mes sacrifices. Car, aux approches de l'aurore, lorsque déjà ma lampe s'amortissait, moment où apparaissent d'ordinaire les songes véritables, le fuseau tomba de mes doigts languissans de sommeil ; et ma tête penchée porta sur mon coussin. Alors, sur le dos de la plaine liquide, il me sembla voir réellement un dauphin luttant contre la tempête. Lorsque le flot l'eut jeté sur l'humide plage, l'onde et la vie ensemble abandonnèrent le malheureux animal. Quel qu'en soit le pronostic, je crains ; et toi, ne va pas rire de mes songes : ne te hasarde sur les

Quidquid id est, timeo; nec tu mea somnia ride:
 Nec nisi tranquillo brachia crede mari.
Si tibi non parcis, dilectæ parce puellæ,
 Quæ nunquam, nisi te sospite, sospes erit.
Spes tamen est fractis vicinæ pacis in undis:
 Tum placidas tuto pectore finde vias.
Interea, nanti quoniam freta pervia non sunt,
 Leniat invisas litera missa moras.

EPISTOLA VIGESIMA.

ACONTIUS CYDIPPÆ.

Pone metum : nihil hic iterum jurabis amanti;
 Promissam satis est te semel esse mihi.
Perlege : discedat sic corpore languor ab isto!
 Qui meus est, ulla parte dolente, dolor.
Quid pudor ora subit? nam, sicut in æde Dianæ,
 Suspicor ingenuas erubuisse genas.
Conjugium pactamque fidem, non crimina posco :
 Debitus ut conjux, non ut adulter, amo.
Verba licet repetas, quæ demtus ab arbore fœtus
 Pertulit ad castas, me jaciente, manus;
Invenies illic id te jurasse, quod opto
 Te potius, virgo, quam meminisse Deam.

mers que par un temps calme. Si tu ne te ménages pas, ménage au moins une jeune fille qui t'est chère, qui jamais ne sera sauvée que tu ne le sois. Cependant les ondes apaisées promettent une trêve prochaine : alors qu'elles seront tranquilles, traverse-s-en les routes en sûreté. En attendant, puisque les mers sont impraticables à un nageur, la lettre que je t'envoie adoucira les rigueurs du retard.

ÉPITRE VINGTIÈME.

ACONCE A CYDIPPE.

Bannis la crainte : ici, tu n'as rien à jurer de nouveau à un amant; c'est assez d'avoir une fois promis. Lis en entier : puisse ainsi ton corps être délivré de sa langueur! moi-même je souffre, lorsqu'une partie de toi est dans la souffrance. Pourquoi cette honte répandue sur ton visage? car je soupçonne que ton front pudique a rougi, comme dans le temple de Diane. C'est l'hymen et la foi jurée, non un crime, que je réclame : j'aime en époux qui t'est destiné, et non en adultère. Tu peux te rappeler ces paroles, portées dans tes chastes mains par un fruit détaché de l'arbre, que je te lançai; tu y trouveras le serment dont je désire que tu te souviennes, jeune fille, plutôt que la déesse. Maintenant encore j'éprouve la même crainte; mais cette même

Nunc quoque idem timeo, sed idem tamen acrius illud
  Adsumsit vires, auctaque flamma mora est;
Quique fuit nunquam parvus, nunc tempore longo,
  Et spe quam dederas tu mihi, crevit amor.
Spem mihi tu dederas: meus hic tibi credidit ardor.
  Non potes hoc factum teste negare Dea.
Adfuit, et praesens, ut erant, tua verba notavit,
  Et visa est mota dicta probasse coma.
DECEPTAM dicas nostra te fraude licebit,
  Dum fraudis nostrae causa feratur amor.
Fraus mea quid petiit, nisi quo tibi jungerer uni?
  Id me, quod quereris, conciliare potest.
Non ego natura, nec sum tam callidus usu:
  Solertem tu me, crede, puella, facis.
Te mihi compositis (si quid tamen egimus arte)
  Adstrinxit verbis ingeniosus Amor.
Dictatis ab eo feci sponsalia verbis;
  Consultoque fui juris amore vafer.
Sit fraus huic nomen facto, dicarque dolosus;
  Si tamen est, quod ames velle tenere, dolus.
En iterum scribo mittoque rogantia verba:
  Altera fraus haec est, quodque queraris, habes.
Si noceo quod amo, fateor, sine fine nocebo;
  Teque petam, caveas tu licet ipsa peti.
Per gladios alii placitas rapuere puellas,
  Scripta mihi caute litera crimen erit?

crainte a pris plus de force, et le délai a augmenté ma flamme. Le temps, et l'espérance que tu m'avais donnée, ont augmenté un amour qui toujours fut passionné. Tu m'avais donné l'espérance : mon ardente passion a cru à tes sermens. Tu ne peux nier ce fait, qui a pour témoin une déesse. Elle fut présente, et remarqua tes paroles, telles que tu les avais prononcées, et, par un signe de tête, parut approuver ce que tu disais.

Tu te diras abusée par ma ruse; j'y consens, pourvu que l'amour soit jugé la cause de cette ruse. Que demandais-je par ma ruse, sinon d'être uni à toi seule? Ce dont tu te plains peut t'attacher à moi. La nature et l'expérience ne m'ont pas rendu si adroit : crois-le, jeune fille, c'est toi qui me donnes cette finesse. Par des paroles à dessein combinées (si toutefois j'ai agi avec artifice) l'ingénieux Amour t'a liée à moi. C'est lui qui m'a dicté les paroles solennelles de nos fiançailles; cet habile jurisconsulte m'a rendu fourbe. Appelle cela de la fraude, donne-moi le nom de trompeur; si cependant c'est tromper, que de vouloir obtenir ce qu'on aime. Voilà que de nouveau j'écris et j'envoie de suppliantes paroles : c'est encore de la fraude, et tu as sujet de te plaindre. Si je déplais pour aimer, je l'avoue, je déplairai sans fin; et je te poursuivrai, malgré tes efforts pour échapper à ma poursuite. D'autres ont enlevé leurs amantes le glaive à la main, et une lettre écrite, avec ménagement, sera pour moi un crime? Fassent les dieux que je puisse imposer plusieurs nœuds, afin que ta foi ne soit libre par aucun endroit! Restent encore mille ruses : je sue au pied de la montagne; mon ardeur

Di faciant possim plures imponere nodos,
 Ut tua sit nulla libera parte fides.
Mille doli restant : clivo sudamus in imo;
 Ardor inexpertum nil sinet esse meus.
Sit dubium possisne capi, captabere certe;
 Exitus in Dis est, sed capiere tamen.
Ut partem effugias, non omnia retia falles :
 Quæ tibi, quam credis, plura tetendit Amor.
Si non proficiant artes, veniemus ad arma;
 Inque mei cupido rapta ferere sinu.
Non sum, qui soleam Paridis reprehendere factum;
 Nec quemquam, qui vir, possit ut esse, fuit.
Nos quoque...; sed taceo : mors hujus pœna rapinæ
 Ut sit, erit, quam te non habuisse, minor.
Aut esses formosa minus, peterere modeste :
 Audaces facie cogimur esse tua.
Tu facis hoc, oculique tui, quibus ignea cedunt
 Sidera, qui flammæ causa fuere meæ;
Hoc flavi faciunt crines, et eburnea cervix,
 Quæque, precor, veniant in mea colla manus,
Et decor, et vultus sine rusticitate pudentes,
 Et, Thetidi quales vix rear esse, pedes.
Cetera si possem laudare, beatior essem;
 Nec dubito totum quin sibi par sit opus.
Hac ego compulsus, non est mirabile, forma,
 Si pignus volui vocis habere tuæ.

essaiera de tous les moyens. Qu'il soit douteux que tu puisses être prise, tu le seras certainement ; le succès dépend des dieux, mais tu ne seras pas moins prise. Échappée à un piège, tu ne les éviteras pas tous : Amour t'en a tendu plus que tu ne crois.

Si l'artifice ne réussit pas, nous aurons recours aux armes ; et tu seras enlevée par mes bras amoureux. Je n'ai pas coutume de blâmer la conduite de Pâris, ni aucun de ceux qui, pouvant être hommes, l'ont été. Et nous aussi.....; mais je garde le silence : la mort dût-elle être le châtiment de cette audace, il sera moindre que ta perte. Que n'es-tu moins belle ! on te rechercherait modérément : tes charmes me forcent à être audacieux. C'est toi qui me fais agir ; ce sont tes yeux, devant lesquels pâlissent les brillantes étoiles, et qui furent la cause de ma flamme ; ce sont et ta blonde chevelure, et ton cou d'albâtre, et des bras que je voudrais sentir autour de mon cou, et ta beauté, et ces traits pudiques sans embarras, et ces pieds, tels que j'en crois à peine à Thétis. Si je pouvais louer le reste, je serais trop heureux ; je ne doute pas que l'ouvrage ne soit en tout bien proportionné. Est-il surprenant que tant de charmes m'aient porté à vouloir un gage de ta bouche ?

Denique, dum captam tu te cogare fateri,
  Insidiis esto capta puella meis.
Invidiam patiar : passo sua præmia dentur.
  Cur suus a tanto crimine fructus abest?
Hesionen Telamon, Briseida cepit Achilles :
  Utraque victorem nempe secuta suum.
Quamlibet accuses, et sis irata licebit,
  Irata liceat dum mihi posse frui.
Idem, qui facimus, factam tenuabimus iram;
  Sit modo placandæ copia parva tui.
Ante tuos flentem liceat consistere vultus,
  Et liceat lacrymis addere verba suis,
Utque solent famuli, quum verbera sæva verentur,
  Tendere submissas ad tua crura manus.
Ignoras tua jura; voca : cur arguor absens?
  Jamdudum dominæ more venire jube.
Ipsa meos scindas licet imperiosa capillos,
  Oraque sint digitis livida facta tuis,
Omnia perpetiar : tantum fortasse timebo
  Corpore lædatur ne manus ista meo.
Sed neque compedibus, nec me compesce catenis :
  Servabor firmo vinctus amore tui.
Quum bene se, quantumque volet, satiaverit ira,
  Ipsa tibi dices : « Quam patienter amat! »
Ipsa tibi dices, ubi videris omnia ferre :
  « Tam bene qui servit, serviat iste mihi. »

Enfin, pourvu que tu sois forcée de dire que tu as été prise, je veux bien que tu l'aies été dans mes pièges. J'en subirai l'odieux : je me résigne, qu'on me donne mon salaire. Pourquoi un aussi grand crime est-il sans récompense? Télamon a obtenu Hésione, Achille Briséis : chacune, en effet, a suivi son vainqueur. Accuse-moi autant qu'il te plaira, sois irritée ; j'y consens, pourvu que je puisse jouir de toi irritée. Moi-même qui excite ta colère, je l'adoucirai ; que j'aie seulement quelques instans le loisir de te calmer. Qu'il me soit permis de paraître en larmes devant tes yeux ; qu'il me soit permis d'ajouter aux pleurs les paroles, et, à l'exemple des serviteurs qui craignent le fouet cruel, d'embrasser humblement tes genoux. Tu ignores tes droits ; appelle : pourquoi m'accuser absent? allons, ordonne-moi de venir, en qualité de ma maîtresse. Quoique, dans ton despotisme, tu déchirasses mes cheveux, ma figure serait-elle devenue livide sous tes coups, je souffrirai tout : seulement peut-être craindrai-je que ta main ne se blesse sur mon corps.

Mais ne m'arrête ni par des liens, ni avec des chaînes : je te resterai sous la garde du plus constant amour. Lorsque ta colère se sera assouvie pleinement et au gré de tes désirs, tu te diras alors : « Quel amour et quelle résignation ! » tu te diras, après m'avoir vu tout souffrir : « Qu'il me serve, celui qui si bien sert. » Maintenant, infortuné ! je suis condamné, en mon absence,

Nunc reus infelix absens agor; et mea, quum sit
  Optima, non ullo causa tuente perit.
Hoc quoque, quod jus est, sit scriptum injuria nostrum:
  Quod de me solo nempe queraris habes.
Non meruit falli mecum quoque Delia : si non
  Vis mihi promissum reddere, redde Deæ.
Adfuit, et vidit, quum tu decepta rubebas;
  Et vocem memori condidit aure tuam.
Omina re careant : nihil est violentius illa,
  Quum sua, quod nolim, numina læsa videt.
Testis erit Calydonis aper : nam scimus ut illo
  Sit magis in natum sæva reperta parens.
Testis et Actæon, quondam fera creditus illis,
  Ipse dedit leto cum quibus ante feras,
Quæque superba parens, saxo per corpus oborto,
  Nunc quoque Mygdonia flebilis adstat humo.
Hei mihi! Cydippe, timeo tibi dicere verum,
  Ne videar causa falsa monere mea.
Dicendum tamen est : hoc est, mihi crede, quod ægra
  Ipso nubendi tempore sæpe jaces.
Consulit ipsa tibi : neu sis perjura laborat,
  Et salvam salva te cupit esse fide.
Inde fit ut, quoties exsistere perfida tentas,
  Peccatum toties corrigat illa tuum.
Parce movere feros animosæ virginis arcus;
  Mitis adhuc fieri, si patiare, potest.

et, faute d'un défenseur, je perds ma cause, toute bonne qu'elle est.

Que cet écrit même, qui est de droit, soit une injustice : tu n'as sujet de te plaindre que de moi. Délie n'a pas mérité d'être trompée avec moi : si tu ne veux pas acquitter ta promesse à mon égard, acquitte-la envers la déesse. Elle fut présente et te vit, lorsque tu rougissais de ta méprise; son oreille a conservé le souvenir de tes paroles. Puisse mon présage ne pas se réaliser ! il n'est rien de plus violent qu'elle, lorsque, loin de nous ce malheur! elle voit sa divinité outragée. Témoin le sanglier de Calydon : car nous savons qu'une mère se trouva plus cruelle que lui envers son fils. Témoin encore Actéon, que crurent bête féroce ceux-là même avec qui, auparavant, il mit à mort les bêtes féroces; et cette mère superbe, dont on voit maintenant même s'élever, dans la terre de Mygdonie, le lamentable corps, transformé en rocher.

Hélas! Cydippe, je crains de te dire la vérité, de peur de paraître te tromper par intérêt. Il faut pourtant le dire : voilà pourquoi, tu peux m'en croire, la maladie te frappe souvent, à l'époque même de contracter cet hymen. La déesse consulte tes intérêts : elle te rend impossible le parjure, et veut préserver ta vie et ta foi en même temps. Il arrive donc que, si tu tâches d'être perfide, aussitôt elle te corrige de cette faute. Garde-toi de t'attirer les flèches meurtrières de la redoutable vierge; elle peut encore s'adoucir, si tu le permets. Garde-toi, je t'en conjure, de flétrir par les fièvres tes membres délicats; réserve tes charmes à ma jouissance. Réserve-

Parce, precor, teneros corrumpere febribus artus;
  Servetur facies ista fruenda mihi.
Serventur vultus ad nostra incendia nati,
  Quique subest niveo laetus in ore rubor.

Hostibus e si quis, ne fias nostra, repugnat,
  Sic sit, ut invalida te solet esse mihi.
Torqueor ex aequo, vel te nubente vel aegra:
  Dicere nec possum quid minus ipse velim.
MACEROR interdum, quod sim tibi causa dolendi;
  Teque mea laedi calliditate puto.
In caput haec nostrum dominae perjuria, quaeso,
  Eveniant: poena tuta sit illa mea.
Ne tamen ignorem quid agas, ad limina crebro
  Anxius huc illuc dissimulanter eo.
Subsequor ancillam furtim famulumve, requirens
  Profuerint somni quid tibi, quidve cibi.
Me miserum! quod non medicorum jussa ministro,
  Effingoque manus, insideoque toro!
Et rursus miserum! quod, me procul inde remoto,
  Quem minime vellem, forsitan alter adest.
Ille manus istas effingit, et adsidet aegrae,
  Invisus Superis, cum Superisque mihi.
Dumque suo tentat salientem pollice venam,
  Candida per causam brachia saepe tenet,
Contrectatque sinus, et forsitan oscula jungit.
  Officio merces plenior ista suo est.

moi et ces traits destinés à embraser mon cœur, et cet aimable incarnat qui relève la blancheur de ton teint. Si un ennemi me dispute ta possession, qu'il soit ce que je deviens, lorsque tu es malade. Je suis dans d'égales tortures, que tu sois épouse ou malade : je ne puis dire ce que je voudrais le moins.

Cependant je me désespère d'être pour toi une cause de douleur; et je pense que tu souffres de mon stratagème. Oh! que le parjure de ma maîtresse retombe sur ma tête : que ma peine la mette en sûreté! Cependant, pour ne pas ignorer ce que tu fais, je promène souvent avec dissimulation mon inquiétude devant le seuil de ta porte. Je m'attache furtivement aux pas d'une suivante ou d'un serviteur; je leur demande comment le sommeil, comment la nourriture ont réussi. Malheureux! de ne pas être l'exécuteur des ordonnances de la médecine, de ne pas ranger tes mains, ou m'asseoir sur ta couche! Encore une fois malheureux! qu'un autre peut-être, celui que je voudrais le moins y voir, t'assiste en mon absence. C'est lui qui range tes mains, qui s'assied à ton chevet, lui que les dieux détestent autant que je l'abhorre. Tandis que son doigt consulte les battemens de ta veine, souvent, sous ce prétexte, il tient tes bras blancs, presse ton sein, et peut-être te donne des baisers. Cette récompense est bien au dessus du service.

« Quis tibi permisit nostras praecidere messes?
   Ad sepem alterius quis tibi fecit iter?
Iste sinus meus est; mea turpiter oscula sumis.
   A mihi promisso corpore tolle manus.
Improbe, tolle manus : quam tangis nostra futura est.
   Postmodo si facias istud, adulter eris.
Elige de vacuis, quam non sibi vindicet alter :
   Si nescis, dominum res habet ista suum.
Nec mihi credideris : recitetur formula pacti;
   Neu falsam dicas esse, face ipsa legat.
Alterius thalamo tibi nos, tibi dicimus, exi.
   Quid facis hic? exi : non vacat iste torus.
Nam quod habes et tu thalami verba altera pacti,
   Non erit idcirco par tua causa meae.
Haec mihi se pepigit; pater hanc tibi, primus ab illa;
   Sed propior certe, quam pater, ipsa sibi est.
Promisit pater hanc, haec adjuravit amanti :
   Ille homines, haec est testificata Deam.
Hic metuit mendax, timet haec perjura vocari :
   Num dubites, hic sit major, an ille metus?
Denique, ut amborum conferre pericula possis,
   Respice ad eventus : haec cubat, ille valet.
Nos quoque dissimili certamina mente subimus;
   Nec spes par nobis, nec timor aequus adest.
Tu petis ex tuto : gravior mihi morte repulsa est;
   Idque ego jam, quod tu forsan amabis, amo.

« Qui t'a permis de couper ma moisson ? qui t'a frayé un chemin à la haie d'autrui ? Ce sein est à moi ; tu ravis, à ta honte, des baisers qui m'appartiennent. Retire tes mains d'un corps qui me fut promis. Misérable, retire tes mains : celle que tu touches est ma fiancée. Si prochainement tu te comportes ainsi, tu seras adultère. Choisis parmi les filles libres une épouse qu'un autre ne puisse revendiquer : si tu l'ignores, cette propriété a son maître. Ne me crois-tu pas ? que la formule du pacte soit récitée; et pour que tu ne la dises pas fausse, fais-la-lui lire à elle-même. Abandonne, c'est moi qui te le dis, abandonne une couche étrangère. Que fais-tu ici ? pars : ce lit n'est pas libre. Car, bien que tu aies aussi une autre promesse d'hymen, ce n'est pas une raison pour que ton droit égale le mien. Elle a été engagée à moi par elle-même, à toi par son père, le premier après elle; mais certainement, elle est plus proche à elle-même que son père. Son père a fait une promesse, et elle un serment à celui qui l'aime : l'un a pris les hommes en témoignage; l'autre, une déesse. Celui-ci craint d'être appelé imposteur; celle-ci, parjure : hésiteras-tu entre la gravité des deux craintes ? Enfin, pour que tu puisses comparer les périls de tous deux, considère les suites : elle est malade, et lui il est bien portant. Nous aussi, nous entrons en lutte dans des intentions différentes; nous n'avons ni une même espérance, ni une crainte semblable. Tu demandes sans aucun risque : un refus m'est plus affreux que la mort; et ce que tu aimeras peut-être, moi déjà je l'aime. Si tu étais sensible à l'honneur et à la justice, tu aurais dû céder toi-même à mes feux. »

Si tibi justitiæ, si recti cura fuisset,
  Cedere debueras ignibus ipse meis. »
Nunc quoniam ferus hic pro causa pugnat iniqua,
  Ad quid, Cydippe, litera nostra redit?
Hic facit ut jaceas, et sis suspecta Dianæ :
  Hunc tu, si sapias, limen adire vetes.
Hoc faciente, subis tam sæva pericula vitæ :
  Atque utinam pro te, qui movet illa, cadat!
Quem si reppuleris, nec, quem Dea damnat, amaris,
  Et tu continuo, certe ego salvus ero.
Siste metum, virgo; stabili potiere salute :
  Fac modo polliciti conscia templa colas.
Nec bove mactato cœlestia numina gaudent,
  Sed, quæ præstanda est et sine teste, fide.
Ut valeant aliæ, ferrum patiuntur et ignes;
  Fert aliis tristem succus amarus opem.
Nil opus est istis : tantum perjuria vita;
  Teque simul serva, meque, datamque fidem.
Præteritæ veniam dabit ignorantia culpæ :
  Exciderint animo fœdera lecta tuo.
Admonita es modo voce mea, modo casibus istis,
  Quos, quoties tentas fallere, ferre soles.
His quoque vitatis, in partu nempe rogabis,
  Ut tibi luciferas adferat illa manus.
Audiet, et repetens quæ sunt audita, requiret
  Ipsa, tibi de quo conjuge partus eat.

Maintenant que ce cruel soutient une cause inique, quel est le résultat de mon billet, Cydippe? C'est lui qui te retient sur un lit de douleur, qui te rend suspecte à Diane : si tu es sage, défends-lui d'approcher de ton seuil. Ses poursuites t'exposent à de si cruels périls : et puisse-t-il périr à ta place, celui qui te les suscite! Si tu le repousses, si tu n'aimes pas celui que la déesse condamne, tu seras de suite sauvée; je le serai, moi, infailliblement. Suspends tes alarmes, ô vierge; tu obtiendras un rétablissement durable : occupe-toi seulement d'honorer la divinité témoin de ta promesse. Ce n'est pas l'immolation d'un taureau qui réjouit les dieux du ciel, mais la foi qu'on acquitte et qui n'a pas de témoin. Parmi les femmes, les unes, pour leur guérison, souffrent le fer et le feu ; d'autres trouvent un triste soulagement dans un amer breuvage. Il n'est pas besoin de ces précautions : évite seulement le parjure ; et sauve-nous tous deux en sauvant ta foi. L'ignorance te fera pardonner ta première faute : on dira que l'engagement lu par toi est sorti de ta mémoire. Tu as été avertie tantôt par ma voix, tantôt par cet accident, que tu éprouves toutes les fois que tu cherches à tromper. Mais l'éviterais-tu, à ton enfantement, tu demanderas à la déesse que ses mains conduisent ton fruit à la lumière. Elle t'entendra, et, se rappelant ce qu'elle a entendu, elle te demandera qui l'enfant a pour père. Tu promettras un vœu ; elle sait que tu promets faussement. Tu jureras; elle sait que tu peux tromper les dieux.

Promittes votum ; scit te promittere falso.
  Jurabis ; scit te fallere posse Deos.
Non agitur de me ; cura majore laboro :
  Anxia sunt vitæ pectora nostra tuæ.
Cur modo te dubiam pavidi flevere parentes,
  Ignaros culpæ quos facis esse tuæ?
Et cur ignorent? matri licet omnia narres ;
  Nil tua, Cydippe, facta ruboris habent.
Ordine fac referas, ut sis mihi cognita primum,
  Sacra pharetratæ dum facis ipsa Deæ ;
Ut, te conspecta, subito, si forte notasti,
  Restiterim fixis in tua membra genis ;
Ut, te dum nimium miror, nota certa furoris,
  Deciderint humero pallia lapsa meo ;
Postmodo nescio qua venisse volubile malum,
  Verba ferens doctis insidiosa notis ;
Quod quia sit lectum, sancta præsente Diana,
  Esse tuam vinctam, numine teste, fidem.
Ne tamen ignoret quæ sit sententia scripto,
  Lecta tibi quondam nunc quoque verba refer.
« Nube, precor, dicet, cui te bona numina jungunt :
  Quem fore jurasti, sit gener ille mihi.
Quisquis is est, placeat, quoniam placet ante Dianæ. »
  Talis erit mater, si modo mater erit.
Sic tamen et quærat, qui sim quantusque, jubeto :
  Inveniet vobis consuluisse Deam.

Il ne s'agit pas de moi; un soin plus important me touche : mon cœur est inquiet pour ta vie. Pourquoi tes parens effrayés, auxquels tu laisses ignorer ta faute, ont-ils récemment pleuré sur l'incertitude de ta conservation? Et pourquoi l'ignoreraient-ils? tu peux tout raconter à ta mère; ta conduite n'a rien de blâmable, Cydippe. Fais un récit détaillé; dis-leur comment d'abord je te connus, lorsque tu faisais un sacrifice à la déesse armée du carquois; comme, à ta vue, soudain, si par hasard tu le remarquas, je restai les yeux fixés sur toi; comme aussi, pendant que je t'admirais trop, indice infaillible d'égarement, mon manteau tomba échappé de mes épaules; qu'un instant après roula, je ne sais comment, une pomme portant des paroles tracées en caractères savamment perfides; que, les ayant lus en la sainte présence de Diane, ta foi fut liée sous la garantie d'une déesse. Et pour qu'elle n'ignore pas le contenu de cet écrit, prononce de nouveau les paroles que tu lus jadis. « Épouse, dira-t-elle, je t'en conjure, celui auquel t'unissent des divinités favorables : il sera mon gendre celui que tu as juré devoir l'être. Quel qu'il soit, il me plaira, puisqu'il a plu auparavant à Diane. » Telle sera ta mère, pourvu qu'elle soit mère.

Cependant, engage-la aussi à demander qui je suis et de quel rang : elle trouvera que la déesse a consulté

Insula, Coryciis quondam celeberrima Nymphis,
 Cingitur Ægæo, nomine Cea, mari.
Illa mihi patria est; nec, si generosa probaris
 Nomina, despectis arguor ortus avis.
Sunt et opes nobis, sunt et sine crimine mores;
 Amplius utque nihil, me tibi jungit amor.
Appeteres talem vel non jurata maritum;
 Juratæ vel non talis habendus erat.
Hæc tibi me in somnis jaculatrix scribere Phœbe,
 Hæc tibi me vigilem scribere jussit Amor.
E quibus alterius mihi jam nocuere sagittæ:
 Alterius noceant ne tibi tela cave.
Juncta salus nostra est : miserere meique tuique.
 Quid dubitas unam ferre duobus opem?
Quod si contigerit, quum jam data signa sonabunt,
 Tinctaque votivo sanguine Delos erit,
Aurea ponetur mali felicis imago,
 Causaque versiculis scripta duobus erit :
« Effigie pomi testatur Acontius hujus,
 Quæ fuerint in eo scripta, fuisse rata. »
Longior infirmum ne lasset epistola corpus,
 Clausaque consueto sit tibi fine : « Vale. »

vos intérêts. Il est une île jadis très-fréquentée des nymphes de Corycie; la mer Égée l'entoure; elle se nomme Céos. C'est ma patrie; et, si un nom illustre te flatte, on ne me reproche pas d'être issu d'obscurs aïeux. J'ai des richesses, j'ai des mœurs irréprochables; et, ce qui est au dessus de tout, l'amour m'attache à toi. Tu rechercherais un tel époux, même sans ton serment; tu l'as prêté, il faut le prendre, même quand il ne serait pas tel.

Voilà ce que Phébé la chasseresse m'a ordonné en songe de t'écrire, ce que, pendant la veille, m'a aussi ordonné de t'écrire l'Amour. Déjà les traits de l'un m'ont blessé : prends garde que les flèches de l'autre ne te blessent. Notre salut à tous deux se tient : prends pitié de toi et de moi. Que balances-tu à porter un seul secours à deux personnes? Si tu le fais, au signal des trompettes, lorsque le sang promis des victimes rougira Délos, l'image en or de cette heureuse pomme sera offerte, et deux vers expliqueront le motif de cette offrande : « Par l'emblème de cette pomme, Aconce atteste que ce qui y fut inscrit a été exécuté. » Pour qu'une trop longue épître ne lasse pas ton corps affaibli, et qu'elle se termine par la clause accoutumée : « Adieu. »

EPISTOLA VIGESIMA PRIMA.

CYDIPPE ACONTIO.

Pertimui, scriptumque tuum sine murmure legi,
  Juraret ne quos inscia lingua Deos.
Et, puto, captasses iterum, nisi, ut ipse fateris,
  Promissam scires me satis esse semel.
Nec lectura fui; sed, si tibi dura fuissem,
  Aucta foret sævæ forsitan ira Deæ.
Omnia quum faciam, quum dem pia tura Dianæ,
  Illa tamen justa plus tibi parte favet;
Utque cupis credi, memori te vindicat ira.
  Talis in Hippolyto vix fuit illa suo.
At melius virgo favisset virginis annis;
  Quos vereor paucos ne velit esse mihi.
Languor enim, causis non apparentibus, hæret;
  Adjuvor et nulla fessa medentis ope.
Quam tibi nunc gracilem vix hæc rescribere, quamque
  Pallida vix cubito membra levare putas?
Huc timor accedit, ne quis, nisi conscia nutrix,
  Colloquii nobis sentiat esse vices.
Ante fores sedet hæc; quid agamque rogantibus intus,
  Ut possim tuto scribere, « Dormit, » ait.

ÉPITRE VINGT-UNIÈME.

CYDIPPE A ACONCE.

J'ai lu ta lettre des yeux, dans la crainte que ma langue, à son insu, ne jurât par quelque divinité. Et tu aurais, je pense, tenté une nouvelle surprise, si, comme tu l'avoues, tu ne me croyais assez engagée par une première promesse. Je ne devais pas te lire ; mais, si j'avais été inflexible à ton égard, peut-être le courroux de la cruelle déesse s'en fût-il accru. Malgré tout ce que je fais, quoique je brûle à Diane un pieux encens, néanmoins elle te favorise avec partialité ; et, comme tu désires qu'on le croie, elle te venge avec la persévérance du ressentiment. A peine son cher Hippolyte eut-il cette préférence.

Mais une vierge eût mieux fait de s'intéresser aux jours d'une vierge ; je crains bien qu'elle n'en abrège la durée. En effet, une langueur dont les causes ne sont pas apparentes, oppose à tous les secours de l'art une opiniâtre résistance. Imagine-toi l'état de faiblesse et de dépérissement d'une femme qui, pendant qu'elle trace cette réponse, peut à peine soutenir ses membres pâles sur son coude ! A cela se joint la crainte qu'une autre, excepté ma nourrice, ma confidente, ne s'aperçoive de cet échange d'entretiens. Elle est assise dehors, et, à ceux qui demandent ce que je fais au logis, pour que je puisse écrire en sûreté : « Elle dort, » répond-elle.

Mox ubi, secreti longi causa optima, somnus
 Credibilis tarda desinit esse mora,
Jamque venire videt, quos non admittere durum est,
 Exscreat, et ficta dat mihi signa nota.
Sicut eram, properans verba imperfecta relinquo,
 Et tegitur trepido litera cauta sinu.
Inde meos digitos iterum repetita fatigat.
 Quantus sit nobis, adspicis ipse, labor.
Quo, peream, si dignus eras, ut vera loquamur:
 Sed melior justo, quamque mereris, ego.
Ergo te propter toties, incerta salutis,
 Commentis pœnas doque dedique tuis?
Hæc nobis, formæ te laudatore superbæ,
 Contingit merces? et placuisse nocet?
Si tibi deformis, quod mallem, visa fuissem,
 Culpatum nulla corpus egeret ope.
Nunc laudata gemo; nunc me certamine vestro
 Proditis, et proprio vulneror ipsa bono.
Dum neque tu cedis, nec se putat ille secundum,
 Tu votis obstas illius, ille tuis,
Ipsa, velut navis, jactor, quam certus in altum
 Propellit Boreas, æstus et unda refert.
Quumque dies caris optata parentibus instat,
 Immodicus pariter corporis ardor inest;
Et mihi conjugii tempus crudelis ad ipsum,
 Persephone nostras pulsat acerba fores.

Bientôt, lorsque le sommeil, excellent motif d'une longue solitude, cesse d'être croyable par la prolongation du délai, lorsqu'elle voit enfin arriver ceux qu'il serait dur de ne pas admettre, elle excrée, et m'avertit par ce signal de convention. Je m'arrête où j'en suis, et laisse à la hâte les mots inachevés; la lettre est précipitamment cachée dans mon sein discret. Je reprends ensuite cette œuvre de fatigue pour mes doigts. Tu vois par toi-même les tourmens que j'endure. Je veux mourir, si tu en étais digne, pour parler vrai : mais je suis meilleure que je ne devrais et que tu ne le mérites.

C'est donc pour toi que, tant de fois, incertaine de mes jours, je suis et j'ai été punie de tes stratagèmes? Voilà donc la récompense des éloges que tu prodigues à ma beauté superbe? Te plaire fut mon malheur? Si, comme je l'eusse préféré, j'avais paru laide à tes yeux, mon corps, blâmé de toi, ne réclamerait aucune assistance. Maintenant je gémis d'avoir été louée; maintenant votre lutte est pour moi une trahison; je possède un avantage désastreux. Tandis que tu refuses de céder, et qu'il ne se considère pas comme ton second, que tu t'opposes à ses vœux, qu'il s'oppose aux tiens, je suis ballottée comme un vaisseau qu'emporte sur les mers le souffle impétueux de Borée, et que le reflux des ondes ramène. Et, lorsqu'arrive le jour désiré par des parens chéris, en même temps mon corps éprouve les ardeurs d'une fièvre brûlante; et, sur le point même de conclure ce fatal hymen, la cruelle Proserpine heurte à ma porte. Alors je rougis; et je crains, malgré mon innocence, de paraître avoir mérité le courroux des dieux.

Jam pudet; et timeo, quamvis mihi conscia non sim,
  Offensos videar ne meruisse Deos.
Accidere hoc aliquis casu contendit, et alter
  Acceptum Superis hunc negat esse virum.
Neve nihil credas in te quoque dicere famam,
  Facta veneficiis pars putat ista tuis.
Causa latet; mala nostra patent : vos pace movetis
  Aspera submota proelia, plector ego.
Dicam nunc, solitoque tibi me decipe more :
  Quid facies odio, sic ubi amore noces?
Si lædis quod amas, hostem sapienter amabis :
  Me, precor, ut serves, perdere velle velis.
Aut tibi jam nulla est speratæ cura puellæ,
  Quam ferus indigna tabe perire sinis,
Aut Dea si frustra pro me tibi sæva rogatur,
  Quid mihi te jactas? gratia nulla tua est.
Elige quid fingas. Non vis placare Dianam?
  Immemor es nostri : non potes? illa tui est.
Vel nunquam mallem, vel non mihi tempore in illo
  Esset in Ægæis cognita Delos aquis.
Tunc mea difficili deducta est æquore navis,
  Et fuit ad cœptas hora sinistra vias.
Quo pede processi! quo me pede limine movi!
  Picta citæ tetigi quo pede texta ratis!
Bis tamen adverso redierunt carbasa vento....
  Mentior ah! demens : ille secundus erat.

L'un prétend que mon malheur est l'effet du hasard ; un autre assure que cet époux n'est pas agréable aux dieux. Et pour ne pas te croire à l'abri des rumeurs publiques, quelques-uns attribuent à tes maléfices ce qui s'est fait. La cause en est cachée; mes maux sont patens : ennemis irréconciliables, vous vous faites une affreuse guerre, et moi je suis punie.

Maintenant je vais te dire, et trompe-moi selon ton usage ordinaire : Que feras-tu par haine, si ton amour est si nuisible? Si tu blesses ce que tu aimes, tu feras sagement d'aimer ton ennemi : pour me sauver, consens, je te prie, à me perdre. Ou tu n'as plus d'attachement pour la jeune fille que tu espérais, puisque tu la laisses périr, cruel, sans l'avoir mérité, victime d'un mal dévorant; ou, si tu implores en vain la déesse pour moi, pourquoi me vanter ton crédit? tu n'en as aucun. Choisis l'imposture. Ne veux-tu pas apaiser Diane? tu es indifférent à mon égard : ne le peux-tu pas? elle l'est au tien. J'aurais préféré ou ne jamais connaître, ou ne pas connaître en ce temps-là Délos au sein des ondes égéennes. Alors mon vaisseau fut difficilement lancé en mer, et un sinistre augure marqua l'heure de mon départ. De quel pied me suis-je avancée! de quel pied ai-je franchi le seuil! de quel pied ai-je touché le parquet peint de mon vaisseau! Deux fois cependant un vent contraire repoussa les voiles..... Insensée! je trahis la vérité : ce vent était favorable. Il était favorable, puisqu'il me ramenait sur mes pas, et entravait une course peu heureuse. Ah! que n'a-t-il constamment soufflé

Ille secundus erat, qui me referebat euntem;
  Quique parum felix impediebat iter.
Atque utinam constans contra mea vela fuisset!
  Sed stultum est venti de levitate queri.
Mota loci fama properabam visere Delon;
  Et facere ignava puppe videbar iter.
Quam saepe, ut tardis, feci convicia remis,
  Questaque sum vento lintea parca dari!
Et jam transieram Myconon, jam Tenon et Andron;
  Inque meis oculis candida Delos erat.
Quam procul ut vidi : « Quid me fugis, insula? dixi;
  Laberis in magno numquid, ut ante, mari? »
Institeram terrae, quum, jam prope luce peracta,
  Demere purpureis Sol juga vellet equis.
Quos idem solitos postquam revocavit ad ortus,
  Comuntur nostrae, matre jubente, comae.
Ipsa dedit gemmas digitis, et crinibus aurum;
  Et vestes humeris induit ipsa meis.
Protinus egressae Superis, quibus insula sacra est,
  Flava salutatis tura merumque damus.
Dumque parens aras votivo sanguine tingit,
  Festaque fumosis ingerit exta focis,
Sedula me nutrix alias quoque ducit in aedes,
  Erramusque vago per loca sacra pede.
Et modo porticibus spatior, modo munera regum
  Miror et in cunctis stantia signa locis.

contre mes voiles! Mais c'est folie de se plaindre de
l'inconstance des vents.

Attirée par la réputation du lieu, je me hâtais de
visiter Délos; et le vaisseau me semblait voguer lentement. Combien de fois j'adressai des reproches aux rames, comme trop tardives! combien de fois je me plai-
gnis qu'on donnât aux vents peu de voiles! Et déjà
j'avais franchi Mycone, Ténos et Andros; la blanche
Délos était devant mes yeux. Du plus loin que je l'eus
vue : « Pourquoi me fuir, ô île? lui dis-je : erres-tu donc,
comme jadis, sur une vaste mer?» J'étais abordée à
terre, au moment où, sur le déclin du jour, le Soleil
allait dételer ses coursiers vermeils. Lorsqu'ensuite, selon
sa coutume, il les eut rappelés à son lever, on peigne
ma chevelure par ordre de ma mère. Elle-même place
les pierreries à mes doigts, et l'or dans mes cheveux;
elle-même couvre d'un vêtement mes épaules. Aussitôt
sorties, nous saluons les dieux de l'île et leur offrons
l'encens jaune et le vin. Et tandis que ma mère fait couler sur les autels le sang promis de la victime, et en pose
les solennelles entrailles sur le brasier odorant, ma
diligente nourrice me conduit en d'autres temples, et
nous errons à l'aventure dans des lieux saints. Tantôt
je me promène sous les portiques, tantôt j'admire les
présens des rois et les statues qui s'élèvent en tous
lieux. J'admire un autel construit d'innombrables cornes,
et l'arbre auquel s'appuya la déesse lorsqu'elle devint
mère, et les autres merveilles de Délos (car je ne me

Miror et innumeris structam de cornibus aram,
  Et de qua pariens arbore nixa Dea est;
Et quæ præterea (neque enim meminive, libetve,
  Quidquid ibi vidi, dicere) Delos habet.
Forsitan hæc spectans, a te spectabar, Aconti;
  Visaque simplicitas est mea posse capi.
In templum redeo gradibus sublime Dianæ:
  Tutior hoc ecquis debuit esse locus?
Mittitur ante pedes malum, cum carmine tali.
  Hei mihi! juravi nunc quoque pæne tibi.
Sustulit hoc nutrix, mirataque: « Perlege, » dixit.
  Insidias legi, magne poeta, tuas.
Nomine conjugii dicto, confusa pudore
  Sensi me totis erubuisse genis;
Luminaque in gremio, veluti defixa, tenebam,
  Lumina propositi facta ministra tui.
Improbe, quid gaudes? aut quæ tibi gloria parta est?
  Quidve vir, elusa virgine, laudis habes?
Non ego constiteram sumta peltata securi,
  Qualis in Iliaco Penthesilea solo;
Nullus Amazonio cælatus balteus auro,
  Sicut ab Hippolyte, præda relata tibi est.
Verba, quid exsultas, tua si mihi verba dederunt,
  Sumque parum prudens capta puella dolis?
Cydippen pomum, pomum Schœneïda cepit.
  Tu nunc Hippomenes scilicet alter eris.

rappelle ni n'ai la fantaisie de rapporter tout ce que j'y ai vu).

Peut-être, en parcourant ces objets, étais-je vue de toi, Aconce; peut-être ma simplicité te parut-elle pouvoir se laisser prendre. Je reviens au temple de Diane, qu'exhaussent des degrés : est-il un lieu qui dût être plus sûr? A mes pieds est jetée une pomme avec l'inscription que tu connais. Hélas! je t'ai presque, maintenant encore, prêté le serment. Ma nourrice la recueille, et, dans sa surprise : « Lisez tout, » dit-elle. J'ai lu, grand poète, tes insidieuses paroles. Au mot d'hymen que j'avais prononcé, pénétrée de confusion, je me sentis rougir de tout mon visage, et je tenais mes yeux comme attachés fixément sur mon sein, ces yeux qui avaient prêté leur ministère à ta détermination. Scélérat, pourquoi te réjouir? quelle gloire t'est acquise? quel mérite y a-t-il à un homme de tromper une jeune fille? Je ne m'étais pas présentée à ioi, la hache en arrêt et le bouclier au bras, telle que Penthésilée dans les champs d'Ilion ; aucun baudrier d'Amazone à la ciselure d'or ne te fut un butin pris sur moi comme sur Hippolyte. Pourquoi ces transports, parce que tes discours ont été pour moi un leurre, parce qu'une jeune fille sans expérience s'est laissé prendre à tes ruses? Une pomme a séduit Cydippe et la fille de Schœnéus. Désormais tu seras donc un second Hippomène.

At fuerat melius (si te puer iste tenebat,
　Quem tu nescio quas dicis habere faces),
More bonis solito, spem non corrumpere fraude:
　Exoranda tibi, non capienda fui.
Cur, me quum peteres, ea non profitenda putabas,
　Propter quæ nobis ipse petendus eras?
Cogere cur potius, quam persuadere, volebas,
　Si poteram, audita conditione, capi?
Quid tibi nunc prodest jurandi formula juris,
　Linguaque præsentem testificata Deam?
Quæ jurat, mens est; nil conjuravimus illa.
　Illa fidem dictis addere sola potest.
Consilium prudensque animi sententia jurat,
　Et, nisi judicii, vincula nulla valent.
Si tibi conjugium volui promittere nostrum,
　Exige polliciti debita jura tori:
Sed si nil dedimus, præter sine pectore vocem,
　Verba suis frustra viribus orba tenes.
Non ego juravi, legi jurantia verba:
　Vir mihi non isto more legendus eras.
Decipe sic alias: succedat epistola pomo.
　Si valet hoc, magnas divitis aufer opes.
Fac jurent reges sua se tibi regna daturos:
　Sitque tuum toto quidquid in orbe placet.
Major es hac ipsa multo, mihi crede, Diana,
　Si tua tam præsens litera numen habet.

Mais il eût mieux valu (si tu étais subjugué par cet enfant que tu dis avoir je ne sais quel flambeau) prendre exemple sur les bons, et ne pas détruire par une fraude tes espérances : il fallait me désarmer par des prières et non par la violence. Pourquoi, lorsque tu me recherchais, ne pensais-tu pas devoir déclarer ce qui était de nature à te faire rechercher de moi? Pourquoi voulais-tu plutôt me forcer que me persuader, si je pouvais me laisser prendre à une proposition d'hymen? A quoi te servent maintenant cette formule sacramentelle, et cette langue qui attesta la présence d'une déesse? C'est l'âme qui jure; je n'ai rien juré de concert avec elle. Elle seule peut accréditer un serment. C'est la réflexion et un sentiment raisonné qui jure; le choix seul lie la volonté. Si j'ai voulu te promettre ma main, exige l'exécution de cette promesse, c'est une justice qui t'est due : mais si je n'ai rien donné, hormis une parole sans intention, en vain tu as obtenu des mots dépourvus d'efficacité. Je n'ai pas juré, j'ai lu des paroles qui juraient : ce n'est pas de cette manière que devait m'être choisi un époux. Trompe ainsi d'autres femmes : que l'épître suive la pomme. Si ce moyen te réussit, tu n'as qu'à t'approprier l'opulence du riche. Fais jurer aux rois qu'ils te donneront leurs royaumes : tout ce qui te plaira dans l'univers va bientôt être à toi. Tu es beaucoup plus puissant, crois-moi, que Diane elle-même, si ton écrit a cette propriété merveilleuse.

Quum tamen hæc dixi, quum me tibi firma negavi,
   Quum bene promissi causa peracta mei est,
Confiteor, timeo sævæ Latoïdos iram,
   Et corpus lædi suspicor inde meum.
Nam quare, quoties socialia sacra parantur,
   Nupturæ toties languida membra cadunt?
Ter mihi jam veniens positas Hymenæus ad aras
   Fugit, et e thalami limine terga dedit.
Vixque manu pigra toties infusa resurgunt
   Lumina, vix moto corripit igne faces.
Sæpe coronatis stillant unguenta capillis,
   Et trahitur multo splendida palla croco;
Quum tetigit limen, lacrymas mortisque timorem
   Cernit, et a cultu multa remota suo;
Projicit ipse sua deductas fronte coronas,
   Spissaque de nitidis tergit amoma comis;
Et pudet in tristi lætum consurgere turba;
   Quique erat in palla, transit in ora rubor.
At mihi, væ miseræ! torrentur febribus artus,
   Et gravius justo pallia pondus habent.
Nostraque plorantes video super ora parentes;
   Et, face pro thalami, fax mihi mortis adest.
Parce laboranti, picta Dea læta pharetra;
   Daque salutiferam jam mihi fratris opem.
Turpe tibi est, illum causas depellere leti,
   Te contra titulum mortis habere meæ.

Cependant, lorsque j'ai ainsi parlé, lorsque j'ai fermement refusé de t'appartenir, lorsque j'ai bien soutenu la cause de ma promesse, je crains, je l'avoue, la colère de la fille de Latone, et je la soupçonne d'être l'auteur de mon mal. Pourquoi, en effet, toutes les fois que la cérémonie nuptiale se prépare, les membres de la fiancée tombent-ils de langueur? Trois fois déjà l'Hyménée, venu aux autels dressés pour cette fête, a fui le seuil de la chambre nuptiale. A peine sa main paresseuse ranime les flambeaux, autant de fois arrosés de l'huile, à peine il en a agité la lumière, qu'elle s'éteint. Souvent ses cheveux couronnés distillent les parfums, et il traîne un manteau où brille l'éclat de la pourpre; lorsqu'il a touché le seuil, il voit des larmes et l'appréhension de la mort, il voit tout contraster avec cet appareil; lui-même alors il jette au loin les couronnes détachées de sa tête, et essuie le cinnamome dont l'épaisse liqueur rend sa chevelure lisse; il a honte d'être seul joyeux dans une troupe attristée; la rougeur du manteau passe sur son front.

Cependant, malheureuse! mes membres sont embrasés des feux de la fièvre, et les tissus qui me couvrent sont trop pesans pour moi. Je vois mes parens éplorés sur mon visage; au lieu de la torche de l'hyménée, je vois la torche de la mort. Épargne une malade, déesse que charme le carquois peint; prête-moi dès à présent la salutaire assistance de ton frère. Il est honteux pour toi qu'il écarte les causes du trépas, et que tu sois, au contraire, l'artisan de ma mort. Lorsque tu voulais te laver sous l'ombrage dans une fontaine, ai-je porté sur

Numquid, in umbroso quum velles fonte lavari,
 Imprudens vultus ad tua labra tuli?
Præteriine tuas de tot cœlestibus aras?
 Aque tua est nostra spreta parente parens?
Nil ego peccavi, nisi quod perjuria legi,
 Inque parum fausto carmine docta fui.
Tu quoque pro nobis, si non mentiris amorem,
 Tura feras: prosint, quæ nocuere, manus.
Cur, quæ succenset, quod adhuc tibi pacta puella
 Non tua fit, fieri ne tua possit, agis?
Omnia de viva tibi sunt speranda; quid aufert
 Sæva mihi vitam, spem tibi Diva mei?
Nec tu credideris illum, cui destinor uxor,
 Ægra superposita membra fovere manu:
Adsidet ille quidem, quantum permittitur ipsi;
 Sed meminit nostrum virginis esse torum.
Jam quoque nescio quid de me sensisse videtur,
 Nam lacrymæ causa sæpe latente cadunt.
Et minus audacter blanditur, et oscula rara
 Accipit, et timido me vocat ore suam.
Nec miror sensisse, notis quum prodar apertis:
 In dextrum versor, quum venit ille, latus;
Nec loquor, et tecto simulatur lumine somnus;
 Captantem tactus rejicioque manum.
Ingemit, et tacito suspirat pectore; meque
 Offensam, quamvis non mereatur, habet.

ton bain des regards indiscrets? Ai-je négligé tes autels, parmi ceux de tant de divinités? ma mère a-t-elle méprisé la tienne? Ma faute est d'avoir lu un parjure, d'avoir été savante pour des caractères de malheur. Toi de même, si ton amour n'est pas mensonger, brûle pour moi de l'encens : qu'elles me servent, les mains qui m'ont nui. Pourquoi te rends-tu impossible l'union de la jeune fille, qui s'irrite d'être encore ta fiancée sans t'appartenir? Tu as tout à espérer d'elle vivante; pourquoi l'impitoyable déesse arrache-t-elle, à moi la vie, à toi l'espérance de me posséder?

Et ne crois pas que celui qu'on me destine pour époux réchauffe avec ses mains mes membres malades : il s'assied, il est vrai, près de moi, autant qu'on le lui permet; mais il se souvient que mon lit est celui d'une vierge. Déjà même il semble s'être aperçu de je ne sais quoi à mon sujet, car ses larmes coulent souvent pour une cause inconnue. Il est moins hardi dans ses caresses, il reçoit de rares baisers, et il m'appelle son épouse d'une voix timide. Je ne suis pas surprise qu'il s'en soit aperçu, puisque je me trahis avec affectation : lorsqu'il vient, je me tourne du côté droit, et, loin de parler, je ferme les yeux pour feindre le sommeil; cherche-t-il à me toucher? je repousse sa main. Il gémit, et son cœur soupire en secret; il me croit offensée, quoique sans le mériter. Malheureuse! que tu t'en réjouisses et que tu y trouves du plaisir; malheureuse! de t'avoir confié mes sentimens. Si j'étais juste, tu serais

Hei mihi! quod gaudes, et te juvat ista voluptas;
  Hei mihi! quod sensus sum tibi fassa meos.
Si mens æqua foret, tu nostra justius ira,
  Qui mihi tendebas retia, dignus eras.
SCRIBIS ut invalidum liceat tibi visere corpus....
  Es procul a nobis, et tamen inde noces!
Mirabar, quare tibi nomen Acontius esset :
  Quod faciat longe vulnus, acumen habes.
Certe ego convalui nondum de vulnere tali;
  Ut jaculo, scriptis eminus icta tuis.
Quid tamen huc venias? sane ut miserabile corpus,
  Ingenii videas bina tropæa tui.
Concidimus macie; color est sine sanguine, qualem
  In pomo refero mente fuisse tuo.
Candida nec mixto sublucent ora rubore :
  Forma novi talis marmoris esse solet;
Argenti color est inter convivia talis,
  Quod tactum gelidæ frigore pallet aquæ.
Si me nunc videas, visam prius esse negabis :
  « Arte nec est, dices, ista petenda mea. »
Promissique fidem, ne sim tibi juncta, remittes;
  Et cupies illud non meminisse Deam.
Forsitan et facies jurem ut contraria rursus,
  Quæque legam, mittes altera verba mihi.
SED tamen adspiceres vellem, prout ipse rogabas,
  Et discas sponsæ languida membra tuæ.

plus digne de ma colère, toi qui me tendais des pièges.

Tu m'écris de te laisser voir ce corps affaibli...... Tu es loin de moi, et de là même tu m'affliges! Je m'étonnais que tu portasses le nom d'Aconce : c'est que tu as un dard qui blesse de loin. Je ne suis certainement pas guérie encore d'une telle blessure; ta lettre m'a frappée de loin comme un javelot. Et pourquoi venir ici? sans doute pour y voir un déplorable corps, double trophée de ton mauvais génie. Je suis dans l'affaissement de la maigreur ; je n'ai plus de sang dans les veines, et ma couleur est celle que je me souviens d'avoir trouvée à ta pomme. A la pâleur de mon teint ne se mêle pas un vif incarnat : tel se présente l'aspect d'un marbre nouvellement taillé ; telle aussi la couleur de l'argent dans les festins, lorsqu'il pâlit frappé de froid par une onde glaciale. Si tu me voyais présentement, tu soutiendrais ne m'avoir pas vue jadis : « Elle ne vaut pas la peine, dirais-tu, que je la recherche. » Tu me releverais alors du serment qui me lie; et tu désirerais que la déesse l'oubliât. Peut-être alors te ferais-tu prêter un serment contraire au premier, et m'enverrais-tu d'autres paroles à lire.

Mais cependant puisses-tu me voir, comme tu le demandais, et connaître dans quel état de langueur est

Durius et ferro quum sit tibi pectus, Aconti,
  Tu veniam nostris vocibus ipse petas.
Ne tamen ignores, ope qua revalescere possim,
  Quæritur a Delphis fata canente Deo.
Is quoque nescio quam nunc, ut vaga fama susurrat,
  Neglectam queritur testis habere fidem.
Hoc Deus et vates, hoc et mea carmina dicunt.
  An desunt voto carmina nulla tuo?
Unde tibi favor hic? nisi quod nova forte reperta est,
  Quæ capiat magnos litera lecta Deos.
Teque tenente Deos, numen sequor ipsa Deorum,
  Doque libens victas in tua vota manus.
Fassaque sum matri deceptæ fœdera linguæ,
  Lumina fixa tenens, plena pudoris, humo.
Cetera cura tua est. Plus hoc quoque virgine factum,
  Non timuit tecum quod mea charta loqui.
Jam satis invalidos calamo lassavimus artus;
  Et manus officium longius ægra negat.
Quid, nisi quod cupio me jam conjungere tecum,
  Restat, ut adscribat litera nostra, « Vale? »

ta fiancée! Quoique tu aies le cœur plus dur que le fer, Aconce, tu implorerais de toi-même, en mon nom, ma délivrance. Pour que tu n'en ignores pas toutefois, on demande au dieu qui dicte ses oracles à Delphes, par quel moyen je pourrais être rappelée à la santé. Lui aussi, témoin de mes sermens, se plaint, si l'on en croit un bruit vague de renommée, que j'aie violé je ne sais quel engagement. Voilà ce que prononcent de concert et le dieu-poète, et les vers que j'ai lus. Ne manque-t-il donc à tes vœux aucun vers? D'où te vient une telle faveur? sinon de quelque lettre nouvelle que tu auras trouvée, pour charmer les grands dieux. Puisque les dieux te favorisent, je me soumets moi-même à leur empire, et, vaincue, je souscris volontiers à tes vœux. J'ai même avoué à ma mère, pleine de confusion et les yeux attachés à la terre, le pacte de ma langue abusée. Le reste dépend de tes soins. J'ai été plus loin qu'une jeune fille, puisque ce papier n'a pas craint de converser avec toi. Assez déjà ma plume a lassé mes membres affaiblis; ma main malade me refuse plus long-temps son ministère. Que reste-t-il à ma lettre, après le désir de m'unir à toi, que d'ajouter à ces lignes : « Adieu? »

NOTES

SUR LES HÉROIDES.

ÉPITRE PREMIÈRE.

Pénélope a Ulysse. On connaît la vertu de Pénélope et les longs voyages d'Ulysse, qui ont fourni à Homère le sujet d'un poëme en vingt-quatre chants, préférable à l'*Iliade* même, si nous en croyons Fénelon. Dans cette lettre, la chaste épouse adresse, sur le ton plaintif de l'élégie, ses doléances à un époux qui semble l'avoir oublié. Elle lui reproche la prolongation de son absence, et lui expose que, restée seule en butte aux assauts d'une foule de prétendans, beaucoup trop épris de ses charmes, elle craint pour elle-même et son fils Télémaque les conséquences de cet abandon ; que Laërte et quelques serviteurs fidèles sont impuissans à défendre son trône attaqué de toutes parts. Elle finit par un trait de sentiment : le vieux père d'Ulysse ne semble prolonger ses jours que pour avoir la consolation d'expirer entre les bras d'un fils.

1. *Penelope* (v. 1). Pénélope était fille d'Icare et de Péribée. — *Ulixe*, terminaison grecque d'un nominatif en *es*.

2. *Nil mihi rescribas ut tamen ; ipse veni* (v. 2). La plupart des éditions : *Nil mihi rescribas ; attamen ipse veni*. Nous avons rejeté cette leçon, d'après le principe de critique, qu'entre plusieurs variantes il faut préférer la plus difficile, dont les autres ne sont le plus souvent qu'une explication et une glose. Il n'est d'ailleurs pas grammatical de faire dire à Pénélope : « N'écris pas ; *cependant, néanmoins* viens en personne. » Enfin l'inversion du premier hémistiche est poétique. On n'en saurait dire autant de *attamen*, pour *adtamen*, mot consacré plus particulièrement à la prose.

3. *Certe* (v. 3). Il y avait certitude pour elle, tous les chefs de l'armée grecque étant de retour. Ulysse ne pouvait donc plus prétexter pour cause de retard la durée du siège.

4. *Vix Priamus tanti totaque Troja fuit* (v. 4). Vers elliptique. *Fuit* est pour *debuit* ou *debuisset esse.* A *tanti*, il faut sous-entendre *pretii*, et compléter la phrase par un sens analogue à ces mots : *ut dilecta conjuge tamdiu carerem* ou *orba forem.*

5. *Non ego deserto jacuissem frigida lecto, Nec quere-rer*, etc. (v. 7 et 8). Remarquez l'accumulation de ces épithètes (*deserto, frigida, relicta*) à peu près identiques. C'est le défaut ordinaire d'Ovide. Virgile se montre plus sobre de qualificatifs.

6. *Pendula* (v. 10). Ce mot proprement signifie *suspendue* (*au métier*). Nous avons préféré l'autre sens, comme plus conforme à la tradition, qui représente Pénélope défaisant le soir le travail de la journée, pour se soustraire aux importunités de ses amans.

7. *Quando ego non timui graviora pericula veris* (v. 11)? L'imagination influe beaucoup plus que les évènemens eux-mêmes sur la destinée de l'homme. La remarque du poète est donc d'un observateur, j'ai presque dit d'un philosophe.

8. *Res est solliciti plena timoris amor* (v. 12). Autre maxime, dont la justesse est incontestable, et qui a les honneurs de la citation.

9. *Violentos Troas ituros* (v. 13). Pendant la durée d'un aussi long siège, les Troyens firent plusieurs sorties, décrites dans Homère ; ce qui donne quelquefois de la monotonie à ses chants.

10. *Hectoreo* (v. 14). Hector, l'un des fils de Priam et d'Hécube, était regardé comme le plus redoutable des généraux troyens, le seul qui pût balancer Achille. C'est lui qui, en donnant la mort à Patrocle, fit sortir le héros de sa longue inaction.

11. *Antilochus* (v. 16). Antiloque, fils de Nestor et d'Eurydice. Il fut tué par Memnon, fils de l'Aurore.

12. *Menœtiaden* (v. 17). Patrocle était fils de Ménœte. Il s'était déguisé sous l'armure d'Achille (*Iliade*, liv. xvi), son ami et son compagnon d'enfance. — *Sous des armes*, etc., amphibologique en français; le latin lève toute incertitude à cet égard.

13. *Tlepolemus* (v. 19). Tlépolème, fils d'Hercule et d'Astyochée, fut tué par Sarpédon, roi des Lyciens (*Iliade*, liv. v).

14. *Castris* (v. 21). Ce mot doit s'entendre dans le sens large de l'armée elle-même, campée sous les murs de Troie.

15. *Versa est in cinerem* (v. 24). Rien de plus pathétique que la description de cette vaste et imposante conflagration, au deuxième livre de l'*Énéide*.

16. *Argolici.... duces* (v. 25). *Argolici* s'étend à tous les Grecs, aussi bien que les noms particuliers de peuples (*Danais... puellis*), que le poète emploiera dans le cours de cet ouvrage pour la facilité du mètre.

17. *Grata* (v. 27). Ce mot peut signifier aussi *agréables* (*aux dieux*). — *Nymphæ*, avec l'acception grecque du mot, d'où l'on a formé *paranymphe*, espèce de *garçon* ou de *fille de nôces*.

18. *Justique senes* (v. 29). *Justi* fait allusion sans doute à cet esprit de justesse et d'impartialité qui caractérise les vieillards. Dans l'âge où le feu des passions est amorti, on apprécie mieux les personnes et les choses. — *Trepidæ*, qui indique peut-être aussi l'empressement des jeunes filles à entendre des récits merveilleux, contraste bien avec le calme et la gravité des vieillards.

19. *Narrantis conjux pendet ab ore viri* (v. 30). Horace a donné à la même idée un tour non moins pittoresque (liv. II, *Od.* 13, v. 32):

Densum humeris bibit aure vulgus.

20. *Atque aliquis* (v. 31). Cette manière d'improviser une carte géographique sur la table à manger, à l'issue du repas, est d'une bizarrerie qui choque nos usages reçus; mais il faut se reporter aux temps. Il paraît, d'après le témoignage de Tibulle (élég., I, 10) et d'autres poètes, que, dans leurs banquets, les anciens avaient coutume de faire sur la table, avant de se séparer, des libations de vin.

21. *Pergama* (v. 32). Pergame était le nom d'une des tours de Troie. En poésie, la ville et la tour se confondent assez communément.

22. *Simois* (v. 33). Le Simoïs, fleuve de Phrygie, très-célèbre chez les poètes, mais peu important par le volume de ses eaux. Sa source était dans le mont Ida, aux environs de Troie, et son embouchure près le port de Sigée, que les étymologistes dérivent du mot σίγη, parce que, disent-ils, Hercule pénétra en *silence* par ce fleuve dans Troie, où régnait Laomédon, qui lui avait refusé l'hospitalité.

23. *Æacides* (v. 35). Achille n'était proprement que le petit-fils d'Éaque, par Pélée, son père. Il se signala autant par sa bouillante valeur, qu'Ulysse par ses ruses et ses stratagèmes. Il

mourut d'une flèche que Pâris lui décocha au talon, en admettant l'immersion dans le fleuve Léthé, dont, au reste, Homère ne dit mot. — *Tendebat*, sous-entendu *tentoria*, expression usitée même en prose. *Voyez* TACITE (*passim*).

24. *Admissos* (v. 36). Ce mot est ici pour *adjunctos*, et, en le décomposant, pour *missos ad* (*currum ducendum*). Virgile (*Én.*, liv. 1, v. 487):

> Ter circum Iliacos raptaverat Hectora muros.

Ce passage a encore une grande conformité avec la situation décrite au commencement du deuxième livre de ce poëme (v. 29), lorsque les Troyens parcourent le rivage abandonné par les Grecs, et visitent avec curiosité l'emplacement qu'ils occupaient:

> Hic Dolopum manus, hic sævus tendebat Achilles;
> Classibus hic locus, hic acie certare solebant.

25. *Quærere misso* (v. 37). Cette *recherche* fait le sujet des *Aventures de Télémaque*, ouvrage tellement empreint des beautés sévères de la muse antique, qu'on serait tenté de le prendre pour la traduction d'un troisième poëme, échappé au pinceau d'Homère.

26. *Nestor* (v. 38). Névius (*Nuits Attiques*) appelle Nestor *Triseclis senex*, et Horace (*Od.*), *Ter ævo functus*, parce qu'il avait vécu, dit Homère, trois générations d'hommes. Il était fils de Nélée et de Chloris, et roi de Pylos.

27. *Rhesumque Dolonaque* (v. 39). Rhésus était roi de Thrace. Il avait conduit à Priam des chevaux auxquels était attaché le sort de Troie. — Dolon, fils d'Eumèle, avait été envoyé comme espion au camp des Grecs.

28. *Cæsos* (v. 39). Homère (*Il.*, liv. X, v. 313-476) traite au long cet épisode. D'après son récit, différent par quelques détails de celui de Servius sur Virgile (*Én.*, liv. XII, v. 347), Ulysse aurait tranché la tête à ce traître, après avoir obtenu de lui tous les renseignemens qu'il en désirait. Quant à Rhésus, surpris au milieu de sa tente par Diomède et Ulysse, il fut égorgé pendant son sommeil.

29. *At bene cautus eras, et memor ante mei* (v. 44)! Ce vers ne peut être qu'ironique dans la bouche de Pénélope.

30. *Amicum* (v. 45). C'est-à-dire, le camp des Grecs.

31. *Ismariis* (v. 46). Il existait en Thrace un mont *Ismare*.

32. *Ilios* (v. 48). Troie s'appelait aussi Ilion, d'Ilus l'un des premiers rois de cette ville.

33. *Qualis* (v. 49). C'est-à-dire, dans le veuvage.

34. *Demto fine* (v. 50). Pour *sine fine*.

35. *Captivo* (v. 52). Avec les bœufs des Troyens qui étaient leurs prisonniers. L'épithète est attribuée poétiquement aux animaux, au lieu de l'être aux habitans.

36. *Semisepulta virum* (v. 55). Virgile (*Géorg.*, liv. 1, v. 493) dit à peu près de même :

> Scilicet et tempus veniet, quum, finibus illis,
> Agricola, incurvo terram molitus aratro,
> Exesa inveniet scabra rubigine pila,
> Aut gravibus rastris galeas pulsabit inanes,
> Grandiaque effossis mirabitur ossa sepulcris.

37. *Sparte* (v. 65). Sparte, où régnait Ménélas.

38. *Utilius starent* (v. 67). Expression équivalente de celle-ci : « Satius esset mihi stare etiam nunc, etc. »

39. *Tantum bella timerem* (v. 69). Elle avait à craindre mille autres accidens encore, auxquels ce héros fut réellement exposé, pendant le cours de sa longue et périlleuse navigation.

40. *Area* (v. 72). On dirait en prose : « Latissimus curæ patet campus. »

41. *Quæ vestra libido est* (v. 75)! Comme si elle eût écrit : « Adeo leves in amore et inconstantes estis homines ! »

42. *Fallar* (v. 79). Figure de correction, pour passer à d'autres motifs qu'elle imagine pour lui de hâter son retour et à une protestation de dévoûment inviolable.

43. *Ille tamen*, etc. (v. 85). Autre transition. Ce n'est plus la volonté de son père qu'elle allègue, mais l'exigence d'amans impérieux.

44. *Dulichii, Samiique, et quos tulit alta Zacynthos* (v. 87). Dulichium, Samos et Zacynthe, îles de la Méditerranée, voisines d'Ithaque.

45. *Viscera nostra, tuæ dilaniantur opes* (v. 90). Les commentateurs expliquent de deux manières. Les uns ont adopté notre sens, d'autres regardent *viscera* comme une sorte d'apposition

de *opes.* Comment alors justifier l'emploi simultané de *nostra* et *tua?*

46. *Pisandrum, Polybumque, Medontaque,* etc. (v. 91). Pisandre, Polybe, Médon, Eurymaque, Antinoüs, noms des amans, cités dans plusieurs endroits de l'*Odyssée.*

47. *Avidas..... manus* (v. 92). Ces mots se rapportent aux deux derniers personnages à la fois.

48. *Turpiter* (v. 93). Il y avait en effet de la honte pour Ulysse à livrer sa femme, son fils et son royaume à l'insolence d'avides étrangers.

49. *Irus....., Melanthius* (v. 95). Irus était une espèce de mendiant d'Ithaque, dont parle Homère (*Odys.,* liv. xviii, v. 7). Mélanthe était fils de Dolius, le chévrier d'Ulysse (*Ibid.,* liv. xvii, v. 212).

50. *Ultimus,* etc. (v. 96). Littéralement : « se joignent à tes pertes (comme) le dernier des affronts; » c'est-à-dire, « le plus ignominieux, le plus sensible. »

51. *Ille per insidias pœne est mihi nuper ademtus* (v. 99). Homère dit expressément aussi (*Odyss.,* liv. xx, v. 241) qu'ils en voulaient à sa vie :

Μνηστῆρες δ' ἄρα Τηλεμάχῳ θάνατόν τε μόρον τε
Ἥρτυον.....

52. *Invitis omnibus* (v. 100). *Voyez* Homère (*Odyss.,* liv. ii, v. 364; liv. iv, v. 728, et liv. xvii, v. 43).

53. *Euntibus ordine* (v. 101). Comme s'il y avait *servantibus ordinem solitum,* « en suivant le cours ordinaire de la nature. »

54. *Comprimat* (v. 102). Ce mot est ici pour *claudat.*

55. *Longœvaque nutrix* (v. 103). Cette nourrice, fille d'Opis, était fort honorée de Laërte, qui l'avait achetée au prix de vingt bœufs (*Odyss.,* liv. i, v. 429 et suiv.).

56. *Tertius* (v. 104). « Le troisième, qui fait (des vœux) avec nous, etc. » — *Cura* pour *curator,* comme dans Virgile (*Én.,* liv. v, v. 339) : *Et nunc tertia palma Diores,* où la *palme* est prise pour le *vainqueur.*

57. *Vires.... pellere* (v. 109). Licence poétique, pour *ad pellendum* ou *pellendo pares.*

58. *Sit* (v. 111). Le verbe ne doit pas se prendre ici dans la

même acception que *est*. Il est substantif et non auxiliaire : *qu'il soit*, c'est-à-dire, *qu'il soit (conservé)*, *qu'il vive*.

59. *Lumina condas* (v. 115). *Voyez* plus haut la note 54.

60. *Ut redeas* (v. 116). Pour *etiamsi redieris*. Rien de plus fréquent, et quelquefois de plus poétique, que ces énallages ou permutations de temps, qui ne sont pas sans exemples dans la prose.

On ne lira pas sans intérêt une traduction inédite en vers français de cette première épître. Elle est due à la plume d'un des officiers-généraux les plus distingués de l'ancienne armée, M. le comte D***, qui consacre ses loisirs au charme des Muses. La modestie de l'auteur ne nous permet ni de trahir l'anonyme, ni de louer son ouvrage, où il nous semble avoir fait passer avec bonheur toutes les grâces du texte original. On jugera combien il était difficile, dans une langue aussi diffuse que la nôtre, de ne pas excéder le nombre des vers latins, et d'allier l'élégance à cette précision.

Pénélope t'écrit, ô trop tardif Ulysse !
Mais, sans répondre, viens, et que son deuil finisse.
Troie, odieuse aux Grecs, n'est plus certainement.
Mais Priam, Troie à peine ont payé mon tourment !
Quand vers Lacédémone il fendait l'onde amère,
Que l'abîme n'a-t-il englouti l'adultère !
Veuve, mon lit désert n'eût pas trahi mon cœur;
Je n'aurais pas des jours accusé la lenteur;
Et, d'éternelles nuits pour tromper la tristesse,
Une toile n'eût pas lassé mes mains sans cesse.

Que j'ai craint de périls plus grands que tes malheurs !
D'un inquiet effroi l'amour remplit les cœurs.
Les Troyens me semblaient sur toi fondre avec rage;
Au nom d'Hector toujours pâlissait mon visage.
Me disait-on Hector d'Antiloque vainqueur ?
Antiloque en mon sein réveillait la terreur;
Que Patrocle est tombé ceint d'étrangères armes ?
La ruse et ses revers faisaient couler mes larmes.
Sous un fer lycien Tlépolème étendu
Renouvelait les maux de mon cœur éperdu.
Quiconque, enfin, tombait dans les camps de la Grèce,
Accablait ton amante et glaçait sa tendresse.

Mais un dieu juste veille à notre chaste amour :
Dans les feux Troie expire, et pour toi luit le jour.

DES HÉROIDES.

Argos revoit ses chefs; l'autel fume et se pare;
On présente à nos dieux la dépouille barbare.
Pour son amant sauvé la vierge offre des fleurs;
Lui, chante ses destins, de Pergame vainqueurs.
La fille, le vieillard l'admirent; toute émue,
Aux lèvres de l'époux l'épouse est suspendue.
Sur la table, l'un d'eux peint les champs du trépas,
Et trace avec du vin Pergame et les combats:
Là, court le Simoïs; là, Sigée à la vue
S'offre; et là, de Priam le palais fend la nue.
Achille campait là; d'Ithaque, ici le roi;
Et là traînaient Hector des coursiers pleins d'effroi;
Car ton fils, de ces faits, lorsqu'il cherchait son père,
Fut instruit par Nestor, et les dit à sa mère.
De Rhésus, de Dolon, sa voix m'apprit la mort;
Le sommeil trahit l'un, l'autre est trahi du sort.
Oubliant trop les tiens, oui trop, sous un ciel sombre,
La ruse t'a du Thrace ouvert le camp dans l'ombre;
Aidé d'un seul, ta main sème au loin le trépas.
Tendre et prudent, à moi tu songeais, n'est-ce pas?
J'ai cessé seulement de trembler, quand d'Ismare
Les coursiers t'emportaient triomphant du Barbare.

Que me sert qu'Ilion ait croulé sous vos dards,
Qu'il n'ait plus que la place où furent ses remparts,
Si je suis telle encor qu'au temps de sa puissance,
Si d'un époux, sans fin je déplore l'absence?
Pour tous Troie est tombée, elle est debout pour moi.
Des Grecs, ses bœufs captifs ont reconnu la loi.
Les moissons où fut Troie appellent la faucille,
Et de son sang fécond naît l'or dont le sol brille.
Le soc de ses guerriers heurte les ossemens;
Sous l'herbe ensevelis rampent ses monumens.
Vainqueur, tu ne viens pas, ô cruel! et j'ignore
Quel motif te retient, quel lieu te cache encore.
Quiconque fend les mers et touche notre port,
S'éloigne interrogé longuement sur ton sort,
Et, de ma main tracée, il emporte une lettre,
Que, s'il te voit jamais, sa foi doit te remettre.
Nous avons à Pylos, cour du vieux roi Nestor,
Envoyé; mais ses bruits sont tous vagues encor:
Nous avons sondé Sparte, et Sparte est incertaine
Sur ton oisive absence et le bord qui t'enchaîne.
Il vaudrait mieux que Troie eût ses murs trop fameux.
(Je m'irrite, inconstante, et condamne mes vœux);

Combats-tu? je n'aurais à craindre que les armes,
Et mêlerais ma plainte à tant d'autres alarmes.
Que craindre? je ne sais; mais je crains tout; mon cœur
Voit s'ouvrir, dans son trouble, un champ vaste au malheur :
Tous les périls que l'onde et que la terre enfante,
Pour moi de tes retards sont la cause accablante.
Tandis que follement je rêve ainsi, tu peux
(Car l'homme est inconstant) brûler de nouveaux feux.
Peut-être me peins-tu comme une agreste épouse,
Qui d'épurer la laine est seulement jalouse.

Je me trompe; fuyez, vains soupçons de sa foi :
Libre de ton retour, tu reviendras vers moi.
Mon père a condamné ma solitaire couche;
Tes retards sont sans cesse accusés par sa bouche.
Il peut les accuser; moi, malgré ses discours,
Je suis ta Pénélope et la serai toujours.
Ma tendresse pour lui, ma pudique prière,
Le touchent cependant, et son cœur se modère.
Mais d'amans odieux quel essaim effronté
Dulichium, Samos, Zacynthe ont enfanté!
Tout cède, en ton palais, à leur superbe empire.
Ta richesse est leur proie, et mon cœur se déchire.
C'est Pisandre, Polybe et le cruel Médon;
Joindrai-je Antinoüs, Eurimaque à leur nom,
Et tous ceux que repait ta déplorable absence
Des biens qui de ton sang furent la récompense?
Avec eux contre toi Mélanthe le pasteur
Et l'indigent Irus conspirent sans pudeur.

Nous sommes trois, ici, faibles soutiens d'Ithaque,
Le vieux Laërte, moi, le jeune Télémaque.
Ils m'ont presque ravi ce fils par leurs complots,
Quand, malgré tous, naguère il partait pour Pylos.
Dans l'ordre des destins, plaise aux dieux qu'à sa mère
Il ferme un jour les yeux, et les ferme à son père!
Tout l'espère avec moi, le gardien des taureaux,
La nourrice et le chef des immondes troupeaux.
Mais Laërte, entouré d'ennemis et d'alarmes,
Ne peut tenir le sceptre et manier les armes.
Que Télémaque vive, il sera fort un jour :
Il demande aujourd'hui tes soins et ton retour.
Pour chasser nos tyrans il faut ta main suprême;
Je ne puis rien; accours, notre port c'est toi-même.
Il est, qu'il soit long-temps! un fils cher à ton cœur,
Que doit d'un père illustre instruire la valeur.

Vois Laërte : il soutient le poids de la lumière.
Pour que son fils, enfin, lui ferme la paupière.
Et moi, quand tu viendrais sans le moindre retard,
J'aurai déjà vieilli, moi, jeune à ton départ.

ÉPITRE DEUXIÈME.

Phyllys a Démophoon. Démophoon, fils de Thésée et de Phèdre, au retour de la guerre de Troie, avait été jeté par la tempête sur les côtes de Thrace, où régnait alors Phyllis, fille de Sithon. Cette princesse lui offrit l'hospitalité et bientôt son cœur. Un mariage allait unir les deux amans, lorsque la mort de Mnesthée, qui laissait vacant le trône d'Athènes, appela précipitamment Démophoon en cette ville. Il avait promis à Phyllis de revenir l'épouser au bout de quatre mois; mais des circonstances imprévues prolongèrent son absence au delà de ce terme. Elle lui rappelle donc dans cette lettre sa promesse, et lui annonce l'intention formelle de se porter à un acte de désespoir. En effet, la Fable rapporte qu'elle s'étrangla, et fut métamorphosée en amandier.

1. *Hospita* (v. 1). *Voyez* l'Argument et les vers qui suivent.

2. *Promissum tempus* (v. 2). *Voyez* ibid.

3. *Actæas* (v. 6). Pour *Atticas*, du mot grec ἀκτή, *rivage*, parce qu'une portion considérable de ce pays est maritime. — *Sithonis*, synonyme de *Thracia*. Un des rois de cette contrée s'appelait Sithon.

4. *Invita nunc et amante nocent* (v. 10). Ce vers n'est pas facile à comprendre. Le sens est, je crois, celui-ci : « La preuve que j'ai renoncé à l'espérance le plus tardivement possible (*lenta*, *tarde*), c'est que d'abord je suis amante, et qu'ensuite, malgré la preuve avérée de ton infidélité, c'est à regret (*invita*) que je crois à la trahison (*nocent*). »

5. *Procellosos.... Notos* (v. 12). Le Notus est un vent du midi; ici l'espèce pour le genre.

6. *Thesea* (v. 13). *Voyez* l'Argument. Mnesthée s'était emparé du trône lorsque Thésée fut banni d'Athènes.

7. *Tenuit* (v. 14). Pour *retinuit* ou *continuit*.

8. *Hebri* (v. 15). L'Hèbre, fleuve de Thrace, qui roulait sur un sable d'or. La tête d'Orphée vogua, dit-on, dans ses eaux, après le meurtre commis sur sa personne par les femmes du pays.

9. *Ventis et verba et vela dedisti* : *Vela queror reditu, verba*

carere fide (v. 25 et 26). Antithèses peu convenables à la position d'une femme sur le point de se détruire.

10. *Crimine te potui demeruisse meo* (v. 28). Ce vers et le trentième offrent un sens analogue. Cette pensée est, au reste, plus juste que la précédente. Le seul crime de Phyllis était un excès d'amour.

11. *Deus* (v. 32). Ce mot peut encore s'entendre de l'amour que Démophoon avait sans cesse à la bouche.

12. *Avum* (v. 38). Thésée passait pour fils de Neptune.

13. *Nimiumque mihi facientia* (v. 39). Littéralement : « Qui font trop (d'effet) sur moi. »

14. *Altera tela arcus, altera tela faces* (40). Il y a bien de la recherche dans cette distinction. Peut-on dire, d'ailleurs, que l'*arc* et la *torche* soient des *armes* ou des *traits*?

15. *Junonem* (v. 41). Junon, quand elle présidait aux mariages, s'appelait *Pronuba*. On croit qu'elle était la même que Lucine, confondue quelquefois avec Diane. — *Maritis*, pris adjectivement.

16. *Tædiferæ..... Deæ* (v. 42). Cérès, qui alluma une torche aux flammes de l'Etna, pour chercher sa fille Proserpine, enlevée par Pluton. *Voyez* CLAUDIEN, *de Raptu Proserpinæ*.

17. *Generi* (v. 50). Pour *nobilitati tuæ domus*. *Voyez* l'Argument. C'est une illusion ordinaire aux amans. Ainsi Didon (*Én.*, liv. IV, v. 12) :

Credo equidem, nec vana fides, genus esse Deorum.

18. *Parte satis potui qualibet inde capi* (v. 54). Littéralement : « J'ai assez pu être prise à une partie quelconque de là. »

19. *Moveor* (v. 55). Sous-entendu *pœnitentia*, indiqué par le verbe *pœnitet* du vers 58.

20. *Debuit* (v. 56). Pour *debuisset*. *Voyez* les notes 4 et 60 de la première épître.

21. *Dum potui Phyllis honesta mori* (v. 60). Julie fait la même réponse à Saint-Preux (*Nouvelle Héloïse*, I, lettre 4) : « Est-il une mort plus cruelle, que de survivre à l'honneur? »

22. *Inter et Ægidas*, etc. (v. 67). Tout ce passage est ironique. — *Ægidas*, nom patronymique d'Égée, père véritable de Thésée. *Voyez* la note 12 de cette épître.

23. *Scyron..... torvusque Procustes* (v. 69). Scyron était un in-

signe brigand, qui jetait à la mer les voyageurs. — Procuste, plus connu que le précédent par son fameux lit, où il étendait ses victimes. Il les faisait aussi écarteler. — La phrase, du reste, est très-elliptique; pour la compléter, il faudrait dire : « Lorsqu'on aura lu la manière dont s'y prit Thésée pour tuer Scyron, etc. »

24. *Et domitæ bello Thebæ* (v. 71). Créon, roi de Thèbes, ayant refusé aux Argiens la sépulture, fut vaincu par Thésée. — *Fusique bimembres*, les Centaures, dans le combat contre les Lapithes.

25. *Et pulsata* (v. 72). Lorsque, de concert avec son ami Pirithoüs, il tenta de ramener Proserpine sur la terre.

26. *De tanta rerum turba factisque parentis* (v. 75). « Au lieu d'imiter ton père dans ce qu'il a fait de louable, tu ne te rappelles que l'abandon de ma sœur Ariadne, fille de Minos, roi de Crète, l'une des plus grandes horreurs qu'on ait à lui reprocher. »

27. *Heredem..... agis* (v. 78). Pour *te geris (ut) heredem*.

28. *Meliore* (v. 79). Il est question de Bacchus.

29. *In..... capistratis tigribus* (v. 80). On représentait le char de Bacchus, traîné par des tigres, pour figurer l'empire que le vin exerce sur les sens de l'homme.

30. *Exitus, etc.* (v. 85). Ce distique a paru manquer de liaison à certains critiques. Cependant, intercalé entre le précédent et le suivant, il semble offrir une idée assez nette. Voilà le dilemme : « Si Démophoon ne revient pas, on me blâmera; s'il revient, on fera mon éloge. Cependant ma conduite en elle-même est indépendante de cette issue. C'est donc une inconséquence, de juger d'après l'évènement. »

31. *Sed neque consului* (v. 89). Ces mots confirment le sentiment émis dans la note qui précède.

32. *Te tanget* (v. 89). Hypallage, pour *a te tangetur*.

33. *Face* (v. 98). Licence, pour *Fac (ut)*, etc.

34. *Exspectem* (v. 99). Pour *exspectabo*, ou elleptiquement, sous-entendu *erit ut*, etc.

35. *Threicios portus..... dedi* (v. 108). Le service était important. Lycurgue non-seulement refusait de recevoir les étrangers, mais il mettait à mort tous ceux qui s'avisaient d'aborder sur son territoire.

36. *Nomine femineo vix satis apta regi* (v. 112). La Thrace était une contrée belliqueuse.

37. *Qua patet, etc.* (v. 113). La Thrace était enveloppée au couchant par le mont Rhodope, et au nord par l'Hémus. L'Hèbre, qui a pris depuis le nom de Mariza, décharge ses eaux dans la mer Égée, après avoir grossi son cours du tribut de plusieurs rivières, échelonnées sur son passage.

38. *Exigit* (v. 114). Pour *effundit*.

39. *Virginitas..... libata ; Castaque..... recincta* (v. 115-116). Images gracieuses et pittoresques, mais assez communes dans la poésie latine.

40. *Tisiphone* (v. 117). Les Euménides ou Furies étaient trois sœurs, Tisiphone, Alecto et Mégère.

41. *Laxatur humus* (v. 123). Expression consacrée. Horace (*Od.*, passim) : « Terræ ferunt solutæ. — Laxant arva sinus. »

42. *Deos* (v. 126). Sont-ce les dieux peints sur la poupe, et par conséquent le vaisseau lui-même avec ses passagers, comme nous l'avons compris? ou bien est-ce Démophoon, qu'elle prend métaphoriquement et par hyperbole pour ses dieux, comme dans ces vers de Racine (*Iphig.*, acte III, sc. 5) :

> Vous êtes en ces lieux
> Son père, son époux, son asile, ses dieux?

43. *Accedunt* (v. 129). Sous-entendu *Dii*.

44. *Erit* (v. 134). Sous-entendu *mens*. Ce mot équivaut ici à notre expression française *il en sera ainsi*.

45. *Intumulata* (v. 136). Dans la religion des Grecs et des Romains, il ne pouvait pas arriver de plus grand malheur que d'être privé de sépulture. *Voyez* EURIPIDE (tragédie d'*Antigone*).

46. *Stat* (v. 143). Sous-entendu *sententia*.

47. *Invidiosa* (v. 145). *Quæ invidiam (in te) movebit, concitabit.*

ÉPITRE TROISIÈME.

BRISÉIS A ACHILLE. Briséis ou Hippodamie avait été enlevée par Achille au siège de Lyrnèse. Agamemnon, contraint par l'oracle de Calchas de rendre sa captive Chryséis, fille d'un prêtre d'Apollon, pour faire cesser la peste qui ravageait l'armée des Grecs, s'empara de Briséis, en dédommagement de cette perte. Achille, révolté d'une telle violence, se retira dans sa tente, bien résolu de ne plus prendre part aux hostilités. Cette colère, ou plutôt ce ressentiment d'Achille (μῆνιν), forme le sujet de l'*Iliade*. Agamemnon ne tarda pas à regretter l'absence du héros. Il lui envoie une députation solennelle, avec de magnifiques présens, et lui fait promettre la main de sa fille et la restitution de Briséis. Mais le fier Achille refuse toutes ces offres tardives, et en outre se dispose à partir pour Phthie, sa patrie. Briséis lui écrit, et, après de tendres reproches, demande à le suivre partout où il ira, ou bien à rester près de lui, s'il ne juge pas à propos d'abandonner l'armée.

1. *Rapta* (v. 1). Ce mot peut aussi se rapporter au premier enlèvement de Briséis, dont il est fait mention dans l'Argument.

2. *Viroque* (v. 5). Achille la traitait en épouse; voilà pourquoi il fut encore plus sensible à sa perte. Mais pour de la galanterie, telle que Racine lui en prête, on ne peut le lui supposer; ce sentiment était inconnu aux héros d'Homère et à ceux des Tragiques grecs.

3. *Cito tradita* (v. 7). Soit respect pour le caractère sacré des hérauts, soit tout autre motif, Achille, ce fougueux et inexorable guerrier, n'a pas plus tôt appris la nature du message dont ils étaient porteurs, qu'il ordonne tranquillement à Patrocle de remettre Briséis entre leurs mains. *Voyez* HOMÈRE (*Il.*, 1, v. 337).

4. *Non culpa tua est* (v. 8). Parce qu'Agamemnon était plus puissant qu'Achille, quoique moins brave, et que ce dernier devait céder, comme il le fit.

5. *Vocarunt* (v. 9). Traduction littérale du verbe homérique κηρύσσειν.

6. *Differri potui* (v. 13). Ce reproche de Briséis paraît d'autant mieux fondé, qu'Achille avait déclaré, dans l'assemblée des chefs, qu'il ne souffrirait pas qu'on portât la moindre atteinte aux droits qu'il tenait de son épée.

7. *Iterum rapi* (v. 16). Allusion à son enlèvement à Lyrnèse, dont il sera question plus bas. Quelques éditions donnent *capi*.

8. *Menœtiades* (v. 23). Patrocle. *Voyez* la note 12 de la première épître.

9. *Pugnas, ne reddar* (v. 25). *Voyez* l'Argument.

10. *Telamone et Amyntore nati* (v. 27). Ajax et Phœnix.

11. *Ille gradu propior* (v. 28). Télamon, frère de Pélée, père d'Achille. C'est sur cette parenté qu'Ajax se fonde pour réclamer les armes d'Achille (*Métam.*, liv. XIII, v. 31):

> Frater erat, fraterna peto.....

12. *Ille comes* (v. 28). Il avait été son précepteur.

13. *Grandia dona* (v. 30). Comparez le passage d'Homère (*Il.*, liv. IX, v. 264 et suiv.).

14. *Quodque supervacuum* (v. 35). Soit parce que Briséis devait lui suffire, soit parce qu'Achille, en cédant si facilement celle qu'on croyait lui être chère, prouvait qu'il était peu sensible à l'amour des femmes.

15. *Corpora* (v. 36). Elle veut rabaisser, par un terme méprisant, leur condition de captives.

16. *Sed non opus est tibi conjuge* (v. 37). Cette observation vient à l'appui de la remarque consignée dans la note 14.

17. *Atrida* (v. 39). Agamemnon et Ménélas étaient appelés *Atrides*, de leur grand-père *Atrée*.

18. *Diruta marte tuo Lyrnesia mœnia vidi* (v. 45). Les princes grecs, persuadés que le siège de Troie traînerait en longueur, parce qu'ils n'étaient pas encore fort exercés dans l'art des sièges, voulurent occuper leurs soldats, et leur procurer des moyens de subsistance en ravageant les contrées voisines. Un des faits d'armes d'Achille avait été la prise et le pillage de Lyrnèse, ville de Cilicie.

19. *Tu dominus, tu vir, tu mihi frater eras* (v. 52). Le même mouvement se retrouve dans Homère pour une circonstance semblable. C'est Andromaque qui, après avoir perdu son père, sa mère et ses frères, immolés par Achille, adresse ces touchantes paroles à Hector (*Il.*, liv. VI, v. 429):

> Ἕκτορ, ἀτὰρ σύ μοί ἐσσι πατὴρ καὶ πότνια μήτηρ,
> Ἠδὲ κασίγνητος, σὺ δέ μοι θαλερὸς παρακοίτης.

Voyez la note 42 de l'épître II.

20. *Matris aquosæ* (v. 53). Thétis, déesse marine.

21. *Dotata* (v. 55). *Voyez* les vers 31 et suiv.

22. *Animi* (v. 60), sans doute pour *animæ*, fait pléonasme avec *sanguinis*.

23. *Devorer ante, precor, subito telluris hiatu, Aut rutilo missi*

fulminis igne cremer. (v. 63 et 64). Didon s'écrie avec plus d'éloquence dans l'*Énéide* (liv. iv, v. 24) :

> Sed mihi vel tellus optem prius ima dehiscat,
> Vel pater omnipotens adigat me fulmine ad umbras,
> Pallentes umbras Erebi, noctemque profundam.

24. *Phthiis* (v. 65). Achille était de Phthie, ville de Thessalie.

25. *Canescant æquora remis* (v. 65). Racine (*Iph.*, acte i, sc. 5) :

> Voyez tout l'Hellespont blanchissant sous nos rames.

26. *Non ego sum classi sarcina magna tuæ* (v. 68). Sophocle (*Philoct.*, v. 489) :

> Ἥκιστα μέλλω τοὺς ξυνόντας ἀλγυνεῖν.

27. *Molliat* (v. 70). Dans le sens d'*épurer*. La laine triée ou cardée est plus moelleuse et plus douce.

28. *Eatque* (v. 72). Concession arrachée par le dépit à une femme jalouse.

29. *Jovis Æginæque nepote* (v. 73). Pélée, qui avait pour père Éaque, fils de Jupiter et d'Égine.

30. *Cuique senex Nereus* (v. 74). Nérée était père de Thétis.

31. *Quo* (v. 78). Ce mot dans la construction doit se rapprocher de *modo*, dont il est séparé par tmèse.

32. *Neve meos coram scindi patiare capillos* (v. 79). On rasait les cheveux aux esclaves.

33. *Pœnitet iræ* (v. 83). Parce que, depuis la retraite d'Achille, l'armée des Grecs avait le dessous, tandis qu'Hector était vainqueur.

34. *Et jacet ante tuos.....* (v. 84). Allusion à l'ambassade. *Voyez* l'Argument.

35. *Conjugis* (v. 92). Cette épouse était Cléopâtre, fille du fleuve Evénus et de Marpissa. — *OEnides*. Méléagre, dont l'aventure est prolixement racontée par Phœnix, au ixe livre de l'*Iliade*. (v. 523 et suiv.).

36. *Spemque* (v. 94). Nous avons traduit l'*avenir*, sens qui nous a paru le plus naturel. Cependant, des commentateurs prétendent que le mot *spes* signifie proprement en poésie (*enfans*) qui donnent de (*belles*) espérances. Ce serait alors les petits-enfans d'Athée. Cela ne nous paraît pas probable.

37. *Bellum erat* (v. 95). Les Curètes, ennemis des Calydoniens,

étaient venus mettre le siège devant leur ville. — *Secessit ab armis*. Outré de la conduite de sa mère, Méléagre, pendant tout le temps que dura cette guerre, se livrait au plaisir avec son épouse, dans une retraite où il s'était renfermé dans ce dessein.

38. *Dominam* (v. 101). *Dominam* pourrait encore se traduire par *Madame*, qualification qui ne peut convenir à celle qui se dit esclave (*serva*).

39. *Subito* (v. 103). Littéralement *improvisé*.

40. *Cognita* (v. 108). *Voyez* l'Argument, au sujet de l'expédition de Lyrnèse.

41. *Tibi plectra moventur* (v. 113). Ovide a suivi la tradition d'Homère (*Iliade*, liv. IX, v. 186 et suiv.):

Τὸν δ' εὗρον φρένα τερπόμενον φόρμιγγι λιγείῃ,
Καλῇ, δαιδαλέῃ, ἐπὶ δ' ἀργύρεον ζυγὸν ἦεν,
. . . .
Τῇ ὅγε θυμὸν ἔτερπεν, ἄειδε δ' ἄρα κλέα ἀνδρῶν.

42. *Te tenet in tepido mollis amica sinu* (v. 114). Achille avait remplacé Briséis par une certaine Diomède, fille de Phorbas.

43. *Tutius est, etc.* (v. 117). Le reproche est sanglant; il était bien de nature à piquer au vif un guerrier tel qu'Achille.

44. *Pelias* (v. 126). Adjectif. — Il y avait en Thessalie un mont Pélion, célèbre par l'entreprise des Géans, et qui abondait en chênes.

45. *Est aliquid* (v. 131). Espèce de litote, en usage chez les Latins, lorsqu'ils voulaient relever l'importance d'une chose. Comme si le poète avait dit : *c'est beaucoup*.

46. *Comminuere* (v. 134). Au futur passif.

47. *Auspiciis... tuis* (v. 136). On peut encore expliquer ces mots : *sous des auspices tiens*; c'est-à-dire, *aussi heureux que les tiens*.

48. *Est mihi, qui fosso pectore sanguis eat* (v. 146). « Je saurai faire le sacrifice de ma vie, je saurai offrir mon sein aux coups de la mort, et verser généreusement mon sang. » Virgile (*Én.*, liv. IX, v. 205 et 206) :

Est hic, est animus lucis contemptor, et istum
Qui vita bene credat emi, quo tendis, honorem.

49. *Si Dea passa fuisset* (v. 147). Allusion à Junon, qui envoya Minerve pour arrêter le bras d'Achille, au moment où il allait frapper Agamemnon.

50. *Neptunia........ Pergama* (v. 151 et 152). Troie avait été bâtie par Neptune.

51. *Domini jure* (v. 154). Les maîtres avaient un droit absolu sur leurs esclaves : c'était une propriété inaliénable.

ÉPITRE QUATRIÈME.

PHÈDRE A HIPPOLYTE. La *Phèdre* de Racine explique suffisamment le sujet, d'ailleurs connu, de cette lettre. Une belle-mère, qui fait une déclaration au fils de son époux, doit prêter à l'amour le langage le plus passionné. Mais ce ne sera jamais une raison pour lui faire fouler aux pieds la pudeur. Racine, dans ses plus grands écarts, se garde bien de violer la stricte règle des convenances : il se respecte lui-même en respectant son lecteur. On regrette qu'Ovide ait cru pouvoir être quelquefois licencieux. Peut-être faut-il en accuser la morale de son siècle.

1. *Salutem* (v. 1). Ce mot est à double entente; de là un jeu de mots, qui fait un assez mauvais effet en français.

2. *Amazonio....... viro* (v. 2). Hippolyte, fils d'une Amazone, également nommée Hippolyte, première femme de Thésée. — *Cressa puella;* périphrase par laquelle Phèdre se désigne. Son père, Minos, était roi de Crète, d'où elle avait été emmenée avec sa sœur Ariadne.

3. *Perlege* (v. 3). Ce mot a plus d'énergie que *lege;* c'est *lire d'un bout à l'autre.*

4. *Inspicit acceptas hostis ab hoste notas* (v. 6). « Tu ne peux te refuser à me lire, puisqu'un ennemi même consent à lire la lettre de son ennemi. »

5. *Ter tecum conata loqui* (v. 7). Sans doute dans le temple de Cérès, dont il sera parlé ci-après.

6. *Sequitur* (v. 9). Ce mot peut aussi se rapporter à ce qui suit. Littéralement: « autant que la pudeur est conciliable avec l'amour. »

7. *Ille......... dixit* (v. 13). Malgré cette précaution oratoire, Phèdre est peu excusable de tenir un langage dévergondé, comme celui que le poète lui a prêté.

8. *Fama..... crimine...... vacat* (v. 18). « Ce sera ma première infidélité. »

9. *Scilicet, etc.* (v. 21). Ce vers et les cinq qui suivent embar-

rassent à bon droit les interprètes. La liaison peut s'établir ainsi :
« Un premier amour, qui vient tardivement, exerce sur le cœur plus d'empire que celui auquel on est, en quelque sorte, façonné par l'habitude du crime. »

10. *Venit* (v. 26). Sous-entendu *ad amorem*. — Ce vers est une répétition du 19ᵉ.

11. *Pejus adulterio turpis adulter abest* (v. 34). Elle admet des degrés dans l'adultère. Pourquoi tant de subtilité?

12. *Est... impetus ire* (v. 38). Pour *animus me impellit ad eundum*.

13. *Delia* (v. 40). Surnom de Diane, née dans l'île de Délos.

14. *Sæpe juvat versare leves in pulvere currus* (v. 45). Racine (*Phèdre*, acte 1, sc. 3) :

> Quand pourrai-je, au travers d'une noble poussière,
> Suivre de l'œil un char fuyant dans la carrière !

15. *Eleleides* (v. 47). Appelées aussi Thyades et Ménades, prêtresses de Bacchus, du verbe grec ἐλελίζω ou ἐλίττεσθαι.

16. *Quæque sub Idæo......* (v. 48). Prêtresses de Cybèle, nommées ailleurs *Gallæ*.

17. *Tympana* (v. 48). Le tambourin était consacré à Cérès; il était un accompagnement nécessaire de son culte.

18. *Semideæ Dryades* (v. 49). Ces divinités n'avaient pas encore reçu les honneurs de l'apothéose. On les appelait Dryades, du mot δρῦς, *chêne*. Toutes ces nymphes, ainsi que les Naïades, etc., étaient filles de Doris et de Nérée.

19. *Fauni* (v. 49). Dieux champêtres à la tête et aux pieds de bouc. Ils formaient le cortège du dieu Pan, qu'il ne faut pas confondre avec les Pans, espèce de farfadets, appelés *incubes* chez les Latins.

20. *Attonuere* (v. 50). De *attonare*.

21. *Forsitan hunc generis fato reddamus amorem* (v. 53). Sophocle (*Antigone*, v. 85) :

> Ὢν λοισθία γὰ καὶ κάκιστα δὴ μακρῷ
> Κάτειμι.

22. *Europam* (v. 55). Europe, fille d'Agénor, roi de Phénicie. Le vers suivant dit le reste. Voyez HORACE, liv. III, *Od.* 27, v. 25.

23. *Prima est ea gentis origo* (v. 55). Jupiter avait eu d'Europe Minos, Rhadamante et Sarpédon.

24. *Pasiphaë mater, decepto subdita tauro* (v. 57). Pasiphaë, épouse de Minos et mère de Phèdre. Avec quelle réserve le chaste Virgile décrit ce monstrueux hymen (*Én.*, liv. vi, v. 24)!

> Hic crudelis amor tauri, suppostaque furto
> Pasiphaë, mixtumque genus, prolesque biformis.

25. *Enixa est utero crimen onusque suo* (v. 58). Vers admirable de concision.

26. *Ægides* (v. 59). Thésée.

27. *Inita est* (v. 67). Synonyme de *intrata est*. Peut-être le poète a-t-il pensé à l'initiation, cérémonie pour laquelle on allait à Eleusis.

28. *Eleusin* (v. 67). Variété de terminaison du nominatif.

29. *Gnosia..... humus* (v. 68). La Crète; de Gnosse, l'une de ses villes.

30. *Flava* (v. 72). Ce mot peut encore signifier *blond*. Nous avons adopté un autre sens, parce qu'il nous a paru se rapporter mieux aux habitudes de chasse d'Hippolyte.

31. *Fine coli modico forma virilis amat* (v. 76). Un interprète latin donne cette glose : *minore apparatu ornandus vir*.

32. *Sive ferocis equi*, etc. (v. 79). Énumération de différens exercices gymnastiques, tels que l'équitation, etc.

33. *Exiguo flexos miror in orbe pedes* (v. 80). Termes de manége.

34. *Ora* (v. 82). Sous-entendu *mea*, à cause du vers 84.

35. *Materia* (v. 86). Ce mot est plus facile à comprendre qu'à expliquer : *Non mereor perire, te causam et materiem suppeditante*. Burmann explique par *indoles* ou *ingenium*. C'est une conjecture toute gratuite, et je doute qu'on puisse lui trouver des autorités.

36. *Incinctæ* (v. 87). Littéralement *ceinte*, pour être plus agile à la course.

37. *Numeros* (v. 88). Ce mot est ici synonyme de *parties*, comme dans cette phrase de Cicéron (*de Natura Deorum*, lib. ii, cap. 34) : *Perfectum expletumque omnibus suis numeris et partibus*. Les professions et les arts étant composés de parties et divisés en plusieurs branches, on peut leur attribuer quelque chose de numérique.

38. *Eripuisse* (v. 88). Pour *eripere*, licence poétique sur le modèle de l'aoriste des Grecs, qui aime à être construit à l'infinitif, sous la dépendance d'un autre verbe.

39. *Cephalus* (v. 93). Céphale, d'Athènes, époux de Procris et fils d'Erechthée, roi de cette ville. On peut lire sa fin tragique au septième livre des *Métamorphoses* (v. 797).

40. *Nec...male* (v. 95). *Non à tort*, ou *non de mauvaise grâce*.

41. *Sapiens* (v. 96). Phèdre, dans sa position, ne peut qu'approuver la conduite de l'Aurore, et la louer de la préférence qu'elle donne à un beau jeune homme sur un vieillard décrépit.

42. *Sene.... viro* (v. 96). Tithon, fils de Laomédon. L'Aurore, après l'avoir enlevé au ciel, avait obtenu pour lui le don de l'immortalité, sans y joindre celui d'une éternelle jeunesse. Il finit par être changé en cigale.

43. *Cinyra creatum* (v. 97). Adonis, fils de Cinyra, roi de Chypre et de Myrrha. *Voyez* le livre x des *Métamorphoses*.

44. *OEnides* (v. 99). Méléagre, fils d'OEneus, roi d'Étolie.

45. *Mænalia Atalanta* (v. 99). Avec suppression de l'ellipse. Atalante était fille de Schœnéus, roi d'Arcadie, où se trouvait le mont Ménale.

46. *Illa feræ spolium, pignus amoris, habet* (v. 100). C'est à cette princesse que Méléagre offrit la dépouille du sanglier de Diane qui ravageait l'Étolie. Dans la suite, il l'épousa.

47. *Isthmon* (v. 105). L'isthme de la Chersonèse, située à l'orient du Péloponnèse, dans lequel se trouvait la ville de Trézène.

48. *Pittheia regna* (v. 107). Pitthée, aïeul d'Hippolyte, avait régné à Trézène.

49. *Neptunius heros* (v. 109). *Voyez* les notes 12 et 22 de l'épître II. Peut-être ironique.

50. *Pirithoi* (v. 50). Pirithoüs, fils d'Ixion le Thessalien. Leur amitié était proverbiale comme celle d'Oreste et de Pylade.

51. *Injuria* (v. 113). La préférence qu'il avait donnée sur elle à Pirithoüs.

52. *Ossa mei fratris* (v. 115). Le Centaure, terrassé par Thésée dans le Labyrinthe.

53. *Soror est præda relicta feris* (v. 116). Ariadne abandonnée dans l'île de Naxos.

54. *Prima securigeras inter virtute puellas*, etc. (v. 117).

Antiope, nommée aussi Hippolyte. *Voyez* la note 2 de cette épître.

55. *Addidit* (v. 123). Sous-entendu *ad regni societatem.*

56. *Tollendi* (v. 124). Ce mot est expliqué par le sens général.

57. *In medio nisu* (v. 126). *Voyez* plus haut, v. 58.

58. *Nec labor est* (v. 137). Nous croyons avoir saisi le vrai sens. Les commentateurs ne sont pas d'accord.

59. *Tu licet in lecto conspiciare meo* (v. 146). Voilà qui passe toutes les convenances. Se peut-il que l'usage autorisât une belle-mère à coucher avec le fils de son époux, surtout à l'âge qu'avait Hippolyte?

60. *Et pugnare diu....... Certa fui* (v. 151 et 152). L'auteur a bien senti lui-même que la déclaration était trop crue; mais son correctif est encore une maladresse.

61. *Quid deceat non videt ullus amans* (v. 154). Enfin il convient de son manque de tact; mais il est trop tard.

62. *Qui possidet æquora, Minos* (v. 157)? Minos, outre la Crète, possédait plusieurs îles dans la Méditerranée.

63. *Proavi* (v. 158). Phèdre était arrière-petite-fille du Soleil, par sa mère Pasiphaë.

64. *Avus* (v. 159). Le Soleil.

65. *Jovis insula* (v. 163). Jupiter passait pour avoir été nourri, dans l'antre de Dicté, par les Corybantes, du lait de la chèvre Amalthée.

66. *Taurum* (v. 165). Le Minotaure. *Voyez* la note 24 de cette épître.

67. *Plurima* (v. 167). L'adjectif pour l'adverbe.

68. *Agilis Dea* (v. 169). Périphrase, pour dire Diane.

69. *Satyri..... Panes* (v. 171). Les Satyres et les Pans. *Voyez* la note 19 de cette épître.

70. *Quamvis odisse puellas diceris* (v. 173 et 174). *Voyez* la note 2 de l'épître III.

ÉPÎTRE CINQUIÈME.

Énone a Pâris. Pâris, dans Homère Alexandre, était fils de Priam et d'Hécube. Celle-ci, enceinte de cet enfant, ayant appris en songe qu'elle accoucherait d'une torche ardente, c'est-à-dire, d'un prince destiné à être le fléau de sa patrie, Priam ordonna qu'on le mît à mort aussitôt sa naissance. Mais Hécube était mère.

Touchée de commisération, elle le fit élever secrètement par des bergers, sur le mont Ida. Parvenu à l'état nubile, il épousa Énone, fille d'un grand fleuve, et ils vécurent ensemble dans la plus parfaite harmonie. Quelque temps après le célèbre jugement par lequel il décerna la palme à Vénus, Pâris fut reconnu et envoyé par son père en ambassade à Sparte. Là s'accomplit la promesse de la déesse victorieuse, qui lui avait fait espérer la plus belle femme, pour prix de la préférence qu'il lui accorderait. Pâris vit Hélène, et l'enleva. L'auteur suppose qu'Énone lui écrit pour lui rappeler leur ancienne union et ses sermens, et l'engager à ne pas sacrifier une épouse fidèle à une femme justement décriée par sa conduite légère.

1. *Manu* (v. 2). « De la main de Ménélas, ton ennemi. »

2. *Pegasis* (v. 3). Du mot πηγή, *source, fontaine*. Les Muses s'appelaient *Pegasides* pour cette raison. *Voyez* plus bas le vers 10.

3. *Si sinis esse, meo* (v. 4). A peine ose-t-elle le nommer son époux, depuis qu'il est élevé au rang de prince. — *Læsa*. Voyez l'Argument.

4. *Nondum tantus eras* (v. 9). Elle l'avait connu et aimé simple pâtre de la montagne.

5. *Sæpe greges inter, etc.* (v. 13). Les détails qui suivent sont gracieux, et d'autant mieux appropriés à la circonstance, que, dans sa position, Énone devait chercher à le ramener à des goûts purs et simples, par le tableau enchanteur des mœurs pastorales et de la vie champêtre.

6. *Incisæ servant a te mea nomina fagi* (v. 21). Rien de plus fréquent, chez des poètes, que cette consécration de l'amour. Virgile (*Églogue* x, v. 52):

> Certum est in silvis, inter spelæa ferarum,
> Malle pati, tenerisque meos incidere amores
> Arboribus : crescent illæ; crescetis, amores.

7. *Rugoso cortice* (v. 28). Les rides dans un arbre en indiquent l'ancienneté.

8. *Illa dies* (v. 33). — Transition. Énone remonte à l'origine de son malheur, et lui assigne, pour cause première, le jugement des trois déesses.

9. *Pessima mutati cœpit amoris hiems* (v. 34). Leur amour

était chaud, c'est-à-dire, passionné. On pouvait alors l'appeler l'été de l'amour, *œstus amoris* (*Amor*., liv. III). Maintenant qu'il a changé de saison, qu'il s'est refroidi, c'en est l'hiver, et le pire des hivers. Il ne faut donc pas expliquer *hiems* par *tempête*, comme l'affirme une note de l'édition Lemaire.

10. *Nuda* (v. 36). Minerve est toujours représentée avec un vêtement, et même une armure. Mais ici, pour qu'il y eût égalité parfaite entre les prétendantes, il fallait qu'elles fussent entièrement nues.

11. *Cæsa abies*, etc. (v. 41). Tous ces détails sont de nature à donner un caractère encore plus odieux à la perfidie de Pâris.

12. *Præterito magis est iste pudendus amor* (v. 44). En dédaignant Œnone, sa première passion, Pâris semblait rougir d'elle ; et cependant, dit-elle, c'est ton dernier amour, celui d'une femme adultère, qui devrait principalement te rendre confus.

13. *Et nostros vidisti flentis ocellos* (v. 45). Élégance empruntée à la syntaxe grecque. Le génitif *nostri* est implicitement contenu dans l'adjectif pronominal.

14. *Demissæ* (v. 51). Littéralement : *à moi congédiée* ; c'est-à-dire, *à mesure que tu me congédiais* : ce qui semble indiquer qu'il revenait vers elle et ne pouvait s'en séparer.

15. *Hei mihi! pro dira pellice blanda fui* (v. 60). Répétition et explication du vers 58. — Remarquez l'antithèse des épithètes.

16. *Purpura* (v. 65). La robe de pourpre d'Hélène, dont elle ne pouvait apercevoir que l'étoffe.

17. *Non satis.... fuerat* (v. 69). « Elle aurait dû s'en tenir là, et ne pas s'exposer à un affront nouveau, en acquérant la preuve indubitable de son malheur. »

18. *Illinc has lacrymas in mea saxa tuli* (v. 74). Manière assez étrange de dire qu'elle s'enfuit dans la solitude, pour y pleurer à son aise.

19. *Nec de tot Priami dicar ut una nurus* (v. 83). Virgile (*Én*., liv. II, v. 503) :

> Quinquaginta illi thalami, spes tanta nepotum!

20. *Si sit* (v. 93). Pour *num sit, an sit*.

21. *Patriæ præponere raptam* (v. 97). Parce que l'enlèvement de cette femme devait allumer une guerre d'extermination.

22. *Justa vir arma movet* (v. 98). Ménélas était en droit de réclamer son épouse les armes à la main.

23. *Quæ sit in amplexus tam cito versa tuos* (v. 100). Voyez l'épître XVII, où le poète, conservant fidèlement à Hélène son caractère, lui fait répondre favorablement aux sollicitations de Pâris.

24. *Tu quoque clamabis* (v. 103). Sous-entendu *temerati fœdera lecti*.

25. *Felix Andromache, certo bene nupta marito* (v. 107). « Andromaque n'a pas un époux volage ; elle est assurée (*certo*) de sa fidélité. Elle n'est pas comme moi, qui n'ai pas su connaître le mien. »

26. *Canebat* (v. 113). Expression consacrée, en parlant des devins et des oracles.

27. *Prohibe* (v. 118)! Ce mot fait incise. La prêtresse est censée apostropher le dieu qui l'inspire et lui révèle la destinée d'Énone.

28. *Heu! quantum Phrygii sanguinis illa vehit* (v. 120)! Horace (liv. 1, Od. 15, v. 9), traitant le même sujet, fait dire à Nérée :

> Eheu ! quantus equis, quantus adest viris
> Sudor ! quanta moves funera Dardanæ
> Genti !

29. *In cursu* (v. 121). Ces mots ne signifient pas *dans sa course*; il faut les rapporter à *furentem*, tenant lieu de *furoris*.— Voyez la même expression, épît. VI, v. 39.

30. *Nisi nomine fallor* (v. 127). Elle ne doit pas paraître trop instruite pour une jeune fille qui se pique de candeur et d'innocence.

31. *Theseus, abstulit* (v. 128). Ce premier enlèvement eut lieu lorsque Thésée, avec l'aide de Pirithoüs, l'emmena de l'Œbalie, contrée du Péloponnèse, à Aphidne ou à Athènes.

32. *Unde hoc compererim tam bene, quæris? amo* (v. 130). L'objection était naturelle. Elle y répond d'une manière évasive, en insinuant que l'amour est un grand maître et qu'on apprend tout à son école.

33. *Vim licet appelles* (v. 131). « Tu diras peut-être que Thésée avait fait violence à Hélène. »

34. *Cornigerumque caput*, etc. (v. 139). Construisez : *et Faunus præcinctus pinu acuta (secundum) caput cornigerum*.

35. *Fide conspicuus* (v. 139): Apollon, qui l'initia ensuite à la connaissance des simples et lui apprit leurs propriétés. *Voyez* les vers 145 et suivans.

36. *Ille meæ spolium virginitatis habet* (v. 140). Expression métaphorique, pour dire honnêtement ce qu'elle exprime plus bas par le mot propre (*stupri*).

37. *Me miseram, quod amor non est medicabilis herbis* (v. 149)! Exclamation juste, et qui ressort très-bien du sujet. Racine (*Phèdre*, acte 1, sc. 3.) :

> D'un incurable amour remèdes impuissans!

38. *Vaccas pavisse* (v. 151). C'est à ce sujet qu'Apollon devint pasteur chez Admète, roi de Phère. On peut lire ce charmant épisode dans le deuxième livre de *Télémaque*.

39. *Tecumque fui puerilibus annis* (v. 157). *Voyez*, plus haut, les vers 13 et suivans.

ÉPITRE SIXIÈME.

HYPSIPYLE A JASON. Jason, allant à la conquête de la toison d'or, avait abordé à Lemnos, où régnait Hypsipyle. Cette princesse le reçut si bien, qu'il passa deux ans auprès d'elle, sans songer davantage à son expédition. Mais les instances de ses compagnons l'obligèrent enfin de partir. Arrivé en Colchide, but de son voyage, il vit Médée, fille du roi de ce pays, qui ne tarda pas à être éprise de lui. Cette habile magicienne lui fournit les moyens de vaincre les difficultés qu'opposait Éétès à son entreprise. Séduit à son tour par les artifices d'une femme qui s'était donné des droits à sa reconnaissance, il oublie la promesse faite à Hypsipyle de revenir auprès d'elle, et emmène sa rivale en Thessalie. C'est pour le sommer de sa parole et lui prédire les épouvantables catastrophes dont il est menacé dans son commerce avec Médée, qu'elle lui adresse cette lettre.

1. *Litora Thessaliæ* (v. 1). Ici, il est question d'Iolcos, ville sur le golfe Pagase, dont avait été roi Éson, père de Jason, que Pélias son frère détrôna.

2. *Diceris* (v. 2). Elle n'avait pu apprendre cette nouvelle par la renommée.

3. *Auratæ vellere..... ovis* (v. 2). Cette toison d'or avait été offerte à Jupiter par Phryxus. C'était la dépouille du bélier miraculeux qui l'avait transporté en Colchide. Il l'avait suspendue à un arbre dans une forêt consacrée à Mars, et en avait confié la garde à un dragon monstrueux. L'oracle avait annoncé à Éétès, fils du Soleil, et roi de la contrée, que la conservation de son empire était attachée à celle de ce talisman.

4. *Præter* (v. 5). Synonyme de *juxta, prope*.

5. *Cur mihi*, etc. (v. 9). Énumération des difficultés suscitées par Éétès, pour rendre impossible la conquête de la précieuse dépouille.

6. *Isse sacros Marti sub juga panda boves* (v. 10)? Ces taureaux, aux pieds d'airain et au mufle enflammé, avaient été donnés au Soleil par Vulcain, pour l'avoir reçu dans son char, après la défaite des Géans. Il s'agissait de les atteler à un joug de diamant, pour labourer ensuite et semer les dents du dragon, dont devait naître une troupe d'hommes armés, destinés à s'entre-détruire. *Voyez* Apollonius de Rhodes et Valerius Flaccus.

7. *Inque necem dextra non eguisse tua* (v. 12)? Parce qu'ils se tuèrent les uns les autres.

8. *Barbara..... venefica* (v. 19). Médée. *Voyez* l'Argument.

9. *Hæmoniis..... oris* (v. 23). La Thessalie, ainsi nommée du mont Hæmus.

10. *Trahunt* (v. 28). Sous-entendu *in necem*.

11. *Pronuba Juno* (v. 43). *Voyez* la note 15 de l'épître 11.

12. *Minyis* (v. 47). Surnom des Argonautes. Apollonius fait venir ce nom d'un certain Minyas, dont la fille Alcimède avait épousé le père de Jason. — *Tritonide*. Adjectif formé d'un surnom grec de Minerve. C'est par le conseil de cette déesse qu'avait été fabriqué le vaisseau qui servit à l'expédition. — *Pinu*. Synonyme de *nave*.

13. *Tiphy* (v. 48). Nom du pilote du vaisseau Argo. Selon Apollodore, il était fils d'Agnius. Hygin lui donne pour père Phorbas. Il mourut pendant la traversée.

14. *Hospita..... castra* (v. 52). L'armée des Argonautes, aux-

quels elle avait donné l'hospitalité. — *Feminea.... manu.* Tous les hommes de Lemnos avaient été exterminés. *Voyez* la note suiv.

15. *Lemniadesque viros, nimium quoque, vincere norunt* (v. 53). Les femmes de Lemnos avaient refusé d'offrir à Vénus un sacrifice annuel. Cette déesse, pour les punir, les rendit insupportables à leurs époux, par la fétidité de leur haleine. Les femmes, piquées des affronts auxquels cette incommodité les exposait, conçurent et exécutèrent l'abominable projet de massacrer tous les hommes, sans en excepter leurs pères. Elles déférèrent ensuite à Hypsipyle le commandement de l'île.

16. *Argo* (v. 65). A l'accusatif grec.

17. *Propulsæ* (v. 67). Littéralement : *poussée en avant* (*par les rames et le vent*).

18. *Per lacrymas specto* (v. 71). Phrase qui rappelle le δακρυοὲν γελάσασα d'Homère, avec cette différence que le double sentiment, éprouvé par Andromaque, est bien plus conforme à la nature. Il n'est guère vraisemblable, en effet, de voir (*cerno*), et de voir plus loin (*longius assueto lumina nostra vident*), lorsqu'on a les yeux baignés de larmes (*per lacrymas*).

19. *Preces castas* (v. 73). C'était une épouse priant pour son époux.

20. *Non equidem secura fui* (v. 79). Application de cette maxime (épître 1, v. 12) :

>Res est solliciti plena timoris amor.

21. *Sed carmine movit* (v. 83). Énumération des maléfices et des sortilèges imputés à Médée.

22. *Illa reluctantem curru deducere Lunam* (v. 87). Les anciens, aussi superstitieux qu'ils étaient ignorans en physique et en astronomie, s'expliquaient les éclipses de soleil et de lune par le pouvoir qu'ils attribuaient à la magie d'obscurcir le premier de ces astres, en le couvrant d'un voile, et de faire descendre l'autre du ciel. Virgile (*Églog.* VIII, v. 69) :

>Carmina vel cœlo possunt deducere Lunam.

23. *Certaque..... ossa* (v. 90). Tous les os indistinctement n'étaient pas propres aux conjurations.

24. *Tauros* (v. 97). *Voyez* la note 6 de cette épître.

25. *Feros angues* (v. 98). Le pluriel pour le singulier. *Voyez* la note 3 de cette épître.

26. *Adde, quod adscribi*, etc. (v. 99). Elle prend le guerrier par l'amour-propre.

27. *Peliæ de partibus* (v. 101). Pélias, s'étant emparé du trône d'Éson, avait de nombreux partisans.

28. *Phasias* (v. 103). Adjectif. Le Phase, qui se jette dans la mer Noire, était le fleuve le plus considérable de la Colchide. C'est de là que les Argonautes ont rapporté les oiseaux connus sous le nom de *faisans*.

29. *Phryxeæ..... ovis* (v. 164). *Voyez* la note 3 de cette épître.

30. *A gelido..... axe* (v. 106). Ce pays incline vers le nord, relativement à la Thessalie.

31. *Illa sibi Tanai* (v. 106). Le Tanaïs, actuellement le Don, fleuve de Scythie, sépare l'Asie de l'Europe. Il est si rapide, dit Pomponius Méla (1, 20), qu'il résiste aux froids les plus rigoureux, à ceux même qui font geler les Palus-Méotides, le Bosphore et une partie du Pont-Euxin.

32. *A patria Phasidos* (v. 108). Sa *patrie*, c'est-à-dire, comme nous avons traduit, la *source* du Phase, dans les montagnes d'Arménie.

33. *Generosaque nomina* (v. 113). Le pluriel pour le singulier. Comme elle déroule la série de ses nobles ancêtres, on pourrait encore traduire par *des noms illustres*.

34. *Minoo.... Thoante* (v. 114). Thoas, son père, qu'elle avait sauvé du massacre de Lemnos (v. 135), en le cachant dans un bois, pendant la nuit, et le faisant embarquer ensuite. Ce Thoas était fils d'Ariadne, et avait par conséquent Bacchus pour père et Minos pour grand-père.

35. *Redimita corona* (v. 115). Cette couronne, ouvrage de Vulcain, était d'or, selon Hygin, et enrichie de pierreries. Bacchus l'avait donnée à Ariadne pour la séduire. Après la mort de celle-ci, elle fut mise au nombre des constellations.

36. *Felix in numero* (v. 121). Remarquez le pléonasme de la préposition.

37. *Legatos* (v. 125). Une édition porte *legatis*.

38. *Faciunt ad scelus omne* (v. 128). — *Aptæ sunt omni (efficiendo) sceleri*.

39. *Spargere...... fratris..... laniata per agros Corpora* (v. 129 et 130). Médée, fuyant avec Jason, dispersa sur sa route les membres de son frère Absyrte, égorgé par elle, afin que le père, occupé à les recueillir, fût retardé dans sa poursuite.

40. *Colchis... venenis* (v. 131). La Colchide était renommée par ses poisons; ce qui a fait dire à Horace (liv. II, Ode 13, v. 8):

..... Ille venena Colchica,
Et quidquid usquam concipitur nefas
Tractavit.....

41. *Rapui de cæde Thoanta* (v. 135). *Voyez* la note 34 de cette épître.

42. *Iratis ipse dat arma dolor.* Virgile (*Én.*, liv. 1, v. 154):

..... Furor arma ministrat.

43. *Subnuba* (v. 153). — *Quæ nupsit sub me, post me, mei loco.*

44. *Leges sanciat ipsa suas* (v. 154). La sanction d'une loi consiste principalement dans la peine infligée à ceux qui la transgressent. Médée avait affligé Hypsipyle; celle-ci demande qu'elle le soit à son tour, en perdant comme elle ses deux enfans, etc.

45. *Aera tentet* (v. 161). On sait que Médée, lorsque Jason eût épousé Créüse, à Corinthe, ayant assouvi sa vengeance sur les deux enfans qu'elle avait eus de lui (*cæde cruenta sua*), s'enfuit dans les airs sur un char traîné par des dragons ailés, et retourna à Colchos, où elle rétablit son père sur le trône. Ainsi cette imprécation était prophétique.

ÉPITRE SEPTIÈME.

DIDON A ÉNÉE. Énée, après la ruine de Troie, s'était embarqué sur une flotte de vingt vaisseaux, pour se rendre en Italie, où les destins lui promettaient un établissement sûr et une seconde patrie pour lui et sa postérité. Pendant la traversée, il essuie une violente tempête, qui le jette sur les côtes de la Libye. Là, il est reçu par Didon, autrement dite Élise, qui, à la tête d'une colonie de Phéniciens fugitifs comme elle, fondait la ville de Carthage. Cette princesse, charmée des nobles qualités du héros fils de Vénus, lui prodigue ses faveurs les plus intimes, et cherche à le fixer dans son nouvel empire. Mais Énée, docile aux ordres du ciel, demeure inébranlable ; déjà même il préparait secrètement son départ, lorsque Didon, qui a pressenti son dessein, tente par cette lettre de le retenir, et lui déclare avec l'accent du désespoir que, si ses larmes et ses prières sont impuissantes, elle est déterminée à mettre fin à ses jours. On peut lire dans le quatrième livre de l'*Énéide* ce touchant épisode, qui repose, comme l'on sait, sur un anachronisme volontaire.

1. *Sic, ubi fata vocant*, etc. (v. 1). Début *ex abrupto*. Si on permet à la douleur cette brusque entrée en matière, on ne saurait passer au poète la comparaison oiseuse et banale du cygne mourant :

.... Ce n'est pas ainsi que parle la nature.

2. *Vada Mœandri* (v. 2). Le Méandre, fleuve d'Asie, qui a son embouchure à quelques lieues de Milet. Il est remarquable par les sinuosités de son cours.

3. *Movimus* (v. 4). Pour *scripsimus*. On dit bien en latin *opus movere*, dans le sens de *entreprendre un ouvrage*.

4. *Corpus... Quum... perdiderim* (v. 5 et 6). Elle s'était livrée à lui.

5. *Dido* (v. 7). Accusatif grec par contraction.

6. *Atque idem*, etc. (v. 8). Ce vers et les deux suivans ne sont qu'un perpétuel jeu de mots.

7. *Nec nova Carthago* (v. 11). *Voyez* l'Argument.

8. *Facta fugis, facienda petis*, etc. (v. 13). Antithèses fort peu analogues à la situation d'une femme sur le point de se donner la mort.

9. *Male cogitat* (v. 29). Ces mots peuvent aussi faire allusion au projet conçu par Énée de partir clandestinement.

10. *Parce, Venus, nurui* (v. 31). Il n'y avait eu que promesse d'un mariage entre Didon et Énée. *Voyez* la note 26 de cette épître, et le quatrième livre de l'*Énéide*.

11. *Quod tibi maluerim*, etc. (v. 43). Ce vers et le suivant sont bien subtils et bien quintessenciés.

12. *Non ego sum tanti (quamvis merearis, inique), Ut pereas* (v. 45 et 46). Littéralement: « Je ne vaux pas tant, quoique tu le mérites (en agissant) iniquement, pour que tu périsses, etc. » Il n'est

pas possible d'obtenir un sens raisonnable en rapportant *inique* à *pereas*, comme le veulent certains commentateurs.

13. *Triton* (v. 50). Dieu marin, fils de Neptune. Il sonnait de la conque devant ce dieu.

14. *Quia mater Amoris*, etc. (v. 59). Raison bien futile, et qui devrait fort peu toucher un fils de Vénus.

15. *Perdita ne perdam timeo* (v. 61). On peut encore traduire : « Je crains de perdre les (choses) perdues, » puisqu'elle dit ensuite : « (Je crains) que le naufragé ne fasse naufrage ; » mais, de quelque manière qu'on entende ces pointes, il y a toujours bien du mauvais goût et un singulier abus d'esprit à faire jouer les mots dans un sujet aussi grave.

16. *Conjugis* (v. 69). Il n'est pas question ici de Créüse, première femme d'Énée, que Virgile lui fait perdre si gauchement, à sa sortie de Troie.

17. *Concedite* (v. 71). Le sens que nous avons adopté pour ce mot est contesté. Quelques interprètes, fondés sur une glose de Servius (*Églog.* x, v. 63), traduisent comme s'il y avait *abite*, et sous-entendent *comites* au lieu de *Superi;* d'où il résulte que le héros troyen, assumant la responsabilité avec ses conséquences, dirait à ses compagnons : « Allez, vous êtes innocens, vous autres ! » Et où peuvent-ils aller, au milieu de la mer et d'une tempête ? Cette interprétation est donc forcée.

18. *Si quæras* (v. 83). On peut considérer ces mots comme formule : « Si par hasard on demandait, etc. »

19. *Non me movere : merentem Ure* (v. 85 et 86). L'édition Lemaire offre une ponctuation et un texte différens. D'abord les deux points sont retranchés avant *merentem* et placés après ce mot. Au lieu de *ure*, on lit *illa*. Je ne vois pas qu'on puisse rien tirer de satisfaisant de cette leçon. A quoi bon Didon irait-elle dire qu'elle *méritait* d'être *émue* ou *touchée du récit d'Énée ?* Le mot *ure*, que nous admettons avec Burmann et Lennep, fait allusion tout à la fois à la mort de Créüse, disparaissant au milieu de l'incendie, et à celle de Didon, qui périt sur un bûcher.

20. *Per mare, per terras septima jactat hiems* (v. 88). Virgile (*Én.*, liv. I, v. 759) :

.... Nam te jam septima portat.
Omnibus errantem terris et fluctibus æstas.

21. *Qua nos declive sub antrum*, etc. (v. 93). Voyez Virgile, *Én.*, liv. iv, v. 160 et suiv.

22. *Nymphas ululasse putavi* (v. 95). Virgile (*Én.*, liv. iv, v. 168) :

..... Summoque ulularunt vertice Nymphæ.

23. *Fatis signa dedere meis* (v. 96). « Ordonnèrent à mes destins de s'accomplir. »

24. *Violate Sichæo* (v. 97). Littéralement : « Violée à l'égard, au détriment de Sichée. »

25. *Est mihi*; etc. (v. 99). Voyez Virgile *Énéide*, liv. iv, v. 457 et suiv.

26. *Adde fidem* (v. 110). Voyez la note 10 de cette épître.

27. *Occidit internas conjux mactatus ad aras* (v. 113). Sichée, que Justin appelle Acerba, était l'oncle de Didon, et exerçait la seconde dignité de l'empire, celle de prêtre d'Hercule. Comme il avait d'immenses richesses, Pygmalion voulut se les approprier, et l'égorgea aux pieds des autels de ses dieux pénates. Voyez, sur ces détails et les suivans, Virgile, *Én.*, liv. i et iv, *passim*.

28. *Et sceleris tanti præmia frater habet* (v. 114). Justin (liv. xviii, chap. 4) diffère d'Ovide. Il prétend que Didon emporta avec elle toutes les richesses.

29. *Litus emo* (v. 118). Servius sur Virgile (*Én.*, liv. i, v. 365) rapporte qu'elle se procura frauduleusement l'emplacement de sa ville. Repoussée par Iarbas, elle demanda à acheter ce qu'une peau de bœuf pourrait contenir de terrain, et elle la fit couper ensuite en lanières très-minces.

30. *Urbem constitui* (v. 119). Virgile (*Én.*, liv. iv, v. 655) :

Urbem præclaram statui.....

31. *Si tu cultor eras*, etc. (v. 131). « Les dieux auraient préféré au culte impie et sacrilège que tu leur rends, le sort dont les menaçait une ville dévastée par les flammes. »

32. *Forsitan et gravidam*, etc. (v. 133). Virgile exprime la même idée avec bien plus de finesse (*Én.*, liv. iv, v. 327) :

Saltem si qua mihi de te suscepta fuisset
Ante fugam soboles, si quis mihi parvulus aula
Luderet Æneas!....

33. *Hectore si vivo quanta fuere, forent* (v. 144). On peut encore traduire : « Si Hector vivait, et si Troie était aussi florissante que jadis. »

34. *Pygmalionis opes* (v. 150). Ce n'était pas les richesses de Pygmalion, mais celles qu'il convoitait.

35. *Hic pacis leges, hic locus arma capit* (v. 156). « On peut s'exercer à l'art de régner, puisqu'on peut faire la paix et la guerre. »

36. *Mars ferus et damnis sit modus ille tuis* (v. 160). Elle entend la guerre de Troie, si longue et si désastreuse pour Énée.

37. *Et senis Anchisæ molliter ossa cubent* (v. 162)! Anchise mourut en Sicile, au moment où Énée quittait le port de Drépanum (*Én.*, liv. III, v. 710).

38. *Phthias* (v. 165). Achille était de Phthie. — *Clarisve oriunda Mycenis*. Allusion à Hélène, la première cause des malheurs de Troie.

39. *Gremio Troicus ensis adest* (v. 184). Virgile (*Én.*, liv. IV, v. 647), parlant de ce glaive, ajoute cette pensée vraie et naturelle :

..... Non hos quæsitum munus in usus.

40. *Instruis impensa nostra sepulcra brevi* (v. 188). Cette remarque est aussi froide que puérile. — *Sepulcra*. Littéralement *tombeau* ; inadmissible, puisqu'il coûtait à Énée moins que peu, c'est-à-dire, rien du tout. La mesure exigeait ce mot ; le sens veut qu'on traduise *ma mort*.

41. *Nec mea nunc primo feriuntur pectora telo* (v. 189). Toujours du bel esprit! La blessure toute sentimentale de l'amour n'a rien de commun avec celle d'une lance qui donne la mort physique.

42. *Male conscia* (v. 191). Elle avait eu tort de lui faire la confidence de sa faiblesse, puisqu'elle dut à ses perfides conseils d'y persévérer.

43. *Ultima dona* (v. 192). Les *derniers présens* sont les honneurs funèbres.

44. *Elissa*, et plus bas *Dido* (v. 193). Ces deux mots se confondent communément. Servius, dans son commentaire sur le premier livre de l'*Énéide*, assure cependant que le nom véritable

de cette princesse était Élise, mais qu'après sa mort elle fut surnommée *Didon*, qui, en langue punique, signifie *femme forte*, parce qu'elle avait résisté aux sollicitations d'Iarbas.

45. *Præbuit Æneas*, etc. (v. 195 et 196). Cette épitaphe a le défaut d'affaiblir le sujet, en le réduisant aux mesquines proportions d'une antithèse amenée de loin. Le distique d'Ausone, qui n'est lui-même qu'une pointe, a au moins le mérite de résumer brièvement et mauvais goût la vie orageuse de la reine de Carthage :

> Infelix Dido, nulli bene nupta marito,
> Hoc pereunte fugis, hoc fugiente peris!

En voici une traduction connue, qui ne le cède en rien à l'original :

> Pauvre Didon, où t'a réduite
> De tes amans le triste sort!
> L'un en mourant causa ta fuite,
> L'autre en fuyant causa ta mort.

ÉPITRE HUITIÈME.

HERMIONE A ORESTE. Tyndare, grand-père maternel d'Oreste, avait fiancé Hermione à ce prince, pendant l'absence de Ménélas, parti pour le siège de Troie. Ménélas, de son côté, ignorant cette disposition, l'avait promise à Pyrrhus, fils d'Achille. Au retour de l'expédition, Pyrrhus vint l'enlever. Mais Hermione préférait apparemment l'amour d'Oreste. Elle lui écrit donc, pour l'instruire de l'évènement, et l'engage à faire valoir ses droits, antérieurs à ceux de Pyrrhus. Il est présumable que cette lettre est censée écrite après qu'Oreste a commis le meurtre de sa mère, et subi le jugement de l'aréopage, après même que l'enlèvement de la statue de Diane, dans la Chersonèse Taurique, d'après l'oracle de Delphes, l'a remis en possession du trône de Mycènes.

1. *Adloquor Hermione nuper fratremque virumque* (v. 1). Hermione était fille de Ménélas et d'Hélène.—*Fratremque*. Oreste n'était à Hermione que cousin-germain; mais, chez les anciens, l'usage était d'appeler frères les consanguins en ligne collatérale. C'est

ainsi que s'explique l'endroit de l'Évangile où saint Jacques est dit frère aîné de Jésus-Christ.

2. *Pyrrhus Achillides* (v. 3). Pyrrhus, autrement dit Néoptolème, c'est-à-dire *jeune guerrier* (νέος et πτόλεμος pour πόλεμος). Achille avait eu cet enfant de Déidamie, fille de Lycomède, roi de Scyros, pendant qu'il était à la cour de ce prince sous son déguisement de femme. *Voyez* le v. 112 de cette épître.

3. *Inclusam* (v. 4). Horace (liv III, *Ode* 16, v. 1 et suiv.) :

> Inclusam Danaen turris ahenea,
> Robustæque fores, et vigilum canum
> Tristes excubiæ, munierant satis
>   Nocturnis ab adulteris.

4. *Ne non invita tenerer* (v. 5). « Pour protester contre cette violence. » Il y a de la délicatesse dans la pensée ainsi présentée (*non invita* pour *libenter*).

5. *Æacide* (v. 7). Il était arrière-petit-fils d'Éaque par Pélée.

6. *Parcius Andromachen vexavit Achaia victrix* (v. 13). Andromaque, veuve d'Hector, se remaria à Pyrrhus. Après le meurtre de celui-ci par Oreste, agité des Furies (*voyez* VIRGILE, liv. III, v. 133), elle devint épouse d'Hélénus, l'un des fils de Priam. Elle fut donc mieux traitée qu'Hermione.

7. *Injice non timidas in tua jura manus* (v. 16). En ne faisant pas de *jura* une abstraction, on traduirait : « Retiens d'une main non timide celle qui t'appartient. »

8. *Socer* (v. 19). Ménélas, en faveur duquel eut lieu la guerre de Troie.

9. *Rates sinuosaque vela* (v. 23). Figure de grammaire appelée *hendiadys*. Elle consiste à dire une même chose par deux expressions. — *Sinuosa*, venant de *sinus*, « pli, » peut ne pas être métaphorique.

10. *Nec numeros Danai militis* (v. 24). Ne pourrait-on pas dire littéralement : « Ni le nombre des soldats grecs, » c'est-à-dire, « une armée aussi nombreuse que celle des Grecs ? »

11. *Sic* (v. 25). « Par les mille vaisseaux, etc. »

12. *Pelopeius Atreus* (v. 27) ? Agamemnon et Ménélas étaient fils de Plistène ; mais, ayant été élevés par leur oncle Atrée, on leur donne ordinairement le nom patronymique de *Atridæ*.

13. *Frater* (v. 28.) *Voyez* la note 1re de cette épître.

14. *Tyndareos* (v. 31). Terminaison grecque, comme *Androgeos*, dans Virgile (*Én.*, liv. 11, v. 371 et 382).

15. *Arbitrium neptis habebat avus* (v. 32). A sa qualité d'oracle, Tyndare joignait celle de tuteur d'Hermione. Mais ses droits, en cette qualité, allaient-ils jusqu'à disposer de la main de sa pupille, à l'insu du père?

16. *Et pater ignoscet*, etc. (v. 37). Ce vers et les cinq suivans sont une preuve de la flexibilité de talent d'Ovide et de sa souplesse infinie d'imagination.

17. *Tantalides* (v. 45). Ici il est évidemment question d'Agamemnon, qui comptait Tantale au nombre de ses ancêtres.

18. *Pelopisque parentem* (v. 47). Tantale.

19. *Melius* (v. 48). Ce mot doit être ici pour le positif *bene*.

20. *Invidiosa* (v. 49). Pour *invidiæ plena*. Les adjectifs terminés en *osus* marquent abondance. Il s'agit du meurtre de Clytemnestre.

21. *Induit illa pater* (v. 50). Allusion au sacrifice d'Iphigénie. Il y a encore un autre sens plus exquis peut-être; car la faute ou la cruauté du père n'autorisait pas le fils à marcher sur ses traces: *Ton père (t') en a revêtu*, c'est-à-dire, « t'a mis les armes à la main. » En d'autres termes: « C'est pour venger sa mort que tu as été pieusement parricide. »

22. *Juguloque Ægisthus aperto* (v. 53). Égisthe ne jouit pas plus de sept ans du fruit de sa scélératesse. Au bout de cette époque, Oreste, assisté de son ami Pylade, vint l'égorger avec sa complice, dans le palais même qui avait été le théâtre du meurtre d'Agamemnon.

23. *Tantalides matres* (v. 66). Les femmes citées à l'appui de cette assertion, telles que Léda, Hippodamie et Hélène, ne tenaient à Tantale que par alliance.

24. *In plumis delituisse Jovem* (v. 68). Jupiter, voulant séduire la belle Léda, s'était transformé en cygne. Léda pondit deux œufs, comme le rapporte la Fable.

25. *Isthmos* (v. 69). L'isthme de Corinthe.

26. *Vecta peregrinis Hippodamia rotis* (v. 70). Hippodamie était fille d'OEnomaüs. Son père, jaloux de la retenir près de lui, ne voulait la donner qu'à celui de ses amans qui l'emporterait sur elle à la course, dans laquelle elle excellait, espérant, par

ce moyen, rendre leurs prétentions illusoires. Pélops l'enleva sur son char d'or, présent de Neptune. *Voyez* les *Olympiques* de Pindare (*Ode* 1, v. 139-143):

>..... Τὸν μὲν ἀγάλλων θεὸς
>Ἔδωκεν δίφρον τε χρύσεον, πτεροῖ-
>σίν τ' ἀκάμαντας ἵππους.
>Ἕλεν δ' Οἰνομάου βίαν, (Σ. δ.)
>Παρθένον τε σύνευνον.

27. *Castori Amyclæo et Amycleo Polluci* (v. 27). Castor et Pollux étaient nés à Amyclée, ville de Laconie. Lorsque leur sœur Hélène eut été transportée à Athènes par Thésée, ils la ramenèrent, après avoir vaincu ce prince à la lutte.

28. *Mopsopia..... urbe* (v. 72). Un des premiers rois d'Athènes s'appelait Mopsope ou Mopsus.

29. *Tænaris* (v. 72). Hélène était du cap Ténare.

30. *Idæo..... hospite* (v. 73). Pâris, élevé sur le mont Ida, en Phrygie. *Voyez* l'épître v.

31. *Avus* (v. 77). Probablement Tyndare.

32. *Phœbeque soror* (v. 77). Peut-être faut-il traduire: *sa sœur* (la sœur d'Hélène); car il paraît que Léda avait eu trois filles, et on ne connaît pas de sœur à Hermione.

33. *Ne non Pelopeia credar, Ecce..... parata fui* (v. 81 et 82). Nous traduisons: « Pour qu'on me crût....., voilà que je deviens, etc. » Il y a anomalie dans la corrélation des temps; mais on en remarquera une semblable pour le latin.

34. *Neoptolemo* (v. 82). *Voyez* la note 2 de cette épître.

35. *Pelides* (v. 83). Achille, fils de Pélée.

36. *Non tibi blanditias, etc.* (v. 91). Ce vers et les trois qui suivent, développent par des images gracieuses la pensée *parva mea sine matre fui*.

37. *Perfruor..... liberiore malo* (v. 106). Ces mots ne signifient pas « qu'elle jouit de son mal avec plus de liberté. » *Voyez* notre traduction, page 101 de ce volume, et la note 19 de l'épître xi.

38. *Scyria* (v. 112). Expression de mépris à l'égard de Pyrrhus, fruit d'un amour clandestin. *Voyez* la note 2 de cette épître.

39. *Generisque parentem* (v. 117). Jupiter.

40. *Quod se sub tumulo fortiter ulta jacent* (v. 120). *Voyez* la note 22 de cette épître.

41. *Tantalidæ Tantalis* (v. 122). *Voyez* la note 17 de cette épître.

ÉPITRE NEUVIÈME.

Déjanire a Hercule. Hercule, vainqueur d'OEchalie, ville de Béotie, avait emmené Iole, fille du roi Eurytus, pour l'épouser. Déjanire, fille d'OEneus, qui était déjà son épouse, lui écrit pour le féliciter ironiquement d'un triomphe si peu digne de ses premiers exploits. Elle avait eu soin de lui envoyer auparavant la robe teinte du sang de Nessus, persuadée qu'aussitôt qu'il en serait revêtu, son amour pour elle allait lui revenir. Mais, à la nouvelle de l'effet meurtrier que ce tissu a produit, elle appelle la mort à plusieurs reprises, et proteste n'avoir eu aucunement l'intention coupable d'attenter à la vie de son époux.

1. *OEchaliam* (v. 1). *Voyez* l'Argument. Hercule avait assiégé et pris cette ville, parce qu'Eurytus, qui en était roi, avait refusé de lui livrer sa fille, après la lui avoir promise.

2. *Pelasgiadas* (v. 3). Pour *Pelasgas*. Les Pélasges habitèrent la Grèce avant les Hellènes proprement dits.

3. *Decolor* (v. 4). Virgile (*Én.*, liv. VIII, v. 326) :

Deterior donec paulatim ac decolor ætas.

4. *Quem nunquam Juno, seriesque immensa laborum Fregerit* (v. 5 et 6). On connaît les travaux d'Hercule. Ils lui furent suscités par Eurysthée, à l'instigation de Junon, jalouse de sa gloire et des brillantes destinées auxquelles elle le savait appelé par Jupiter, son père.

5. *Hoc velit Eurystheus* (v. 7). Virgile (*Én.*, liv. II, v. 104) :

Hoc Ithacus velit.....

6. *Cui nox.... una.... Non tanti, ut tantus conciperere, fuit* (v. 9 et 10). La Fable dit qu'il fallut à Jupiter trois nuits consécutives pour engendrer Hercule.

7. *Illa premendo Sustulit, hæc humili sub pede colla tenet* (v. 11 et 12). Ces antithèses sont justes et naturelles sous tous les rapports.

8. *Nereus cærulus* (v. 14). Nérée, fils de l'Océan et de Téthys. Le fils est ici pour le père.

9. *Solis utramque domum* (v. 16). Littéralement : « L'une et l'autre demeure du Soleil. »

10. *Quod te laturum est, cælum* (v. 17). Allusion à l'apothéose d'Hercule. Suit une énumération de ses Travaux.

11. *Stheneleius hostis* (v. 25). Eurysthée, son ennemi, fils de Sthénélée ou Sthénélus et de Nicippe ; selon d'autres, d'Alcmène.

12. *Esuros..... canes* (v. 38). Le pluriel pour le singulier.

13. *Mater* (v. 43). Alcmène, fille d'Électryon ou Électrius, roi de Mycènes, et de Lysidice. Elle avait été obligée de se soustraire aux persécutions d'Eurysthée. — *Queritur*. A cause de la haine implacable de Junon.

14. *Nec puer Hyllus* (v. 44). Après la mort de son père, Hyllus épousa Iole. Chassé par Eurysthée avec tous les autres Héraclides, il se réfugia à Athènes, où il bâtit un temple à la Miséricorde.

15. *Adest* (v. 44). Ce mot ferait supposer qu'Amphitryon vivait encore à cette époque. Cependant Apollodore (liv. II, ch. 4, sect. 2) le fait mourir dans un combat contre les Minyens, avant le mariage d'Hercule avec Déjanire. Ovide n'était pas tenu de se conformer à cette chronologie sans importance.

16. *Partheniis....... vallibus* (v. 49). Le Parthénon était une montagne de Béotie.

17. *Augen* (v. 49). Fille du roi Aléus. Hercule eut d'elle un fils nommé Télèphe.

18. *Ormeni nympha* (v. 50). Astydamie, fille du roi Orménus. Elle eut un fils, que Diodore de Sicile appelle Chrysippe.

19. *Teuthrantia turba, sorores* (v. 51). Les filles de Thespis ou Thespius, dont le père était Teuthras, fils de Pandione, roi de Cilicie et de Mysie.

20. *De populo* (v. 52). Elles n'étaient pas moins de cinquante, comme les Danaïdes. Hercule les épousa toutes, à l'exception d'une seule, qu'il fit prêtresse.

21. *Una* (v. 53). Omphale, fille de Jardanus, et reine de Lydie et de l'Asie Mineure.

22. *Mæandros* (v. 55). *Voyez* la note 2 de l'épître VII.

23. *Collo..... Cui cælum sarcina parva fuit* (v. 57 et 58). *Voyez* le v. 17 de cette épître.

24. *Pestis Nemeæa* (v. 61). Le lion de la forêt de Némée, qui portait le ravage dans tous les environs.

25. *Populus alba* (v. 64). Cet arbre a la feuille blanche en dessous. On le consacra à Hercule, soit parce que ce dieu l'avait apporté le premier en Italie, soit parce qu'à sa sortie des enfers il en était couronné. *Voyez* la *Flore de Virgile*, annexée à l'édition Lemaire (pages 132, 133 et 221).

26. *Diomedis imago* (v. 67). Il ne faut pas confondre ce Diomède, qui nourrissait ses chevaux de chair humaine, avec le fils de Tydée, célèbre dans Homère. Le premier fut assommé par Hercule.

27. *Busiris* (v. 69). Tyran cruel d'Égypte, qui immolait à Jupiter tous les étrangers, pour provoquer les inondations du Nil. Hercule le tua au moment où il se disposait à lui faire subir le même sort qu'à ses autres victimes.

28. *Antæus* (v. 71). Fameux géant, fils de Neptune et de la Terre. Hercule l'étouffa en l'air, parce qu'il reprenait des forces toutes les fois qu'il touchait le sol.

29. *Mille laborum* (v. 75). Emphatique. Il n'y a que douze Travaux de compte fait.

30. *Prævalidæ fusos comminuere manus* (v. 80). Boileau (*Lutrin*) :

> Tel Hercule filant rompait tous ses fuseaux.

31. *Involuisse* (v. 86). Pour *involvisse*; licence poétique.

32. *Tegeæus aper cupressifero Erymantho* (v. 87). Tégée, ville d'Arcadie. — Érymanthe, montagne dans la même contrée.

33. *Threiciis adfixa penatibus ora* (v. 89). Diomède, après avoir fait dévorer les étrangers par ses chevaux, attachait leurs têtes aux portes de son palais. Virgile (*Én.*, liv. VIII, v. 196 et 197) :

> ..... Foribusque affixa superbis
> Ora virum.....

34. *Geryon* (v. 92). Roi d'Espagne, qui avait trois corps partant d'un tronc unique.

35. *Cerberos* (v. 94). Terminaison grecque.

36. *Fecundo vulnere serpens Fertilis* (v. 95-96). L'hydre de Lerne, dont Horace (liv. IV, *Od.* 4, v. 57) décrit par cette com-

paraison la propriété merveilleuse qu'elle avait de se reproduire sous le fer qui la mutilait :

> Duris ut ilex tonsa bipennibus,
> Nigræ feraci frondis in Algido,
> Per damna, per cædes, ab ipso
> Ducit opes animumque ferro.

37. *Prægrave compressa fauce pependit onus* (v. 98)? *Voyez* la note 28 de cette épître.

38. *Formaque bimembri* (v. 99). Les Centaures, monstres moitié hommes et moitié chevaux, enfans d'Ixion et de la Nue. Ils habitaient les montagnes de la Thessalie.

39. *Nympha..... Iardanis* (v. 103). Omphale. *Voyez* la note 21 de cette épître.

40. *Nota tropæa* (v. 104). Le manuscrit du Vatican porte : *Bina tropæa*.

41. *Quod tu non esses jure, vir illa fuit* (v. 106). « Les rôles ont été intervertis : tu étais femme et elle fut homme. »

42. *Procedit* (v. 109). Nous n'entendons pas ce mot dans le sens de *proficere, esse utilitati et commodo*.

43. *Hirsuti..... leonis* (v. 111). Le lion dont il est fait mention ci-dessus au vers 61.

44. *Lernæis..... venenis* (v. 115). *Voyez* la note 36 de cette épître.

45. *En venit ad sensus mollis ab aure dolor* (v. 120). Comme le mot *sensus* est vague, et pourrait se rapporter également au sens de l'ouïe, le poète se hâte de préciser : *Ante meos oculos*. Horace (*Art poétique*, v. 180 et 181) a dit plus nettement :

> Segnius irritant animos demissa per aurem,
> Quam quæ sunt oculis subjecta fidelibus.....

46. *Captiva..... Venit. Nec venit....*, *captarum more* (v. 123-125). Contradiction en apparence. Nous croyons avoir établi le sens assez explicitement.

47. *Expulsa Ætolide* (v. 131). Hémistiche où la loi de l'élision n'est pas observée, à la manière des Grecs.

48. *Eurytidos* (v. 133). *Voyez* l'Argument et la note 1 de cette épître.

49. *Pugnæ bis tibi causa fuit* (v. 138). Elle nomme de suite les deux combats qu'Hercule avait livrés par amour pour elle : l'un contre le fleuve Achéloüs, qui voulait se soustraire à lui sous diverses transformations ; l'autre contre le centaure Nessus. Ce dernier avait offert ses services à Hercule, pour faire passer à Déjanire le fleuve Evénus. *Voyez* les vers 141 et 142 de cette épître.

50. *Cornua flens legit* (v. 139). La force des taureaux réside principalement dans leurs cornes. Voilà sans doute pourquoi on représentait celle des fleuves par cet emblème.

51. *Scribenti nuntia venit Fama, virum tunicæ tabe perire meæ* (v. 143 et 144). *Voyez* l'Argument, et, plus bas, les vers 161-164.

52. *Lacerabitur OEta* (v. 147). Montagne de Thessalie, sur laquelle Hercule fit construire un bûcher par son ami Philoctète, à qui il donna ses flèches et son arc, en récompense de ce service.

— *Lacerabitur*. Hercule étant monté sur le bûcher, sa dépouille mortelle y fut consumée par le feu du ciel.

53. *Cognosces..... sororem* (v. 151). « Je vais t'imiter. »

54. *Solio sedet Agrios alto* (v. 153). Cet Agrius avait détrôné OEneus, père de Déjanire.

55. *Exulat* (v. 155). Tydée s'était réfugié à Argos, chez le roi Adraste, après avoir tué involontairement à la chasse son frère Ménalippe.

56. *Exegit ferrum sua per præcordia mater* (v. 157). Althée, mère de Déjanire, ayant appris la mort de son fils Méléagre, se poignarda, ou, selon Diodore de Sicile, se pendit. *Voyez* OVIDE (*Métam.*, liv. VIII, v. 531).

57. *Vires... amoris* (v. 162). Littéralement : *la force de l'amour;* c'est-à-dire, *la force de le ranimer.*

58. *Gorge* (v. 165). Elle épousa Andromène, dont elle eut Oxyle, sous la conduite duquel les Héraclides tentèrent de reconquérir le Péloponnèse.

59. *Patriæ frater ademte tuæ* (v. 166). Il est question ici de Tydée, cité plus haut, et non de Méléagre, mort depuis longtemps.

60. *Sed o possis* (v. 168) ! Sous-entendu *valere.*

ÉPITRE DIXIÈME.

Ariadne a Thésée. Thésée, sorti du Labyrinthe vainqueur du Minotaure, à l'aide du fil qu'Ariadne lui avait confié, quitta la Crète avec cette princesse et Phèdre sa sœur. Pendant la traversée, une tempête les obligea de relâcher dans l'île de Naxos. Là, soit qu'il regrettât de devoir le succès de son entreprise à l'amour d'une femme, et non à son mérite propre, soit tout autre motif, il abandonna lâchement sa libératrice, pendant qu'elle était profondément endormie. Est-il surprenant qu'Ariadne, à son réveil, épouvantée de cette affreuse solitude, de l'aspect de ces lieux sauvages et du mugissement des vagues, éclate en plaintes amères, et vomisse des imprécations contre le traître? Cependant, elle finit par ne plus désirer que son retour, afin qu'il rende au moins à sa dépouille les derniers devoirs.

1. *Mitius inveni, quam te, genus omne ferarum* (v. 1). Elle s'attendait à être dévorée par les animaux féroces dans un lieu aussi solitaire.

2. *Per facinus somnis insidiate meis* (v. 6). « Le sommeil l'a trahie, en favorisant le projet de Thésée; Thésée, à son tour, l'a trahie, en profitant de son sommeil pour l'abandonner. »

3. *Retento* (v. 11). De *retentare*, dont le primitif est *tento, as*.

4. *Æquora prospectu metior alta meo* (v. 28). Voyez cet épisode, traité par Catulle, dans l'*Épithalame de Thétis et Pélée* (v. 60 et suiv.).

5. *Quo fugis? exclamo*, etc. (v. 35). Entendons sa plainte touchante dans Catulle (*ibid.*, v. 132 et suiv.):

> Siccine me patriis avectam, perfide, ab oris,
> Perfide, deserto liquisti in litore, Theseu?
> Siccine discedens, neglecto numine Divum,
> Immemor ah! devota domum perjuria portas?
> Nullane res potuit crudelis flectere mentis
> Consilium? Tibi nulla fuit clementia præsto,
> Immite ut nostri vellet mitescere pectus?
> At non hæc nobis quondam promissa dedisti.

6. *Torpuerant molles ante dolore genæ* (v. 44). *Genæ* est pris par extension dans le sens de *palpebræ, oculi*. Le littéral

serait : « Mes yeux tendres s'étaient engourdis auparavant par la douleur. »

7. *Ogygio.... Deo.* (v. 48). Bacchus, particulièrement honoré à Thèbes, où régna Ogygès, fils de Neptune et d'Alitra. Du temps de ce roi, la Grèce fut inondée par un déluge.

8. *Quam...... lapis sedes, tam lapis ipsa fui* (v. 50). Pensée vraie, mais rendue puérile par l'antithèse. Catulle (*Épithalame de Thétis et Pélée*) a évité cette faute :

Saxea ut effigies Bacchantis prospicit Evæ.

9. *Non hominum video, non ego facta boum* (v. 60). Homère (*Odyss.*, liv. x, v. 98), parlant du pays des Lestrygons, également dépourvu de culture :

Ἔνθα μὲν οὔτε βοῶν οὔτ' ἀνδρῶν φαίνετο ἔργα.

10. *Accessus terra paterna negat* (v. 64). Après avoir abandonné son père et livré son frère le Minotaure, comment eût-elle osé revenir dans sa patrie? Catulle (*ibid.*, v. 80) s'empare de la même idée :

An patris auxilium sperem, quemne ipsa reliqui,
Respersum juvenem fraterna cæde secuta?

11. *Puero cognita terra Jovi* (v. 68). *Voyez* épît. IV, v. 163.

12. *Quæ regerent passus, pro duce, fila dedi* (v. 72). Catulle (*ibid.*) :

Errabunda regens tenui vestigia filo.

13. *Cui mater filia Phœbi* (v. 91). Pasiphaë.

14. *Cœlum restabat : timeo simulacra Deorum* (v. 95). Il faut convenir que ce vers est peu intelligible. Nous avons traduit littéralement, sans nous permettre la moindre altération de texte. Par les *simulacres des dieux*, la plupart des commentateurs entendent les dieux eux-mêmes, en tant qu'ils sont figurés par des images sensibles. Il y aurait alors périphrase, comme dans cette expression de M. de Lamartine (*Destinées de la poésie*, page 53; 1834) : « Sur certains rebords des précipices (du mont Liban), l'œil ne pouvait apercevoir aucun accès; mais là même un cou-

vent, une croix, une solitude, un oratoire, un ermitage, et quelques *figures de solitaires* circulant parmi les rochers ou les arbustes, etc. » Suit le verbe *destituor, etc.*, sans aucune liaison marquée avec ce qui précède; d'où l'on a conclu que ces deux vers pouvaient bien avoir été intercalés par quelque copiste maladroit dans son ignorance.

15. *Viveret Androgeos utinam, nec facta luisses Impia funeribus, Cecropi terra, tuis* (v. 99 et 100)! Androgée avait été tué dans des jeux à Athènes. De là une cause de guerre. Minos, ayant vaincu les habitans, exerça une cruelle vengeance; il exigea qu'ils fournissent chaque année sept jeunes filles et autant de garçons, pour servir de nourriture au Minotaure, relégué dans le Labyrinthe :

>..... Septena quotannis
> Corpora natorum.
>
> (Virg., *Æneid.*, lib. vi, v. 21.)

La troisième année, le sort désigna Thésée.

> Stat ductis sortibus urna.
> (*Ibid.*)

Il dut son triomphe au secours d'Ariadne, éprise de lui.

16. *Non poterant figi præcordia ferrea cornu* (v. 107). Mauvaise pointe, encore plus fade que l'antithèse du vers 50.

17. *Prodita sum causis una puella tribus* (v. 118). Voilà qui prouve qu'Ovide ne sait pas s'arrêter à propos. Est-il rien de plus anti-poétique et de plus inutile que cette récapitulation !

18. *Cecropios portus* (v. 125). Comme plus haut *Cecropi*, parce que Cécrops avait été roi d'Athènes, d'où l'on appela les habitans *Cecropidæ*.

ÉPITRE ONZIÈME.

Canacé a Macarée. Canacé, fille d'Éole, roi des vents, et d'Énarète, était devenue éperdûment amoureuse de son frère Macarée. Un enfant naquit de leur inceste. Le premier soin de sa mère fut de dérober à Éole le secret de sa naissance; mais la ruse ayant été découverte, comme elle le raconte dans sa lettre, celui-ci, transporté de fureur, ordonne qu'on livre cet enfant aux animaux carnassiers, et fait porter à sa fille une épée, dont elle a ordre de se servir pour mettre fin à ses jours. C'est dans ce moment critique et décisif, sous l'influence des pensées funestes et accablantes qui devaient assiéger son cœur, que Canacé est censée avoir écrit à son frère, pour lui apprendre sa triste destinée, et réclamer de lui une sépulture après sa mort.

1. *Si qua tamen* (v. 1). Ce début se ressent du désordre qui règne dans l'âme de celle qui écrit.

2. *Ferrum* (v. 3). Le glaive que son père lui avait envoyé.

3. *Spectasset siccis vulnera nostra genis* (v. 10). S'il doit rester insensible à ce spectacle d'horreur, on ne voit pas ce qu'elle eût gagné à l'avoir pour témoin de sa mort.

4. *Possidet et vitiis regna minora suis* (v. 16). Glose et répétition du vers précédent.

5. *Inter cognatos posse referre Jovem* (v. 18)? Elle remontait à Jupiter par Hellen, fils de ce dieu.

6. *Ora coacta* (v. 38). Ce mot peut signifier (*bouche*) *rétrécie*, quoique le propre de la douleur soit de resserrer plutôt l'estomac. Il y aurait alors hypallage.

7. *Annua* (v. 29). Littéralement : *d'une année*.

8. *Nullo læsa dolore* (v. 30). Pourrait-on traduire *Sans aucun motif de souffrance* ?

9. *Nutrix* (v. 34). Chez les anciens, la nourrice jouait un rôle important dans l'éducation des jeunes filles. C'est ce qu'établit Plutarque (Περὶ παίδων ἀγωγῆς), dans le chapitre qu'il consacre au choix de la nourrice. Voilà pourquoi aussi les Tragiques ont fait souvent, de ces femmes, des confidentes. *Voyez*, à ce sujet, J.-J. ROUSSEAU (*Émile*, 1), QUINTILIEN (*Inst. orat.*, 1, 1), et le vers 103 de l'épître première.

10. *Nova miles* (v. 48). On critiquera sans doute l'expression *conscrit inexpérimenté*, malgré le correctif qui l'accompagne. Nous demandons si la faute n'en est pas à l'auteur, et comment l'on peut être exact, en palliant les images du latin, parce qu'elles choquent la délicatesse de nos mœurs ou nos habitudes de langage? Nous avons dû être fidèles à notre système.

11. *Et grave, si morerer, mors quoque crimen erat* (v. 56). Sa mort compromettait l'existence de son enfant, et la couvrait elle-même d'infamie, en dévoilant sa conduite.

12. *Dixti* (v. 59). Abréviation de *dixisti*.

13. *Et positum est uteri crimen onusque mei* (v. 64). Vers d'une concision remarquable.

14. *Quid tibi grataris?* etc. (v. 65). Ce qui suit est parfaitement narré, sans détails oiseux, et avec toutes les circonstances propres à donner de l'intérêt au récit.

15. *Tradidit ensem* (v. 95). Dans l'édition Lemaire, ces deux mots ne sont pas enveloppés : il n'y a pas d'incise. Le discours de l'envoyé s'arrête à *tibi*, et la narration reprend de cette manière : « Il me livra et m'ordonne (au nom de mon père), etc. » Cette interprétation, qui nécessite l'emploi simultané du parfait et du présent, et fait rapporter *iste* au père, au lieu de le faire dépendre de *ensem*, n'est ni juste ni bien claire.

16. *Sorores* (v. 105). Apollodore lui donne quatre sœurs : Pisidice, Halcyone, Périmède et Calycé.

17. *Quid puer admisit*, etc. (v. 107). Ici Ovide est le poète de la nature et du sentiment.

18. *Nec mater fuero dicta, nec orba diu* (v. 120). « On ne m'aura pas long-temps appelée mère, on ne me verra pas long-temps privée de mon enfant; » c'est-à-dire, « on ne me verra pas sans mon enfant plus long-temps qu'on ne m'aura vue avec lui. »

19. *Perfruar* (v. 128). Est pris ici en mauvaise part, comme au vers 106 de l'épître VIII, avec idée de comparaison à un plus grand mal.

ÉPITRE DOUZIÈME.

MÉDÉE A JASON. Médée, après avoir comblé Jason de ses bienfaits, comme on l'expose dans l'Argument et les notes de l'épître VI, apprend qu'elle est répudiée pour Créüse, fille de Créon, roi de Corinthe. Furieuse à cette nouvelle, elle écrit à l'infidèle, pour lui reprocher son ingratitude, et le menacer d'une éclatante vengeance, s'il ne se hâte de réparer ses torts.

1. *Sorores* (v. 3). Les Parques, au nombre de trois.

2. *Cur unquam*, etc. (v. 7). Comparez PHÈDRE (liv. IV, fable 7), dans un passage analogue (*Utinam nec unquam*, etc.), rendu avec autant d'élégance que de précision et d'exactitude, par M. Ernest Panckoucke, l'un de nos collaborateurs. « Plût aux dieux, *dit-il*

(page 69 du *Phèdre* de notre Collection), que jamais la hache thessalienne, etc. »

3. *Phryxeam petiit Pelias arbor ovem* (v. 8). *Voyez* la note 3 de l'épître VI.

4. *Colchi...... Argo* (v. 9). *Voyez* les notes 16 et 40 de l'épître VI. — *Magnetida.* Magnésie était une ville voisine de la Thessalie.

5. *Phasiacam...... aquam* (v. 10). *Voyez* la note 28 de l'épître VI.

6. *Isset* (v. 15). A ce verbe et aux suivans, il faut sous-entendre *utinam non præmedicatus.* Médée l'avait prémuni contre les effets de la flamme que vomissaient les taureaux, par la vertu d'herbes magiques, qu'elle avait eu soin de lui faire prendre.

7. *Æsonides* (v. 16). Jason, fils d'Éson.

8. *Est aliqua ingrato meritum exprobrare voluptas* (v. 21). Euripide (*Médée*, v. 472 et 473) exprime par un autre tour la même idée; tant elle est conforme à la nature !

Ἐγώ τε γὰρ λέξασα κουφισθήσομαι
Ψυχὴν κακῶς σε, καὶ σὺ λυπήσει κλύων.

9. *Ephyren* (v. 27). Ancien nom de Corinthe, située dans l'isthme du Péloponnèse, entre la mer Égée et celle d'Ionie. VIRGILE (*Géorg.*, liv. II, v. 464):

..... Ephyreiaque æra.

10. *Scythia* (v. 27). La Scythie, vaste contrée septentrionale, partie en Europe, partie en Asie.

11. *Æeta* (v. 29). *Voyez* l'Argument et la note 5 de l'épître VI.

12. *Ut vidi, ut perii* (v. 33)! Les deux *ut* ne doivent pas se prendre dans la même acception. Le premier est synonyme de *ubi*, « dès que. »

13. *Pinea tæda* (v. 34). Comparaison peu noble.

14. *Insolito premeres vomere colla boum* (v. 40). *Voyez* la note 6 de l'épître VI.

15. *Semina...... populos genitura* (v. 45). *Voyez* la note 6 de l'épître VI.

16. *Lumina custodis, succumbere nescia somno* (v. 49). Les yeux du fameux Dragon. *Voyez* la note 3 de l'épître VI.

17. *Mensaque..... deserit..... toros* (v. 52). Nous disons, par une métaphore à peu près semblable, que *la table est levée*.

18. *Soror* (v. 62). Chalciope.

19. *Orat opem Minyis* (v. 65). Chalciope portait intérêt aux Argonautes, parce qu'elle avait, dit-on, quatre fils dans leur armée.

20. *Petit altera; et altera habebit* (v. 65). Leçon qui a fort embarrassé. Plusieurs interprètes, renonçant à l'expliquer, ponctuent de cette manière : *petit altera et altera. Habebit*, « l'une et l'autre (Médée et sa sœur) le demandent. (L'une et l'autre) auront (ce qu'elles demandent). » Mais cette interprétation est trop forcée. D'après notre leçon, voici comment il faudrait établir le sens : « L'une (la sœur) demande ; une autre (Créüse) l'aura. » En effet, c'est en définitive pour cette dernière que Jason se trouve avoir été conservé : *Sic vos non vobis*.

21. *Nescio an exciderint..... loca* (v. 71)? L'horreur religieuse de ces lieux était bien propre à en graver le souvenir dans l'esprit de Jason.

22. *Cuncta videntis avi* (v. 78). Le Soleil.

23. *Sed mihi tam faciles unde meosque Deos* (v. 84)? Ellipse élégante du verbe (*sperem*).

24. *Quota pars hæc sunt* (v. 89)? Littéralement : *quelle faible partie sont-elles (ces paroles)*? C'est qu'aux paroles il avait ajouté des démonstrations.

25. *Proditus est genitor; regnum patriamque reliqui* (v. 109). *Voyez* l'Argument de l'épître vi.

26. *Matre* (v. 112). Idyia, fille de l'Océan.

27. *Soror* (v. 112). *Voyez*, plus haut, la note 18 de cette épître.

28. *At non te....., germane, reliqui* (v. 112). *Voyez* la note 39 de l'épître vi.

29. *Symplegades* (v. 121). Les Symplégades, ou îles Cyanées, sur les bords du Pont-Euxin, au dessus du Bosphore de Thrace.

30. *Scylla* (v. 123). Parage de la mer de Sicile, où l'eau tourbillonne et engloutit les navigateurs.

31. *Debuit ingratis Scylla nocere viris* (v. 124). Les mythologues supposent que cette Scylla était une nymphe qui aima, sans être payée de retour, le dieu marin Glaucus, de concurrence avec Circé. Ayant été transformée par cette enchanteresse en un monstre effroyable, dont la partie inférieure ressemblait à un chien,

elle se précipita de honte dans un gouffre de la mer de Sicile, où le bruit des flots a donné lieu à la fiction.

32. *Quæque vomit fluctus totidem, totidemque resorbet* (v. 125). Charybde, femme très-vorace, que Jupiter foudroya et précipita dans la mer, pour avoir enlevé les bœufs d'Hercule.

33. *Hæmonias..... urbes* (v. 127). *Voyez* la note 9 de l'épître vi.

34. *Lana* (v. 128). *Laine* est ici pour *toison.*

35. *Quid referam Peliæ natas, pietate nocentes* (v. 129). Médée avait persuadé à ces filles crédules qu'en faisant bouillir les membres coupés de leur père, elles rajeuniraient le vieillard.

36. *Hymen* (v. 137). Son mariage avec Créüse.

37. *Frequentant* (v. 143). « Frequentius iterant. »

38. *Diversi* (v. 145). « Allant de côté et d'autre, pour ne pas être aperçus de moi. »

39. *Serpentes* (v. 162). Le pluriel par emphase.

40. *Hecates* (v. 168). Hécate présidait aux cérémonies magiques.

41. *Quæ me non possum, potui sopire draconem* (v. 171). Ces antithèses reviennent trop souvent. Ovide a le malheureux défaut d'épuiser son sujet, comme on l'a tant de fois observé. La suite en fournira de nouveaux exemples.

42. *In faciem moresque meos nova crimina fingis*, etc. (v. 177). Observation pleine de finesse.

43. *Ardores vincet adusta meos* (v. 180). On prétend que Médée, chassée de Corinthe, brûla le palais, avant de partir, au moyen d'une racine, découverte par Circé, qui avait la propriété de produire un feu inextinguible, et que Créonte et sa fille périrent dans cet incendie. Selon d'autres, les fils de Médée portèrent de sa part à Créüse des vêtemens imprégnés de certains poisons. La malheureuse s'en couvrit, et fut asphyxiée avec son époux Jason, accouru à son secours.

44. *Animis..... verba minora meis* (v. 184). Littéralement : « Des paroles moindres que mon courage ; » c'est-à-dire, *d'humbles paroles, des prières*; ce que confirme la suite.

45. *Avitæ lumina flammæ* (v. 191). *Voyez* la note 22 de cette épître.

46. *Tot res insana reliqui* (v. 193). *Voyez* la note 25 de cette épître.

47. *Graia juventus* (v. 203). Elle avait sauvé cette jeunesse d'une mort certaine.

48. *Sisyphias* (v. 204). Créon était fils de Sisyphe.

49. *Quos equidem actutum* (v. 207). Suspension qui rappelle le fameux *quos ego* de l'*Énéide*. Pour compléter la phrase, il faut sous-entendre *ulcisci* ou tout autre verbe analogue à *pœnam*.

ÉPITRE TREIZIÈME.

Laodamie a Protésilas. Protésilas, fils d'Iphiclus, roi de Phylacé, en Thessalie, et de Diomédée, était au nombre des princes qui avaient pris part à la célèbre expédition contre Troie. Laodamie, son épouse, fille d'Acaste et de Laodothée, ayant appris de l'oracle que le premier des chefs qui toucherait terre au débarquement, était destiné à périr, engage, par cette épître, son mari, dont elle connaît l'intrépidité, à profiter du retard occasioné à Aulis par la cessation des vents, pour revenir vers elle, ou du moins, s'il persiste dans son dessein, à se bien garder d'être, par une ardeur téméraire, le premier à sauter sur le rivage.

1. *Æmonis Æmonio* (v. 2). Comme s'il y avait *Thessala Thessalo*. La Thessalie, en effet, s'appela d'abord Émonie, d'une des filles de Deucalion. *Voyez* la note 33 de l'épître précédente.

2. *Aulide* (v. 3). Aulis, port et ville de Béotie, où les Grecs furent arrêtés, en expiation d'un sacrilège commis par Agamemnon, en tuant à la chasse une biche consacrée à Diane.

3. *Illud erat sævis utile tempus aquis* (v. 6). Répétition du vers précédent. — *Utile* pour *aptum* ou *commodum*.

4. *Abrepta* (v. 15). Littéralement : *enlevées*.

5. *Grandævus Acastus* (v. 25). Acaste, fils de Pélias, et l'un des compagnons de Jason. Il était Thessalien, et prolongea sa carrière au delà même de la prise de Troie, comme le prouve un passage des *Troyennes* d'Euripide.

6. *Non licuisse* (v. 28). Sous-entendu *per illos*.

7. *Pampinea tetigisse Bicorniger hasta* (v. 33). *Bicorniger*, surnom emblématique de Bacchus, pour désigner sa force, ou par allusion à l'usage qu'il avait de porter une peau de bouc dans ses voyages. — *Pampinea...... hasta*. Ovide (*Métamorph.*, liv. III, v. 666) :

> Ipse, racemiferis frontem circumdatus uvis,
> Pampineis agitat velatam frondibus hastam.

8. *Phylaceides* (v. 35). Phylacé était une ville de la Phthiotide en Thessalie.

9. *Dyspari* (v. 43). Nous avons préféré cette leçon, donnée par deux manuscrits de Venise, à *dux Pari* de l'édition Lemaire. Cette sorte d'imprécation, usitée contre Pâris, a paru plus raisonnable de la part d'une femme qui avait de fortes raisons de haïr ce prince, tandis que la qualification de *général en chef* serait tout-à-fait insignifiante en cette circonstance. Homère (*Il.*, liv. III, v. 39):

Δύσπαρι, εἶδος ἄριστε..........

10. *Tænariæ... maritæ* (v. 45). *Voyez* la note 15 de l'épître II, et la note 29 de l'épître VIII.

11. *Et sua det reduci vir meus arma Jovi.* (v. 50). Les guerriers, au retour de leurs expéditions, suspendaient leurs armes dans les temples des dieux. — *Reduci* est pris activement pour *reducenti*.

12. *Ilion et Tenedos; Simoisque et Xanthus* (v. 53). Ilion. *Voyez* la note 32 de l'épître I. — Ténédos, île entre Lesbos et l'Hellespont, vis-à-vis Troie. — Le Simoïs. *Voyez* la note 22 de l'épître I. — Le Xanthe, fleuve de la Troade, le même que le Scamandre.

13. *Nomina sunt ipso pæne timenda sono* (v. 54). Boileau (*Épître au Roi*), commandé par la nature de son sujet, prend le contre-pied de l'assertion qu'Ovide a cru devoir prêter à l'héroïne de cette lettre. Après s'être récrié contre l'énorme difficulté d'asservir au joug de la rime et au mètre du vers français, des noms aussi rebelles à la poésie que ceux des places fortes de la Hollande que le grand roi avait conquises :

Des villes que tu prends les noms durs et barbares
N'offrent de toutes parts que syllabes bizarres.
. . . .
Et qui peut sans frémir aborder Woërden ?

il regrette de n'avoir pas à introduire dans sa pièce les noms doux et harmonieux des peuples et des contrées de l'Asie :

Il n'est plaine en ces lieux si sèche et si stérile
Qui ne soit en beaux mots partout riche et fertile.
Là, plus d'un bourg fameux par son antique nom
Vient offrir à l'oreille un agréable son.
Quel plaisir de te suivre aux rives du Scamandre,
D'y trouver d'Ilion la poétique cendre !

14. *Et sequitur regni pars quotacunque sui* (v. 60). Remarquons ici que Laodamie, énumérant les motifs qu'elle a de craindre l'issue d'une entreprise si gigantesque, en exagère à dessein les périls, dans la vue d'intimider son époux.

15. *Consors...... gemellis* (v. 61). Comme si elle eût dit, en style de prose : « Eamdem nacta, quam gemelli, nascendi conditionem. »

16. *Suspicor* (v. 62). Elle ne pouvait savoir sûrement la véritable cause de sa défaite (*victam*).

17. *Hectora nescio quem timeo* (v. 63). Le nom de ce guerrier ne devait lui être connu que d'une manière imparfaite. *Voyez* la note 10 de l'épître 1.

18. *Pugnet, et adversos tendat Menelaus in hostes : Ut rapiat Paridi, quam Paris ante sibi* (v. 73 et 74). Cet argument était, sans contredit, le plus concluant qu'elle pût faire valoir. L'offense était personnelle à Ménélas, et le différent devait se vider entre lui et le ravisseur. Aussi Homère emploie-t-il souvent ce motif dans les reproches qu'il fait adresser aux Atrides par ses héros. Plus bas, Laodamie n'est plus autant dans le vrai, lorsque sa tendresse va jusqu'à conseiller une lâcheté à son époux (*tu tantum vivere pugna*). Cependant, elle est excusable en quelque sorte, puisqu'elle n'aspire pas à être une austère Spartiate. La passion raisonne peu, surtout dans son sexe.

19. *Fortius ille potest multo, qui pugnat amore* (v. 83). Une femme pudique devait s'arrêter devant un tel détail, et ne pas révéler les mystères du tête-à-tête nuptial. C'était pour elle le cas de dire, comme Sapho (épître xv, v. 133) : *ulteriora pudet narrare*.

20. *Substitit auspicii lingua timore mali* (v. 86). On connaît la superstition des anciens relativement aux présages qu'ils croyaient attachés à certains évènemens fortuits. Massillon reproche aux chrétiens de son temps d'être trop adonnés à ce travers du paganisme. Il leur dit, au sujet des frayeurs que la mort excite en eux : « Nous craignons les récits lugubres...... Nous croyons voir partout des présages sinistres de notre mort, dans les rêveries d'un songe, dans le chant nocturne d'un oiseau, dans un nombre fortuit de convives, dans des évènemens encore plus ridicules. »

21. *Mille rates* (v. 97). Virgile (*Én.*, liv. II, v. 198) :

<blockquote>Non anni domuere decem, non mille carinæ.</blockquote>

22. *Fatigatas ultima verset aquas* (v. 98). Racine (*Iphig.*, acte I, sc. I) :

<blockquote>..... Et la rame inutile
Fatigua vainement une mer immobile.</blockquote>

23. *Narrantia verba resistunt* (v. 121). En prose : « Narrantis verba remorantur. »

24. *Promtior est dulci lingua referre mora* (v. 122). L'auteur aura sans doute cherché une antithèse entre *promtior* et *mora*.

25. *Spes bona sollicito victa timore cadit* (v. 124). *Spes* est un de ces mots que les grammairiens appellent à signification moyenne ou indifférente. Virgile en fournit aussi cet exemple (*Én.*, liv. I, v. 547) :

<blockquote>At sperate Deos memores fandi atque nefandi.</blockquote>

26. *Ipse suam non præbet iter Neptunus ad urbem* (v. 129). Une ancienne tradition attribuait à Neptune et à Phébus la construction des murailles de Troie. Voilà pourquoi les poètes désignent l'un ou l'autre de ces dieux comme fondateurs de cette ville.

27. *Inachiæ..... rates* (v. 134). Le Péloponnèse s'appelait *Inachia*, du fleuve Inachus, ou d'un ancien roi de la contrée, qui lui avait donné son nom.

28. *Troasin* (v. 137). Datif pluriel à terminaison grecque.

29. *Nova..... nupta* (v. 139). C'est le terme ordinaire pour désigner en latin une *nouvelle mariée*. Cependant notre poète (épître I, v. 27) emploie le mot *nymphæ*. *Voyez* la note correspondante à ce vers.

30. *Excipietque suo pectora lassa sinu* (v. 148). Ces détails ont de la grâce ; ils sont bien exprimés. C'est le langage simple et sans affectation de la nature.

31. *Nos sumus incertæ, nos anxius omnia cogit, Quæ possunt fieri, facta putare, timor* (v. 149 et 150). Pensée vraie, et qu'on peut regarder comme le développement de ce vers de la première épître :

<blockquote>Res est sollíciti plena timoris amor.</blockquote>

32. *Quæ referat vultus est mihi cera tuos*, etc. (v. 152). Euripide (*Alceste*, v. 361) fait dire par Admète à son épouse :

Σοφῇ δὲ χειρὶ τεκτόνων τὸ σὸν δέμας
Εἰκασθὲν ἐν λέκτροισιν ἐκταθήσεται,
Ὦ προσπεσοῦμαι, καὶ περιπτύσσων χέρας,
Ὄνομα καλῶν σὸν, τὴν φίλην ἐν ἀγκάλαις
Δόξω γυναῖκα, καίπερ οὐκ ἔχων, ἔχειν.

La situation est la même : il ne serait pas impossible qu'Ovide, nourri de la lecture des bons auteurs grecs, l'eût empruntée à son devancier. Peut-être n'est-ce qu'une réminiscence ou une rencontre heureuse ?

33. *Me tibi venturam comitem, quocunque vocaris* (v. 163). Que ce vers est sec, comparé à ces deux strophes si passionnées, si expansives, dans lesquelles Horace (liv. II, *Od.* 17) voue à Mécène un attachement à l'épreuve même de la mort !

> Ah ! te meæ si partem animæ rapit
> Maturior vis, quid moror altera,
>   Nec carus æque, nec superstes
>   Integer ? Ille dies utramque
>
> Ducet ruinam. Non ego perfidum
> Dixi sacramentum : ibimus, ibimus,
>   Utcumque præcedes, supremum
>   Carpere iter comites parati.

34. *Sive, quod heu! timeo* (v. 164). L'ellipse est facile à intégrer. Ce que craint Laodamie, c'est la mort de son époux, par opposition à *superstes*. Sous-entendez donc *accidat* ou *occumbas*.

35. « *Sit tibi cura mei, sit tibi cura tui* » (v. 166). Il est fâcheux que la pensée, juste au fond, perde de son mérite par la forme alambiquée dont le poète l'a revêtue.

ÉPITRE QUATORZIÈME.

HYPERMNESTRE A LYNCÉE. Danaüs et Égyptus étaient deux frères, régnant chacun sur une portion de l'Égypte. Le premier avait cinquante filles, que son frère demanda en mariage pour ses fils en nombre égal. Danaüs, qui avait appris de l'oracle qu'il devait périr de la main d'un de ses gendres, refuse son consentement, et s'enfuit même, par ordre de Junon, à Argos, dans le Péloponnèse, afin de se soustraire aux persécutions d'Égyptus. Mais celui-ci envoya ses fils à sa poursuite avec une armée. Ils attaquent la ville, et, après un siège vigoureux, forcent le roi à consentir à leur union. Danaüs, réduit à cette extrémité, fit promettre à chacune de ses filles d'égorger leurs maris, la première nuit de leurs noces : ce qu'elles exécutèrent toutes, excepté Hypermnestre, qui sauva son époux Lyncée. Danaüs, irrité de sa désobéissance, la fit jeter dans les fers, et menaça de la mettre à mort. C'est dans cette affreuse conjoncture qu'Hypermnestre engage, par cette lettre, son époux, qui s'était enfui en Égypte, à demander des secours à son père, et à revenir au plus tôt la délivrer; ou, s'il ne peut lui rendre ce service, à lui donner au moins la sépulture.

1. *Cetera nuptarum crimine turba jacet* (v. 2). Horace (liv. III, Od. 11, v. 31 et suiv.) décrit ainsi cette catastrophe :

> Impiæ sponsos potuere duro
>   Perdere ferro !
> Una de multis, face nuptiali
> Digna, perjurum fuit in parentem
> Splendide mendax, et in omne virgo
>   Nobilis ævum.

2. *Me pater igne licet, quem non violavimus, urat* (v. 9). La pensée, ainsi présentée, est plus que ridicule; elle n'a pas même le mérite de la clarté.

3. *Quæque aderant sacris, tendat in ora faces* (v. 10). Répétition d'autant plus fautive, qu'elle reproduit une mauvaise pointe.

4. *Non es* (v. 14). Hypermnestre s'adresse la parole sans se nommer. Lemierre, dans la tragédie de ce nom, fait répondre à Danaüs par Hypermnestre :

> Moi, mériter qu'un jour, avec mes sœurs cruelles,
> L'univers me confonde en son horreur pour elles;
> Et, maudissant mon nom sans cesse avec le leur,
> Dise : « Hypermnestre aux fers a souillé son malheur :
> Par un lâche retour elle s'est démentie;
> Elle a sauvé Lyncée, et s'en est repentie ! »

5. *Cor pavet admonitu temeratæ sanguine noctis; Et subitus dextræ præpedit orsa tremor* (v. 17 et 18). Précaution oratoire assez usitée, lorsque va commencer le récit d'un évènement lugubre ou horrible. Virgile (*Én.*, liv. II, v. 12) :

> Quamquam animus meminisse horret, luctuque refugit,
> Incipiam.....

6. *Modo facta crepuscula terris* (v. 21). La narration qui suit réunit toutes les qualités du genre. Il serait à désirer qu'Ovide se fût toujours ainsi renfermé dans les bornes sévères de son sujet.

7. *Ipsa Jovis conjux cessit ab urbe sua* (v. 28). Ce vers est un trait de grand poète.

8. *Ecce mero dubii* (v. 29). Il était nécessaire que les époux fussent ivres, pour ne pas concevoir de soupçons et être plus tôt assoupis (*vina soporis*).

9. *Funere digna* (v. 32). Littéralement : « dignes de funérailles. »

10. *Ter acutum sustulit ensem. Ter male sublato decidit ense manus* (v. 45 et 46). Ces hésitations donnent au récit un caractère de plus grande vérité.

11. *Admovi jugulo, etc.* (v. 47). La remarque qui précède trouve encore ici son application.

12. *Purpureos laniata sinus* (v. 51). Le mot *purpureos* peut n'être qu'un hypallage. Alors il faudrait traduire : « la pourpre qui couvre (mon sein). »

13. *Femina sum, et virgo, natura mitis et annis* (v. 55). Ce vers et le suivant doivent être regardés comme une objection qu'elle s'adresse : « Mais je suis femme, jeune et douce; ce crime me révolte : n'importe, mes sœurs l'ont bien commis; il faut que j'exécute comme elles les ordres de mon père. »

14. *Patruelia regna tenendo* (v. 61.) Rappelons-nous l'usurpation d'Égyptus. *Voyez* l'Argument.

15. *Quid fecimus ipsæ* (v. 63). Dans son opinion, le crime dont on l'obligeait de se souiller, était pire que la mort.

16. *Dum petis amplexus sopitaque brachia jactas, Pæne manus telo saucia facta tua est* (v. 69 et 70). Rien de plus juste, que ce trait d'observation. Voilà comme un poète ingénieux puise

dans l'étude de la nature le principe des développemens que son sujet comporte.

17. *Belide* (v. 73). Lyncée était petit-fils de Bélus.

18. *Dum nox atra sinit* (v. 78). La répétition de ces mots est d'une négligence étudiée, et par là même élégante.

19. *Cognatæ jacturam mortis* (v. 81). Littéralement : « la perte d'une mort de parent. »

20. *Et queritur facti sanguinis esse parum* (v. 82). Superfétation. Style plat et sans couleur.

21. *Quo bos ex homine* (v. 86). Dans cette phrase, *homine*, mot à double genre, est pris au féminin, et on sous-entend *factus est*, indiqué dans le second hémistiche.

22. *Ex bove facta Dea* (v. 86). Il est question d'Io, aimée par Jupiter. Ce dieu, pour la soustraire à la vengeance de Junon, l'avait changée en génisse. Mais la déesse soupçonneuse, qui se doutait de la ruse, la confia à la garde d'Argus aux cent yeux. Jupiter fit tuer par Mercure cet importun surveillant. Alors Junon avisa d'un autre moyen; elle fit piquer sa rivale par un taon furieux. Io, ne pouvant supporter la douleur qu'elle éprouvait, se réfugia en Égypte, où Jupiter lui rendit la forme humaine. On prétend que c'est elle que les Égyptiens ont adorée sous le nom d'Isis.

23. *Liquidi...... parentis* (v. 89). Le fleuve Inachus.

24. *Factos* (v. 94). Pour *additos*.

25. *Tu tibi dux comiti, tu comes ipsa duci* (v. 106). Pensée trop alambiquée.

26. *Insanæ* (v. 108). Ce mot se rapporte à *bovi*, et non à *pellicis*. — Scaliger regardait avec raison cette épisode comme un beau hors-d'œuvre. Pindare et Simonide, malgré le désordre permis à l'ode, eussent à peine trouvé grâce pour s'être écartés aussi largement du sujet principal. *Voyez*, sur cette nouvelle métamorphose, la note 22 de cette épître.

27. *Dant anni quod querar, ecce, mei* (v. 110). « Je trouve matière à des plaintes légitimes dans le court espace des années que j'ai vécues. »

28. *Bella pater patruusque gerunt* (v. 111). L'animosité entre les deux frères était si vive, qu'Égyptus, en envoyant ses fils à la poursuite de Danaüs, leur avait signifié de ne pas revenir sans apporter la tête de ce malheureux prince.

29. *Ejectas ultimus orbis habet* (v. 112). Est-il étonnant que les contrées de la Grèce parussent le bout du monde à des femmes exilées?

30. *Ille ferox* (v. 113). Égyptus.

31. *Cum sene... inopi* (v. 114). Danaüs.

32. *Nam mihi quot fratres, totidem periere sorores* (v. 117). Voyez, sur la qualification de frères donnée à des cousins, la note 1 de l'épître VIII. — *Periere sorores.* Horace (liv. III, *Od.* 11, v. 25 et suiv.) annonce ainsi leur supplice dans les enfers :

> Audiat Lyde scelus, atque notas
> Virginum pœnas, et inane lymphæ
> Dolium fundo pereuntis imo,
>   Seraque fata,
> Quæ manent culpas etiam sub Orco.

33. *Vel fer opem, vel dede neci* (v. 125). On prétend que ni l'un ni l'autre n'arriva; que la fille fut absoute de son prétendu crime par le tribunal du peuple, auquel elle en avait appelé, et que Lyncée, rentré en grâce avec le vieillard, obtint pour épouse celle qui lui avait donné une marque d'amour si éclatante.

34. *Corpora furtivis insuper adde rogis* (v. 126). Voyez, sur l'importance que les anciens attachaient aux funérailles, la note 45 de l'épître II.

35. « *Exsul Hypermnestra, etc.* » (v. 129). Ce distique résume nettement la principale circonstance de la vie d'Hypermnestre.

ÉPITRE QUINZIÈME.

SAPHO A PHAON. Sans nous arrêter à la tradition plus ou moins suspecte qui reconnaît deux Saphos, l'une de Mitylène, poète célèbre et d'une conduite irréprochable, l'autre d'Érésis, décriée par la dépravation de ses mœurs, nous nous contenterons d'observer, pour l'intelligence de cette épître, qu'Ovide n'en admet qu'une seule, à laquelle il attribue des qualités mélangées de l'une et de l'autre. Celle-ci, qui de plus se dit fort disgraciée de la nature, éprouve l'amour le plus effréné pour un certain Phaon, jeune batelier que Vénus, en récompense d'un service gratuit qu'il lui avait rendu sans la connaître, avait doué d'une beauté merveilleuse. Les dédains du jeune homme la désespèrent au point que, pour échapper aux ardeurs qui la consument, elle a résolu de se précipiter dans la mer, à l'endroit du fameux saut de Leucade. Ce lieu, dit-on, avait la propriété de faire oublier l'amour. Mais, avant d'exécuter ce funeste dessein, elle tente un dernier effort pour attendrir le cœur de son amant, par cette lettre passionnée où elle lui expose tous les tourmens qu'elle endure.

1. *Forsitan et quare mea sint alterna requiras Carmina* (v. 5). Par *vers entremêlés* il faut entendre ici des *distiques*, mètre consacré à l'élégie.

2. *Elegeia flebile carmen* (v. 7). *Élégie* dérive de la particule ἒ, exclamation de tristesse dans Aristophane, et du verbe λέγειν, qui signifie *exprimer, dire*, etc.

3. *Non facit ad lacrymas barbitos ulla meas* (v. 8). Le motif allégué n'est pas satisfaisant. Horace (liv. 1, *Od*. 24) a pris la lyre pour déplorer la mort de Quinctilius. En supprimant l'objection, on s'épargnait le soin d'y répondre.

4. *Uror* (v. 9). Voilà peut-être par où devait commencer une lettre destinée à peindre la violence du plus ardent amour.

5. *Arva Phaon celebrat diversa Typhoïdos Ætnœ* (v. 11). Phaon, voulant se soustraire aux importunités d'une femme pour laquelle il ne se sentait que de l'indifférence, avait fui en Sicile. Sa fougueuse amante l'y suivit, sans succès, comme on peut le voir dans l'Argument. — *Typhoïdos*. Typhée était un des Géans qui entreprirent d'escalader le ciel.

6. *Non mihi, dispositis quæ jungam carmina nervis Proveniunt* (v. 13). Il ne reste des poésies de Sapho que deux odes, conservées par Denys d'Halicarnasse et Longin. Mais elle avait composé, outre un grand nombre de pièces lyriques, des élégies, des hymnes, des épigrammes, etc.

7. *Nec me Pyrrhiades Methymniadesve puellæ* (v. 15). Pyrrha et Méthymne étaient des villes dans l'île de Lesbos.

8. *Atque aliæ centum, quas non sine crimine amavi* (v. 19). Sapho était connue comme tribade, et on peut lui appliquer le mot énergique d'Horace sur la magicienne Folia (liv. v, *Od*. 5, v. 41): *masculæ libidinis*. Il paraît, au reste, d'après un autre passage du même poète (liv. 11, *Od*. 13, v. 24 et 25), que ses

belles compatriotes répondaient fort peu à ses avances, puisqu'il la représente se plaignant de leurs dédains :

> Æoliis fidibus querentem
> Sapho puellis de popularibus.

9. *Improbe, multarum quod fuit, unus habes* (v. 20). Littéralement : « Ce qui fut (le partage) d'un grand nombre, toi seul le possèdes. »

10. *Est in te facies* (v. 21). *Voyez*, sur la cause de cette beauté, la fin de l'Argument.

11. *Accedant capiti cornua, Bacchus eris* (v. 24). *Voyez* la note 7 de l'épître XIII.

12. *Et Phœbus Daphnen, et Gnossida Bacchus amavit* (v. 25). *Voyez*, sur la fable de Daphné, les *Métamorphoses* (liv. 1, v. 452 et suiv.). — *Gnossida*. Ariadne, de Gnosse, ville de Crète, où régnait Minos, son père. Bacchus s'attacha à elle après son abandon dans l'île de Naxos.

13. *Pegasides* (v. 27). *Les Muses*, ainsi nommées de la célèbre fontaine (πηγή) Aganippide, que le cheval Pégase fit jaillir sous ses pas.

14. *Jam canitur toto nomen in orbe meum* (v. 28). *Voyez* la note 6 de cette épître.

15. *Alcæus* (v. 29). Alcée, poète lyrique. Il approche d'Homère par la pompe et la magnificence de sa poésie (*grandius.... sonat*).

16. *Mensuram nominis ipsa fero* (v. 34). Le poète équivoque misérablement. Il pouvait faire dire avec simplicité : « Je sens en moi assez de talent pour consacrer mon nom à l'immortalité, pour me grandir dans la mémoire des hommes. »

17. *Cepheia* (v. 35). Andromède, fille de Céphée, roi d'Éthiopie. Les Néréides l'avaient exposée sur une roche nue à la férocité d'un monstre marin, pour punir sa mère d'avoir préféré sa beauté à la leur. Persée, qui retournait dans sa patrie, la vit, l'aima, la délivra et en fit son épouse.

18. *Et variis albæ junguntur sæpe columbæ* (v. 37). Ici *junguntur* désigne un lien moral, un lien d'affection, plutôt qu'un lien matériel. Il ne faut donc pas traduire *sont attelées*.

19. *Viridi..... ave* (v. 38). Peut-être le perroquet?

20. *Nulla futura tua est* (v. 40). Ici affirmatif, plus haut conditionnel. Elle veut dire qu'aucune femme ne l'égale en beauté.

21. *Sed tum præcipue, quum fit amoris opus* (v. 46). Ce vers et les quatre qui suivent, quoique peignant d'une manière exacte la lubricité de Sapho, sont par trop cyniques. Avec quelle mesure le chaste Virgile décrit les amours de Didon et d'Énée!

22. *Sicelis esse volo* (v. 52). Elle le fut effectivement. *Voyez* la note 5 de cette épître.

23. *Nisiades matres* (v. 54). Nisée était le nom d'une ville de l'Attique, d'où sortirent les Mégariens, fondateurs de Mégare, en Sicile. Cette dénomination s'est étendue ensuite à tous les habitans de l'île.

24. *Quæ dicit vobis, dixerat ante mihi* (v. 56). Il paraît que Phaon ne lui avait pas toujours tenu rigueur.

25. *Erycina* (v. 57). Surnom de Vénus, du mont Éryx, sur le sommet duquel s'élevait un temple de cette déesse. Ce temple passait pour le plus magnifique de toute la Sicile.

26. *Inops frater* (v. 63). Ce frère s'appelait Charaxus, comme on le verra plus bas, v. 117. Il se prit d'amour pour une esclave nommée Rhodopis, au service de Xanthus avec le fameux Ésope. Le rachat de cette femme, et les dépenses dans lesquelles elle l'entraîna, le réduisirent à la mendicité; ce qu'indique le vers suivant.

27. *Peragit freta.... remo* (v. 65). Après avoir perdu toute sa fortune, Charaxus exerça la piraterie (mot qui vient de πειρᾶν).

28. *Male* (v. 66). Il faut traduire par *honteusement*, et non par *misérablement*. La piraterie excite plutôt le mépris que la compassion.

29. *Filia parva* (v. 70). Sapho avait épousé un certain Cercola, d'Andros, dont elle eut une fille nommée Cléis, précisément celle de notre vers.

30. *Ecce jacent collo*, etc. (v. 73). Développement par amplification de cette idée : « Je néglige le soin de ma parure. »

31. *Levibusque cor est violabile telis* (v. 79). Leçon du manuscrit de Francfort, adoptée par Mycille. La plupart des éditions allongent le mot *cor* après le retranchement de *que* devant *est*; ce qui est contraire à la quantité prosodique de ce mot, constamment suivie par Ovide lui-même dans les *Tristes* (liv. v,

élég. 8, v. 28), et dans deux autres endroits des *Pontiques* et des *Métamorphoses*, et par Martial (liv. x, épigr. 15). Comment un *Gradus* a-t-il donc pu dire qu'il avait été employé bref par notre poète ?

32. *Hunc ne pro Cephalo raperes, Aurora, timebam* (v. 87). Voyez, sur cette aventure, la note 39 de l'épître iv.

33. *Prima rapina* (v. 88). Céphale.

34. *Jussus erit somnos continuare Phaon* (v. 90). Allusion au sommeil d'Endymion dans une grotte du mont Latmus, en Carie.

35. *Marti... suo* (v. 92). On connaît la fable des filets dont Vulcain fit usage, pour prendre sur le fait son infidèle épouse, en galant commerce avec le dieu Mars.

36. *Non ut ames, oro, verum ut amare sinas* (v. 96)! Pensée naturelle dont l'inspiration part du cœur.

37. *Novem.... Deas* (v. 108). Les neuf Muses.

38. *Et lacrymæ deerant oculis, et lingua palato* (v. 111). Vers faiblement exprimé en latin.

39. *Gaudet et e nostro crescit mœrore Charaxus* (v. 117). Sans doute que Charaxus, tombé dans la misère, était charmé, comme c'est le propre de l'envie, de voir dans sa sœur une compagne d'infortune.

40. *Ante oculos itque reditque meos* (v. 118). Pour jouir du spectacle de son affliction et, en quelque sorte, la narguer.

41. « *Filia vivit,* » *ait* (v. 118). C'était lui reprocher indirectement qu'un étranger partageât ses affections avec sa fille. Il paraît, au reste, d'après un fragment des poésies de Sapho, cité par Héphestion le Grammairien, que cette enfant lui était fort chère, puisqu'elle l'appelle Κλαῖς ἀγαπητά, et déclare qu'elle la préfère à tous les trésors de la Lydie.

42. *Aptaque consueras accipere, apta dare* (v. 132). Heyne explique ainsi le vers : « Ore commode et apte applicato dare. » Le poète aurait-il voulu faire si tôt l'application de cette remarque (v. 121) :

Non veniunt in idem pudor atque amor ?

43. *Sed omnia fiunt* (v. 133). Cet hémistiche est de trop; il faut laisser quelque chose à deviner à la perspicacité du lecteur.

44. *Deliciis* (v. 138). Synonyme de *amoribus*.

45. *Erichtho* (v. 139). Il y eut une célèbre magicienne de ce nom du temps de Sextus Pompée. Ce ne peut être celle qu'Ovide fait citer à Sapho.

46. *Mygdonii marmoris* (v. 142). La Phrygie, ainsi appelée du nom de ses anciens colons, venus de Mygdonie en Macédoine.

47. *Sola virum non ulta pie* (v. 153). Térée, ayant violé sa belle-sœur Philomèle, fille de Pandion, roi d'Athènes, l'enferma dans une prison après lui avoir fait couper la langue, pour qu'elle ne pût révéler cet horrible secret. Mais celle-ci peignit l'histoire de ses malheurs sur une toile, et l'envoya à Progné, épouse de son persécuteur. Progné accourut de suite, à la tête d'une troupe de femmes, délivrer sa sœur, et servit à son époux les membres de son propre fils dans un repas. C'est ce qui explique l'expression *non pie*, à laquelle on a voulu à tort substituer *non prius*.

48. *Daulias ales* (v. 154). Progné fut changée en hirondelle, qu'on appelle oiseau de Daulis, parce que le palais de Térée était dans cette ville de Thrace. Quant aux trois autres personnages, ils furent également métamorphosés, dit la Fable, Itys en faisan, Philomèle en rossignol, et Térée en épervier, pendant qu'il poursuivait sa femme. *Voyez* la note suivante sur le cas en *as*.

49. *Ambracias* (v. 164). Nominatif à terminaison grecque, comme dans ce vers d'Horace (liv. I, *Od.* 22, v. 14) :

Daunias latis alit esculetis.

— La principale ville d'Épire était Ambracie, dans le golfe du même nom.

50. *Actiacum populi Leucadiumque vocant* (v. 166). La partie de mer qui baignait les côtes dominées par ce temple d'Apollon, avait pris son nom des deux promontoires de l'Épire, Actium et Leucade.

51. *Hanc legem locus ille tenet* (v. 171). *Voyez* l'Argument.

52. *Nymphe* (v. 175). Terminaison grecque de nominatif singulier.

53. *Hæc mea non magnum corpora pondus habent* (v. 178). Quel mauvais goût, de lui faire dire à l'air : « Soutiens-moi, car je pèse peu ! »

54. *Communia munera* (v. 181). Ces mots s'expliquent par le vers 184 : *Convenit, etc.*

55. *Cum.... possis* (v. 186). Elle s'adresse maintenant à Phaon.

56. *Nupturaque nuptaque proles* (v. 199). Nous aurions pu traduire : *Mariées ou sur le point de l'être.* Nous avons préféré l'extrême exactitude. *Voyez* l'Avertissement.

57. *Æolia..... lyra* (v. 200). Sapho a écrit dans le dialecte éolien.

58. *Infamem quæ me fecistis amatæ* (v. 201). *Voyez* la note 8 de cette épître.

59. *Venus, orta mari* (v. 213). *Voyez* le vers 60 de l'épître vii.

60. *Ipse gubernabit residens in puppe Cupido* (v. 215). Elle parle ici en poète qui embellit les objets par de riantes images.

ÉPITRE SEIZIÈME.

Paris a Hélène. Pâris, envoyé à Sparte en ambassade, comme il a été dit dans l'Argument de l'épître v, y reçut un très-bon accueil de Ménélas. Mais comme le motif réel qui l'avait amené à la cour de ce prince était de lui ravir son épouse, sur laquelle il se croyait des droits par la promesse de Vénus, il saisit l'occasion d'une absence de cet époux trop crédule, pour faire remettre une lettre à Hélène. On s'attend bien que cette lettre est uniquement destinée à lui peindre l'ardeur de sa flamme, et à effacer insensiblement de son esprit les principes de vertu et d'honneur qui pouvaient mettre obstacle à ses projets.

1. *Priamides* (v. 1). *Voyez* l'Argument de l'épître v, et la note 30 de l'épître viii.

2. *Ledæa* (v. 1). Hélène. *Voyez* la note 24 de l'épître viii, et la note 52 de celle-ci.

3. *Exstat* (v. 4). Ce mot peut se prendre ici dans le sens de *ressortir.*

4. *Quis enim celaverit ignem, Lumine qui semper, etc.* (v. 7 et 8). Espèce de phrase faite. Notre proverbe est : « Il n'y a pas de feu sans fumée. »

5. *Jamdudum gratum est, quod epistola nostra recepta Spem facit, etc.* (v. 13 et 14). La conséquence est on ne peut mieux déduite.

6. *Hoc mihi quæ suasit mater Amoris iter* (v. 16). *Voyez* l'Argument de l'épître v.

7. *Sed non indebita* (v. 19). Il avait mérité cette faveur par sa complaisance pour Vénus, lors du fameux jugement. *Voyez* l'Argument de l'épître v, et les vers 43 et suivans de celle-ci.

8. *Phereclea.... puppe* (v. 22). Ce Phéréclès ou Phéréclus, fils d'Armonide, était un habile constructeur de vaisseaux, chéri de Minerve, dit Homère, qui s'exprime ainsi sur son compte (*Iliade*, liv. v, v. 59 et suiv.) :

Μηριόνης δὲ Φέρεκλον ἐνήρατο, τέκτονος υἱὸν
Ἁρμονίδεω, ὃς χερσὶν ἐπίστατο δαίδαλα πάντα·
Τεύχειν· ἔξοχα γάρ μιν ἐφίλατο Παλλὰς Ἀθήνη·
Ὃς καὶ Ἀλεξάνδρῳ τεκτήνατο νῆας ἐΐσας,
Ἀρχεκάκους, αἳ πᾶσι κακὸν Τρώεσσι γένοντο,
Οἷ τ' αὐτῷ· ἐπεὶ οὔτι θεῶν ἐκ θέσφατα ᾔδη.

9. *In mare nimirum jus habet, orta mari* (v. 24). Cette pensée revient trop souvent. *Voyez* la note 59 de l'épître précédente.

10. *Ut pelagi, sic pectoris adjuvet œstum* (v. 25). Le mot *œstum* est pris dans une double acception, selon l'usage d'Ovide, grand chercheur d'esprit. Rapporté à *pelagi*, on doit l'entendre de la *navigation*; avec *pectoris*, il signifiera *l'amour*.

11. *Tænaris..... terra* (v. 30). La Laconie, patrie d'Hélène, appelée *Terre de Ténare* à cause du promontoire de ce nom qui borde ses côtes. *Voyez* la note 29 de l'épître VIII.

12. *Nec venio.... veluti spectator* (v. 33). Après avoir dit qu'il n'était pas marchand, il ajoute que la curiosité ne le porte pas à faire un voyage d'agrément.

13. *Quam lecto pepigit Venus aurea nostro* (v. 35). Il a déjà été dit (v. 16 et 20) que c'était en vertu d'une promesse solennelle de Vénus que Pâris avait entrepris son voyage. L'utilité d'une telle répétition ne paraît nullement justifiée.

14. *Ante tuos animo vidi, quam lumine, vultus* (v. 37). Amplification de rhéteur.

15. *Missilibus telis eminus ictus, amo* (v. 40). Marivaudage. — On conteste à Ovide cette épître et les suivantes, parce qu'elles sont écrites par des hommes. S'il n'en est pas l'auteur, ce qui n'est nullement démontré, il faut convenir que son imitateur ne pouvait reproduire avec plus de vérité les défauts saillans qui caractérisent son style.

16. *Matris adhuc utero*, etc. (v. 43-46). Quelle protubérance d'expressions parasites : *Gravidus justo pondere..... pleno ventre!* et comment les rendre toutes, sans être grotesquement diffus!

17. *Forma vigorque animi*, etc. (v. 51). Le manque de tran-

sition forme une lacune si considérable, qu'il faudrait bien un ou deux distiques pour la remplir.

18. *Quamvis de plebe videbar* (v. 51). Rappelons-nous qu'il avait été déshérité des droits attachés à sa naissance par l'ordre du soupçonneux Priam. *Voyez* l'Argument de l'épître v.

19. *Nemorosis vallibus Idæ* (v. 53). Il existait sur le mont Ida un bois Gargare, auquel le poète fait sans doute allusion ici.

20. *Atlantis magni Pleionesque nepos* (v. 62). Mercure.

21. *Vincere quæ forma digna sit una duas* (v. 70). Phrase elliptique. Sous-entendu *judica*, ou un mot à sens analogue.

22. *Vincere erant omnes dignæ; judexque verebar, Non omnes*, etc. (v. 75 et 76). Lucien (*Dial.*) : Δοκῶ δ'ἄν μοι καλῶς δικάσαι, πάσαις ἀποδοὺς τὸ μῆλον. Πῶς οὖν οὐ χαλεπὴ ἡ κρίσις;

23. *Unde movetur amor* (v. 78). L'adverbe *unde* est pour *a qua* ou *per quam*.

24. *Regna Jovis conjux* (v. 81). Voici comment le poète Coluthus (145) fait parler Junon :

Εἴ με διακρίνων προφερέστερον ἔρνος ὀπάσσῃς,
Πάσης ἡμετέρης Ἀσίης ἡγήτορα θήσω.

25. *Utraque suspensi plena timoris, ait* (v. 84). Elle avait raison quant à la puissance et au mérite militaire; mais ne devait-elle pas en dire autant de l'amour? et Ovide lui-même (épit. 1, v. 12), n'a-t-il pas reconnu et proclamé que l'amour est une source d'inquiétudes et de craintes :

Res est solliciti plena timoris amor?

26. *Interea, credo, versis ad prospera fatis* (v. 89). Au lieu de *credo*, qui forme un sens assez ridicule, un ingénieux éditeur, Medenbach Wakker, propose *sero*. Il est à remarquer, au reste, que Pâris ne dit pas à quoi il dut sa reconnaissance.

27. *Addit et ad festos hunc quoque Troja diem* (v. 92). Ne pourrait-on pas traduire : *célèbre ce jour par des fêtes?*

28. *Sed Nymphis.... curaque amorque fui* (v. 96). Il fait sans doute allusion à Énone, fille de Fleuve.

29. *Ardebam, quamvis hinc procul ignis erat* (v. 102). Pensée du plus mauvais goût.

30. *Nec potui debere mihi spem longius istam* (v. 103). Nous avons tâché de traduire en français la métaphore.

31. *Troia cæduntur Phrygia pineta securi*, etc. (v. 105). Virgile décrit à peu près dans les mêmes termes une vaste coupe de bois de charronnage (*Én.*, liv. vi, v. 180) :

> Procumbunt piceæ; sonat icta securibus ilex;
> Fraxineæque trabes, cuneis et fissile robur
> Scinditur; advolvunt ingentes montibus ornos.

32. *Ardua..... Gargara* (v. 107). Voyez la note 19 de cette épître.

33. *Ægæis ire jubebar aquis* (v. 116). — *Ægeis*. On sait que ce fut le père de Thésée qui donna son nom à cette mer, en s'y précipitant. — *Jubebar*. Voyez le vers 16 de cette épître.

34. *Ut erat* (v. 119). Formule empruntée à la langue grecque (ὡς εἶχε), et qui peut signifier *aussitôt*, *sur-le-champ*. En effet, d'une personne qui agit *comme elle est*, c'est-à-dire, sans rien changer à son état présent, on peut dire qu'elle agit promptement. — Cassandre, fille de Priam et d'Hécube, dont les prédictions, très-véridiques d'ailleurs, avaient le triste privilège de ne jamais obtenir créance. Virgile (*Én.*, liv. ii, v. 247) :

> Tunc etiam fatis aperit Cassandra futuris
> Ora, Dei jussu non unquam credita Teucris.

35. *Quanta per has.... flamma petatur aquas* (v. 122). Combien de fois cette banale antithèse du feu et de l'eau ne s'est-elle pas déjà reproduite!

36. *OEbali Nympha* (v. 126). Hélène est ainsi appelée d'un de ses ancêtres nommé OEbalus. — *Nympha*. Voyez, sur la valeur de ce mot, la note 17 de l'épître 1.

37. *Sed mihi laudatam cupienti cernere formam, Lumina nil aliud*, etc. (v. 131 et 132). Pâris se montre plus galant que les héros d'Homère. C'est un progrès dû à la civilisation.

38. *Si tu venisses pariter certamen in illud, In dubium*, etc. (v. 137 et 138). C'est tout au plus si un compliment aussi hyperbolique devait plaire à celle qui en était l'objet; au moins est-il maladroit à l'égard de Vénus.

39. *Pleiada* (v. 173). Électre, mère de Dardanus par Jupiter.

40. *Finibus immensis vix obeunda, tenet* (v. 176). Il y a encore exagération; mais elle est excusable, dans la nécessité où est Pâris de se faire valoir.

41. *Phœbeæ structa canore lyræ* (v. 180). *Voyez* le vers 139 de l'épître v, et la note 26 de l'épître xiii.

42. *Achaia* (v. 185). L'Achaïe, pour le Péloponnèse.

43. *Nec mihi fas fuerit Sparten contemnere vestram* (v. 187). Le tour est ingénieux et la louange délicate.

44. *Rure Therapnæo* (v. 196). Thérapné, ainsi que Lacédémone, Amyclé, etc., étaient des villes de Laconie.

45. *Phryx erat..... qui nunc Cum Dis potandas nectare miscet aquas* (v. 197 et 198). Ganymède, échanson de Jupiter, succéda à la belle Hébé.

46. *Phryx erat Auroræ conjux* (v. 199). Tithon. *Voyez* la note 42 de l'épître iv.

47. *Phryx etiam Anchises* (v. 201). Anchise, dont le fils Énée devint fondateur d'un empire sur les bords du Tibre, si l'on en croit l'orgueil national des Romains. *Voyez*, sur la paternité d'Anchise, Virgile (*Én.*, liv. 1, v. 617 et 618):

......Quem Dardanio Anchisæ
Alma Venus Phrygii genuit Simoëntis ad undam?

48. *Socerum.... clara fugantem Lumina* (v. 205 et 206). Allusion à Atrée, père de Ménélas, et par conséquent beau-père d'Hélène. Ayant servi, dans un festin, à Thyeste son frère, les membres de son propre fils, le Soleil, dit-on, recula d'horreur à ce spectacle.

49. *Soceri de cæde cruentus* (v. 207). Il s'agit de Pélops, l'un des poursuivans d'Hippodamie. Pour se soustraire à la peine qui lui était réservée, s'il ne parvenait pas à conquérir cette princesse pour épouse à la course des chars, il engagea Myrtile, cocher d'Œnomaüs, à faire verser son maître, de manière à ce qu'il pérît de sa chute; ce qui eût lieu comme il le désirait. *Voyez* la note 26 de l'épître viii.

50. *Et qui Myrtoas crimine signet aquas* (v. 208). Le second crime qui est reproché ici à Pélops, est d'avoir précipité à la mer son complice, pour se libérer des promesses qu'il lui avait faites, et ne pas laisser vivre le possesseur d'un secret qui eût pu le compromettre.

51. *Nec proavo Stygia nostro captantur in unda Poma* (v. 209 et 210). On connaît le supplice de Tantale.

52. *Cogitur huic domui Jupiter esse socer* (v. 212). Rappelons-nous qu'Hélène, ainsi que sa sœur Clytemnestre, quoique filles de l'épouse de Tyndare, avaient réellement eu pour père Jupiter.

53. *Heu facinus* (v. 213)! Cette exclamation est d'une morale par trop relâchée. Le grand crime, en effet, qu'une femme appartienne à son mari !

54. *Posita.... mensa* (v. 215). *Voyez* la note 20 de l'épître I.

55. *Rumpor* (v. 221). Familièrement *j'enrage*. Virgile (*Égl.* VII, v. 26) :

...... Rumpantur ut ilia Codro.

56. *Quid enim tamen omnia narrem* (v. 221)? Il entre cependant dans tous les détails, et, il faut en convenir, ces détails sont bien minutieux.

57. *Sed dolor a facie major abesse tua* (v. 234). Pensée qu'on taxerait au premier abord de fade compliment, mais qui n'est que l'expression d'un sentiment vrai et naturel.

58. *Ah! quoties, lacrymis venientibus, ora reflexi* (v. 239)! Il devient pathétique et pressant.

59. *Non semel ebrietas est simulata mihi* (v. 246). Cette ressource est devenue bien usée, depuis qu'on en a fait usage dans les comédies.

60. *Resupinus* (v. 255). Littéralement : *couché sur le dos*. Il faut se représenter la position des anciens sur leurs lits de table.

61. *Ut tulit Hippomenes Schœneida* (v. 263). Cet Hippomène était fils de Mégarée et de Mérope. Son histoire a beaucoup d'analogie avec celle de Pélops (*voyez* la note 49 de cette épître). Quant à la fille de Schœnéus, c'est Atalante, qu'Hippomène amusa sur la route, en lui jetant des pommes d'or.

62. *Ut ferus Alcides Acheloia cornua fregit* (v. 265). *Voyez* la note 49 de l'épître IX.

63. *O præsens geminorum gloria fratrum* (v. 271)! Castor et Pollux, sortis, avec Clytemnestre et Hélène, des deux œufs de Léda, dit la Fable. *Voyez* la note 24 de l'épître VIII.

64. *Ni Jove nata fores* (v. 272)! *Voyez* la note 52 de cette épître.

65. *Tænaria.... humo* (v. 274). *Voyez* la note 11 de cette épître.

66. *Fore ut a cœleste sagitta Figar* (v. 277 et 278). Remarquons cet ablatif en *e*. — On sait que Pâris périt frappé par Philoctète d'une des flèches d'Hercule.

DES HÉROIDES. 391

67. *Datum fatis.... amorem* (v. 279). *Voyez* la note 13 de cette épître.

68. *Excipe me lecto, nocte silente, tuo* (v. 282). Cette proposition est bien crue et bien grossière ; elle n'est pas moins étrange que le propos de Phèdre à Hippolyte (épît. IV, v. 59), lorsqu'elle lui donne l'assurance que le public ne sera pas scandalisé de le voir prendre place, à côté d'elle, dans son propre lit.

69. *Hæc tibi nempe patrem furta dedere Jovem* (v. 290). Cette raison était la meilleure qu'elle eût à alléguer.

70. *Vix fieri..... Et Jovis et Ledæ filia, casta potes* (v. 291 et 292). Ce raisonnement par induction est trop logique pour faire honneur aux dieux du paganisme. *Voyez* la note 52 de cette épître.

71. *Casta tamen tum sis, quum te mea Troja tenebit* (v. 293). Voilà qui est d'un naïf passablement ridicule.

72. *Si modo promisit non mihi vana Venus* (v. 296). C'est faire abus d'un argument déjà reproduit. *Voyez* v. 35 et 279.

73. *Non habuit tempus, quo Cressia regna videret, Aptius* (v. 299 et 300). D'après Dictys de Crète, il paraît que Ménélas avait entrepris ce voyage, critiqué trop légèrement par le moqueur Pâris, dans le but très-légitime de recueillir l'héritage d'un oncle maternel, fils de Minos. Il n'est donc pas étonnant qu'Hélène, qui connaissait ce motif, excuse l'absence de son époux dans l'épître suivante (v. 155 et 156).

74. *Nec, si bona summa putaret,.... externo crederet illa viro* (v. 307 et 308). Au lieu de lui reprocher sa confiance, Pâris aurait dû lui en savoir gré ! Il y a peu de dignité dans le langage qu'on lui fait tenir.

75. *Cogimur ipsius commoditate frui* (v. 310). On dit familièrement que « l'occasion fait le larron. »

76. *Erimus stulti* (v. 311). Il parle absolument en roué.

77. *Efficiam præsens ut mea regna petas* (v. 322). Peut-être une énergie particulière est-elle attachée au mot *præsens*.

78. *Te rapuit Theseus* (v. 327). *Voyez* le vers 22 de l'épître suivante. — *Geminas Leucippidas illi*. Castor et Pollux enlevèrent en effet deux sœurs, filles de Leucippe, Phébé et Ilaïre, au moment où elles allaient épouser Idas et Lyncée, fils d'Apharée.

79. *Nec tu rapta time ne nos fera bella sequantur* (v. 339).

Voyez les vers 245 et 246 de l'épître suivante, où Hélène exprime cette crainte d'une guerre.

80. *Dic* (v. 341). Mot-formule.

81. *Nomine ceperunt Aquilonis Erechthida Thraces* (v. 343). Ceci a trait à l'histoire plutôt qu'à la Fable. Ce qui donna lieu à la tradition de l'enlèvement d'Orithye par Borée, c'est que le roi des Thraces, qui recherchait sa main, n'ayant pu l'obtenir du père, l'emmena sur un vaisseau, à la faveur d'un vent du Nord.

82. *Bistonis ora* (v. 344). La Thrace fut appelée Bistonie, d'un certain roi, fils de Mars et de Callirhoé, nommé Biston.

83. *Phasida* (v. 345). *Voyez* la note 28 de l'épître vi.

84. *Pagasœus Iason* (v. 345). Iason de Pagase, ville de Thessalie, près de laquelle fut construite la flotte des Argonautes, dans un golfe du même nom.

85. *Colcha.... manu* (v. 346). *Voyez* la note 40 de l'épître vi.

86. *Minoïda* (v. 347). Ariadne, fille de Minos. *Voyez* l'Argument de l'épître x.

87. *Nec plus Atrides animi Menelaus habebit, Quam Paris* (v. 355 et 356). Horace ne partage pas cet avis au sujet de Pâris : il le représente comme un homme très-efféminé et aussi lâche qu'un faon (liv. 1, Od. 15, v. 16 et 29). L'opinion d'Ovide paraît plus vraisemblable.

88. *Et causam nominis inde tuli* (v. 358). Apollodore (liv. iii, ch. 12) rapporte que Pâris, dans sa jeunesse, surpassait en force et en beauté tous ceux de son âge, et qu'il fut appelé Alexandre, du verbe grec ἀλεξέω, qui signifie *secourir* (ὅπερ ἐστὶ βοηθεῖν, dit-il), parce qu'il avait, en effet, secouru des bergers.

89. *Vario.... certamine* (v. 359). Peut-être faut-il entendre par cette expression le *pentathle*, qui se composait, comme l'on sait, de cinq jeux : le disque, le javelot, la lutte, la course et le saut.

90. *Ilioneus, Deiphobusque* (v. 360). Tous deux étaient fils de Priam.

91. *Unus is innumeri militis instar habet* (v. 366). Dans cette phrase, *instar* est substantif, comme dans ce vers de Virgile (*Én.*, liv. vi, v. 865) :

..... Quantum instar in ipso est;

et dans cette phrase de Justin (liv. iv, ch. 4) : « Gylippus solus, sed in quo instar omnium auxiliorum erat. »

92. *Dorica castra* (v. 370). Pour *Græciæ exercitus*. La partie pour le tout.

ÉPITRE DIX-SEPTIÈME.

HÉLÈNE A PARIS. Dans cette réponse, Hélène paraît d'abord s'offenser que Pâris ait eu l'audace de lui écrire. Ensuite, comme pour atténuer l'impression fâcheuse qu'aurait pu produire en lui la pensée d'avoir subi un refus, elle l'amène peu à peu, et par des alternatives habilement ménagées de crainte et d'espérance, à ne plus se défier autant de la sympathie d'une femme que la pudeur de son sexe rend encore indécise. Après l'avoir ainsi tenu en suspens par ces longs préliminaires de coquetterie, elle se déclare tout-à-fait, et lui annonce l'intention d'accomplir ses vœux. Elle l'engage pour cela à se concerter avec ses deux confidentes, Ethra et Clymène.

1. *Temeratis.... sacris* (v. 3). Elle exagère à dessein, comme plus haut (v. 1), par l'emphase des expressions, le mécontentement qu'elle est censée avoir éprouvé.

2. *Tænaris ora* (v. 6). *Voyez* la note 11 de l'épître précédente.

3. *Oppositas....fores* (v. 8). Le participe dans le sens de *clausas*.

4. *Rustica sim sane, dum non oblita pudoris* (v. 13). *Voyez* l'Argument.

5. *Et laudem de me nullus adulter habet* (v. 18). Elle s'était pourtant déjà laissé enlever, comme il est dit au vers 327 de l'épître précédente; mais elle était encore sans engagement, et c'est même pour avoir occasion de dissiper les soupçons qui pouvaient s'élever, à cet égard, dans l'esprit de Pâris, qu'elle présente cette objection, réfutée quelques vers plus bas.

6. *Neptunius.... heros* (v. 21). Thésée. *Voyez* la note 22 de l'épître II.

7. *Oscula luctanti tantummodo pauca protervus Abstulit* (v. 27 et 28). Comparez le vers 141 de l'épître V, et la dernière strophe de l'ode 12 d'Horace (liv. II).

8. *Ulterius nil habet ille mei* (v. 28). Voilà qui l'absout. Jusque là, ses distinctions n'étaient que subtiles.

9. *Quæ tua nequitia est, non his contenta fuisset* (v. 29). Nous avons vu (v. 282 de l'épître précédente) que Pâris était beaucoup trop impatient de brusquer le dénoûment.

10. *Et juvenem facti pœnituisse patet* (v. 32). Parce qu'il l'avait respectée.

11. *Nec tamen irascor* (v. 35). La voilà qui faiblit déjà, cette prude si sévère.

12. *Verbaque dicuntur vestra carere fide* (v. 40). Ce vers rappelle une ariette connue d'opéra comique :

> Fiez-vous aux vains discours des hommes,
> Écoutez leurs doux propos d'amour!

13. *At peccant aliæ, matronaque rara pudica est* (v. 41). Avec quelle adresse Hélène fait servir à l'avantage de sa cause, c'està-dire de son amour, les objections qui, en apparence, le combattent! A cette tactique, on ne peut méconnaître Ovide, ce maître consommé, qui (*Art d'Aimer*, liv. 1, v. 469 et suivans) trace un plan tout semblable à l'amant novice qu'il instruit de ses leçons :

> Si non accipiet scriptum, illectumque remittet;
> Lecturam spera, propositumque tene.
> . . . .
> . . . .
> Legerit, et nolit rescribere; cogere noli.
> Tu modo blanditias fac legat usque tuas.
> Quæ voluit legisse, volet rescribere lectis.
> Per numeros venient ista gradusque suos.
> Forsitan et primo veniet tibi litera tristis,
> Quæque roget, ne se sollicitare velis.
> Quod rogat illa, timet; quod non rogat, optat ut instes.
> Insequere; et voti postmodo compos eris.

Il est donc superflu, au moins pour cette épître, de réfuter l'assertion des commentateurs qui attribuent toutes les réponses à Sabinus, ami d'Ovide. Quant aux suivantes, sans prendre parti dans ce débat, nous en laisserons la propriété à Ovide, dont elles portent évidemment le cachet.

14. *Mea..... mater* (v. 43). Léda, dont il est parlé plus haut. Comparez le vers 68 de l'épître VIII.

15. *Pluma tectus adulter erat* (v. 46). Jupiter s'était transformé en cygne, comme on sait, pour séduire Léda. *Voyez* la note 24 de l'épître VIII.

16. *Domus hæc* (v. 52). Par le pronom démonstratif, Hélène désigne la maison où elle écrit, c'est-à-dire la sienne.

17. *Jupiter... soceri proavus* (v. 53). Atrée, qui passait pour le père de Ménélas et d'Agamemnon, devenait ainsi beau-père d'Hélène. *Voyez* la note 17 de l'épître III.

18. *Tyndarei* (v. 54). Substantif au génitif. Tyndare n'était que le père putatif des enfans de Léda. *Voyez* la note 15 de cette épître.

19. *Dat mihi Leda Jovem, Cycno decepta, parentem; Quæ, etc.* (v. 55 et 56). Répétition oiseuse, après ce qui précède.

20. *Cumque suo Priamum Laomedonte* (v. 58). Priam était fils de Laomédon.

21. *Quintus* (v. 60). Voici comment s'établit la filiation au cinquième degré : Priam, père de Pâris, était fils de Laomédon, comme il est dit dans la note précédente; Laomédon avait pour père Ilus, et celui-ci, Tros; entre Tros et Jupiter, il n'y avait plus qu'Érichthonius et Dardanus; enfin la mère de ce dernier, Électre, fille de l'Océan et de Thétys, avait été femme de Jupiter.

22. *Barbara terra* (v. 64). Dans le sens des Grecs, qui donnaient le nom de Barbare à tout ce qui n'était pas né sur leur territoire.

23. *Ut possint ipsas illa movere Deas* (v. 66). Allusion au fameux jugement.

24. *Aut ego te potius, quam tua dona, sequar* (v. 70). La déclaration, pour être sous forme conditionnelle et dubitative, n'en est pas moins très-nette et très-explicite.

25. *Illa quoque, adposita quæ nunc facis, improbe, mensa* (v. 75). *Voyez* le vers 215 de l'épître précédente.

26. *Pocula proxima nobis* (v. 79). Littéralement : « La coupe voisine de nous. »

27. *Sub nomine nostro* (v. 87). Littéralement : « Au dessous de notre nom. »— Il paraît que le nom des convives était inscrit sur la table, pour marquer la place que chacun d'eux devait occuper; usage qui s'observe encore de nos jours dans quelques maisons. On peut même supposer que Pâris traçait aussi le chiffre avec du vin (*deducta mero litera*).

28. *Jam didici, sic quoque posse loqui* (v. 90). Burmann, d'après le grammairien Héphestion (liv. IV), attribue à Hélène l'invention de la pantomime ou langage par gestes.

29. *His ego blanditiis si peccatura fuissem, Flecterer* (v. 91 et 92). *Voyez* le vers 67 de cette épître.

30. *Potestque Velle sub amplexus ire puella tuos* (v. 93 et 94). Les aveux se multiplient. *Voyez* le vers 70 de cette épître.

31. *Est virtus placitis abstinuisse bonis* (v. 98). Vers proverbial.

32. *Nec spolium nostri turpe pudoris habe* (v. 114). Elle ne pouvait rendre les armes qu'au dépens de son honneur. *Voyez*, sur l'expression *spolium*, la note 36 de l'épître v.

33. *At Venus hoc pacta est* (v. 115). *Voyez*, dans l'épître précédente (v. 53-89), l'historique de cet évènement.

34. *Utque sit hoc verum* (v. 121). Elle se hâte de rétracter la supposition que Paris ait pu commettre un mensonge.

35. *Laudatrix Venus est invidiosa mihi* (v. 126). Un manuscrit du Vatican donne *insidiosa*, que nous traduirions : « (l'éloge de Vénus) est pour moi un piège. »

36. *Nec tu succense, nimium mihi creditus ægre* (v. 129). Un désaveu de son incrédulité (*voyez* les vers 119 et suivans de cette épître) ne lui suffit pas; elle s'excuse auprès de son amant, parce que son cœur a besoin de le ménager.

37. *Auditis Helenæ.... bonis* (v. 134). « Je ne puis qu'être très-flattée que tu aies renoncé aux offres les plus brillantes, pour avoir l'avantage (*bonis*) de me posséder. »

38. *Quem fieri vix puto posse meum* (v. 138). Non-seulement elle annonce qu'elle n'est pas cruelle, mais elle commence déjà à faire sentir qu'elle entrevoit la possibilité de lui appartenir (*vix!*).

39. *Sum rudis ad Veneris furtum* (v. 141). Cette confidence, loin de ralentir ses poursuites, était de nature, au contraire, à irriter de plus en plus ses désirs.

40. *Sensi mala murmura vulgi* (v. 149). Il faut convenir que la passion est parfaitement conduite dans sa marche et dans ses progrès.

41. *Ille quidem procul est.... profectus* (v. 155). Il était allé en Crète, comme il sera dit plus bas (v. 163). — Coluthus (v. 574 et suiv.) fait parler Hermione dans le sens de cette tradition, lorsqu'avec le mauvais goût de son siècle, il recommande par sa bouche, aux oiseaux, *enfans de la race aérienne*, d'annoncer à

Ménélas, en Crète, l'enlèvement de sa femme par un infâme ravisseur :

Ἑσπέρης ὄρνιθες εὔπτερα τέκνα γενέθλης,
Ἕσπετε νοστήσαντες ἐπὶ Κρήτην Μενελάῳ·
Χθιζὸν ἐπὶ Σπάρτην τις ἀνὴρ ἀθεμίστιος ἐλθὼν,
Ἀγλαΐην σύμπασαν ἐμῶν ἀλάπαξε μελάθρων.

42. *Magna fuit subitæ justaque causa viæ* (v. 156). *Voyez* la note 73 de l'épître précédente.

43. *Vix tenui risum* (v. 161). Après l'aveu déhonté d'une telle conduite, Pâris peut-il douter un instant du succès de ses démarches ?

44. *An nescis longas regibus esse manus* (v. 166)? Sorte d'adage, trop familier dans son application ici. Les Grecs disaient de même proverbialement : Μακραὶ τυράννων χεῖρες.

45. *Et melius famæ verba dedisse fuit* (v. 170). Rien de plus immoral que ce souhait, après le début pompeusement rigoriste de l'épître. *Voyez* la note 1.

46. *In dubio pectora nostra labant* (v. 178). Elle pèse et balance tour-à-tour dans son esprit les divers motifs qui la portent à être infidèle : l'absence de son époux, etc.

47. *Quam male persuades, utinam bene cogere possis* (v. 185)! Peut-être une idée de malheur et de bonheur est-elle attachée aux adverbes *male* et *bene* ?

48. *Vi mea rusticitas excutienda foret* (v. 186). Nous adoptons la correction de Heinsius, qui propose *vi*, au lieu de *sic*, pour éviter une répétition avec le vers 188.

49. *Dum novus est, cœpto potius pugnemus amori* (v. 189). Cet avis est sage, et d'une femme qui a une faiblesse sans cesser pour cela d'être vertueuse.

50. *Hypsipyle testis* (v. 193). *Voyez* l'épître vi.

51. *Minoia virgo* (v. 193). *Voyez* l'épître x.

52. *Non exhibitis.... toris* (v. 194). Nous croyons nous être attachés au vrai sens de *exhibitis*, terme de droit, synonyme de *præstitis*, et qui signifie *accomplir, exécuter* (*ce qu'on avait promis*).

53. *Diceris OEnonem deseruisse tuam* (v. 196). *Voyez* l'épître v.

54. *Cum ventis noster abibit amor* (v. 204). Ce vers rappelle ceux d'une romance connue :

> Quand sur tes bords elle me dit : *Je t'aime*,
> Avec les vents s'envola son ardeur.

55. *Laudataque Pergama visam* (v. 205). *Voyez* l'épître précédente (v. 177-187).

56. *Ipse mihi quoties iratus*, « *Adultera*, » *dices* (v. 217)? Cette crainte est légitime, aussi bien que celle qui lui faisait redouter les malins propos du public, et les mépris de la cour de Priam. Pourquoi donc donner de si bonnes raisons, quand on doit succomber?

57. *Non sunt tua munera tanti* (v. 225). Ici elle n'apprécie pas ses présens, parce qu'un certain instinct de pudeur, dicté par un intérêt puissant, celui de sa conservation, la retient en Laconie. Il n'y a qu'un instant (v. 71 et 72), ces mêmes présens tiraient tout leur prix de celui qui les offrait.

58. *Omnia Medeæ fallax promisit Iason* (v. 229). *Voyez* l'épître XII.

59. *Æsonia.... domo* (v. 230)? Comparez le v. 134 de l'épître XII.

60. *Æetes* (v. 231). Éétès était roi de la Colchide et père de Médée.

61. *Sed nec Medea timebat* (v. 233). La réponse est vive et d'une logique serrée.

62. *Fax quoque me terret, quam se peperisse cruentam.... est tua visa parens* (v. 237 et 238). *Voyez* les vers 45 et 50 de l'épître précédente.

63. *Bina tropæa* (v. 242). « La victoire remportée sur ses deux rivales. »

64. *An fera Centauris indicere bella coegit Atracis Hæmonios Hippodamia viros* (v. 247 et 248)? Objection — *Centauris*. Il est question ici du combat entre les Centaures et les Lapithes, aux noces d'Hippodamie avec Pirithoüs. *Voyez* la note 24 de l'épître II. — *Atracis*. Atrace était une ville de Thessalie, qui donna son nom à la contrée.

65. *Bella gerant fortes; tu, Pari, semper ama* (v. 254). *Voyez* le vers 77 de l'épître XIII, et la partie de la note 18 de la même épître qui le concerne.

66. *Si saperem* (v. 257). Nous avons traduit : *Si j'étais sage.*
Ce verbe n'est-il pas susceptible encore d'une autre acception,
purement physique et matérielle : « Si j'avais (bon) goût, c'est-à-
dire, si j'étais capable d'apprécier ton mérite, de le sentir? »

67. *Scimus quid captes colloquiumque voces* (v. 262). Ovide
oublie le vers 282 de cette épître, dans lequel son héros sollicite, non pas une entrevue, mais la faveur la plus intime qu'une
femme puisse accorder.

68. *Adhuc tua messis in herba est* (v. 263). Image triviale.
Comparez les vers 29 et 30 de l'épître IV.

69. *Per socias* (v. 267). *Voyez* le vers 257 de l'épître précédente.

ÉPITRE DIX-HUITIÈME.

LÉANDRE A HÉRO. Deux jeunes amans, Héro et Léandre, étaient
séparés par l'Hellespont, à l'endroit où le canal n'a pas plus
de sept stades de large. Léandre, intrépide nageur, avait coutume de franchir, toutes les nuits, ce court espace, guidé par un
fanal que son amante allumait sur le haut d'une tour. Une fois, la
tempête avait rendu le trajet impraticable. N'osant entreprendre
cette course périlleuse, il lui écrit au bout de sept jours, par l'en-
tremise d'un hardi matelot, moins pour l'instruire du motif qui
le retient (comment l'eût-elle ignoré?), que pour accuser la rigueur du ciel, ennemi de son bonheur, et faire des vœux pour le
prochain rétablissement du calme.

1. *Abydenus* (v. 1). Léandre résidait à Abydos, ville d'Asie,
sur la côte orientale de l'Hellespont, en face de Sestos, située en
Europe, patrie d'Héro. Musée, dans son poème sur le même sujet :

Σηστὸς ἔην καὶ Ἄβυδος ἐναντίον, ἐγγύθι πόντου.

2. *Invitis oculis* (v. 4). Parce qu'elle devait préférer sa présence
à une lettre.

3. *Nam cur mea vota morantur* (v. 5)? Dans son impatience, il
ne saurait trop se hâter d'aborder son sujet.

4. *Currere me nota nec patiuntur aqua* (v. 6)? On a élevé des
doutes sur la possibilité de traverser l'Hellespont à la nage. Lord
Byron, dont la vie aventureuse a été remplie par des actions
aussi extraordinaires que les œuvres de son génie, en a voulu faire
lui-même l'expérience. Non content d'être, à ce qu'il paraît, un

excellent nageur, ce qu'il a prouvé à ses risques et périls, il attachait une grande importance à en conserver la réputation. Il porta même si loin l'amour-propre en ce genre, que l'on serait tenté de ne pas y ajouter foi, si une lettre de lui, insérée dans une *Notice* sur sa vie par Mʳ A. P., ne dissipait toutes les incertitudes à cet égard. Nous allons en extraire quelques passages qui conviennent tout-à-fait à notre sujet. Il est bon de savoir que le poète est piqué au vif de l'incrédulité d'un certain voyageur anglais, nommé Turner, qui avait eu l'impertinence de s'inscrire en faux contre l'essai du noble lord.

« Ma propre expérience, dit-il, et celle des autres, me font prononcer que le passage de Léandre est très-praticable : tout jeune homme bien portant et passable nageur peut le pratiquer des deux rivages. J'ai mis autrefois trois heures à traverser le Tage, trajet bien plus hasardeux, puisqu'il exige deux heures de plus que l'Hellespont..... »

Après avoir mentionné un autre fait, duquel il résulte que, lui troisième, parcourut une distance considérable du Lido à Venise, jusqu'à l'endroit où la lagune se rouvre à Fusina, et qu'il était resté dans l'eau quatre heures cinq minutes *sans toucher la terre ni aucune barque*, il continue en ces termes :

« Je traversai l'Hellespont en une heure et dix minutes seulement. J'ai aujourd'hui (21 février 1821) dix ans de plus, et vingt, si je compte d'après ma constitution; cependant, il y a deux ans que je fus capable de nager pendant quatre heures et vingt minutes, et je suis persuadé que j'aurais pu continuer deux heures encore, quoique j'eusse des pantalons, accoutrement qui n'aide nullement, comme on sait. Mes deux compagnons restèrent aussi quatre heures dans l'eau.... Après de tels essais sur les lieux et ailleurs, qui pourrait me faire douter de l'exploit de Léandre? Si trois individus ont fait plus que de passer l'Hellespont, pourquoi n'aurait-il pu faire moins ?....

« Qu'un jeune Grec des temps héroïques, amoureux et robuste, ait réussi dans cette entreprise, il n'y a rien là d'étonnant ni de douteux; qu'il l'ait fait ou non, c'est une autre question, parce qu'il aurait pu avoir un *petit bateau*, pour s'en éviter la peine..... »

Nous ne donnerons pas plus d'étendue à cette citation, qui prouve la futilité des raisons sur lesquelles s'appuyait l'antagoniste du noble lord, pour reléguer parmi les fables la tradition concernant Léandre.

5. *Pice nigrius* (v. 7). Comparaison triviale. Autant vaut notre expression familière : « Noir comme de la suie. »

6. *Unus; et hic audax* (v. 9). La précaution n'est pas inutile. Il fallait de l'audace, pour se charger de cette mission dangereuse : aussi ne s'est-il trouvé pour la remplir qu'un seul homme, et un homme du métier. Eh bien ! voyant la mer toujours mauvaise (v. 25), après plusieurs tentatives infructueuses pour nager (v. 33 et 34), il allait se hasarder à l'accompagner, s'il n'eût été retenu par la crainte d'être découvert.

7. *In speculis omnis Abydos erat* (v. 12). La raison n'est pas indiquée. Sans doute que c'était pour contempler l'imposant spectacle d'une grande tempête.

8. *Quemque tegi volumus, non latuisset amor* (v. 14). Cette excuse est si naturelle et si plausible, qu'on ne conçoit pas l'injurieux soupçon de son amante (épître XIX, v. 83 et suiv.).

9. *Ah ! quanto mallem, quam scriberet, illa nataret* (v. 21). Cette exclamation part du cœur : aussi est-elle exprimée sans emphase.

10. *Aptior illa*, etc. (v. 23). C'est trop s'arrêter à décrire les fonctions de sa main.

11. *Et quo non possum corpore, mente feror* (v. 30). Pensée vraie, sans affectation ni redondance.

12. *Lumina..... summa vigilantia turre* (v. 31). *Voyez* l'Argument.

13. *Ter grave tentavi carpere nudus iter* (v. 34). *Voyez* la note 6 de cette épître.

14. *At tu de rapidis immansuetissime ventis* (v. 36). Cette exclamation n'est pas à sa place : *Nunc non erat his locus*.

15. *Tam gelidus quum sis, non te tamen... Ignibus.... incaluisse negas* (v. 40 et 41). Nous avons déjà eu occasion de signaler le mauvais goût des antithèses qui mettent en jeu le froid et le chaud. — *Actæis*. Orithye était Athénienne.

16. *Hippotades* (v. 46). Il y eut deux personnages de ce nom. Le nôtre est celui que visita Ulysse (*Odyss.*, liv. x) dans ses voyages, et qui commandait aux vents.

17. *Icarium quamvis hic prope litus adest* (v. 50). Ovide

veut être spirituel à tout prix. Tout autre poète se fût contenté de dire : « Quoique je redoute le sort d'Icare. » Ou bien, à l'exemple d'Horace (liv. IV, Od. 2, v. 2 et suiv.), il eût nettement exposé le fait, car la proximité du rivage ne rend l'écueil ni plus ni moins dangereux :

>...... Ceratis ope Dædalea
> Nititur pennis, vitreo daturus
> Nomina ponto.

18. *Quod dubia sæpe pependit aqua* (v. 52). Pourquoi cette queue d'idée ? ne sait-on pas qu'il ne peut être question ici d'un autre corps que le sien ?

19. *Nox erat incipiens, etc.* (v. 55). On pourrait contester *a priori* la nécessité d'un récit, qu'il avait dû avoir cent fois occasion de lui faire de vive voix. Du reste, il n'est pas sans agrément.

20. *Dea candida* (v. 61). Phébé ou la lune, dont le disque tire sur le blanc.

21. *Et subeant animo Latmia saxa tuo* (v. 62). Voyez la note 34 de l'épître XV.

22. *Tu, Dea, mortalem cœlo delapsa petebas* (v. 65). Il est bon de tirer parti des exemples que l'on emprunte soit à l'histoire, soit à la mythologie; mais un fait établi, on ne doit pas en épuiser toutes les données. Il nous semble qu'Ovide tombe en ce moment dans le défaut que nous signalons, défaut d'autant plus grave ici, qu'il était parfaitement inutile de raconter à Diane une histoire qui ne lui était que trop présente. Une simple allusion à ce fait eût suffi.

23. *Quam sequor, ipsa Dea est* (v. 66). Voici le portrait d'Héro, tracé par Musée, dans son poëme (v. 55 et suiv.) :

> Ἡ δὲ θεῆς ἀνὰ νηὸν ἐπώχετο παρθένος Ἡρὼ,
> Μαρμαρυγὴν χαρίεντος ἀπαστράπτουσα προσώπου,
> Οἷά τε λευκοπάρηος ἐπαντέλλουσα σελήνη.
> Ἄκρα δὲ χιονέων φοινίσσετο κύκλα παρειῶν,
> Ὡς ῥόδον ἐκ καλύκων διδυμόχροον· ἦ τάχα φαίης
> Ἡροῦς ἐν μελέεσσι ῥόδων λειμῶνα φανῆναι.
> Χροιὴ γὰρ μελέων ἐρυθραίνετο· νισσομένης δὲ
> Καὶ ῥόδα λευκοχίτωνος ὑπὸ σφυρὰ λάμπετο κούρης·
> Πολλαὶ δ'ἐκ μελέων χάριτες ῥέον· οἱ δὲ παλαιοὶ
> Τρεῖς Χάριτας ψεύσαντο πεφυκέναι· εἰς δέ τις Ἡροῦς
> Ὀφθαλμὸς γελόων ἑκατὸν χαρίτεσσι τεθήλει.

24. *Tanto formosis formosior* (v. 73). Virgile (*Égl.* v, v. 44):

> Formosi pecoris custos, formosior ipse,

et Horace (liv. 1, *Od.* 16, v. 1):

> O matre pulchra filia pulchrior.

25. *Si dubitas, cæcum, Cynthia, lumen habes* (v. 74). — *Lumen*, pris amphibologiquement, est d'un goût détestable. — *Cynthia*. Le Cynthe, où naquirent Diane et son frère, était une montagne de l'île de Délos.

26. *Alcyones solæ, memores Ceycis amati* (v. 81). Voyez cette fable, traitée au long, dans les *Métamorphoses* (liv. xi, v. 410 et suivans).

27. *Fatigatis humero sub utroque lacertis* (v. 83). Singulière périphrase. Certain *romantique* a osé dire:

> Son cœur d'homme battait sous sa mamelle gauche.

28. *Meus ignis in illo est* (v. 85). Littéralement: « Ma flamme est dans cette lumière. » Quel amphigouri!

29. *Gelidi.... profundi* (v. 89). Remarquez que *profundi*, primitivement adjectif, est employé ici comme substantif, et, ce qui est plus rare, avec accompagnement d'épithète.

30. *Qui calet, etc.* (v. 90). Voilà maintenant le feu de son amour qui l'empêche de sentir le froid de la mer. *Risum teneatis!*

31. *Atque oculis jacto brachia nostra tuis* (v. 96). Le poète n'a-t-il pas voulu encore faire contraster les yeux avec les bras? Rien n'est plus probable, à en juger par ce qui précède immédiatement. C'est bien le cas pour lui de dire, en parodiant un de ses vers:

> Ingenio perii Naso poeta meo.

32. *Nutrix descendere in altum* (v. 97). — *Nutrix*. Voyez la note 9 de l'épître xi. — *Altum*. Voyez la note 29 de cette épître, qui s'applique en partie à ce mot.

33. *Ne fieret prima pes tuus udus aqua* (v. 100). Trait d'observation. L'amant était impatiemment attendu: enfin il paraît, il arrive.... Le poète ne pouvait marquer par une circonstance mieux appropriée à la situation, la vivacité d'empressement de cette jeune fille.

34. *Cetera nox, et nos, et turris conscia novit* (v. 105). Il s'arrête tout juste sur la limite de la décence. Mieux eût valu ne pas s'avancer jusque là.

35. *Quodque mihi lumen per vada monstrat iter* (v. 106). Est-il bien vrai de dire que le fanal, qui guidait sa marche à travers les eaux, éclairât aussi le mystérieux tête-à-tête de la chambre à coucher? L'abus de l'esprit est porté en cet endroit jusqu'à l'irréflexion.

36. *Quam maris alga potest* (v. 108). Les botanistes reconnaissent deux sortes d'algues : les unes marines, les autres d'eau douce. D'après un passage de Virgile (*Égl.* VII, v. 42), il paraît évident que les Latins entendaient par *algæ* toutes les herbes aquatiques qui, vivant dans les eaux, sont rejetées (*projectæ*) sur les rivages.

37. *Tithoni conjuge* (v. 111). L'Aurore. Voyez la note 42 de l'épître IV.

38. *Prævius Auroræ Lucifer* (v. 112). Parce que cet astre précède le lever de l'Aurore, on a prétendu qu'il était son fils. Le soir, comme il ne disparaît qu'après son coucher, on lui donne le nom de *Vesper*.

39. *Virginis æquor* (v. 117). L'Hellespont. — Phrixus, fuyant sur le bélier à toison d'or les persécutions de Démodice, femme de son oncle, roi d'Iolcos, était accompagné, dans ce voyage aérien, par Hellé sa sœur, qui, effrayée du bruit des vagues, tomba dans la mer à l'endroit qui porte son nom (*crimine nomen habet*). Voyez les vers 139-145 de cette épître.

40. *Cur animo juncti secernimur undis* (v. 125)? C'est le bras de mer, appelé de nos jours *détroit des Dardanelles*, qui sépare l'Europe de l'Asie.

41. *Cur ego confundor, quoties confunditur æquor* (v. 129)? La confusion de l'esprit ne ressemble pas à celle de la mer. C'est donc une puérile recherche, que d'employer le même verbe dans deux acceptions si différentes.

42. *Jam nostros curvi norunt delphines amores ; Ignotum nec me piscibus*, etc. (v. 131 et 132). Reportons-nous à la situation des personnages. Le rôle de Léandre est d'exprimer à une jeune fille, que son absence désole, combien il est affligé de ne pouvoir franchir l'espace qui les sépare l'un de l'autre. N'est-il pas étrange, qu'au lieu de s'entretenir de ce sujet, le seul qui l'intéresse, il

s'en aille parler de la connaissance qu'il croit avoir faite avec les poissons?

43. *Jam patet attritus solitarum limes aquarum, Non aliter*, etc. (v. 133 et 134). Dire que le sillon tracé sur les eaux par le passage d'un nageur y reste aussi profondément empreint que l'ornière creusée par les roues de plusieurs chars, n'est-ce pas outrer l'hyperbole au delà même des plus simples notions du bon sens?

44. *Athamantidos* (v. 137). Hellé (*voyez* la note 39 de cette épître) avait pour père Athamantis, fils d'Éole.

45. *Et satis amissa locus hic infamis ab Helle est* (v. 141). Peut-être, pour conserver la tradition de la chute d'Hellé, qui se noya dans cette mer (*voyez* la note 39), serait-il mieux de lire :

> Et satis est mersa locus hic infamis ab Helle?

46. *Invideo Phrixo*, etc. (v. 143). *Voyez* la note 39 de cette épître.

47. *Idem navigium, navita, vector, ero* (v. 148). Vers admirable de concision. Buffon, parlant du cygne, qu'il représente comme le premier des navigateurs, après avoir décrit sa conformation, à laquelle on ne peut méconnaître l'intention de la nature, termine par un trait semblable : « Les pieds sont de larges rames, et ses grandes ailes, demi ouvertes au vent et doucement enflées, sont les voiles qui poussent le vaisseau vivant, navire et pilote à la fois. »

48. *Aut Helicen, aut, qua Tyros utitur, Arcton* (v. 149). On appelait la Grande-Ourse *Helice*, d'un mot grec (ἕλιξ) qui indique sa *révolution* en un jour et une nuit autour du pôle arctique. La Petite-Ourse, sur le cours de laquelle se réglaient les marchands de Tyr dans leurs navigations, se nommait *Cynosure* (κυνὸς οὐρά, *queue de chien*).

49. *Andromedan alius spectet, claramve Coronam* (v. 151). *Voyez*, sur Andromède, la note 17 de l'épître XV. Elle fut ensuite métamorphosée en constellation par Minerve. — Cette *Couronne*, autre signe céleste, composée de sept étoiles, était, au rapport de la Fable, celle qu'Ariadne reçut de Vénus, à son mariage avec Bacchus. Voilà pourquoi Virgile (*Géorg.*, liv. 1, v. 222) l'appelle *Gnossia stella ardentis Coronae*. Voyez la note 12 de l'épître XV.

50. *Quaeque micat gelido Parrhasis Ursa polo* (v. 152). Calli-

stho, fille de Lycaon, roi d'Arcadie, où se trouvait la ville de Parrhasia, fut changée en ourse avec son fils, et enlevée au ciel. On la confond souvent avec la Grande-Ourse. *Voyez* la note 48 de cette épître.

51. *Est aliud lumen, multo mihi certius istis* (v. 155). Musée (v. 210 et suivans) fait parler Léandre de la même manière :

Μοῦνον ἐμοὶ ἕνα λύχνον ἀπ' ἠλιβάτου σέο πύργου
Ἐκ περάτης ἀνάφαινε κατὰ κνέφας· ὄφρα νοήσας
Ἔσσομαι ὁλκὰς Ἔρωτος, ἔχων σέθεν ἀστέρα λύχνον.

52. *Colchos* (v. 157). *Voyez* la note 40 de l'épître vi.

53. *Quaque viam fecit Thessala puppis, eam* (v. 158). « A travers Charybde et Scylla, à travers les Symplégades, etc. » *Voyez* les vers 121-127 de l'épître xii.

54. *Juvenem.... Palæmona* (v. 159). Ce jeune homme, appelé aussi Mélicerte, était fils d'Ino et d'Athamas. Sa mère, transportée des fureurs de Bacchus, le précipita dans les flots avec elle. Ils furent l'un et l'autre transformés en dieux marins. *Voyez* les *Métamorphoses* (liv. iv, v. 519 et suiv.).

55. *Miraque quem subito reddidit herba Deum* (v. 160). Glaucus, fils d'Anthédon, pêchant un jour sur les bords de l'Eubée, vit des poissons sauter dans l'eau, après avoir touché d'une certaine herbe. Il les imita et l'épreuve lui réussit. *Voyez* les *Métamorphoses* (liv. xiii, v. 904 et suiv.).

56. *His ego quum dixi* (v. 163). L'idée de lui faire apostropher ses bras est bizarre.

57. *Eleo carcere* (v. 166). Olympie, célèbre par ses jeux solennels, était située dans l'Élide, aussi bien que Pise. — Remarquons l'emploi très-rare de *carcere* au singulier, pour signifier *barrières*. Virgile (*Géorg.*, liv. 1, v. 512) :

Ut, quum carceribus sese effudere quadrigæ.

58. *Exiguum* (v. 171). Pris adverbialement.

59. *Cumque mea fiunt turbida mente freta* (v. 172). *Voyez* le vers 129 de cette épître et la note 41 qui y correspond.

60. *Velle quid est aliud fugientia prendere poma, Spemque suo refugi, etc.* (v. 181 et 182). Allusion au supplice de Tantale, cent fois rebattue.

61. *Quumque minus firmum nil sit, quam ventus et unda, In ventis,* etc. (v. 185 et 186). Ici l'antithèse ne nuit pas à la justesse de la pensée.

62. *Plias, et Arctophylax, Oleniumque pecus* (v. 88). — *Plias.* Le singulier pour le pluriel. On comptait sept Pléiades nommées par les Latins *Vergiliæ* (du mot *ver*). — *Arctophylax*, autrement dit *Bouvier*. — *Olenium..... pecus*. La chèvre d'Amalthée. La Fable rapporte qu'elle allaita Jupiter à Olénus, ville d'Achaïe. Elle fut ensuite enlevée au ciel, en récompense de ce service.

63. *Pignora polliciti non tibi tarda dabo* (v. 192). *Voyez* la note 8 de cette épître.

64. *Aut mihi continget, etc.* (v. 195). Tout ce passage, jusqu'au vers 213, est dans les convenances et sans aucun détail oiseux ni déplacé.

65. *Me pariter venti teneant, pariterque lacerti; Per causas, etc.* (v. 213 et 214). Ovide retombe ici dans son malheureux défaut de reproduire la pensée sous toutes les faces.

ÉPITRE DIX-NEUVIÈME.

HÉRO A LÉANDRE. Malgré ses protestations d'amour et l'excellent motif qu'il fait valoir, Léandre n'a pu convaincre son amante. Dans sa réponse, Héro laisse apercevoir une jalousie et une défiance qui font place à la fin à des sentimens plus raisonnables. Elle voudrait que, pour lui prouver sa fidélité, Léandre bravât les périls d'une tempête furieuse; mais aussitôt elle rétracte ce souhait imprudent, et le prie, au contraire, d'attendre que le retour du calme ait rendu la mer navigable.

1. *Veni* (v. 2). Le vers 2 de l'épître 1 finit exactement de même que celui-ci (*ipse veni*).

2. *Non patienter amo* (v. 4). « Mon amour est impatient. »

3. *Vos, modo venando*, etc. (v. 9). Ces détails, un peu communs, sentent le déclamateur.

4. *Quid faciam, superest, præter amare, nihil* (v. 16). « Une jeune femme, reléguée dans la solitude, n'a aucune des distractions qui occupent les hommes; elle est tout entière à son amour. »

5. *Cum cara.... nutrice* (v. 19). *Voyez* la note 9 de l'épître XI.

Il y a du naturel et une certaine candeur dans les développemens qui suivent, jusqu'au vers 63.

6. *Corripio verbis æquora pæne tuis* (v. 22). *Voyez* les vers 139 et suivans de l'épître précédente.

7. *Conscia.... anus* (v. 26). La vieille est le seul témoin qu'elle ait mis dans la confidence de son amour et de ses chagrins.

8. *Noctis amicior hora* (v. 33). C'était toujours pendant la nuit que son amant venait la visiter.

9. *Pallade jam pingui tingere membra* (v. 44). — *Pallas* est ici pour *huile*, par métonymie.

10. *Oscula curet* (v. 45). Rien de plus vrai, que cette joie naïve d'une jeune fille embrassant la vieille à chaque bonne nouvelle qu'elle lui annonce.

11. *Forsitan invitus, mecum tamen, improbe, dormis; Et quamquam non vis*, etc. (v. 57 et 58). Ovide ne peut long-temps se défendre de cette propension invincible qui l'entraîne à faire briller son esprit. Pourquoi ne pas dire avec simplicité : « Ton image chérie se retrace à moi, même dans mes songes ? »

12. *Quæ fecisse juvat, facta referre pudet* (v. 64). Elle se montre plus réservée que Sapho (*voyez* les vers 45 et suiv. de l'épître xv).

13. *Nec tibi rapta via est* (v. 74)? Il est difficile de rendre le verbe latin dans toute son énergie.

14. *Quid tamen evenit, cur sis metuentior undæ* (v. 83)? *Voyez* la note 8 de l'épître précédente.

15. *Magnus ubi est spretis ille natator aquis* (v. 90)? Quel flux de paroles, pour dire ce qu'elle pouvait exprimer en quelques mots !

16. *Flammaque non fiat frigidus illa cinis* (v. 94). De la flamme qui devient cendre froide ! Galimathias double !

17. *Non ego tam ventos timeo, mea vota morantes* (v. 95). Les trois vers suivans n'ajoutent absolument rien à cet énoncé.

18. *Nescio qua pellice captus* (v. 102). Enfin le mot lui échappe. Mais, comme nous l'avons remarqué (*voyez* l'Argument et la note 8 de l'épître précédente), après la lettre qu'elle a reçue, pouvait-elle raisonnablement douter des dispositions de Léandre et de la constance de son amour ?

19. *Nec, quia venturi dederis mihi signa doloris, Hæc loquor; aut*, etc. (v. 107 et 108). Elle prend soin de se réfuter elle-même.

20. *Causaque sit certe femina nulla morœ* (v. 116)! Il fallait adoucir la pensée, et ne pas la présenter aussi crûment.

21. *Petis* (v. 118). Pour *appetis, cupis, optas*.

22. *Forsitan ad pontum mater pia venerit Helles* (v. 123). Ce n'est pas le moment de faire de l'érudition. *Voyez*, sur Hellé, la note 39 de l'épître précédente.

23. *In œquoream versa noverca Deam* (v. 126). Ino, dont il est parlé à la note 54 de l'épître précédente.

24. *Non favet, ut nunc est, teneris locus iste puellis.* (v. 127). Réflexion oiseuse et qui détourne du sujet principal. Antipater (*Épigr.* LII) :

Ἀιεὶ θηλυτέρῃσιν ὕδωρ κακὸν Ἑλλήσποντος.

25. *Amymone* (v. 131). C'était une des filles de Danaüs. Après le meurtre de son époux, Neptune la métamorphosa en fontaine. *Voyez* HYGIN (*Fabl.* 169).

26. *Tyro* (v. 132). L'une des Néréides. *Voyez* HYGIN (*Fabl.* 57).

27. *Lucidaque Alcyone, Calyceque Hecatœone nata* (v. 133). Alcyone, l'une des Pléiades, fille d'Atlas. *Voyez* la note 62 de l'épître précédente. — Calycé, autre nymphe peu connue.

28. *Et nondum nexis angue Medusa comis* (v. 134). Méduse, fille de la Gorgone, aimée de Neptune, à cause de ses cheveux d'or, que Minerve changea en serpens.

29. *Flavaque Laodice, cœloque recepta Celœno* (v. 135). Il y eut plusieurs jeunes filles du nom de Laodicé. On ignore quelle est celle-ci.—Celœno, fille d'Ergéus, d'après Hygin, et de Pleioné, selon Apollodore, version plus vraisemblable, puisqu'Ovide la range au nombre des constellations.

30. *Non A tibi suspecto ducit Ulixe genus* (v. 147 et 148). On sait qu'Ulysse avait crevé l'œil au Cyclope Polyphème, fils de Neptune, et que ce fut le motif des tempêtes que ce dieu lui suscita pendant le cours de sa longue et curieuse navigation.

31. *Lumen.... Sternuit* (v. 151 et 152). Espèce de superstition qui a ses partisans même de nos jours. Par exemple, la flammèche qui jaillit d'une bougie allumée passe aux yeux de certaines personnes pour l'annonce d'une visite imprévue.

32. *Æquore nata* (v. 160). *Voyez* le vers 60 de l'épître VII.

33. *Sed solet hoc maribus tutius esse fretum* (v. 162). Tout le

monde trouvera cette remarque bien sotte et bien niaise de la part d'une femme que l'absence de son amant inquiète.

34. *Nam cur, hoc vectis Phrixo Phrixique sorore, Sola, etc.* (v. 163 et 164). *Voyez* la note 39 de l'épître précédente.

35. *At nos diversi medium coeamus in æquor, etc.* (v. 167). Idée ingénieuse et originale.

36. *Calor* (v. 175). Pour *amor*. Mot qui semble tout-à-fait impropre.

37. *Ut semel intravit Colchos Pagasæus Iason, Impositam, etc.* (v. 175 et 176). *Voyez* l'Argument de l'épître VII, et le vers 345 de l'épître XVI.

38. *Idæus Lacedæmona venit adulter* (v. 177). *Voyez* l'Argument de l'épître XVI.

39. *Sic facito spernas, ut vereare, fretum* (v. 182). Palinodie. *Voyez* l'Argument de cette épître.

40. *Me miseram! cupio non persuadere quod hortor* (v. 187). Voilà en deux mots tout le mystère et toute l'économie de ses perpétuelles hésitations.

41. *Namque sub aurora, etc.* (v. 195). Cette fiction est bien amenée.

42. *Vitaque deseruit* (v. 202). Ce mot de quatre syllabes pour terminer le vers pentamètre, est d'autant plus remarquable ici, que nous ne sachions pas en avoir vu d'autre exemple dans les *Héroïdes*.

ÉPITRE VINGTIÈME.

Aconce a Cydippe. Un jeune Grec, nommé Aconce, venu à Délos pendant les fêtes de Diane, aperçoit une jeune fille dans le temple de la déesse. Sa beauté l'enflamme, il en devient soudainement amoureux. Quoique d'une famille riche et noble, désespérant d'obtenir sa main, il écrit sur une pomme une formule de serment, rédigée de manière à ce que Cydippe (tel était le nom de la jeune fille) s'engageât à l'épouser par le fait seul de la lecture; car une loi particulière à ce temple rendait obligatoire tout ce qui aurait été prononcé dans son enceinte. Puis il lance le fruit imposteur, qui vient rouler aux pieds de Cydippe. Celle-ci le relève, par une curiosité bien naturelle à son âge, et, tout en le lisant, elle articule le serment qui la lie pour jamais à Aconce. Quelque temps après, une demande en mariage est adressée au père; et celui-ci, qui ignorait la circonstance, l'accorde au prétendant. Mais au moment de la cérémonie, elle est prise d'une fièvre violente, et chaque fois qu'on se dispose à célébrer ce mariage, les mêmes symptômes se manifestent. Aconce, qui ne cessait de s'informer de ses nouvelles, apprend sa maladie, et s'efforce, dans la lettre qui suit, de lui persuader que la cause doit en être attribuée à une vengeance de Diane, qui punit la violation du serment prêté aux pieds de ses autels.

1. *Pone metum : nihil hic iterum jurabis amanti* (v. 1). Burmann et Ruhnkenius prétendent que cette épître et la réponse ne sont pas d'Ovide. Comme ils ne produisent aucune preuve à l'appui de cette assertion, nous nous dispenserons de la discuter. Scaliger les attribue à Sabinus, sans autorité. *Voyez* la note 13 de l'épître XVII. — *Jurabis*. Voici cette formule en deux mauvais vers latins, conservée par des commentateurs :

> Juro tibi sane per mystica sacra Dianæ,
> Me tibi venturam comitem sponsamque futuram.

Voyez l'Argument.

2. *Perlege* (v. 3). *Voyez* la note 3 de l'épître IV.

3. *Languor* (v. 3). *Voyez* l'Argument.

4. *Et spe quam dederas* (v. 16). En admettant le fait relaté dans l'Argument sur la sainteté d'un serment obtenu par surprise, la prétention d'Aconce est juste et conséquente.

5. *Deceptam dicas nostra te fraude licebit, Dum fraudis,* etc. (v. 21 et 22). C'est ne pas se montrer délicat sur les moyens.

6. *Non ego natura, nec sum tam callidus usu* (v. 25). Ce vers et les sept qui suivent sont d'une subtilité qui ferait honneur au plus fin casuiste.

7. *Altera fraus hæc est* (v. 34). Cette fraude-ci est loyale, et ne ressemble à l'autre en aucune manière; car il n'y a pas de ruse à écrire ce qu'on pense.

8. *Per gladios alii placitas rapuere puellas* (v. 37). *Voyez* les vers 341 et suivans de l'épître XVI.

9. *Clivo sudamus in imo* (v. 41). Phrase proverbiale, qui se dit du voyageur exténué d'une longue marche, auquel il resterait une montagne à gravir.

10. *Ardor inexpertum nil sinet esse meus* (v. 42). Les deux vers se réduisent à ceci : « J'ai encore beaucoup de ruses à employer ; j'y aurai recours, malgré la fatigue que j'éprouve. » Mais la liaison n'est pas assez marquée.

11. *Paridis...... factum* (v. 49). *Voyez* l'Argument de l'épître XVI.

12. *Nec quemquam qui, vir possit ut esse, fuit* (v. 50). En restreignant l'acception du mot, *vir* peut s'entendre spécialement du mariage, et non de la valeur en général, sens dans lequel il est pris dans ce vers de l'*Iliade* :

Ἀνέρες ἔστε, φίλοι.

Alors il faut traduire : « Je ne blâme aucun de ceux qui se sont rendus maris quand ils l'ont pu. »

13. *Nos quoque....* (v. 51). Il y a réticence ou *aposiopèse*, dans le langage des grammairiens. On peut sous-entendre *tale exemplum imitabimus* ou *te rapiemus*. — *Voyez* la note 49 de l'épître XII.

14. *Aut esses* (v. 53). Comme s'il y avait : *Si esses ! utinam esses !*

15. *Audaces facie cogimur esse tua* (v. 54). Tour de phrase peu poétique.

16. *Tu facis hoc, oculique tui, etc.* (v. 55). Ce vers et les suivans, jusqu'au 65, sont parasites et d'une facture d'écolier.

17. *Et, Thetidi quales vix rear esse, pedes* (v. 60). Homère (*Il.*, liv. I, v. 538) donne à Thétis l'épithète d'ἀργυρόπεζα (*aux pieds d'argent*). Il n'est pas étonnant que la blancheur des pieds fût très-estimée dans les femmes de l'antiquité, qui portaient à peine des chaussures.

18. *Cetera si possem laudare, beatior essem* (v. 61). Il fait une espèce de madrigal, au lieu de se borner à dire que cet hymen comblerait son bonheur et ses vœux.

19. *Hesionem Telamon, Briseida cepit Achilles* (v. 69). Hésione était fille de Laomédon, et avait été donnée à Télamon par Hercule, après la première prise de Troie, comme le remarque Apollodore : Τελαμῶνι ἀριστεῖον Ἡσιόνην τὴν Λαομέδοντος θυγατέρα δίδωσιν, ἐξ ἧς αὐτῷ γίνεται Τεῦκρος. — *Voyez*, sur l'enlèvement de Briséis par Achille, l'Argument de l'épître III.

20. *Irata liceat dum mihi posse frui* (v. 72). Il y a beaucoup d'égoïsme et fort peu de galanterie dans cette déclaration, malgré le correctif qui suit.

21. *Jamdudum dominæ more venire jube* (v. 80). L'adverbe est difficile à traduire. Il se comprend bien néanmoins. Voici la pensée : « Tu es maîtresse et souveraine de mon cœur et de mes volontés ; ordonne que je comparaisse. Pourquoi ne pas l'avoir exigé plus tôt ? Depuis long-temps tu devais te faire obéir par ton esclave soumis, etc. (v. 90). »

22. *Ipsa meos scindas licet imperiosa capillos, Oraque sint*, etc. (v. 81 et 82). Il ne devrait pas supposer qu'une jeune femme, dont il vante les qualités morales, pût se porter à son égard à de tels actes de violence.

23. *Non meruit falli mecum quoque Delia* (v. 95). Cydippe se charge de réfuter cette fausse allégation, dans l'épître suivante.

24. *Testis erit Calydonis aper* (v. 101). Diane avait lâché ce furieux animal sur le pays de Calydon, pour se venger de Méléagre, coupable d'une omission dans son culte. *Voyez* les *Métamorphoses* (liv. VIII, v. 267 et suiv.).

25. *Sit magis in natum sæva reperta parens* (v. 102). Althée fut cause de la mort de son fils, en jetant au feu le tison fatal, auquel était attachée la durée de son existence.

26. *Testis et Actæon, quondam fera creditus illis, Ipse dedit,* etc. (v. 103 et 104). Actéon avait surpris Diane au bain. La chaste déesse en fut si courroucée, qu'elle le changea en cerf, et le fit dévorer par sa propre meute.

27. *Quæque superba parens, saxo per corpus oborto* (v. 105). Niobé, qui, fière de ses enfans, avait osé se préférer à Latone. Quant à la transformation, voici comme elle est décrite dans les *Métamorphoses* (liv. VI, v. 303 et suiv.) :

> Diriguitque malis. Nullos movet aura capillos.
> In vultu color est sine sanguine ; lumina mœstis
> Stant immota genis : nihil est in imagine vivi.
> Ipsa quoque interius cum duro lingua palato
> Congelat, et venæ desistunt posse moveri.
> Nec flecti cervix, nec brachia reddere gestus,
> Nec pes ire potest. Intra quoque viscera saxum est.

28. *Nunc quoque Mygdonia flebilis adstat humo* (v. 106). *Métamorphoses* (liv. VI, v. 311 et 312) :

> In patriam rapta est. Ubi fixa cacumine montis
> Liquitur, et lacrymis etiamnum marmora manant.

29. *Hoc est, mihi crede, quòd ægra Ipso nubendi tempore*, etc. (v. 109 et 110). Voyez l'Argument, dont les vers qui suivent sont explicatifs.

30. *Animosæ Virginis* (v. 115). Diane.

31. *Servetur facies ista fruenda mihi* (v. 118). En désirant pour lui la conservation de son amante, il se montre trop personnel.

32. *Hostibus e* (v. 121). Exemple bien rare de cette préposition mise après son régime. Dans ce cas, elle doit être réputée enclitique.

33. *Forsitan alter adest* (v. 136). Le prétendant, qui avait la parole du père. Voyez l'Argument de cette épître.

34. *Dumque suo tentat salientem pollice venam* (v. 139). Vers digne de Virgile par la précision et l'élégance.

35. *Quis tibi permisit nostras præcidere messes ? Ad sepem alterius*, etc. (v. 143 et 144). Voyez le vers 263 de l'épître XVII, et la note correspondante.

36. *Si nescis, dominum res habet ista suum* (v. 150). C'est toujours la même idée que plus haut (depuis le v. 143), exprimée en d'autres termes. Il en est de même des vers 153, 154 et 157.

37. *Hæc cubat, ille valet* (v. 164). Le mot *pericula* du vers précédent explique sous quel rapport Aconce exige que le serment de la malade l'emporte aux yeux de son rival sur celui du père, qui est bien portant. C'est qu'il y va des jours de Cydippe, si elle le viole.

38. *Tu petis ex tuto* (v. 167). Si l'on traduit : *Tu demandes à coup sûr*, la phrase équivaudra à celle-ci : *Tu es sûr d'obtenir.* Ce n'est point là le sens. Le raisonnement et l'opposition que fait l'auteur nous conduisent à cette pensée : « Ta demande n'est pas accompagnée de crainte; » c'est-à-dire, « un refus ne t'expose à aucun danger. »

39. *Nunc quoniam ferus hic pro causa pugnat iniqua* (v. 171). Maintenant c'est à Cydippe qu'il s'adresse.

40. *Atque utinam pro te, qui movet illa, cadat* (v. 176)! Ce souhait est peu généreux.

41. *Fac modo polliciti conscia templa colas* (v. 180). *Voyez* l'Argument.

42. *Nec bove mactato cœlestia numina gaudent* (v. 181). Isaïe : « Quid mihi in multitudine victimarum vestrarum? Quia multiplicatis mihi sacrificium de arietibus et carnibus hircorum : ego enim contemsi sanguinem vitulorum. »

43. *Non agitur de me, etc.* (v. 197). On est bien aise de retrouver le désintéressement qui convient à la jeunesse et à l'amour.

44. *Ordine fac referas, etc.* (v. 203). Suit un récit succinct, dont l'Argument n'est que l'analyse.

45. *Volubile malum* (v. 209). Notre auteur fait allusion à cette aventure dans les *Tristes* :

> Poma negat regio, nec haberet Acontius, in quo
> Scriberet hic dominæ verba legenda suæ.

46. *Talis erit mater, si modo mater erit* (v. 218). Une mère est faible, et, comme dit le proverbe, « Une mère est toujours mère. »

47. *Coryciis.... Nymphis* (v. 221). Au pied du mont Corycus il existait un antre consacré aux Muses. De là est venue la qualification vague qu'on leur donne de *Nymphes de Corycie*.

48. *Cingitur Ægæo, nomine Cea, mari* (v. 122). Céa, qu'il ne faut pas confondre avec l'île de Cos. Virgile (*Géorg.*, liv. 1, v. 14) :

> ..... Et cultor nemorum, cui pinguia Ceæ
> Ter centum nivei tondent dumeta juvenci ;

et Horace (liv. 11, *Od.* 1, v. 38) :

> Ceæ renarres munera næniæ.

49. *Nec, si generosa probaris Nomina, despectis, etc.* (v 223 et 224). *Voyez* l'Argument.

50. *Sunt et opes nobis* (v. 225). *Voyez* l'Argument.

51. *Longior infirmum ne lasset epistola corpus, Clausaque, etc.* (v. 241 et 242). Cette formule de salutation est aussi fade que le vain cérémonial qui termine ordinairement nos lettres. Le poète aurait pu trouver mieux.

ÉPITRE VINGT-UNIÈME.

CYDIPPE A ACONCE. Cydippe, dans sa réponse, s'efforce de réfuter les sophismes à l'aide desquels Aconce voudrait justifier sa supercherie. Elle dissipe aussi les craintes qu'il a conçues des assiduités de son rival, et termine, après lui avoir fait sentir qu'il a jeté le trouble dans son âme, par déclarer ouvertement que c'est lui qui est l'amant préféré.

1. *Sine murmure legi* (v. 1). Rappelons-nous que la simple articulation des mots avait suffi pour l'engager, même sans consentement ni participation de sa volonté.

2. *Ut ipse fateris* (v. 3). Elle combattra cette prétention dans le cours de sa lettre.

3. *Aucta foret sævæ forsitan ira Deæ* (v. 6). Précaution oratoire. Il est lu, parce qu'on craint de déplaire à une puissance supérieure, à une impitoyable déesse.

4. *Memori te vindicat ira* (v. 9). Il est parvenu à la convaincre pleinement de la part que Diane prend à cette affaire.

5. *Talis in Hippolyto vix fuit illa suo* (v. 10). On sait que Diane avait aimé Hippolyte (*voyez*, sur ce personnage, l'épître IV). Après sa mort tragique, Esculape lui rendit la vie, à la sollicitation de cette déesse. Alors il quitta l'Attique et alla se fixer en Italie, sous le nom de Virbius (*vir bis*), y épousa Aricie, et fonda une ville non loin de Rome.

6. *Conscia nutrix* (v. 17). *Voyez* la note 9 de l'épître XI.

7. *Exscreat* (v. 24). Moyen trivial, surtout en poésie. Mieux valait la faire tousser.

8. *Sicut eram* (v. 25). *Voyez* la note 34 de l'épître XVI.

9. *Sed melior justo, quamque mereris, ego* (v. 30). Ce qui revient au dicton populaire : « Je suis trop bonne pour toi. »

10. *Formæ te laudatore superbæ* (v. 33). *Voyez* les vers 53 et suivans de l'épître précédente.

11. *Ipsa, velut navis, jactor, etc.* (v. 41). Après toutes les longueurs qui précèdent, cette comparaison est de trop.

12. *Quumque dies caris optata parentibus instat, Immodicus, etc.* (v. 43 et 44). *Voyez* l'Argument de l'épître précédente.

13. *Persephoné nostras pulsat acerba fores* (v. 46). Horace (liv. 1, *Od.* 4, v. 13) :

> Pallida mors æquo pulsat pede pauperum tabernas,
> Regumque turres.....

14. *Quamvis mihi conscia non sim* (v. 47). *Conscia* n'a pas ici la même signification qu'au vers 17. Sous-entendu *sceleris* ou *flagitii*.

15. *Causa latet* (v. 53). Virgile (*Én.*, liv. v, v. 5) :

> Causa latet; duri magno......

16. *Sic ubi amore noces* (v. 56)? Il y a inversion entre *sic* et *ubi*, « dès que (tu nuis) ainsi. » *Voyez* le vers 2 de l'épître 1, et la note qui y correspond.

17. *Elige quid fingas. Non vis placare Dianam ? Immemor es nostri*, etc. (v. 63 et 64). Dilemme en forme.

18. *In Ægæis..... Delos aquis* (v. 66). Délos, aujourd'hui Sdiles, l'une des îles de l'Archipel ou mer Égée.

19. *Quo pede processi* (v. 69)! Cette exclamation, répétée jusqu'à trois fois, tend à indiquer plus énergiquement que ce fut pour elle un malheur de partir.

20. *Sed stultum est venti de levitate queri* (v. 76). Il y a bien plus de folie à se complaire dans un vain étalage de mots, lorsqu'on est attaché par la fièvre sur un lit de douleur.

21. *Mota loci fama properabam visere Delon*, etc. (v. 77). D'après sa lettre, Aconce paraît fort bien instruit des moindres détails : elle ne lui raconte donc rien qu'il ne sût effectivement.

22. *Et jam transieram Myconon, jam Tenon, et Andron* (v. 81). En partant de Céa, ces trois îles se présentent dans l'ordre inverse.

23. *Candida Delos* (v. 82). L'épithète fait pléonasme avec le substantif, qu'on dérive du mot grec δῆλος, *clair*, *apparent*. C'est sans doute à son marbre que Délos devait cette qualification, aussi bien que les Cyclades, appelées *nitentes* par Horace (liv. 1, *Od.* 14, v. 19). D'autres étymologistes l'attribuent à ce que cette île, d'abord cachée dans la mer, était devenue tout à coup *visible* et *manifeste*, pour offrir un refuge à Latone.

24. *Laberis in magno numquid, ut ante, mari* (v. 84)? Le poète n'a sans doute pas voulu laisser ignorer qu'il connaissait la

tradition fabuleuse qui fait de Délos, autrefois Ortygie, une île flottante, depuis les couches de Latone. Virgile, que l'à-propos et le goût n'abandonnent jamais, fait mention de cette circonstance non par une jeune fille, apostrophant l'île sans motif, du lit où la retient son mal, mais par un voyageur qui trace fidèlement son itinéraire. Après ce vers de début (*Én.*, liv. III, v. 72) aussi simple que pittoresque :

> Provehimur portu : terræque urbesque recedunt,

il continue de suite par cette description topographique :

> Sacra mari colitur medio gratissima tellus
> Nereidum matri et Neptuno Ægæo :
> Quam pius Arcitenens, oras et litora circum
> Errantem, Gyaro celsa Myconoque revinxit,
> Immotamque coli dedit, et contemnere ventos.

25. *Comuntur nostræ, matre jubente, comæ*, etc. (v. 88-90). Menus détails de toilette parfaitement oiseux.

26. *Festaque fumosis ingerit exta focis* (v. 94). *Voyez* l'Argument.

27. *Alias...... in ædes* (v. 95). Le mot *ædes* pourra s'entendre, si l'on veut, des bâtimens du temple, mais de ceux qui en étaient séparés ; car il n'est pas probable, par exemple, que les sacrifices eussent lieu dans le même endroit que celui où étaient déposées les offrandes royales, où on brûlait l'encens, etc.

28. *Et de qua pariens arbore nixa Dea est* (v. 100.) Callimaque (*Hymne sur Délos*, v. 209-212) :

> Λύσατο δὲ ζώνην, ἀπὸ δ' ἐκλίθη ἔμπαλιν ὤμοις
> Φοίνικος ποτὶ πρέμνον, ἀμηχανίης ὑπὸ λυγρῆς
> Τειρομένη· νότιος δὲ διὰ χροὸς ἔρρεεν ἱδρώς.

29. *Forsitan hæc spectans, a te spectabar, Aconti* (v. 103). Elle lui parle comme si elle n'avait pas reçu la lettre.

30. *In templum redeo* (v. 105). Si elle revient dans le temple, elle en était donc sortie. Cette circonstance confirme tout à la fois et le sens de notre traduction et la conjecture sur le vers 95.

31. *Mittitur ante pedes malum, cum carmine tali* (v. 107). Inutile à rappeler.

32. *Magne poeta* (v. 110). Ironie déplacée de la part d'une jeune femme timide (v. 112), et de plus dangereusement malade (v. 13 et 14).

33. *Qualis in Iliaco Penthesilea solo* (v. 118). Penthésilée, reine des Amazones, étant venue prêter le secours de ses armes aux Grecs pendant le siège de Troie, périt victime de son dévoûment.

34. *Nullus Amazonio cælatus balteus auro* (v. 119). Remarquez, dans ce vers, que l'épithète qui convient à *balteus* est donnée par hypallage à *auro*.

35. *Sicut ab Hippolyte* (v. 120). La défaite de l'Amazone Hippolyte étant un des travaux d'Hercule ne peut s'attribuer à Aconce. Le sens est donc : « Tu ne m'as jamais pris de baudrier, comme Hercule en prit un à Hippolyte, parce que je n'ai jamais été ton ennemie de guerre. » *Voyez* la note 2 de l'épître IV.

36. *Verba, quid exsultas, tua si mihi verba dederunt* (v. 121). « Des paroles qui paient en paroles, » quel amphigouri ! quelles pauvretés ! Et puis il n'était pas nécessaire d'insister sur une réfutation qui va d'elle-même.

37. *Cydippen pomum, pomum Schœneïda cepit; Tu nunc Hippomenes,* etc. (v. 123 et 124). Que ce rapprochement est joli, et qu'il est bien dans le rôle de celle qui écrit ! — *Schœneida.* Atalante. *Voyez* la note 61 de l'épître XVI. — *Hippomenes.* Voyez *ibid.*

38. *Si te puer iste tenebat, Quem tu nescio quas dicis habere faces* (v. 125 et 126). *Voyez* les vers 230 et 232.

39. *Non capienda fui* (v. 128). Ce verbe, répété quatre vers plus bas, peut signifier aussi *être prise (pour dupe)*.

40. *Quæ jurat, mens est* (v. 135). Depuis ce vers, jusqu'au 150, elle établit les vrais principes en matière de serment. Mais que peuvent les principes contre un fait ? A tort ou à raison, elle est liée par son serment et en subit les inévitables conséquences (v. 153 et 154).

41. *Quoties socialia sacra parantur, Nupturæ toties languida membra cadunt* (v. 155 et 156)? *Voyez* l'Argument de l'épître précédente.

42. *Ter mihi jam veniens positas Hymenæus ad aras Fugit,* etc. (v. 157 et 158). Plus bas (v. 163 et 164), elle donne le motif de cette fuite.

43. *Vixque manu pigra toties infusa resurgunt Lumina* (v. 159 et 160). Chaque fois qu'il s'agissait de rallumer le flambeau, on y versait de l'huile. Mais, comme l'opération fut renouvelée jusqu'à

trois reprises consécutives, il n'est pas hors de propos de supposer au dieu de la fatigue.

44. *Corripit.... faces* (v. 160). Ici le verbe *corripit* (*enlève brusquement la lumière*) ne peut se prendre que dans l'acception d'*éteindre*.

45. *Trahitur.... palla* (v. 162). La *palle* était un long manteau traînant (*trahitur*), ayant beaucoup de ressemblance avec l'espèce de vêtement appelé *syrma*, du verbe grec σύρειν.

46. *Quique erat in palla, transit in ora rubor* (v. 168). Pensée fausse. Le poète peut l'empourprer, tant qu'il lui plaira, mais à coup sûr la couleur ne sort pas de l'étoffe pour passer sur son front.

47. *At mihi, væ miseræ! torrentur febribus artus* (v. 169). Le caractère de son langage donne un démenti à cette assertion.

48. *Turpe tibi est, illum causas depellere leti, Te contra titulum*, etc. (v. 175 et 176). L'antithèse est ici plus supportable que dans une foule d'autres passages, où nous l'avons justement critiquée. On sait qu'Apollon avait la médecine dans ses attributions.

49. *Numquid, in umbroso quum velles fonte lavari, Imprudens vultus*, etc. (v. 177 et 178). Allusion à la fable d'Actéon, mal appliquée dans l'espèce. *Voyez* la note 26 de l'épître xx.

50. *De tot cœlestibus* (v. 179). Sous-entendu *numinibus*, et non pas *aris*. Allusion à Œnéus. *Voyez* la note 54 de l'épître ix.

51. *Aque tua est nostra spreta parente parens* (v. 180). Nous nous sommes permis de substituer *aque* à la conjonctive *atque*, d'après cette autorité des *Géorgiques* (liv. iv, v. 347):

Aque Chao densos Divum......

Quant au sens historique du vers, il paraît être question de Niobé, qui méprisa Latone. *Voyez* les notes 27 et 28 de l'épître xx.

52. *Quæ succenset, quod adhuc tibi pacta puella Non tua fit* (v. 185 et 186). Voilà une déclaration en forme.

53. *Hei mihi quod sensus sum tibi fassa meos* (v. 204)! Ce sentiment de regret est naturel dans un sexe dont la timidité et la pudeur font le plus bel ornement; mais l'aveu n'est pas amené avec assez d'art.

54. *Si mens æqua foret* (205). « Si j'étais exempte de préventions favorables à ton égard. » L'édition Lemaire : *Si mihi lingua foret*. Leçon inintelligible.

55. *Scribis, ut invalidum liceat tibi visere corpus....* (v. 207). En effet, Aconce (v. 75 et suiv., et 133 et suiv.) avait imploré la faveur de pénétrer jusqu'à elle, de l'assister, etc.

56. *Mirabar, quare tibi nomen Acontius esset: Quod faciat longe vulnus, acumen habes* (v. 209 et 210). Cette étymologie (ἀκόντιον, *trait*, *javelot*) est doublement mauvaise. D'abord elle n'est pas à sa place; ensuite elle explique un fait par une cause à laquelle il est entièrement étranger. Cependant on remarquera que les anciens ne se faisaient pas faute d'employer ce lieu commun, mais c'était plutôt dans des pièces légères et badines, que dans des sujets graves et sérieux.

57. *Ut jaculo, scriptis eminus icta tuis* (v. 212). Continuation du calembourg.

58. *Ingenii.... bina tropæa tui* (v. 214). Sa défaite est double, puisqu'elle est condamnée à épouser et à mourir. D'autres éditions : *digna tropæa*, avec ironie.

59. *Qualem In pomo refero mente fuisse tuo* (v. 215 et 216). Tout-à-l'heure l'Hyménée était rouge comme un manteau. Actuellement il est question de la pâleur d'une pomme, et plus bas, de celle du marbre neuf et d'un vase frappé de glace. Toutes ces comparaisons sont peu nobles, malgré le mérite de la versification.

60. *Quæque legam, mittes altera verba mihi* (v. 226). Il y a du persifflage dans le parti qu'elle tire de la mention de sa perfidie.

61. *Deus et vates* (v. 235). Nous avons traduit *dieu-poète*, parce que l'oracle se rendait en vers, et qu'en faisant rapporter *vates* à Aconce, auteur du distique (*voyez* la note 1 de l'épître précédente), *mea carmina* ne serait plus qu'une redite.

62. *Nisi quod nova forte reperta est, Quæ capiat*, etc. (v. 237 et 238). La supposition qu'elle imagine n'est pas fort ingénieuse.

63. *Fessaque sum matri* (v. 241). Tout s'arrange pour le mieux, comme au dénoûment de la comédie.

64. *Quid.... Restat*, etc. (v. 247 et 248). Sa lettre finit comme celle d'Aconce, par un protocole d'étiquette.

Nous nous proposons de placer ici des parallèles, extraits de nos meilleurs poètes français, et d'y ajouter une version en distiques grecs de l'épître 1, par un savant belge du seizième siècle, nommé C. Uténhove. De cette manière, cette épître se fût trouvée traduite dans les trois langues (*voyez* page 326). Nous devions faire aussi quelques emprunts à la traduction en vers français de M. de Boisgelin, archevêque d'Aix (Philadelphie, 1786), qui n'est pas sans mérite. L'étendue des *Notes* ne nous a pas permis de réaliser ce projet. Il nous suffira d'avoir indiqué les sources auxquelles peuvent recourir les personnes curieuses de ces sortes de rapprochemens. Nos lecteurs excuseront cette omission, et les fautes nombreuses qui nous sont échappées dans ce travail de longue haleine.

ERRATUM DU TRADUCTEUR. — Avec la locution *nous*, dite égoïstique, c'est-à-dire substituée au pronom *je*, l'usage oculaire et la logique du langage veulent-ils le singulier de l'attribut, comme il est usité dans cette phrase : « Nous, préfet, etc., *informé* de, etc., » par analogie à celle-ci, où le sujet de la proposition est à la deuxième personne : « Monsieur, vous êtes bien *bon* ? » Presque tous les grammairiens sont pour l'affirmative, et je partage moi-même cette opinion. Dans la première citation, en effet, le signe emphatique de la pluralité s'emploie tantôt par dignité tantôt par modestie; dans la seconde, par respect. Telle est, selon nous du moins, la loi de la raison. C'est donc par mégarde que le correcteur a pris sur lui, en révisant la *tierce*, de donner la marque du pluriel aux participes *adstreint*, *rapproché* et *emparé* (pag. xxxviij et xxxix de l'Avertissement).

FIN DU TOME PREMIER.

TABLE

DES MATIÈRES DU TOME PREMIER.

                                                        Pages.

Notice littéraire sur Ovide. . . . . j
Avertissement du traducteur. . . . . xxxviij

Épître Ire. Pénélope à Ulysse. 3
    II. Phyllis à Démophoon. 13
    III. Briséis à Achille. 25
    IV. Phèdre à Hippolyte. 37
    V. Énone à Paris. 51
    VI. Hypsipyle à Jason. 63
    VII. Didon à Énée. 77
    VIII. Hermione à Oreste. 93
    IX. Déjanire à Hercule. 103
    X. Ariadne à Thésée. 115
    XI. Canacé à Macarée. 127
    XII. Médée à Jason. 139
    XIII. Laodamie à Protésilas. 155
    XIV. Hypermnestre à Lyncée. 169
    XV. Sapho à Phaon. 179
    XVI. Pâris à Hélène. 197
    XVII. Hélène à Pâris. 225
    XVIII. Léandre à Héro. 247
    XIX. Héro à Léandre. 265
    XX. Aconce à Cydippe. 281
    XXI. Cydippe à Aconce. 301

       Notes de l'Épître Ire. 320
                  II. 329
                  III. 332
                  IV. 337

TABLE DES MATIÈRES.

	Pages
Notes de l'Épître V.	341
VI.	345
VII.	349
VIII.	354
IX.	358
X.	363
XI.	365
XII.	367
XIII.	371
XIV.	375
XV.	379
XVI.	385
XVII.	393
XVIII.	399
XIX.	407
XX.	410
XXI.	416

www.ingramcontent.com/pod-product-compliance
Lightning Source LLC
Chambersburg PA
CBHW070203240426
43671CB00007B/527